ŒUVRES
DE
CHATEAUBRIAND

Itinéraire de Paris à Jérusalem. — Mélanges littéraires

TOME HUITIÈME

PARIS
DUFOUR, MULAT ET BOULANGER, LIBRAIRES-ÉDITEURS
6, RUE DE BEAUNE, PRÈS LE PONT-ROYAL,
(Ancien hôtel de Nesle)

MDCCCLVII

ŒUVRES

DE

CHATEAUBRIAND

TOME VIII

LAGNY. — TYPOGRAPHIE DE VIALAT

ATALA ET CHACTAS
SUR LE MESCHACEBE
(Atala)

ŒUVRES
DE
CHATEAUBRIAND

Itinéraire de Paris à Jérusalem. — Mélanges littéraires

TOME HUITIÈME

PARIS
DUFOUR, MULAT ET BOULANGER, ÉDITEURS
6, RUE DE BEAUNE, PRÈS LE PONT-ROYAL
(Ancien hôtel de Nesle)

M DCCC LVII

ITINÉRAIRE

DE PARIS A JÉRUSALEM

ET DE

JÉRUSALEM A PARIS

QUATRIÈME PARTIE

SUITE DU VOYAGE DE JÉRUSALEM.

Le 10, de grand matin, je sortis de Jérusalem par la porte d'Éphraïm, toujours accompagné du fidèle Ali, dans le dessein d'examiner les champs de bataille immortalisés par le Tasse. Arrivé au nord de la ville, entre la grotte de Jérémie et les sépulcres des rois, j'ouvris *la Jérusalem délivrée*, et je fus sur-le-champ frappé de la vérité de l'exposition du Tasse :

Gerusalem sovra due colli è posta, etc.

Je me servirai d'une traduction qui dispense de l'original :

« Solime est assise sur deux collines opposées et de hauteur inégale ; un vallon les sépare et partage la ville : elle a de trois côtés un accès difficile. Le quatrième s'élève d'une manière douce et presque insensible ; c'est le côté du nord : des fossés profonds et de hautes murailles l'environnent et la défendent.

« Au dedans sont des citernes et des sources d'eau vive ; les dehors n'offrent qu'une terre aride et nue ; aucune fontaine, aucun ruisseau ne l'arrosent ; jamais on n'y vit éclore de fleurs ; jamais arbre, de son superbe ombrage, n'y forma un asile contre les rayons du soleil. Seulement, à plus de six milles de distance, s'élève un bois dont l'ombre funeste répand l'horreur et la tristesse.

« Du côté que le soleil éclaire de ses premiers rayons, le Jourdain roule ses ondes illustres et fortunées. A l'occident, la mer Méditerranée mugit sur le sable qui l'arrête et la captive. Au nord est Béthel, qui éleva des autels au veau d'or, et l'infidèle Samarie. Bethléem, le berceau d'un Dieu, est du côté qu'attristent les pluies et les orages. »

Rien de plus net, de plus clair, de plus précis que cette description; elle eût été faite sur les lieux qu'elle ne serait pas plus exacte. La forêt placée à six milles du camp, du côté de l'Arabie, n'est point une invention du poëte : Guillaume de Tyr parle du bois où le Tasse fait naître tant de merveilles. Godefroy y trouva des poutres et des solives pour la construction de ses machines de guerre. On verra combien le Tasse avait étudié les originaux, quand je traduirai les historiens des croisades.

> E 'l capitano
> Poi ch' intorno ha mirato, ai suoi discende.

« Cependant Godefroy, après avoir tout reconnu, tout examiné, va rejoindre les siens : il sait qu'en vain il attaquerait Solime par les côtés escarpés et d'un difficile abord. Il fait dresser les tentes vis-à-vis la porte septentrionale et dans la plaine qu'elle regarde : de là il les prolonge jusques au-dessous de la tour Angulaire.

« Dans cet espace il renferme presque le tiers de la ville. Jamais il n'aurait pu en embrasser toute l'enceinte : mais il ferme tout accès aux secours et fait occuper tous les passages. »

On est absolument sur les lieux. Le camp s'étend depuis la porte de Damas jusqu'à la tour angulaire, à la naissance du torrent de Cédron et de la vallée de Josaphat. Le terrain entre la ville et le camp est tel que le Tasse l'a représenté, assez uni et propre à devenir un champ de bataille au pied des murs de Solime. Aladin est assis avec Herminie sur une tour bâtie entre deux portes, d'où ils découvrent les combats de la plaine et le camp des chrétiens. Cette tour existe avec plusieurs autres entre la porte de Damas et la porte d'Éphraïm.

Au second livre, on reconnaît, dans l'épisode d'Olinde et de Sophronie, deux descriptions de lieu très-exactes :

> Nel tempio de' cristiani occulto giace, etc.

« Dans le temple des chrétiens, au fond d'un souterrain inconnu, s'élève un autel; sur cet autel est l'image de celle que ce peuple révère comme une déesse et comme la mère d'un Dieu mort et enseveli. »

C'est l'église appelée aujourd'hui le *Sépulcre de la Vierge;* elle est dans la vallée de Josaphat, et j'en ai parlé plus haut, pag. 277, t. I. Le

Tasse, par un privilége accordé aux poëtes, met cette église dans l'intérieur de Jérusalem.

La mosquée où l'image de la Vierge est placée d'après le conseil du magicien, est évidemment la mosquée du Temple :

> Io là, donde riceve
> L' alta vostra meschita e l' aura e 'l die, etc.

« La nuit, j'ai monté au sommet de la mosquée, et, par l'ouverture qui reçoit la clarté du jour, je me suis fait une route inconnue à tout autre. »

Le premier choc des aventuriers, le combat singulier d'Argant, d'Othon, de Tancrède, de Raymond de Toulouse, a lieu devant la porte d'Éphraïm. Quand Armide arrive de Damas, elle entre, dit le poëte, par l'extrémité du camp. En effet, c'était près de la porte de Damas que se devaient trouver, du côté de l'ouest, les dernières tentes des chrétiens.

Je place l'admirable scène de la fuite d'Herminie vers l'extrémité septentrionale de la vallée de Josaphat. Lorsque l'amante de Tancrède a franchi la porte de Jérusalem avec son fidèle écuyer, « elle s'enfonce dans des vallons et prend des sentiers obliques et détournés. » (Cant. VI, stanz. 96.) Elle n'est donc pas sortie par la porte d'Éphraïm ; car le chemin qui conduit de cette porte au camp des croisés passe sur un terrain tout uni : elle a préféré s'échapper par la porte de l'orient, porte moins suspecte et moins gardée.

Herminie arrive dans un lieu profond et solitaire : *In solitaria ed ima parte.* Elle s'arrête et charge son écuyer d'aller parler à Tancrède : ce lieu profond et solitaire est très-bien marqué au haut de la vallée de Josaphat, avant de tourner l'angle septentrional de la ville. Là, Herminie pouvait attendre en sûreté le retour de son messager ; mais elle ne peut résister à son impatience : elle monte sur la hauteur, et découvre les tentes lointaines. En effet, en sortant de la ravine du torrent de Cédron, et marchant au nord, on devait apercevoir, à main gauche, le camp des chrétiens. Viennent alors ces stances admirables :

> Era a notte, etc.

« La nuit régnait encore : aucun nuage n'obscurcissait son front chargé d'étoiles : la lune naissante répandait sa douce clarté : l'amoureuse beauté prend le ciel à témoin de sa flamme ; le silence et les champs sont les confidents muets de sa peine.

« Elle porte ses regards sur les tentes des chrétiens : O camp des Latins, dit-elle, objet cher à ma vue ! Quel air on y respire ! Comme il ranime mes sens et les récrée! Ah! si jamais le ciel donne un asile à ma vie agitée, je ne le trouverai que dans cette enceinte : non, ce n'est qu'au milieu des armes que m'attend le repos!

« O camp des chrétiens, reçois la triste Herminie! Qu'elle obtienne dans ton sein cette pitié qu'Amour lui promit; cette pitié que jadis captive elle trouva dans l'âme de son généreux vainqueur! Je ne redemande point mes États, je ne redemande point le sceptre qui m'a été ravi : ô chrétiens, je serai trop heureuse si je puis seulement servir sous vos drapeaux!

« Ainsi parlait Herminie. Hélas! elle ne prévoit pas les maux que lui apprête la fortune! Des rayons de lumière réfléchis sur ses armes vont au loin frapper les regards : son habillement blanc, ce tigre d'argent qui brille sur son casque, annoncent Clorinde.

« Non loin de là est une garde avancée : à la tête sont deux frères, Alcandre et Polipherne. »

Alcandre et Polipherne devaient être placés à peu près vers les sépulcres des rois. On doit regretter que le Tasse n'ait pas décrit ces demeures souterraines; le caractère de son génie l'appelait à la peinture d'un pareil monument.

Il n'est pas aussi aisé de déterminer le lieu où la fugitive Herminie rencontre le pasteur au bord du fleuve : cependant, comme il n'y a qu'un fleuve dans le pays, qu'Herminie est sortie de Jérusalem par la porte d'orient, il est probable que le Tasse a voulu placer cette scène charmante au bord du Jourdain. Il est inconcevable, j'en conviens, qu'il n'ait pas nommé ce fleuve; mais il est certain que ce grand poëte ne s'est pas assez attaché aux souvenirs de l'Écriture, dont Milton a tiré tant de beautés.

Quant au lac et au château où la magicienne Armide enferme les chevaliers qu'elle a séduits, le Tasse déclare lui-même que ce lac est la mer Morte :

> Alfin giungemmo al loco, ove già scesse
> Fiamma dal cielo, etc.

Un des plus beaux endroits du poëme, c'est l'attaque du camp des chrétiens par Soliman. Le sultan marche la nuit au travers des plus épaisses ténèbres; car, selon l'expression sublime du poëte,

> Votò Pluton gli abissi, e la sua notte
> Tutta versò dalle Tartar e grotte.

Le camp est assailli du côté du couchant; Godefroy, qui occupe le centre de l'armée vers le nord, n'est averti qu'assez tard du combat qui se livre à l'aile droite. Soliman n'a pu se jeter sur l'aile gauche, quoiqu'elle soit plus près du désert, parce qu'il y a des ravines profondes de ce côté. Les Arabes, cachés pendant le jour dans la vallée de Térébinthe, en sont sortis avec les ombres pour tenter la délivrance de Solime.

Soliman vaincu prend seul le chemin de Gaza. Ismen le rencontre et le fait monter sur un char qu'il environne d'un nuage. Ils traversent ensemble le camp des chrétiens, et arrivent à la montagne de Solime. Cet épisode, admirable d'ailleurs, est conforme aux localités jusqu'à l'extérieur du château de David, près la porte de Jaffa ou de Bethléem; mais il y a erreur dans le reste. Le poëte a confondu ou s'est plu à confondre la tour de David avec la tour Antonia : celle-ci était bâtie loin de là, au bas de la ville, à l'angle septentrional du temple.

Quand on est sur les lieux, on croit voir les soldats de Godefroy partir de la porte d'Éphraïm, tourner à l'orient, descendre dans la vallée de Josaphat, et aller, comme de pieux et paisibles pèlerins, prier l'Éternel sur la montagne des Oliviers. Remarquons que cette procession chrétienne rappelle d'une manière sensible la pompe des Panathénées, conduite à Éleusis au milieu des soldats d'Alcibiade. Le Tasse, qui avait tout lu, qui imite sans cesse Virgile, Homère et les autres poëtes de l'antiquité, a mis ici en beaux vers une des plus belles scènes de l'histoire. Ajoutons que cette procession est d'ailleurs un fait historique raconté par l'Anonyme, Robert moine et Guillaume de Tyr.

Nous venons au premier assaut. Les machines sont plantées devant les murs du septentrion. Le Tasse est exact ici jusqu'au scrupule :

> Non era il fosso di palustre limo.
> (Che nol consente il loco) o d' acqua molle.

C'est la pure vérité. Le fossé au septentrion est un fossé sec, ou plutôt une ravine naturelle, comme les autres fossés de la ville.

Dans les circonstances de ce premier assaut, le poëte a suivi son génie sans s'appuyer sur l'histoire; et, comme il lui convenait de ne pas marcher aussi vite que le chroniqueur, il suppose que la principale machine fut brûlée par les infidèles, et qu'il fallut recommencer le travail. Il est certain que les assiégés mirent le feu à une des tours des assiégeants. Le Tasse a étendu cet accident selon le besoin de sa fable.

Bientôt s'engage le terrible combat de Tancrède et de Clorinde, fiction la plus pathétique qui soit jamais sortie du cerveau d'un poëte. Le lieu de la scène est aisé à trouver. Clorinde ne peut rentrer avec Argant par la porte Dorée; elle est donc sous le temple, dans la vallée de Siloé. Tancrède la poursuit; le combat commence; Clorinde mourante demande le baptême; Tancrède, plus infortuné que sa victime, va puiser de l'eau à une source voisine; par cette source le lieu est déterminé :

> Pocco quindi lontan nel sen del monte
> Scaturia mormorando un picciol rio.

C'est la fontaine de Siloé, ou plutôt la source de Marie, qui jaillit ainsi du pied de la montagne de Sion.

Je ne sais si la peinture de la sécheresse, dans le treizième chant, n'est pas le morceau du poëme le mieux écrit : le Tasse y marche l'égal d'Homère et de Virgile. Ce morceau, travaillé avec soin, a une fermeté et une pureté de style qui manquent quelquefois aux autres parties de l'ouvrage :

> Spenta è del cielo ogni benigna lampa, etc.

« Jamais le soleil ne se lève que couvert de vapeurs sanglantes, sinistre présage d'un jour malheureux : jamais il ne se couche que des taches rougeâtres ne menacent d'un aussi triste lendemain. Toujours le mal présent est aigri par l'affreuse certitude du mal qui doit le suivre.

« Sous les rayons brûlants, la fleur tombe desséchée; la feuille pâlit, l'herbe languit altérée ; la terre s'ouvre, et les sources tarissent. Tout éprouve la colère céleste, et les nues stériles, répandues dans les airs, n'y sont plus que des vapeurs enflammées.

« Le ciel semble une noire fournaise : les yeux ne trouvent plus où se reposer : le zéphyr se tait enchaîné dans ses grottes obscures ; l'air est immobile : quelquefois seulement la brûlante haleine d'un vent qui souffle du côté du rivage maure l'agite et l'enflamme encore davantage.

« Les ombres de la nuit sont embrasées de la chaleur du jour : son voile est allumé du feu des comètes et chargé d'exhalaisons funestes. O terre malheureuse ! le ciel te refuse sa rosée ; les herbes et les fleurs mourantes attendent en vain les pleurs de l'aurore.

« Le doux sommeil ne vient plus sur les ailes de la nuit verser ses pavots aux mortels languissants. D'une voix éteinte, ils implorent ses faveurs et ne peuvent les obtenir. La soif, le plus cruel de tous les fléaux, consume les chrétiens : le tyran de la Judée a infecté toutes les fontaines de mortels poisons, et leurs eaux funestes ne portent plus que les maladies et la mort.

« Le Siloé, qui, toujours pur, leur avait offert le trésor de ses ondes, appauvri maintenant, roule lentement sur des sables qu'il mouille à peine : quelle ressource, hélas ! l'Éridan débordé, le Gange, le Nil même, lorsqu'il franchit ses rives et couvre l'Égypte de ses eaux fécondes, suffiraient à peine à leurs désirs.

« Dans l'ardeur qui les dévore, leur imagination leur rappelle ces ruisseaux argentés qu'ils ont vus couler au travers des gazons, ces sources qu'ils ont vues jaillir du sein d'un rocher et serpenter dans des prairies; ces tableaux jadis si riants ne servent plus qu'à nourrir leurs regrets et à redoubler leur désespoir.

« Ces robustes guerriers qui ont vaincu la nature et ses obstacles; qui jamais n'ont ployé sous leur pesante armure; que n'ont pu dompter le fer ni l'appareil de la mort; faibles maintenant, sans courage et sans vigueur, pressent la terre de leur poids inutile : un feu secret circule dans leurs veines, les mine et les consume.

« Le coursier, jadis si fier, languit auprès d'une herbe aride et sans saveur; ses pieds chancellent, sa tête superbe tombe négligemment penchée; il ne sent plus l'aiguillon de la gloire, il ne se souvient plus des palmes qu'il a cueillies : ces riches dépouilles, dont il était autrefois si orgueilleux, ne sont plus pour lui qu'un odieux et vil fardeau.

« Le chien fidèle oublie son maître et son asile; il languit étendu sur la poussière, et, toujours haletant, il cherche en vain à calmer le feu dont il est embrasé; l'air lourd et brûlant pèse sur les poumons qu'il devait rafraîchir. »

Voilà de la grande, de la haute poésie. Cette peinture, si bien imitée dans *Paul et Virginie*, a le double mérite de convenir au ciel de la Judée, et d'être fondée sur l'histoire : les chrétiens éprouvèrent une pareille sécheresse au siége de Jérusalem. Robert nous en a laissé une description que je ferai connaître aux lecteurs.

Au quatorzième chant, nous chercherons un fleuve qui coule auprès d'Ascalon, et au fond duquel demeure l'ermite qui révéla à Ubalde et au chevalier danois les destinées de Renaud. Ce fleuve est le torrent d'Ascalon ou un autre torrent plus au nord, qui n'a été connu qu'au temps des croisades, comme le témoigne d'Anville.

Quant à la navigation des deux chevaliers, l'ordre géographique y est merveilleusement suivi. Partant d'un port entre Jaffa et Ascalon, et descendant vers l'Égypte, ils durent voir successivement Ascalon, Gaza, Raphia et Damiette. Le poëte marque la route au couchant, quoiqu'elle fût d'abord au midi; mais il ne pouvait entrer dans ce détail. En dernier résultat, je vois que tous les poëtes épiques ont été des hommes très-instruits; surtout ils étaient nourris des ouvrages de ceux qui les avaient précédés dans la carrière de l'épopée : Virgile traduit Homère; le Tasse imite à chaque stance quelque passage d'Homère, de Virgile, de Lucain, de Stace; Milton prend partout, et joint à ses propres trésors les trésors de ses devanciers.

Le seizième chant, qui renferme la peinture des jardins d'Armide, ne fournit rien à notre sujet. Au dix-septième chant nous trouvons la description de Gaza, et le dénombrement de l'armée égyptienne : sujet épique traité de main de maître, et où le Tasse montre une connaissance parfaite de la géographie et de l'histoire. Lorsque je passai de Jaffa à Alexandrie, notre saïque descendit jusqu'en face de Gaza, dont la vue me rappela ces vers de la *Jérusalem* :

« Aux frontières de la Palestine, sur le chemin qui conduit à Péluse, Gaza voit au pied de ses murs expirer la mer et son courroux : autour d'elle s'étendent d'immenses solitudes et des sables arides. Le vent qui règne sur les flots exerce aussi son empire sur cette mobile arène ; et le voyageur voit sa route incertaine flotter et se perdre au gré des tempêtes. »

Le dernier assaut, au dix-neuvième chant, est absolument conforme à l'histoire. Godefroy fit attaquer la ville par trois endroits. Le vieux comte de Toulouse battit les murailles entre le couchant et le midi, en face du château de la ville, près de la porte de Jaffa. Godefroy força au nord la porte d'Éphraïm. Tancrède s'attacha à la tour Angulaire, qui prit dans la suite le nom de *Tour de Tancrède*.

Le Tasse suit pareillement les chroniques dans les circonstances et le résultat de l'assaut. Ismen, accompagné de deux sorcières, est tué par une pierre lancée d'une machine : deux magiciennes furent en effet écrasées sur le mur à la prise de Jérusalem. Godefroy lève les yeux et voit les guerriers célestes qui combattent pour lui de toutes parts. C'est une belle imitation d'Homère et de Virgile, mais c'est encore une tradition du temps des croisades : « Les morts y entrèrent avec les vivants, dit le père Nau ; car plusieurs des illustres croisés qui étoient morts en diverses occasions devant que d'arriver, et entre autres Adhémar, ce vertueux et zélé évêque du Puy en Auvergne, y parurent sur les murailles, comme s'il eût manqué à la gloire qu'ils possédoient dans la Jérusalem céleste, celle de visiter la terrestre, et d'adorer le Fils de Dieu dans le trône de ses ignominies et de ses souffrances, comme ils l'adoroient dans celui de sa majesté et de sa puissance. »

La ville fut prise, ainsi que le raconte le poëte, au moyen de ponts qui s'élançaient des machines et s'abattaient sur les remparts. Godefroy et Gaston de Foix avaient donné le plan de ces machines, construites par des matelots pisans et génois. Ainsi dans cet assaut, où le Tasse a déployé l'ardeur de son génie chevaleresque, tout est vrai, hors ce qui regarde Renaud : comme ce héros est de pure invention, ses actions doivent être imaginaires. Il n'y avait point de guerrier appelé *Renaud d'Est* au siège de Jérusalem : le premier chrétien qui s'élança sur les murs ne fut point un chevalier du nom de *Renaud*, mais l'Étolde, gentilhomme flamand de la suite de Godefroy. Il fut suivi de Guicher et de Godefroy lui-même. La stance où le Tasse peint l'étendard de la croix ombrageant les tours de Jérusalem délivrée est sublime :

« L'étendard triomphant se déploie dans les airs ; les vents respectueux soufflent plus mollement ; le soleil plus serein le dore de ses rayons : les traits et les flèches se détournent ou reculent à son aspect. Sion et la colline semblent s'incliner et lui offrir l'hommage de leur joie »

Tous les historiens des croisades parlent de la piété de Godefroy, de la générosité de Tancrède, de la justice et de la prudence du comte de Saint-Gilles ; Anne Comnène elle-même fait l'éloge de ce dernier : le poëte nous a donc peint les héros que nous connaissons. Quand il invente des caractères, il est du moins fidèle aux mœurs. Argant est le véritable mameluck.

L'altro è Circasso Argante, uom che straniero...

« L'autre, c'est Argant le Circassien : aventurier inconnu à la cour d'Égypte, il s'y est assis au rang des satrapes. Sa valeur l'a porté aux premiers honneurs de la guerre. Impatient, inexorable, farouche, infatigable, invincible dans les combats, contempteur de tous les dieux, son épée est sa raison et sa loi. »

Soliman est un vrai sultan des premiers temps de l'empire turc. Le poëte, qui ne néglige aucun souvenir, fait du sultan de Nicée un des ancêtres du grand Saladin ; et l'on voit qu'il a eu l'intention de peindre Saladin lui-même sous les traits de son aïeul. Si jamais l'ouvrage de dom Berthereau voyait le jour, on connaîtrait mieux les héros musulmans de *la Jérusalem*. Dom Berthereau avait traduit les auteurs arabes qui se sont occupés de l'histoire des croisés. Cette précieuse traduction devait faire partie de la collection des historiens de France.

Je ne saurais guère assigner le lieu où le féroce Argant est tué par le généreux Tancrède ; mais il le faut chercher dans les vallées, entre le couchant et le septentrion. On ne le peut placer à l'orient de la tour Angulaire qu'assiégeait Tancrède ; car alors Herminie n'eût pas rencontré le héros blessé, lorsqu'elle revenait de Gaza avec Vafrin.

Quant à la dernière action du poëme, qui, selon la vérité, se passa près d'Ascalon, le Tasse, avec un jugement exquis, l'a transportée sous les murs de Jérusalem. Dans l'histoire, cette action est très-peu de chose ; dans le poëme, c'est une bataille supérieure à celles de Virgile, et égale aux plus grands combats d'Homère.

Je vais maintenant donner le siège de Jérusalem tiré de nos vieilles chroniques : les lecteurs pourront comparer le poëme et l'histoire.

Le moine Robert est de tous les historiens des croisades celui qu'on cite le plus souvent. L'Anonyme de la collection *Gesta Dei per Francos* est plus ancien ; mais son récit est trop sec. Guillaume de Tyr pèche par le défaut contraire. Il faut donc s'arrêter au moine Robert : sa latinité est affectée ; il copie les tours des poëtes ; mais, par cette raison même, au milieu de ses jeux de mots et de ses pointes [1], il est moins barbare que ses contemporains ; il a d'ailleurs une certaine critique et une imagination brillante.

« L'armée se rangea dans cet ordre autour de Jérusalem : le comte de Flandre et le comte de Normandie déployèrent leurs tentes du côté du septentrion, non loin de l'église bâtie sur le lieu où saint Étienne, premier martyr, fut lapidé [2] ; Godefroy et Tancrède se placèrent à l'occident ; le comte de Saint-Gilles campa au midi, sur la montagne de Sion [3], autour de l'église de Marie, mère du Sauveur, autrefois la maison où le Seigneur fit la cène avec ses disciples. Les tentes ainsi disposées, tandis que les troupes fatiguées de la route se reposaient et construisaient les machines propres au combat, Raymond Pilet [4], Raymond de Turenne, sortirent du camp avec plusieurs autres pour visiter les lieux voisins, dans la crainte que les ennemis ne vinssent les surprendre avant que les croisés fussent préparés. Ils rencontrèrent sur leur route trois cents Arabes ; ils en tuèrent plusieurs, et leur prirent trente chevaux. Le second jour de la troisième semaine, 13 juin 1099, les Français attaquèrent Jérusalem ; mais ils ne purent la prendre ce jour-là. Cependant leur travail ne fut pas infructueux ; ils renversèrent l'avant-mur et appliquèrent les échelles au mur principal. S'ils en avaient eu une assez grande quantité, ce premier effort eût été le dernier. Ceux qui montèrent sur les échelles combattirent longtemps l'ennemi à coups d'épée et de javelot. Beaucoup des nôtres succombèrent dans cet assaut ; mais la perte fut plus considérable du côté des Sarrasins. La nuit mit fin à l'action et donna du repos aux deux partis. Toutefois l'inutilité de ce premier effort occasionna à notre armée un long travail et beaucoup de peine ; car nos troupes demeurèrent sans pain pendant l'espace de dix jours, jusqu'à ce que nos vaisseaux fussent arrivés au port de Jaffa. En outre, elles souffrirent excessivement de

---

[1] *Papa Urbanus urbano sermone peroravit*, etc. ; *Vallis speciosa et spatiosa*, etc. ; c'est le goût du temps. Nos vieilles hymnes sont remplies de ces jeux de mots : *Quo carne carnis conditor*, etc. — [2] Le texte porte : *Juxta ecclesiam sancti Stephani protomartyris*, etc. J'ai traduit *non loin*, parce que cette église n'est point au septentrion, mais à l'orient de Jérusalem ; et tous les autres historiens des croisades disent que les comtes de Normandie et de Flandre se placèrent entre l'orient et le septentrion. — [3] Le texte porte : *Scilicet in monte Sion*. Cela prouve que la Jérusalem rebâtie par Adrien n'enveloppait pas la montagne de Sion dans son entier, et que le local de la ville était absolument tel qu'on le voit aujourd'hui. — [4] *Piletus* ; on lit ailleurs *Pilitus* et *Pelez*.

la soif; la fontaine de Siloé, qui est au pied de la montagne de Sion, pouvait à peine fournir de l'eau aux hommes, et l'on était obligé de mener boire les chevaux et les autres animaux à six milles du camp, et de les faire accompagner par une nombreuse escorte.........

« Cependant la flotte arrivée à Jaffa procura des vivres aux assiégeants, mais ils ne souffrirent pas moins de la soif ; elle fut si grande durant le siége, que les soldats creusaient la terre et pressaient les mottes humides contre leur bouche ; ils léchaient aussi les pierres mouillées de rosée ; ils buvaient une eau fétide qui avait séjourné dans des peaux fraîches de buffles et de divers animaux ; plusieurs s'abstenaient de manger, espérant tempérer la soif par la faim...........
. . . .

« Pendant ce temps-là les généraux faisaient apporter de fort loin de grosses pièces de bois pour construire des machines et des tours. Lorsque ces tours furent achevées, Godefroy plaça la sienne à l'orient de la ville ; le comte de Saint-Gilles en établit une autre toute semblable au midi. Les dispositions ainsi faites, le cinquième jour de la semaine, les croisés jeûnèrent et distribuèrent des aumônes aux pauvres ; le sixième jour, qui était le douzième de juillet, l'aurore se leva brillante ; les guerriers d'élite montèrent dans les tours, et dressèrent les échelles contre les murs de Jérusalem. Les enfants illégitimes de la ville sainte s'étonnèrent et frémirent [1], en se voyant assiégés par une si grande multitude. Mais, comme ils étaient de tous côtés menacés de leur dernière heure, que la mort était suspendue sur leurs têtes, certains de succomber, ils ne songèrent plus qu'à vendre cher le reste de leur vie. Cependant Godefroy se montrait sur le haut de sa tour, non comme un fantassin, mais comme un archer. Le Seigneur dirigeait sa main dans le combat ; et toutes les flèches qu'elle lançait perçaient l'ennemi de part en part. Auprès de ce guerrier était Baudouin et Eustache ses frères, de même que deux lions auprès d'un lion : ils recevaient les coups terribles des pierres et des dards, et les renvoyaient avec usure à l'ennemi.

« Tandis que l'on combattait ainsi sur les murs de la ville, on faisait une procession autour de ces mêmes murs, avec les croix, les reliques et les autels sacrés [2]. L'avantage demeura incertain pendant une partie du jour ; mais, à l'heure où le Sauveur du monde rendit l'esprit,

---

[1] *Stupent et contremiscunt adulterini cives urbis eximiæ.* L'expression est belle et vraie ; car non-seulement les Sarrasins étaient, en leur qualité d'étrangers, des *citoyens adultères*, des enfants impurs de Jérusalem, mais ils pouvaient encore s'appeler *adulterini*, à cause de leur mère Agar, et relativement à la postérité légitime d'Israël par Sara. — [2] *Sacra altaria*. Ceci a l'air de ne pouvoir se dire que d'une cérémonie païenne ; mais il y avait apparemment dans le camp des chrétiens des autels portatifs.

un guerrier nommé *l'Étolde*, qui combattait dans la tour de Godefroy, saute le premier sur les remparts de la ville : Guicher le suit, ce Guicher qui avait terrassé un lion ; Godefroy s'élance le troisième, et tous les autres chevaliers se précipitent sur les pas de leur chef. Alors les arcs et les flèches sont abandonnés ; on saisit l'épée. A cette vue, les ennemis désertent les murailles, et se jettent en bas dans la ville ; les soldats du Christ les poursuivent avec de grands cris.

« Le comte de Saint-Gilles, qui de son côté faisait des efforts pour approcher ses machines de la ville, entendit ces clameurs. Pourquoi, dit-il à ses soldats, demeurons-nous ici ? Les Français sont maîtres de Jérusalem ; ils la font retentir de leurs voix et de leurs coups. Alors il s'avance promptement vers la porte qui est auprès du château de David ; il appelle ceux qui étaient dans ce château, et les somme de se rendre. Aussitôt que l'émir eut reconnu le comte de Saint-Gilles, il lui ouvrit la porte, et se confia à la foi de ce vénérable guerrier.

« Mais Godefroy avec les Français s'efforçait de venger le sang chrétien répandu dans l'enceinte de Jérusalem, et voulait punir les infidèles des outrages qu'ils avaient fait souffrir aux pèlerins. Jamais dans aucun combat il ne parut aussi terrible, pas même lorsqu'il combattit le géant[1], sur le pont d'Antioche ; Guicher et plusieurs milliers de guerriers choisis fendaient les Sarrasins depuis la tête jusqu'à la ceinture, ou les coupaient par le milieu du corps. Nul de nos soldats ne se montrait timide, car personne ne résistait[2]. Les ennemis ne cherchaient qu'à fuir ; mais la fuite pour eux était impossible ; en se précipitant en foule ils s'embarrassaient les uns les autres. Le petit nombre qui parvint à s'échapper s'enferma dans le temple de Salomon, et s'y défendit assez longtemps. Comme le jour commençait à baisser, nos soldats envahirent le temple ; pleins de fureur, ils massacrèrent tous ceux qui s'y trouvèrent. Le carnage fut tel, que les cadavres mutilés étaient entraînés par les flots de sang jusque dans le parvis ; les mains et les bras coupés flottaient sur ce sang, et allaient s'unir à des corps auxquels ils n'avaient point appartenu. »

En achevant de décrire les lieux célébrés par le Tasse, je me trouve heureux d'avoir pu rendre le premier à un poëte immortel le même honneur que d'autres avant moi ont rendu à Homère et à Virgile. Quiconque est sensible à la beauté, à l'art, à l'intérêt d'une composition poétique, à la richesse des détails, à la vérité des caractères, à la générosité des sentiments, doit faire de *la Jérusalem délivrée* sa lec-

---

[1] C'était un Sarrasin d'une taille gigantesque, que Godefroy fendit en deux d'un seul coup d'épée, sur le pont d'Antioche. — [2] La réflexion est singulière!

ture favorite. C'est surtout le poëme des soldats : il respire la valeur et la gloire ; et, comme je l'ai dit dans les *Martyrs*, il semble écrit au milieu des camps sur un bouclier.

Je passai environ cinq heures à examiner le théâtre des combats du Tasse. Ce théâtre n'occupe guère plus d'une demi-lieue de terrain, et le poëte a si bien marqué les divers lieux de son action, qu'il ne faut qu'un coup d'œil pour les reconnaître.

Comme nous rentrions dans la ville par la vallée de Josaphat, nous rencontrâmes la cavalerie du pacha qui revenait de son expédition. On ne se peut figurer l'air de triomphe et de joie de cette troupe, victorieuse des moutons, des chèvres, des ânes et des chevaux de quelques pauvres Arabes du Jourdain.

C'est ici le lieu de parler du gouvernement de Jérusalem.

Il y a d'abord :

1° Un *mosallam* ou *sangiachey*, commandant pour le militaire ;

2° Un *moula-cady* ou ministre de la police ;

3° Un *moufty*, chef des santons et des gens de loi ;

(Quand ce moufty est un fanatique, ou un méchant homme, comme celui qui se trouvait à Jérusalem de mon temps, c'est de toutes les autorités la plus tyrannique pour les chrétiens.)

4° Un *mouteleny* ou douanier de la mosquée de Salomon ;

5° Un *sousbachi* ou prévôt de la ville.

Ces tyrans subalternes relèvent tous, à l'exception du moufty, d'un premier tyran ; et ce premier tyran est le pacha de Damas.

Jérusalem est attachée, on ne sait pourquoi, au pachalik de Damas ; si ce n'est à cause du système destructeur que les Turcs suivent naturellement et comme par instinct. Séparée de Damas par des montagnes, plus encore par les Arabes qui infectent les déserts, Jérusalem ne peut pas porter toujours ses plaintes au pacha lorsque des gouverneurs l'oppriment. Il serait plus simple qu'elle dépendît du pachalik d'Acre, qui se trouve dans le voisinage : les Francs et les pères latins se mettraient sous la protection des consuls qui résident dans les ports de Syrie ; les Grecs et les Turcs pourraient faire entendre leur voix. Mais c'est précisément ce qu'on cherche à éviter ; on veut un esclavage muet, et non pas d'insolents opprimés qui oseraient dire qu'on les écrase.

Jérusalem est donc livrée à un gouverneur presque indépendant : il peut faire impunément le mal qu'il lui plaît, sauf à en compter ensuite avec le pacha. On sait que tout supérieur en Turquie a le droit de déléguer ses pouvoirs à un inférieur ; et ses pouvoirs s'étendent toujours sur la propriété et la vie. Pour quelques bourses, un janissaire devient un petit aga ; et cet aga, selon son bon plaisir, peut vous tuer ou vous permettre de racheter votre tête. Les bourreaux se multiplient ainsi dans tous les villages de la Judée. La seule chose qu'on entende dans ce pays, la seule justice dont il soit question, c'est : *Il payera dix, vingt, trente bourses; on lui donnera cinq cents coups de bâton : on lui coupera la tête.* Un acte d'injustice force à une injustice plus grande. Si l'on dépouille un paysan, on se met dans la nécessité de dépouiller son voisin ; car pour échapper à l'hypocrite intégrité du pacha, il faut avoir, par un second crime, de quoi payer l'impunité du premier.

On croit peut-être que le pacha, en parcourant son gouvernement, porte remède à ces maux et venge les peuples : le pacha est lui-même le plus grand fléau des habitants de Jérusalem. On redoute son arrivée comme celle d'un chef ennemi : on ferme les boutiques ; on se cache dans des souterrains; on feint d'être mourant sur sa natte, ou l'on fuit dans la montagne.

Je puis attester la vérité de ces faits, puisque je me suis trouvé à Jérusalem au moment de l'arrivée du pacha. Abdallah est d'une avarice sordide, comme presque tous les musulmans : en sa qualité de chef de la caravane de la Mecque, et sous prétexte d'avoir de l'argent pour mieux protéger les pèlerins, il se croit en droit de multiplier les exactions. Il n'y a point de moyens qu'il n'invente. Un de ceux qu'il emploie le plus souvent, c'est de fixer un maximum fort bas pour les comestibles. Le peuple crie à la merveille, mais les marchands ferment leurs boutiques. La disette commence; le pacha fait traiter secrètement avec les marchands ; il leur donne, pour un certain nombre de bourses, la permission de vendre au taux qu'ils voudront. Les marchands cherchent à retrouver l'argent qu'ils ont donné au pacha : ils portent les denrées à un prix extraordinaire ; et le peuple, mourant de faim une seconde fois, est obligé, pour vivre, de se dépouiller de son dernier vêtement.

J'ai vu ce même Abdallah commettre une vexation plus ingénieuse encore. J'ai dit qu'il avait envoyé sa cavalerie piller les Arabes cultivateurs, de l'autre côté du Jourdain. Ces bonnes gens, qui avaient payé le miri, et qui ne se croyaient point en guerre, furent surpris au milieu de leurs tentes et de leurs troupeaux. On leur vola deux mille deux cents chèvres et moutons, quatre-vingt-quatorze veaux, mille ânes et six juments de première race : les chameaux seuls échappèrent[1] ; un scheik les appela de loin, et ils le suivirent : ces fidèles enfants du désert allèrent porter leur lait à leurs maîtres dans la montagne, comme s'ils avaient deviné que ces maîtres n'avaient plus d'autre nourriture.

Un Européen ne pourrait guère imaginer ce que le pacha fit de ce

---

[1] On en prit cependant vingt-six.

butin. Il mit à chaque animal un prix excédant deux fois sa valeur. Il estima chaque chèvre et chaque mouton à vingt piastres, chaque veau à quatre-vingts. On envoya les bêtes ainsi taxées aux bouchers, aux différents particuliers de Jérusalem, et aux chefs des villages voisins; il fallait les prendre et les payer, sous peine de mort. J'avoue que, si je n'avais pas vu de mes yeux cette double iniquité, elle me paraîtrait tout à fait incroyable. Quant aux ânes et aux chevaux, ils demeurèrent aux cavaliers; car, par une singulière convention entre ces voleurs, les animaux à pied fourchu appartiennent au pacha dans les épaves, et toutes les autres bêtes sont le partage des soldats.

Après avoir épuisé Jérusalem, le pacha se retire. Mais, afin de ne pas payer les gardes de la ville, et pour augmenter l'escorte de la caravane de la Mecque, il emmène avec lui les soldats. Le gouverneur reste seul avec une douzaine de sbires, qui ne peuvent suffire à la police intérieure, encore moins à celle du pays. L'année qui précéda celle de mon voyage, il fut obligé de se cacher lui-même dans sa maison pour échapper à des bandes de voleurs qui passaient par-dessus les murs de Jérusalem, et qui furent au moment de piller la ville.

A peine le pacha a-t-il disparu, qu'un autre mal, suite de son oppression, commence. Les villages dévastés se soulèvent; ils s'attaquent les uns les autres pour exercer des vengeances héréditaires. Toutes les communications sont interrompues : l'agriculture périt; le paysan va pendant la nuit ravager la vigne et couper l'olivier de son ennemi. Le pacha revient l'année suivante; il exige le même tribut dans un pays où la population est diminuée. Il faut qu'il redouble d'oppression, et qu'il extermine des peuplades entières. Peu à peu le désert s'étend; on ne voit plus que de loin à loin des masures en ruines, et à la porte de ces masures des cimetières toujours croissants : chaque année voit périr une cabane et une famille; et bientôt il ne reste que le cimetière pour indiquer le lieu où le village s'élevait.

Rentré au couvent à dix heures du matin, j'achevai de visiter la bibliothèque. Outre le registre des firmans dont j'ai parlé, je trouvai un manuscrit autographe du savant Quaresmius. Ce manuscrit latin a pour objet, comme les ouvrages imprimés du même auteur, des recherches sur la Terre Sainte. Quelques autres cartons contenaient des papiers turcs et arabes, relatifs aux affaires du couvent, des lettres de la congrégation, des mélanges, etc.; je vis aussi des traités des Pères de l'Église, plusieurs pèlerinages à Jérusalem, l'ouvrage de l'abbé Mariti, et l'excellent Voyage de M. de Volney. Le père Clément Pérès avait cru découvrir de légères inexactitudes dans ce dernier voyage; il les avait marquées sur des feuilles volantes, et il me fit présent de ces notes.

J'avais tout vu à Jérusalem, je connaissais désormais l'intérieur et l'extérieur de cette ville, et même beaucoup mieux que je ne connais le dedans et les dehors de Paris. Je commençai donc à songer à mon départ. Les pères de Terre Sainte voulurent me faire un honneur que je n'avais ni demandé ni mérité. En considération des faibles services que, selon eux, j'avais rendus à la religion, ils me prièrent d'accepter l'ordre du Saint-Sépulcre. Cet ordre, très-ancien dans la chrétienté, sans même en faire remonter l'origine à sainte Hélène, était autrefois assez répandu en Europe. On ne le retrouve plus guère aujourd'hui qu'en Pologne et en Espagne : le gardien du Saint-Sépulcre a seul le droit de le conférer.

Nous sortîmes à une heure du couvent, et nous nous rendîmes à l'église du Saint-Sépulcre. Nous entrâmes dans la chapelle qui appartient aux pères latins : on en ferma soigneusement les portes de peur que les Turcs n'aperçussent les armes, ce qui coûterait la vie aux religieux. Le gardien se revêtit de ses habits pontificaux; on alluma les lampes et les cierges; tous les frères présents formèrent un cercle autour de moi, les bras croisés sur la poitrine. Tandis qu'ils chantaient à voix basse le *Veni Creator*, le gardien monta à l'autel, et je me mis à genoux à ses pieds. On tira du trésor du Saint-Sépulcre les éperons et l'épée de Godefroy de Bouillon : deux religieux debout, à mes côtés, tenaient les dépouilles vénérables. L'officiant récita les prières accoutumées, et me fit les questions d'usage. Ensuite il me chaussa les éperons, me frappa trois fois l'épaule avec l'épée en me donnant l'accolade. Les religieux entonnèrent le *Te Deum*, tandis que le gardien prononçait cette oraison sur ma tête :

« Seigneur, Dieu tout-puissant, répands ta grâce et tes bénédictions sur ce tien serviteur, etc. »

Tout cela n'est que le souvenir de mœurs qui n'existent plus. Mais, que l'on songe que j'étais à Jérusalem, dans l'église du Calvaire, à douze pas du tombeau de Jésus-Christ, à trente du tombeau de Godefroy de Bouillon; que je venais de chausser l'éperon du libérateur du Saint-Sépulcre, de toucher cette longue et large épée de fer qu'avait maniée une main si noble et si loyale; que l'on se rappelle ces circonstances, ma vie aventureuse, mes courses sur la terre et sur la mer, et l'on croira sans peine que je devais être ému. Cette cérémonie, au reste, ne pouvait être tout à fait vaine : j'étais Français : Godefroy de Bouillon était Français : ses vieilles armes, en me touchant, m'avaient communiqué un nouvel amour pour la gloire et l'honneur de ma patrie. Je n'étais pas sans doute *sans reproche;* mais tout Français peut se dire *sans peur.*

On me délivra mon brevet, revêtu de la signature du gardien et du sceau du couvent. Avec ce brillant diplôme de chevalier, on me donna mon humble patente de pèlerin. Je les conserve, comme un monument de mon passage dans la terre du vieux voyageur Jacob.

Maintenant que je vais quitter la Palestine, il faut que le lecteur se transporte avec moi hors des murailles de Jérusalem pour jeter un dernier regard sur cette ville extraordinaire.

Arrêtons-nous d'abord à la grotte de Jérémie, près des sépulcres des rois. Cette grotte est assez vaste, et la voûte en est soutenue par un pilier de pierre. C'est là, dit-on, que le prophète fit entendre ses Lamentations; elles ont l'air d'avoir été composées à la vue de la moderne Jérusalem, tant elles peignent naturellement l'état de cette ville désolée !

« Comment cette ville, si pleine de peuple, est-elle maintenant si solitaire et si désolée ? La maîtresse des nations est devenue comme veuve : la reine des provinces a été assujettie au tribut.

« Les rues de Sion pleurent, parce qu'il n'y a plus personne qui vienne à ses solennités : toutes ses portes sont détruites; ses prêtres ne font que gémir; ses vierges sont toutes défigurées de douleur; et elle est plongée dans l'amertume.

« O vous tous qui passez par le chemin, considérez et voyez s'il y a une douleur comme la mienne !

« Le Seigneur a résolu d'abattre la muraille de la fille de Sion : il a tendu son cordeau, et il n'a point retiré sa main que tout ne fût renversé : le boulevard est tombé d'une manière déplorable, et le mur a été détruit de même.

« Ses portes sont enfoncées dans la terre; il en a rompu et brisé les barres; il a banni son roi et ses princes parmi les nations : il n'y a plus de loi; et ses prophètes n'ont point reçu de visions prophétiques du Seigneur.

« Mes yeux se sont affaiblis à force de verser des larmes, le trouble a saisi mes entrailles : mon cœur s'est répandu en terre en voyant la ruine de la fille de mon peuple, en voyant les petits enfants et ceux qui étaient encore à la mamelle tomber morts dans la place de la ville.

« A qui vous comparerai-je, ô fille de Jérusalem ? A qui dirai-je que vous ressemblez ?

« Tous ceux qui passaient par le chemin ont frappé des mains en vous voyant : ils ont sifflé la fille de Jérusalem en branlant la tête et en disant : Est-ce là cette ville d'une beauté si parfaite, qui était la joie de toute la terre ? »

Vue de la montagne des Oliviers, de l'autre côté de la vallée de Josaphat, Jérusalem présente un plan incliné sur un sol qui descend du couchant au levant. Une muraille crénelée, fortifiée par des tours et par un château gothique, enferme la ville dans son entier, laissant toutefois au dehors une partie de la montagne de Sion, qu'elle embrassait autrefois.

Dans la région du couchant et au centre de la ville, vers le Calvaire, les maisons se serrent d'assez près ; mais au levant, le long de la vallée de Cédron, on aperçoit des espaces vides, entre autres l'enceinte qui règne autour de la mosquée bâtie sur les débris du temple, et le terrain presque abandonné où s'élevaient le château Antonia et le second palais d'Hérode.

Les maisons de Jérusalem sont de lourdes masses carrées, fort basses, sans cheminées et sans fenêtres; elles se terminent en terrasses aplaties ou en dômes, et elles ressemblent à des prisons ou à des sépulcres. Tout serait à l'œil d'un niveau égal, si les clochers des églises, les minarets des mosquées, les cimes de quelques cyprès et les buissons de nopals ne rompaient l'uniformité du plan. A la vue de ces maisons de pierre, renfermées dans un paysage de pierres, on se demande si ce ne sont pas là les monuments confus d'un cimetière au milieu d'un désert.

Entrez dans la ville, rien ne vous consolera de la tristesse extérieure : vous vous égarez dans de petites rues non pavées, qui montent et descendent sur un sol inégal, et vous marchez dans des flots de poussière, ou parmi des cailloux roulants. Des toiles jetées d'une maison à l'autre augmentent l'obscurité de ce labyrinthe ; des bazars voûtés et infects achèvent d'ôter la lumière à la ville désolée ; quelques chétives boutiques n'étalent aux yeux que la misère ; et souvent ces boutiques mêmes sont fermées dans la crainte du passage d'un cadi. Personne dans les rues, personne aux portes de la ville ; quelquefois seulement un paysan se glisse dans l'ombre, cachant sous ses habits les fruits de son labeur, dans la crainte d'être dépouillé par le soldat ; dans un coin à l'écart, le boucher arabe égorge quelque bête suspendue par les pieds à un mur en ruine : à l'œil hagard et féroce de cet homme, à ses bras ensanglantés, vous croiriez qu'il vient plutôt de tuer son semblable que d'immoler un agneau. Pour tout bruit, dans la cité déicide, on entend par intervalles le galop de la cavale du désert : c'est le janissaire qui apporte la tête du Bédouin, ou qui va piller le Fellah.

Au milieu de cette désolation extraordinaire, il faut s'arrêter un moment pour contempler des choses plus extraordinaires encore. Parmi les ruines de Jérusalem, deux espèces de peuples indépendants trouvent dans leur foi de quoi surmonter tant d'horreurs et de misère. Là vivent des religieux chrétiens que rien ne peut forcer à abandonner le tombeau de Jésus-Christ, ni spoliations, ni mauvais traitements, ni menaces de la mort. Leurs cantiques retentissent nuit et jour autour du Saint-Sépulcre. Dépouillés le matin par un gouverneur turc, le soir les retrouve au pied du Calvaire, priant au lieu où Jésus-Christ souffrit pour le salut des hommes. Leur front est serein, leur bouche est riante. Ils reçoivent l'étranger avec joie. Sans forces et sans soldats, ils protégent des villages entiers contre l'iniquité. Pressés par le bâton et par le sabre, les femmes, les enfants, les troupeaux se réfugient dans les cloîtres de ces solitaires. Qui empêche le méchant armé de poursuivre sa proie, et de renverser d'aussi faibles remparts? la charité des moines; ils se privent des dernières ressources de la vie pour racheter leurs suppliants. Turcs, Arabes, Grecs, chrétiens, schismatiques, tous se jettent sous la protection de quelques pauvres religieux, qui ne peuvent se défendre eux-mêmes. C'est ici qu'il faut reconnaître avec Bossuet, « que des mains levées vers le ciel enfoncent plus de bataillons que des mains armées de javelots. »

Tandis que la nouvelle Jérusalem sort ainsi *du désert, brillante de clarté*, jetez les yeux entre la montagne de Sion et le Temple, voyez cet autre petit peuple qui vit séparé du reste des habitants de la cité. Objet particulier de tous les mépris, il baisse la tête, sans se plaindre; il souffre toutes les avanies sans demander justice; il se laisse accabler de coups sans soupirer; on lui demande sa tête, il la présente au cimeterre. Si quelque membre de cette société proscrite vient à mourir, son compagnon ira, pendant la nuit, l'enterrer furtivement dans la vallée de Josaphat, à l'ombre du temple de Salomon. Pénétrez dans la demeure de ce peuple, vous le trouverez dans une affreuse misère, faisant lire un livre mystérieux à des enfants qui, à leur tour, le feront lire à leurs enfants. Ce qu'il faisait il y a cinq mille ans, ce peuple le fait encore. Il a assisté dix-sept fois à la ruine de Jérusalem, et rien ne peut l'empêcher de tourner ses regards vers Sion. Quand on voit les Juifs dispersés sur la terre, selon la parole de Dieu, on est surpris, sans doute; mais, pour être frappé d'un étonnement surnaturel, il faut les retrouver à Jérusalem; il faut voir ces légitimes maîtres de la Judée esclaves et étrangers dans leur propre pays : il faut les voir attendant, sous toutes les oppressions, un roi qui doit les délivrer. Écrasés par la croix qui les condamne, et qui est plantée sur leurs têtes; cachés près du temple, dont il ne reste pas pierre sur pierre, ils demeurent dans leur déplorable aveuglement. Les Perses, les Grecs, les Romains, ont disparu de la terre; et un petit peuple, dont l'origine précéda celle de ces grands peuples, existe encore sans mélange dans les décombres de sa patrie. Si quelque chose, parmi les nations, porte le caractère du miracle, nous pensons que ce caractère est ici. Et qu'y a-t-il de plus merveilleux, même aux yeux du philosophe, que cette rencontre de l'antique et de la nouvelle Jérusalem au pied du Calvaire : la première s'affligeant à l'aspect du sépulcre de Jésus-Christ ressuscité; la seconde se consolant auprès du seul tombeau qui n'aura rien à rendre à la fin des siècles!

Je remerciai les Pères de leur hospitalité; je leur souhaitai bien sincèrement un bonheur qu'ils n'attendent guère ici-bas : prêt à les quitter, j'éprouvais une véritable tristesse. Je ne connais point de martyre comparable à celui de ces infortunés religieux; l'état où ils vivent ressemble à celui où l'on était, en France, sous le règne de la Terreur. J'allais rentrer dans ma patrie, embrasser mes parents, revoir mes amis, retrouver les douceurs de la vie; et ces Pères, qui avaient aussi des parents, des amis, une patrie, demeuraient exilés dans cette terre d'esclavage. Tous n'ont pas la force d'âme qui rend insensible aux chagrins; j'ai entendu des regrets qui m'ont fait connaître l'étendue du sacrifice. Jésus-Christ à ces mêmes bords n'a-t-il pas trouvé le calice amer? Et pourtant il l'a bu jusqu'à la lie.

Le 12 octobre, je montai à cheval avec Ali-Aga, Jean, Julien et le drogman Michel. Nous sortîmes de la ville, au coucher du soleil, par la porte des Pèlerins. Nous traversâmes le camp du pacha. Je m'arrêtai avant de descendre dans la vallée de Térébinthe, pour regarder encore Jérusalem. Je distinguai par-dessus les murs le dôme de l'église du Saint-Sépulcre. Il ne sera plus salué par le pèlerin, car il n'existe plus, et le tombeau de Jésus-Christ est maintenant exposé aux injures de l'air. Autrefois la chrétienté entière serait accourue pour réparer le sacré monument; aujourd'hui personne n'y pense, et la moindre aumône employée à cette œuvre méritoire paraîtrait une ridicule superstition. Après avoir contemplé pendant quelque temps Jérusalem, je m'enfonçai dans les montagnes. Il était six heures vingt-neuf minutes lorsque je perdis de vue la cité sainte : le navigateur marque ainsi le moment où disparaît à ses yeux une terre lointaine qu'il ne reverra jamais.

Nous trouvâmes au fond de la vallée de Térébinthe les chefs des Arabes de Jérémie, Abou-Gosh et Giaber : il nous attendaient. Nous arrivâmes à Jérémie vers minuit : il fallut manger un agneau qu'Abou-Gosh nous avait fait préparer. Je voulus lui donner quelque argent, il le refusa, et me pria seulement de lui envoyer deux *couffes* de riz de Damiette quand je serais en Égypte : je le lui promis de grand cœur, et pourtant je ne me souvins de ma promesse qu'à l'instant même où je m'embarquais pour Tunis. Aussitôt que nos communications avec le Levant seront rétablies, Abou-Gosh recevra certainement son riz de Damiette ; il verra qu'un Français peut manquer de mémoire, mais jamais de parole. J'espère que les petits Bédouins de Jérémie monteront la garde autour de mon présent, et qu'ils diront encore : « En avant ! marche ! »

J'arrivai à Jaffa le 13, à midi.

SIXIÈME PARTIE.

VOYAGE D'ÉGYPTE.

Je me trouvai fort embarrassé à mon retour à Jaffa : il n'y avait pas un seul vaisseau dans le port. Je flottais entre le dessein d'aller m'embarquer à Saint-Jean d'Acre et celui de me rendre en Égypte par terre. J'aurais beaucoup mieux aimé exécuter ce dernier projet, mais il était impraticable. Cinq partis armés se disputaient alors les bords du Nil : Ibraïm-Bey dans la Haute-Égypte, deux autres petits beys indépendants, le pacha de la Porte au Caire, une troupe d'Albanais révoltés, El-Fy-Bey dans la Basse-Égypte. Ces différents partis infestaient les chemins ; et les Arabes, profitant de la confusion, achevaient de fermer tous les passages.

La Providence vint à mon secours. Le surlendemain de mon arrivée à Jaffa, comme je me préparais à partir pour Saint-Jean d'Acre, on vit entrer dans le port une saïque. Cette saïque de l'échelle de Tripoli de Syrie était sur son lest, et s'enquérait d'un chargement. Les Pères envoyèrent chercher le capitaine : il consentit à me porter à Alexandrie, et nous eûmes bientôt conclu notre traité. J'ai conservé ce petit traité écrit en arabe. M. Langlès, si connu par son érudition dans les langues orientales, l'a jugé digne d'être mis sous les yeux des savants, à cause de plusieurs singularités. Il a eu la complaisance de le traduire lui-même, et j'ai fait graver l'original :

LUI (Dieu).

« Le but de cet écrit et le motif qui l'a fait tracer est que le jour et la date désignés ci-après [1], nous soussignés avons loué notre bâtiment au porteur de ce

---

[1] Le jour et la date, c'est-à-dire l'année, *yeoùm, oüé, târîkh*, ont été oubliés. Outre cette omission, nous avons remarqué plusieurs fautes d'orthographe assez graves, dont on trouvera la rectification au bas du *fac-simile* de l'original arabe. (*Note de M. Langlès.*)

traité, le signor Francesko (François), pour aller de l'échelle d'Yâfâ à Alexandrie, à condition qu'il n'entrera dans aucun autre port, et qu'il ira droit à Alexandrie, à moins qu'il ne soit forcé par le mauvais temps de surgir dans quelque échelle. Le nolis de ce bâtiment est de quatre cent quatre-vingts *ghrouch* (piastres) au lion, lesquels valent chacun quarante pârâh [1]. Il est aussi convenu entre eux que le nolis susdit ne sera acquitté que lorsqu'ils seront entrés à Alexandrie. Arrêté et convenu entre eux, et cela devant les témoins soussignés. Témoins :

« Le seïd (le sieur) Mousthafa-êl-Bâbâ ; le seïd Hhoceïn Chetmâ. — Le reïs (patron) Hhannâ Demitry (Jean Démétrius), de Tripoli de Syrie, affirme la vérité du contenu de cet écrit.

« Le reïs (patron) Hhannâ a touché, sur le montant du nolis ci-dessus énoncé, la somme de cent quatre-vingts *ghrouch* au lion ; le reste, c'est-à-dire les trois cents autres *ghrouch*, lui seront payés à Alexandrie ; et, comme ils servent d'assurance pour le susdit bâtiment depuis Yâfâ jusqu'à Alexandrie, ils restent dans la bourse du signor Francesko, pour cette seule raison. Il est convenu, en outre, que le patron leur fournira, à un juste prix, de l'eau, du feu pour faire la cuisine, et du sel, ainsi que toutes les provisions dont ils pourraient manquer, et les vivres. »

Ce ne fut pas sans un véritable regret que je quittai mes vénérables hôtes le 16 octobre. Un des Pères me donna des lettres de recommandation pour l'Espagne ; car mon projet était, après avoir vu Carthage, de finir mes courses par les ruines de l'Alhambra. Ainsi ces religieux, qui restaient exposés à tous les outrages, songeaient encore à m'être utiles au delà des mers et dans leur propre patrie.

Avant de quitter Jaffa, j'écrivis à M. Pillavoine, consul de France à Saint-Jean d'Acre, la lettre suivante :

Jaffa, ce 16 octobre 1806.

« MONSIEUR,

« J'ai l'honneur de vous envoyer la lettre de recommandation que M. l'ambassadeur de France à Constantinople m'avait remise pour vous. La saison étant déjà très-avancée, et mes affaires me rappelant dans notre commune patrie, je me vois forcé de partir pour Alexandrie. Je perds à regret l'occasion de faire votre connaissance. J'ai visité Jérusalem ; j'ai été témoin des vexations que le pacha de Damas fait éprouver aux religieux de Terre Sainte. Je leur ai conseillé, comme vous, la résistance. Malheureusement ils ont connu trop tard tout l'intérêt que l'empereur prend à leur sort. Ils ont donc encore cédé en partie aux demandes d'Abdallah : il faut espérer qu'ils auront plus de fermeté l'année prochaine. D'ailleurs, il m'a paru qu'ils n'avaient manqué cette année ni de prudence ni de courage.

« Vous trouverez, Monsieur, deux autres lettres jointes à la lettre de M. l'ambas-

---

[1] Quoiqu'on ait employé ici le mot arabe *fadhdhah*, qui signifie proprement de l'argent, ce mot désigne ici la très-petite pièce de monnaie connue en Égypte sous le nom de *pârah* ou *meydyn*, évaluée à 8 deniers 4/7 dans l'*Annuaire de la République française*, publié au Caire en l'an IX. Suivant le même ouvrage, p. 60, la piastre turque, le *ghrouch* de 40 *pârah*, vaut 1 liv. 8 sous 6 deniers 6/7. (Note de M. Langlès.)

sadeur : l'une m'a été remise par M. Dubois, négociant : je tiens l'autre du drogman de M. Vial, consul de France à Modon.

« J'ose prendre encore, Monsieur, la liberté de vous recommander M. D..., que j'ai vu ici. On m'a dit qu'il était honnête homme, pauvre et malheureux : ce sont là trois grands titres à la protection de la France.

« Agréez, Monsieur, je vous prie, etc.

« F. A. DE CH. »

Jean et Julien ayant porté nos bagages à bord, je m'embarquai le 16, à huit heures du soir. La mer était grosse et le vent peu favorable. Je restai sur le pont aussi longtemps que je pus apercevoir les lumières de Jaffa. J'avoue que j'éprouvais un certain sentiment de plaisir, en pensant que je venais d'accomplir un pèlerinage que j'avais médité depuis si longtemps. J'espérais mettre bientôt à fin cette sainte aventure, dont la partie la plus hasardeuse me semblait achevée. Quand je songeais que j'avais traversé presque seul le continent et les mers de la Grèce ; que je me retrouvais encore seul, dans une petite barque, au fond de la Méditerranée, après avoir vu le Jourdain, la mer Morte et Jérusalem, je regardais mon retour par l'Égypte, la Barbarie et l'Espagne, comme la chose du monde la plus facile : je me trompais pourtant.

Je me retirai dans la chambre du capitaine, lorsque nous eûmes perdu de vue les lumières de Jaffa, et que j'eus salué pour la dernière fois les rivages de la Terre Sainte ; mais le lendemain, à la pointe du jour, nous découvrîmes encore la côte en face de Gaza, car le capitaine avait fait route au midi. L'aurore nous amena une forte brise de l'orient, la mer devint belle, et nous mîmes le cap à l'ouest. Ainsi je suivais absolument le chemin qu'Ubalde et le Danois avaient parcouru pour aller délivrer Renaud. Mon bateau n'était guère plus grand que celui des deux chevaliers, et comme eux j'étais conduit par la Fortune. Ma navigation de Jaffa à Alexandrie ne dura que quatre jours, et jamais je n'ai fait sur les flots une course plus agréable et plus rapide. Le ciel fut constamment pur, le vent bon, la mer brillante. On ne changea pas une seule fois la voile. Cinq hommes composaient l'équipage de la saïque, y compris le capitaine ; gens moins gais que mes Grecs de l'île de Tino, mais en apparence plus habiles. Des vivres frais, des grenades excellentes, du vin de Chypre, du café de la meilleure qualité, nous tenaient dans l'abondance et dans la joie. L'excès de ma prospérité aurait dû me causer des alarmes ; mais, quand j'aurais eu l'anneau de Polycrate, je me serais bien gardé de le jeter dans la mer, à cause du maudit esturgeon.

Il y a dans la vie du marin quelque chose d'aventureux qui nous plaît et qui nous attache. Ce passage continuel du calme à l'orage, ce changement rapide des terres et des cieux, tiennent éveillée l'imagination du navigateur. Il est lui-même, dans ses destinées, l'image de l'homme ici-bas : toujours se promettant de rester au port, et toujours déployant ses voiles; cherchant des îles enchantées où il n'arrive presque jamais, et dans lesquelles il s'ennuie s'il y touche; ne parlant que de repos, et n'aimant que les tempêtes; périssant au milieu d'un naufrage, ou mourant, vieux nocher, sur la rive, inconnu des jeunes navigateurs dont il regrette de ne pouvoir suivre le vaisseau.

Nous traversâmes, le 17 et le 18, le golfe de Damiette : cette ville remplace à peu près l'ancienne Péluse. Quand un pays offre de grands et de nombreux souvenirs, la mémoire, pour se débarrasser des tableaux qui l'accablent, s'attache à un seul événement; c'est ce qui m'arriva en passant le golfe de Péluse : je commençai par remonter en pensée jusqu'aux premiers Pharaons, et je finis par ne pouvoir plus songer qu'à la mort de Pompée; c'est, selon moi, le plus beau morceau de Plutarque et d'Amyot son traducteur (15).

Le 19 à midi, après avoir été deux jours sans voir la terre, nous aperçûmes un promontoire assez élevé, appelé le cap Brûlos, et formant la pointe la plus septentrionale du Delta. J'ai déjà remarqué, au sujet du Granique, que l'illusion des noms est une chose prodigieuse : le cap Brûlos ne me présentait qu'un petit monceau de sable; mais c'était l'extrémité de ce quatrième continent, le seul qui me restât à connaître; c'était un coin de cette Égypte, berceau des sciences, mère des religions et des lois : je n'en pouvais détacher les yeux.

Le soir même, nous eûmes, comme disent les marins, connaissance de quelques palmiers qui se montraient dans le sud-ouest, et qui paraissaient sortir de la mer; on ne voyait point le sol qui les portait. Au sud, on remarquait une masse noirâtre et confuse, accompagnée de quelques arbres isolés : c'étaient les ruines d'un village, triste enseigne des destinées de l'Égypte.

Le 20, à cinq heures du matin, j'aperçus sur la surface verte et ridée de la mer une barre d'écume, et de l'autre côté de cette barre une eau pâle et tranquille. Le capitaine vint me frapper sur l'épaule, et me dit en langue franque : « *Nilo!* » Bientôt après nous entrâmes et nous courûmes dans ces eaux fameuses, dont je voulus boire, et que je trouvai salées. Des palmiers et un minaret nous annoncèrent l'emplacement de Rosette; mais le plan même de la terre était toujours invisible. Ces plages ressemblaient aux lagunes des Florides : l'aspect en était tout différent de celui des côtes de la Grèce et de la Syrie, et rappelait l'effet d'un horizon sous les tropiques.

A dix heures nous découvrîmes enfin, au-dessous de la cime des palmiers, une ligne de sable qui se prolongeait à l'ouest jusqu'au promontoire d'Aboukir, devant lequel il nous fallait passer pour arriver à Alexandrie. Nous nous trouvions alors en face même de l'embouchure du Nil, à Rosette, et nous allions traverser le Bogâz. L'eau du fleuve était dans cet endroit d'un rouge tirant sur le violet, de la couleur d'une bruyère en automne : le Nil, dont la crue était finie, commençait à baisser depuis quelque temps. Une vingtaine de gerbes ou bateaux d'Alexandrie se tenaient à l'ancre dans le Bogâz, attendant un vent favorable pour franchir la barre et remonter à Rosette.

En cinglant toujours à l'ouest, nous parvînmes à l'extrémité du dégorgement de cette immense écluse. La ligne des eaux du fleuve et celle des eaux de la mer ne se confondaient point; elles étaient distinctes, séparées; elles écumaient en se rencontrant, et semblaient se servir mutuellement de rivages [1]. A cinq heures du soir, la côte, que nous avions toujours à notre gauche, changea d'aspect. Les palmiers paraissaient alignés sur la rive, comme ces avenues dont les châteaux de France sont décorés : la nature se plaît ainsi à rappeler les idées de la civilisation dans le pays où cette civilisation prit naissance et où règnent aujourd'hui l'ignorance et la barbarie. Après avoir doublé la pointe d'Aboukir, nous fûmes peu à peu abandonnés du vent, et nous ne pûmes entrer que de nuit dans le port d'Alexandrie. Il était onze heures du soir quand nous jetâmes l'ancre dans le port marchand, au milieu des vaisseaux mouillés devant la ville. Je ne voulus point descendre à terre, et j'attendis le jour sur le pont de notre saïque.

J'eus tout le temps de me livrer à mes réflexions. J'entrevoyais à ma droite des vaisseaux et le château qui remplace la tour du Phare; à ma gauche, l'horizon me semblait borné par des collines, des ruines et des obélisques que je distinguais à peine au travers des ombres; devant moi s'étendait une ligne noire de murailles et de maisons confuses : on ne voyait à terre qu'une seule lumière, et l'on n'entendait aucun bruit. C'était là pourtant cette Alexandrie, rivale de Memphis et de Thèbes, qui compta trois millions d'habitants, qui fut le sanctuaire des Muses, et que les brillantes orgies d'Antoine et de Cléopâtre faisaient retentir dans les ténèbres. Mais en vain je prêtais l'oreille, un talisman fatal plongeait dans le silence le peuple de la nouvelle Alexandrie : ce talisman, c'est le despotisme qui éteint toute joie, et qui ne permet pas même un cri à la douleur. Et quel bruit pourrait-il s'élever d'une ville dont un tiers au moins est abandonné, dont l'autre tiers est consacré

---

[1] Voyez, pour la description de l'Égypte, tout le onzième livre des *Martyrs*.

aux sépulcres, et dont le tiers animé, au milieu de ces deux extrémités mortes, est une espèce de tronc palpitant qui n'a pas même la force de secouer ses chaînes entre des ruines et des tombeaux.

Le 20, à huit heures du matin, la chaloupe de la saïque me porta à terre, et je me fis conduire chez M. Drovetti, consul de France à Alexandrie. Jusqu'à présent j'ai parlé de nos consuls dans le Levant avec la reconnaissance que je leur dois ; ici j'irai plus loin, et je dirai que j'ai contracté avec M. Drovetti une liaison qui est devenue une véritable amitié. M. Drovetti, militaire distingué et né dans la belle Italie, me reçut avec cette simplicité qui caractérise le soldat, et cette chaleur qui tient à l'influence d'un heureux soleil. Je ne sais si, dans le désert où il habite, cet écrit lui tombera entre les mains ; je le désire, afin qu'il apprenne que le temps n'affaiblit point chez moi les sentiments ; que je n'ai point oublié l'attendrissement qu'il me montra lorsqu'il me dit adieu au rivage : attendrissement bien noble, quand on en essuie comme lui les marques avec une main mutilée au service de son pays ! Je n'ai ni crédit, ni protecteur, ni fortune ; mais si j'en avais, je ne les emploierais pour personne avec plus de plaisir que pour M. Drovetti.

On ne s'attend point sans doute à me voir décrire l'Égypte : j'ai parlé avec quelque étendue des ruines d'Athènes, parce qu'après tout, elles ne sont bien connues que des amateurs des arts ; je me suis livré à de grands détails sur Jérusalem, parce que Jérusalem était l'objet principal de mon voyage. Mais que dirais-je de l'Égypte? Qui ne l'a point vue aujourd'hui? Le *Voyage* de M. de Volney en Égypte est un véritable chef-d'œuvre dans tout ce qui n'est pas érudition : l'érudition a été épuisée par Sicard, Norden, Pococke, Shaw, Niebuhr et quelques autres ; les dessins de M. Denon et les grands tableaux de l'institut d'Égypte ont transporté sous nos yeux les monuments de Thèbes et de Memphis ; enfin, j'ai moi-même dit ailleurs tout ce que j'avais à dire sur l'Égypte. Le livre des *Martyrs* où j'ai parlé de cette vieille terre est plus complet touchant l'antiquité que les autres livres du même ouvrage. Je me bornerai donc à suivre, sans m'arrêter, les simples dates de mon journal.

M. Drovetti me donna un logement dans la maison du consulat, bâtie presque au bord de la mer, sur le port marchand. Puisque j'étais en Égypte, je ne pouvais pas en sortir sans avoir au moins vu le Nil et les Pyramides. Je priai M. Drovetti de me noliser un bâtiment autrichien pour Tunis, tandis que j'irais contempler le prodige d'un tombeau. Je trouvai à Alexandrie deux Français très-distingués, attachés à la légation de M. de Lesseps, qui devait, je crois, prendre alors le consulat général de l'Égypte, et qui, si je ne me trompe, est resté depuis à Livourne : leur intention étant aussi d'aller au Caire, nous arrêtâmes une gerbe, où nous nous embarquâmes le 23 pour Rosette. M. Drovetti garda Julien, qui avait la fièvre, et me donna un janissaire : je renvoyai Jean à Constantinople, sur un vaisseau grec qui se préparait à faire voile.

Nous partîmes le soir d'Alexandrie, et nous arrivâmes dans la nuit au Bogâz de Rosette. Nous traversâmes la barre sans accident. Au lever du jour, nous nous trouvâmes à l'entrée du fleuve : nous abordâmes le cap, à notre droite. Le Nil était dans toute sa beauté ; il coulait à plein bord, sans couvrir ses rives ; il laissait voir, le long de son cours, des plaines verdoyantes de riz, plantées de palmiers isolés qui représentaient des colonnes et des portiques. Nous nous rembarquâmes et nous touchâmes bientôt à Rosette. Ce fut alors que j'eus une première vue de ce magnifique Delta, où il ne manque qu'un gouvernement libre et un peuple heureux. Mais il n'est point de beau pays sans l'indépendance : le ciel le plus serein est odieux si l'on est enchaîné sur la terre. Je ne trouvais dignes de ces plaines magnifiques que les souvenirs de la gloire de ma patrie : je voyais les restes des monuments [1] d'une civilisation nouvelle, apportée par le génie de la France sur les bords du Nil ; je songeais en même temps que les lances de nos chevaliers et les baïonnettes de nos soldats avaient renvoyé deux fois la lumière d'un si brillant soleil ; avec cette différence que les chevaliers, malheureux à la journée de Massoure, furent vengés par les soldats à la bataille des Pyramides. Au reste, quoique je fusse charmé de rencontrer une grande rivière et une fraîche verdure, je ne fus pas très-étonné, car c'étaient absolument là mes fleuves de la Louisiane et mes savanes américaines : j'aurais désiré retrouver aussi les forêts où je plaçai les premières illusions de ma vie.

M. de Saint-Marcel, consul de France à Rosette, nous reçut avec une grande politesse : M. Caffe, négociant français et le plus obligeant des hommes, voulut nous accompagner jusqu'au Caire. Nous fîmes notre marché avec le patron d'une grande barque ; il nous donna la chambre d'honneur ; et, pour plus de sûreté, nous nous associâmes un chef albanais. M. de Choiseul a parfaitement représenté ces soldats d'Alexandre :

« Ces fiers Albanais seraient encore des héros, s'ils avaient un Scanderberg à leur tête ; mais ils ne sont plus que des brigands dont l'extérieur annonce la férocité. Ils sont tous grands, lestes et nerveux ; leur

---

[1] On voit encore en Égypte plusieurs fabriques élevées par les Français.

vêtement consiste en des culottes fort amples, un petit jupon, un gilet garni de plaques, de chaînes et de plusieurs rangs de grosses olives d'argent; ils portent des brodequins attachés avec des courroies qui montent quelquefois jusqu'aux genoux, pour tenir sur les mollets des plaques qui en prennent la forme et les préservent du frottement du cheval. Leurs manteaux, galonnés et tailladés de plusieurs couleurs, achèvent de rendre cet habillement très-pittoresque; ils n'ont d'autre coiffure qu'une calotte de drap rouge, encore la quittent-ils en courant au combat [1]. »

Les deux jours que nous passâmes à Rosette furent employés à visiter cette jolie ville arabe, ses jardins et sa forêt de palmiers. Savary a un peu exagéré les agréments de ce lieu; cependant il n'a pas menti autant qu'on l'a voulu faire croire. Le pathos de ses descriptions a nui à son autorité comme voyageur; mais c'est justice de dire que la vérité manque plus à son style qu'à son récit.

Le 26, à midi, nous entrâmes dans notre barque, où il y avait un grand nombre de passagers turcs et arabes. Nous courûmes au large, et nous commençâmes à remonter le Nil. Sur notre gauche, un marais verdoyant s'étendait à perte de vue; à notre droite, une lisière cultivée bordait le fleuve, et par delà cette lisière on voyait le sable du désert. Des palmiers clair-semés indiquaient çà et là des villages, comme les arbres plantés autour des cabanes dans les plaines de la Flandre. Les maisons de ces villages sont faites de terre, et élevées sur des monticules artificiels: précaution inutile, puisque souvent, dans ces maisons, il n'y a personne à sauver de l'inondation du Nil. Une partie du Delta est en friche; des milliers de fellahs ont été massacrés par les Albanais; le reste a passé dans la Haute-Égypte.

Contrariés par le vent et par la rapidité du courant, nous employâmes sept mortelles journées à remonter de Rosette au Caire. Tantôt nos matelots nous tiraient à la cordelle, tantôt nous marchions à l'aide d'une brise du nord qui ne soufflait qu'un moment. Nous nous arrêtions souvent pour prendre à bord des Albanais: il nous en arriva quatre dès le second jour de notre navigation, qui s'emparèrent de notre chambre: il fallut supporter leur brutalité et leur insolence. Au moindre bruit, ils montaient sur le pont, prenaient leurs fusils, et, comme des insensés, avaient l'air de vouloir faire la guerre à des ennemis absents. Je les ai vus coucher en joue des enfants qui couraient sur la rive en demandant l'aumône: ces petits infortunés s'allaient cacher derrière les ruines de leurs cabanes, comme accoutumés à ces terribles

---

[1] *Voyage de la Grèce.* Le fond du vêtement des Albanais est blanc, et les galons sont rouges.

jeux. Pendant ce temps-là nos marchands turcs descendaient à terre, s'asseyaient tranquillement sur leur talons, tournaient le visage vers la Mecque, et faisaient, au milieu des champs, des espèces de culbutes religieuses. Nos Albanais, moitié mulsumans, moitié chrétiens, criaient : « Mahomet! et Vierge Marie! » tiraient un chapelet de leur poche, prononçaient en français des mots obscènes, avalaient de grandes cruches de vin, lâchaient des coups de fusil en l'air et marchaient sur le ventre des chrétiens et des mulsumans.

Est-il donc possible que les lois puissent mettre autant de différence entre des hommes! Quoi! ces hordes de brigands albanais, ces stupides mulsumans, ces fellahs si cruellement opprimés, habitent les mêmes lieux où vécut un peuple si industrieux, si paisible, si sage; un peuple dont Hérodote et surtout Diodore se sont plu à nous peindre les coutumes et les mœurs! Y a-t-il, dans aucun poëme, un plus beau tableau que celui-ci?

« Dans les premiers temps, les rois ne se conduisaient point en Égypte comme chez les autres peuples, où ils font tout ce qu'ils veulent sans être obligés de suivre aucune règle ni de prendre aucun conseil : tout leur était prescrit par les lois, non-seulement à l'égard de l'administration du royaume, mais encore par rapport à leur conduite particulière. Ils ne pouvaient point se faire servir par des esclaves achetés ou même nés dans leur maison; mais on leur donnait les enfants des principaux d'entre les prêtres, toujours au-dessus de vingt ans, et les mieux élevés de la nation, afin que le roi, voyant jour et nuit autour de sa personne la jeunesse la plus considérable de l'Égypte, ne fît rien de bas, et qui fût indigne de son rang. En effet, les princes ne se jettent si aisément dans toutes sortes de vices que parce qu'ils trouvent des ministres toujours prêts à servir leurs passions. Il y avait surtout des heures du jour et de la nuit où le roi ne pouvait disposer de lui, et était obligé de remplir les devoirs marqués par les lois. Au point du jour il devait lire les lettres qui lui étaient adressées de tous côtés, afin qu'instruit par lui-même des besoins de son royaume, il pût pourvoir à tout et remédier à tout. Après avoir pris le bain, il se revêtait d'une robe précieuse et des autres marques de la royauté, pour aller sacrifier aux dieux. Quand les victimes avaient été amenées à l'autel, le grand prêtre, debout et en présence de tout le peuple, demandait aux dieux à haute voix qu'ils conservassent le roi, et répandissent sur lui toute sorte de prospérités, parce qu'il gouvernait ses sujets avec justice. Il insérait ensuite dans sa prière un dénombrement de toutes les vertus propres à un roi, en continuant ainsi : Parce qu'il est maître de lui-même, magnanime, bienfaisant, doux envers les autres, ennemi du mensonge, ses punitions n'égalent point les fautes, et ses récompenses passent les services. Après avoir dit plusieurs choses semblables, il condamnait les manquements où le roi était tombé par ignorance. Il est vrai qu'il en disculpait le roi même; mais il chargeait d'exécrations les flatteurs et tous ceux qui lui donnaient de mauvais conseils. Le grand prêtre en usait de cette manière, parce que les avis mêlés de louanges sont plus efficaces que les remontrances amères pour porter les rois à la crainte des dieux et à l'amour de la vertu. Ensuite de cela le roi ayant sacrifié et consulté les entrailles de la victime, le lecteur des livres sacrés lui lisait quelques actions ou quelques paroles remarquables des grands hommes, afin que le souverain de la république, ayant l'esprit plein d'excellents principes, en fît usage dans les occasions qui se présenteraient à lui. »

C'est bien dommage que l'illustre archevêque de Cambrai, au lieu de peindre une Égypte imaginaire, n'ait pas emprunté ce tableau, en lui donnant les couleurs que son heureux génie aurait su y répandre. Faydit a raison sur ce seul point, si l'on peut avoir raison quand on manque absolument de décence, de bonne foi et de goût. Mais il aurait toujours fallu que Fénelon conservât, à tout prix, le fond des aventures par lui inventées et racontées dans le style le plus antique : l'épisode de Termosiris *vaut seul un long poëme* :

« Je m'enfonçai dans une sombre forêt, où j'aperçus tout à coup un vieillard qui tenait un livre dans sa main. Ce vieillard avait un grand front chauve et un peu ridé; une barbe blanche pendait jusqu'à sa ceinture; sa taille était haute et majestueuse; son teint était encore frais et vermeil; ses yeux étaient vifs et perçants; sa voix, douce; ses paroles, simples et aimables. Jamais je n'ai vu un si vénérable vieillard : il s'appelait *Termosiris*....... »

Nous passâmes par le canal de Ménouf, ce qui m'empêcha de voir le beau bois de palmiers qui se trouve sur la grande branche de l'ouest; mais les Arabes infestaient alors le bord occidental de cette branche qui touche au désert libyque. En sortant du canal de Ménouf, et continuant de remonter le fleuve, nous aperçûmes, à notre gauche, la crête du mont Moqattam, et à notre droite, les hautes dunes de sable de la Libye. Bientôt, dans l'espace vide que laissait l'écartement de ces deux chaînes de montagnes, nous découvrîmes le sommet des Pyramides : nous en étions à plus de dix lieues. Pendant le reste de notre navigation, qui dura encore près de huit heures, je demeurai sur le pont à contempler ces tombeaux; ils paraissaient s'agrandir et monter dans le ciel à mesure que nous en approchions. Le Nil, qui était alors comme une petite mer; le mélange des sables du désert et de la plus fraîche verdure ; les palmiers, les sycomores, les dômes, les mosquées et les minarets du Caire ; les pyramides lointaines de Sacarah, d'où le fleuve semblait sortir comme de ses immenses réservoirs ; tout cela formait un tableau qui n'a point son égal sur la terre. « Mais quelque effort que fassent les hommes, dit Bossuet, leur néant paraît partout : ces pyramides étaient des tombeaux ! encore les rois qui les ont bâties n'ont-ils pas eu le pouvoir d'y être inhumés, et ils n'ont pas joui de leur sépulcre. »

J'avoue pourtant qu'au premier aspect des Pyramides, je n'ai senti que de l'admiration. Je sais que la philosophie peut gémir ou sourire en songeant que le plus grand monument sorti de la main des hommes est un tombeau ; mais pourquoi ne voir dans la pyramide de Chéops qu'un amas de pierres et un squelette ? Ce n'est point par le sentiment de son néant que l'homme a élevé un tel sépulcre, c'est par l'instinct de son immortalité : ce sépulcre n'est point la borne qui annonce la fin d'une carrière d'un jour, c'est la borne qui marque l'entrée d'une vie sans terme ; c'est une espèce de porte éternelle, bâtie sur les confins de l'éternité. « Tous ces peuples (d'Égypte), dit Diodore de Sicile, regardant la durée de la vie comme un temps très-court et de peu d'importance, font au contraire beaucoup d'attention à la longue mémoire que la vertu laisse après elle : c'est pourquoi ils appellent les maisons des vivants des hôtelleries par lesquelles on ne fait que passer ; mais ils donnent le nom de demeures éternelles aux tombeaux des morts, d'où l'on ne sort plus. Ainsi les rois ont été comme indifférents sur la construction de leurs palais ; et ils se sont épuisés dans la construction de leurs tombeaux. »

On voudrait aujourd'hui que tous les monuments eussent une utilité physique, et l'on ne songe pas qu'il y a pour les peuples une utilité morale d'un ordre fort supérieur, vers laquelle tendaient les législations de l'antiquité. La vue d'un tombeau n'apprend-elle donc rien ? Si elle enseigne quelque chose, pourquoi se plaindre qu'un roi ait voulu rendre la leçon perpétuelle ? Les grands monuments font une partie essentielle de la gloire de toute société humaine. A moins de soutenir qu'il est égal pour une nation de laisser ou de ne pas laisser un nom dans l'histoire, on ne peut condamner ces édifices qui portent la mémoire d'un peuple au delà de sa propre existence, et le font vivre contemporain des générations qui viennent s'établir dans ses champs abandonnés. Qu'importe alors que ces édifices aient été des amphithéâtres ou des sépulcres ? Tout est tombeau chez un peuple qui n'est plus. Quand l'homme a passé, les monuments de sa vie sont encore plus vains que ceux de sa mort : son mausolée est au moins utile à ses cendres; mais ses palais gardent-ils quelque chose de ses plaisirs?

Sans doute, à le prendre à la rigueur, une petite fosse suffit à tous, et six pieds de terre, comme le disait Matthieu Molé, feront toujours raison du plus grand homme du monde. Dieu peut être adoré sous un arbre comme sous le dôme de Saint-Pierre ; on peut vivre dans une chaumière comme au Louvre. Le vice de ce raisonnement est de transporter un ordre de choses dans un autre. D'ailleurs un peuple n'est pas plus heureux quand il vit ignorant des arts que quand il laisse des témoins éclatants de son génie. On ne croit plus à ces sociétés de bergers qui passent leurs jours dans l'innocence, en promenant leur doux loisir au fond des forêts. On sait que ces honnêtes bergers se font la guerre entre eux pour manger les moutons de leurs voisins. Leurs grottes ne sont ni tapissées de vignes, ni embaumées du parfum des fleurs ; on y est étouffé par la fumée, et suffoqué par l'odeur des laitages. En poésie et en philosophie, un petit peuple à demi barbare peut goûter tous les biens; mais l'impitoyable histoire le soumet aux calamités du reste des hommes. Ceux qui crient tant contre la gloire ne seraient-ils pas un peu amoureux de la renommée? Pour moi, loin de regarder comme un insensé le roi qui fit bâtir la grande Pyramide, je le tiens au contraire pour un monarque d'un esprit magnanime. L'idée de vaincre le temps par un tombeau, de forcer les générations, les mœurs, les lois, les âges à se briser au pied d'un cercueil, ne saurait être sortie d'une âme vulgaire. Si c'est là de l'orgueil, c'est du moins un grand orgueil. Une vanité comme celle de la grande Pyramide, qui dure depuis trois ou quatre mille ans, pourrait bien à la longue se faire compter pour quelque chose.

Au reste, ces Pyramides me rappelèrent des monuments moins pompeux, mais qui toutefois étaient aussi des sépulcres; je veux parler de ces édifices de gazon qui couvrent les cendres des Indiens au bord de l'Ohio. Lorsque je les visitai, j'étais dans une situation d'âme bien différente de celle où je me trouvais en contemplant les mausolées des Pharaons : je commençais alors le voyage, et maintenant je le finis. Le monde, à ces deux époques de ma vie, s'est présenté à moi précisément sous l'image des deux déserts où j'ai vu ces deux espèces de tombeaux : des solitudes riantes, des sables arides.

Nous abordâmes à Boulacq, et nous louâmes des chevaux et des ânes pour le Caire. Cette ville, que dominent l'ancien château de Babylone et le mont Moqattam, présente un aspect assez pittoresque, à cause de la multitude des palmiers, des sycomores et des minarets qui s'élèvent de son enceinte. Nous y entrâmes par des voiries et par un faubourg détruit, au milieu des vautours qui dévoraient leur proie. Nous descendîmes à la contrée des Francs, espèce de cul-de-sac dont on ferme l'entrée tous les soirs, comme les cloîtres extérieurs d'un couvent. Nous fûmes reçus par M......¹, à qui M. Drovetti avait confié le soin des affaires des Français au Caire. Il nous prit sous sa protection, et envoya prévenir le pacha de notre arrivée : il fit en même temps avertir les cinq mamelucks français, afin qu'ils nous accompagnassent dans nos courses.

Ces mamelucks étaient attachés au service du pacha. Les grandes armées laissent toujours après elles quelques traîneurs : la nôtre perdit ainsi deux ou trois cents soldats qui restèrent éparpillés en Égypte. Ils prirent parti sous différents beys, et furent bientôt renommés par leur bravoure. Tout le monde convenait que si ces déserteurs, au lieu de se diviser entre eux, s'étaient réunis et avaient nommé un bey français, ils se seraient rendus maîtres du pays. Malheureusement ils manquèrent de chef, et périrent presque tous à la solde des maîtres qu'ils avaient choisis. Lorsque j'étais au Caire, Mahamed-Ali-Pacha pleurait encore la mort d'un de ces braves. Ce soldat, d'abord petit tambour dans un de nos régiments, était tombé entre les mains des Turcs par les chances de la guerre : devenu homme, il se trouva enrôlé dans les troupes du pacha. Mahamed, qui ne le connaissait point encore, le voyant charger un gros d'ennemis, s'écria : « Quel est cet homme? Ce ne peut être qu'un Français; » et c'était en effet un Français. Depuis ce moment il devint le favori de son maître, et il n'était bruit que de sa valeur. Il fut tué peu de temps avant mon arrivée en Égypte, dans une affaire où les cinq autres mamelucks perdirent leurs chevaux.

Ceux-ci étaient Gascons, Languedociens et Picards; leur chef s'avouait le fils d'un cordonnier de Toulouse. Le second en autorité après lui servait d'interprète à ses camarades. Il savait assez bien le turc et l'arabe, et disait toujours en français *j'étions, j'allions, je faisions*. Un troisième, grand jeune homme maigre et pâle, avait vécu longtemps dans le désert avec les Bédouins, et il regrettait singulièrement cette vie. Il me contait que, quand il se trouvait seul dans les sables, sur un chameau, il lui prenait des transports de joie dont il n'était pas le maître. Le pacha faisait un tel cas de ces cinq mamelucks, qu'il les préférait au reste de ses spahis : eux seuls retraçaient et surpassaient l'intrépidité de ces terribles cavaliers détruits par l'armée française à la journée des Pyramides. Nous sommes dans le siècle des merveilles; chaque Français semble être appelé aujourd'hui à jouer un rôle extraordinaire :

---

¹ Par la plus grande fatalité, le nom de mon hôte, au Caire, s'est effacé sur mon journal, et je crains de ne l'avoir pas retenu correctement, ce qui fait que je n'ose l'écrire. Je ne me pardonnerais pas un pareil malheur, si ma mémoire était infidèle aux services, à l'obligeance et à la politesse de mon hôte, comme à son nom.

cinq soldats, tirés des derniers rangs de notre armée, se trouvaient, en 1806, à peu près les maîtres au Caire. Rien n'était amusant et singulier comme de voir Abdallah de Toulouse prendre les cordons de son cafetan, en donner par le visage des Arabes et des Albanais qui l'importunaient, et nous ouvrir ainsi un large chemin dans les rues les plus populeuses. Au reste, ces rois par l'exil avaient adopté, à l'exemple d'Alexandre, les mœurs des peuples conquis; ils portaient de longues robes de soie, de beaux turbans blancs, de superbes armes; ils avaient un harem, des esclaves, des chevaux de première race; toutes choses que leurs pères n'ont point en Gascogne et en Picardie. Mais, au milieu des nattes, des tapis, des divans que je vis dans leur maison, je remarquai une dépouille de la patrie : c'était un uniforme haché de coups de sabre, qui couvrait le pied d'un lit fait à la française. Abdallah réservait peut-être ces honorables lambeaux pour la fin du songe, comme le berger devenu ministre :

> Le coffre était ouvert, on y vit des lambeaux,
> L'habit d'un gardeur de troupeaux,
> Petit chapeau, jupon, panetière, houlette,
> Et, je pense, aussi sa musette.

Le lendemain de notre arrivée au Caire, 1er novembre, nous montâmes au château, afin d'examiner le puits de Joseph, la mosquée, etc. Le fils du pacha habitait alors ce château. Nous présentâmes nos hommages à Son Excellence, qui pouvait avoir quatorze ou quinze ans. Nous la trouvâmes assise sur un tapis, dans un cabinet délabré, et entourée d'une douzaine de complaisants qui s'empressaient d'obéir à ses caprices. Je n'ai jamais vu un spectacle plus hideux. Le père de cet enfant était à peine maître du Caire, et ne possédait ni la Haute ni la Basse-Égypte. C'était dans cet état de choses que douze misérables Sauvages nourrissaient des plus lâches flatteries un jeune Barbare enfermé pour sa sûreté dans un donjon. Et voilà le maître que les Égyptiens attendaient après tant de malheurs!

On dégradait donc, dans un coin de ce château, l'âme d'un enfant qui devait conduire des hommes; dans un autre coin, on frappait une monnaie du plus bas aloi. Et, afin que les habitants du Caire reçussent sans murmurer l'or altéré et le chef corrompu qu'on leur préparait, les canons étaient pointés sur la ville.

J'aimais mieux porter ma vue au dehors et admirer, du haut du château, le vaste tableau que présentaient au loin le Nil, les campagnes, le désert et les Pyramides. Nous avions l'air de toucher à ces dernières, quoique nous en fussions éloignés de quatre lieues. A l'œil nu, je voyais parfaitement les assises des pierres et la tête du sphinx qui sortait du sable ; avec une lunette je comptais les gradins des angles de la grande Pyramide, et je distinguais les yeux, la bouche et les oreilles du sphinx, tant ces masses sont prodigieuses !

Memphis avait existé dans les plaines qui s'étendent de l'autre côté du Nil jusqu'au désert où s'élèvent les Pyramides.

« Ces plaines heureuses, qu'on dit être le séjour des justes morts, ne sont, à la lettre, que les belles campagnes qui sont aux environs du lac Achéruse, auprès de Memphis, et qui sont partagées par des champs et des étangs couverts de blés ou de lotos. Ce n'est pas sans fondement qu'on a dit que les morts habitent là ; car c'est là qu'on termine les funérailles de la plupart des Égyptiens, lorsque, après avoir fait traverser le Nil et le lac d'Achéruse à leurs corps, on les dépose enfin dans des tombes qui sont arrangées sous terre en cette campagne. Les cérémonies, qui se pratiquent encore aujourd'hui dans l'Égypte, conviennent à tout ce que les Grecs disent de l'enfer, comme à la barque qui transporte les corps ; à la pièce de monnaie qu'il faut donner au nocher, nommé *Charon* en langue égyptienne ; au temple de la ténébreuse Hécate, placé à l'entrée de l'enfer ; aux portes du Cocyte et du Léthé, posées sur des gonds d'airain ; à d'autres portes, qui sont celles de la Vérité et de la Justice qui est sans tête[1]. »

Le 2 nous allâmes à Djizé et à l'île de Rhoda. Nous examinâmes le Nilomètre, au milieu des ruines de la maison de Mourad-Bey. Nous nous étions ainsi beaucoup rapprochés des Pyramides. A cette distance, elles paraissaient d'une hauteur démesurée : comme on les apercevait à travers la verdure des rizières, le cours du fleuve, la cime des palmiers et des sycomores, elles avaient l'air de fabriques colossales bâties dans un magnifique jardin. La lumière du soleil, d'une douceur admirable, colorait la chaîne aride du Moqattam, les sables libyques, l'horizon de Sacarah, et la plaine des tombeaux. Un vent frais chassait de petits nuages blancs vers la Nubie, et ridait la vaste nappe des flots du Nil. L'Égypte m'a paru le plus beau pays de la terre : j'aime jusqu'aux déserts qui la bordent, et qui ouvrent à l'imagination les champs de l'immensité.

Nous vîmes, en revenant de notre course, la mosquée abandonnée dont j'ai parlé au sujet de l'El-Sachra de Jérusalem, et qui me paraît être l'original de la cathédrale de Cordoue.

Je passai cinq autres jours au Caire, dans l'espoir de visiter les sépulcres des Pharaons ; mais cela fut impossible. Par une singulière fatalité, l'eau du Nil n'était pas encore assez retirée pour aller à cheval

---

[1] *Diod.*, trad. de TERRASSON.

aux Pyramides, ni assez haute pour s'en approcher en bateau. Nous envoyâmes sonder les gués et examiner la campagne : tous les Arabes s'accordèrent à dire qu'il fallait attendre encore trois semaines ou un mois avant de tenter le voyage. Un pareil délai m'aurait exposé à passer l'hiver en Égypte, car les vents de l'ouest allaient commencer; or, cela ne convenait ni à mes affaires ni à ma fortune. Je ne m'étais déjà que trop arrêté sur ma route, et je m'exposai à ne jamais revoir la France, pour avoir voulu remonter au Caire. Il fallut donc me résoudre à ma destinée, retourner à Alexandrie, et me contenter d'avoir vu de mes yeux les Pyramides, sans les avoir touchées de mes mains. Je chargeai M. Caffe d'écrire mon nom sur ces grands tombeaux, selon l'usage, à la première occasion : l'on doit remplir tous les petits devoirs d'un pieux voyageur. N'aime-t-on pas à lire, sur les débris de la statue de Memnon, le nom des Romains qui l'ont entendue soupirer au lever de l'aurore? Ces Romains furent comme nous *étrangers dans la terre d'Égypte,* et nous passerons comme eux.

Au reste, je me serais très-bien arrangé du séjour du Caire ; c'est la seule ville qui m'ait donné l'idée d'une ville orientale telle qu'on se la représente ordinairement : aussi figure-t-elle dans *les Mille et une Nuits.* Elle conserve encore beaucoup de traces du passage des Français : les femmes s'y montrent avec moins de réserve qu'autrefois ; on est absolument maître d'aller et d'entrer partout où l'on veut ; l'habit européen, loin d'être un objet d'insulte, est un titre de protection. Il y a un jardin assez joli, planté en palmiers avec des allées circulaires, qui sert de promenade publique : c'est l'ouvrage de nos soldats.

Avant de quitter le Caire, je fis présent à Abdallah d'un fusil de chasse à deux coups, de la manufacture de Lepage. Il me promit d'en faire usage à la première occasion. Je me séparai de mon hôte et de mes aimables compagnons de voyage. Je me rendis à Boulacq, où je m'embarquai avec M. Caffe pour Rosette. Nous étions les seuls passagers sur le bateau, et nous appareillâmes le 8 novembre à sept heures du soir.

Nous descendîmes avec le cours du fleuve : nous nous engageâmes dans le canal de Ménouf. Le 10 au matin, en sortant du canal et rentrant dans la grande branche de Rosette, nous aperçûmes le côté occidental du fleuve occupé par un camp d'Arabes. Le courant nous portait malgré nous de ce côté, et nous obligeait de serrer la rive. Une sentinelle cachée derrière un vieux mur cria à notre patron d'aborder. Celui-ci répondit qu'il était pressé de se rendre à sa destination, et que d'ailleurs il n'était point ennemi. Pendant ce colloque, nous étions arrivés à portée de pistolet du rivage, et le flot courait dans cette direction l'espace d'un mille. La sentinelle, voyant que nous poursuivions notre route, tira sur nous : cette première balle pensa tuer le pilote, qui riposta d'un coup d'escopette. Alors tout le camp accourut, borda la rive, et nous essuyâmes le feu de la ligne. Nous cheminions fort doucement, car nous avions le vent contraire : pour comble de guignon, nous échouâmes un moment. Nous étions sans armes ; on a vu que j'avais donné mon fusil à Abdallah. Je voulais faire descendre dans la chambre M. Caffe, que sa complaisance pour moi exposait à cette désagréable aventure ; mais, quoique père de famille et déjà sur l'âge, il s'obstina à rester sur le pont. Je remarquai la singulière prestesse d'un Arabe : il lâchait son coup de fusil, rechargeait son arme en courant, tirait de nouveau, et tout cela sans avoir perdu un pas sur la marche de la barque. Le courant nous porta enfin sur l'autre rive ; mais il nous jeta dans un camp d'Albanais révoltés, plus dangereux pour nous que les Arabes, car ils avaient du canon, et un boulet nous pouvait couler bas. Nous aperçûmes du mouvement à terre ; heureusement la nuit survint. Nous n'allumâmes point de feu, et nous fîmes silence. La Providence nous conduisit, sans autre accident, au milieu des partis ennemis, jusqu'à Rosette. Nous y arrivâmes le 11 à dix heures du matin.

J'y passai deux jours avec M. Caffe et M. de Saint-Marcel, et je partis le 13 pour Alexandrie. Je saluai l'Égypte, en la quittant, par ces beaux vers :

> Mère antique des arts et des fables divines,
> Toi, dont la gloire assise au milieu des ruines
> Étonne le génie et confond notre orgueil,
> Égypte vénérable, où, du fond du cercueil,
> Ta grandeur colossale insulte à nos chimères,
> C'est ton peuple qui sut, à ces barques légères,
> Dont rien ne dirigeait le cours audacieux,
> Chercher des guides sûrs dans la voûte des cieux.
> Quand le fleuve sacré qui féconde tes rives
> T'apportait en tribut ses ondes fugitives,
> Et, sur l'émail des prés égarant les poissons,
> Du limon de ses flots nourrissait tes moissons,
> Les hameaux, dispersés sur les hauteurs fertiles,
> D'un nouvel Océan semblaient former les îles ;
> Les palmiers, ranimés par la fraîcheur des eaux,
> Sur l'onde salutaire abaissaient leurs rameaux ;
> Par les feux du Cancer Syène poursuivie
> Dans ses sables brûlants sentait tarir la vie ;
> Et, des murs de Péluse aux lieux où fut Memphis,
> Mille canots flottaient sur la terre d'Isis.
> Le faible papyrus, par des tissus fragiles,
> Formait les flancs étroits de ces barques agiles,
> Qui, des lieux séparés conservant les rapports,
> Réunissaient l'Égypte en parcourant ses bords.

> Mais, lorsque dans les airs la Vierge triomphante
> Ramenait vers le Nil son onde décroissante;
> Quand les troupeaux bêlants et les épis dorés
> S'emparaient à leur tour des champs désaltérés,
> Alors d'autres vaisseaux à l'active industrie
> Ouvraient des aquilons l'orageuse patrie.
>
> . . . .
>
> Alors mille cités que décoraient les arts,
> L'immense Pyramide, et cent palais épars,
> Du Nil enorgueilli couronnaient le rivage.
> Dans les sables d'Ammon le porphyre sauvage,
> En colonne hardie élancé dans les airs,
> De sa pompe étrangère étonnait les déserts.
>
> . . . .
>
> O grandeur des mortels! O temps impitoyable!
> Les destins sont comblés : dans leur course immuable,
> Les siècles ont détruit cet éclat passager
> Que la superbe Égypte offrit à l'étranger [1].

J'arrivai le même jour, 13, à Alexandrie, à sept heures du soir.

M. Drovetti m'avait nolisé un bâtiment autrichien pour Tunis. Ce bâtiment, du port de cent vingt tonneaux, était commandé par un Ragusais; le second capitaine s'appelait *François Dinelli*, jeune Vénitien très-expérimenté dans son art. Les préparatifs du voyage et les tempêtes nous retinrent au port pendant dix jours. J'employai ces dix jours à voir et à revoir Alexandrie.

J'ai cité, dans une note des *Martyrs*, un long passage de Strabon, qui donne les détails les plus satisfaisants sur l'ancienne Alexandrie; la nouvelle n'est pas moins connue, grâce à M. de Volney : ce voyageur en a tracé le tableau le plus complet et le plus fidèle. J'invite les lecteurs à recourir à ce tableau ; il n'existe guère dans notre langue un meilleur morceau de description. Quant aux monuments d'Alexandrie, Pococke, Norden, Shaw, Thévenot, Paul Lucas, Tott, Niebuhr, Sonnini et cent autres les ont examinés, comptés, mesurés. Je me contenterai donc de donner ici l'inscription de la colonne de Pompée. Je crois être le premier voyageur qui l'ait rapportée en France [2].

---

[1] *La Navigation*, par M. Esménard. Quand j'imprimais ces vers, il n'y a pas encore un an, je ne pensais pas qu'on dût appliquer sitôt à l'auteur ses propres paroles:

> O temps impitoyable!
> Les destins sont comblés!
>
> (*Note de la troisième édition.*)

[2] Je me trompais : M. Jaubert avait rapporté cette inscription en France avant moi. Le savant d'Ansse de Villoison l'a expliquée dans un article du *Magasin encyclopédique*, VIIIe année, tom. v, p. 55. Cet article mérite d'être cité. Le docte helléniste propose une lecture un peu différente de la mienne (16).

Le monde savant la doit à quelques officiers anglais; ils parvinrent à la relever en y appliquant du plâtre.

Pococke en avait copié quelques lettres; plusieurs autres voyageurs l'avaient aperçue, j'ai moi-même déchiffré distinctement à l'œil nu plusieurs traits, entre autres, le commencement de ce mot Διοκ..., qui est décisif. Les gravures du plâtre ont fourni ces quatre lignes :

                TO.   ΩΤΑΤΟΝ ΑΥΤΟΚΡΑΤΟΡΑ
                ΤΟΝ ΠΟΛΙΟΥΧΟΝ ΑΛΕΞΑΝΔΡΕΙΑΣ
                ΔΙΟΚ. Η. ΙΑΝΟΝ ΤΟΝ.   ΤΟΝ
                ΠΟ.   ΕΠΑΡΧΟΣ ΑΙΓΥΠΤΟΥ

Il faut d'abord suppléer à la tête de l'inscription le mot ΠΡΟΣ. Après le premier point, Ν ΣΟΦ; après le second, Λ; après le troisième, Τ; au quatrième, ΑΥΓΟΥΣ; au cinquième, enfin, il faut ajouter ΛΛΙΩΝ. On voit qu'il n'y a ici d'arbitraire que le mot ΑΥΓΟΥΣΤΟΝ, qui est d'ailleurs peu important. Ainsi on peut lire :

                ΠΡΟΣ
                ΤΟΝ ΣΟΦΩΤΑΤΟΝ ΑΥΤΟΚΡΑΤΟΡΑ
                ΤΟΝ ΠΟΛΙΟΥΧΟΝ ΑΛΕΞΑΝΔΡΕΙΑΣ
                ΔΙΟΚΛΗΤΙΑΝΟΝ ΤΟΝ ΑΥΓΟΥΣΤΟΝ
                ΠΟΛΛΙΩΝ ΕΠΑΡΧΟΣ ΑΙΓΥΠΤΟΥ

C'est-à-dire :

« Au très-sage empereur, protecteur d'Alexandrie, Dioclétien Auguste; Pollion, préfet d'Égypte. »

Ainsi, tous les doutes sur la colonne de Pompée sont éclaircis[1]. Mais l'histoire garde-t-elle le silence sur ce sujet? il me semble que, dans la vie d'un des Pères du désert, écrite en grec par un contemporain, on lit que, pendant un tremblement de terre qui eut lieu à Alexandrie, toutes les colonnes tombèrent, excepté celle de Dioclétien.

M. Boissonade, à qui j'ai tant d'obligations, et dont j'ai mis la complaisance à de si grandes et de si longues épreuves, propose de supprimer le ΠΡΟΣ de ma leçon, qui n'est là que pour gouverner des accusatifs, et dont la place n'est point marquée sur la base de la colonne. Il sous-entend alors, comme dans une foule d'inscriptions rapportées par Chandler, Wheler, Spon, etc., ἐτίμησε, *honoravit*. M. Boissonade, qui est

---

[1] Quant à l'inscription; car la colonne est elle-même bien plus ancienne que sa dédicace.

destiné à nous consoler de la perte ou de la vieillesse de tant de savants illustres, a évidemment raison.

J'eus encore à Alexandrie une de ces petites jouissances d'amour-propre dont les auteurs sont si jaloux, et qui m'avait déjà rendu si fier à Sparte. Un riche Turc, voyageur et astronome, nommé *Aly-Bey el Abassy*, ayant entendu prononcer mon nom, prétendit connaître mes ouvrages. J'allai lui faire une visite avec le consul. Aussitôt qu'il m'aperçut, il s'écria : *Ah! mon cher Atala*, *et ma chère René!* Aly-Bey me parut digne, dans ce moment, de descendre du grand Saladin. Je suis même encore un peu persuadé que c'est le Turc le plus savant et le plus poli qui soit au monde, quoiqu'il ne connaisse pas bien le genre des noms en français; mais *non ego paucis offendar maculis*[1].

Si j'avais été enchanté de l'Égypte, Alexandrie me sembla le lieu le plus triste et le plus désolé de la terre. Du haut de la terrasse de la maison du consul, je n'apercevais qu'une mer nue qui se brisait sur des côtes basses encore plus nues, des ports presque vides et le désert libyque s'enfonçant à l'horizon du midi : ce désert semblait, pour ainsi dire, accroître et prolonger la surface jaune et aplanie des flots : on aurait cru voir une seule mer dont une moitié était agitée et bruyante, et dont l'autre moitié était immobile et silencieuse. Partout la nouvelle Alexandrie mêlant ses ruines aux ruines de l'ancienne cité; un Arabe galopant sur un âne au milieu des débris; quelques chiens maigres dévorant des carcasses de chameaux sur la grève; les pavillons des consuls européens flottant au-dessus de leurs demeures, et déployant, au milieu des tombeaux, des couleurs ennemies : tel était le spectacle.

Quelquefois je montais à cheval avec M. Drovetti, et nous allions nous promener à la vieille ville, à Nécropolis, ou dans le désert. La plante qui donne la soude couvrait à peine un sable aride; des chacals fuyaient devant nous; une espèce de grillon faisait entendre sa voix grêle et importune : il rappelait péniblement à la mémoire le foyer du laboureur dans cette solitude où jamais une fumée champêtre ne vous appelle à la tente de l'Arabe. Ces lieux sont d'autant plus tristes, que les Anglais ont noyé le vaste bassin qui servait comme de jardin à Alexandrie : l'œil ne rencontre plus que du sable, des eaux et l'éternelle colonne de Pompée.

M. Drovetti avait fait bâtir, sur la plate-forme de sa maison, une volière en forme de tente, où il nourrissait des cailles et des perdrix

---

[1] Voilà ce que c'est que la gloire! On m'a dit que cet Aly-Bey était Espagnol de naissance, et qu'il occupait aujourd'hui une place en Espagne. Belle leçon pour ma vanité!
(*Note de la troisième édition.*)

de diverses espèces. Nous passions les heures à nous promener dans cette volière, et à parler de la France. La conclusion de tous nos discours était qu'il fallait chercher au plus tôt quelque petite retraite dans notre patrie, pour y renfermer nos longues espérances. Un jour, après un grand raisonnement sur le repos, je me tournai vers la mer, et je montrai à mon hôte le vaisseau battu du vent sur lequel j'allais bientôt m'embarquer. Ce n'est pas, après tout, que le désir du repos ne soit naturel à l'homme; mais le but qui nous paraît le moins élevé n'est pas toujours le plus facile à atteindre, et souvent la chaumière fuit devant nos vœux comme le palais.

Le ciel fut toujours couvert pendant mon séjour à Alexandrie, la mer, sombre et orageuse. Je m'endormais et me réveillais au gémissement continuel des flots qui se brisaient presque au pied de la maison du consul. J'aurais pu m'appliquer les réflexions d'Eudore, s'il est permis de se citer soi-même :

« Le triste murmure de la mer est le premier son qui ait frappé mon oreille en venant à la vie. A combien de rivages n'ai-je pas vu depuis se briser les mêmes flots que je contemple ici! Qui m'eût dit, il y a quelques années, que j'entendrais gémir sur les côtes d'Italie, sur les grèves des Bataves, des Bretons, des Gaulois, ces vagues que je voyais se dérouler sur les beaux sables de la Messénie! Quel sera le terme de mes pèlerinages? Heureux si la mort m'eût surpris avant d'avoir commencé mes courses sur la terre, et lorsque je n'avais d'aventures à conter à personne! »

Pendant mon séjour forcé à Alexandrie, je reçus plusieurs lettres de M. Caffe, mon brave compagnon de voyage sur le Nil. Je n'en citerai qu'une; elle contient quelques détails touchant les affaires de l'Égypte à cette époque :

Rosette, le 14 février 1806.

« Monsieur,

« Quoique nous soyons au 14 du courant, j'ai l'honneur de vous écrire encore, bien persuadé qu'à la reçue de celle-ci vous serez encore à Alexandrie. Ayant travaillé à mes expéditions pour Paris, au nombre de quatre, je prends la liberté de vous les recommander, et d'avoir la complaisance, à votre heureuse arrivée, de vouloir bien les faire remettre à leur adresse.

« Mahamed-Aga, aujourd'hui trésorier de Mahamed-Ali, pacha du Caire, est arrivé vers le midi : l'on a débité qu'il demande cinq cents bourses de contribution sur le riz nouveau. Voilà, mon cher Monsieur, comme les affaires vont de mal en pis.

« Le village où les mamelucks ont battu les Albanais, et que les uns et les autres ont dépouillé, s'appelle *Neklé*; celui où nous avons été attaqués par les Arabes porte le nom de *Saffi*.

« J'ai toujours du regret de n'avoir pas eu la satisfaction de vous voir avant votre départ; vous m'avez privé par là d'une grande consolation, etc.

« Votre très-humble, etc.

« L. E. CAFFÉ. »

Le 23 novembre, à midi, le vent étant devenu favorable, je me rendis à bord du vaisseau avec mon domestique français. J'avais, comme je l'ai dit, renvoyé mon domestique grec à Constantinople. J'embrassai M. Drovetti sur le rivage, et nous nous promîmes amitié et souvenance : j'acquitte aujourd'hui ma dette.

Notre navire était à l'ancre dans le port d'Alexandrie, où les vaisseaux francs sont admis aujourd'hui comme les vaisseaux turcs; révolution due à nos armes. Je trouvai à bord un rabbin de Jérusalem, un Barbaresque, et deux pauvres Maures de Maroc, peut-être descendants des Abencerages, qui revenaient du pèlerinage de la Mecque : ils me demandaient leur passage par charité. Je reçus les enfants de Jacob et de Mahomet au nom de Jésus-Christ : au fond je n'avais pas grand mérite; car j'allai me mettre en tête que ces malheureux me porteraient bonheur, et que ma fortune passerait en fraude, cachée parmi leurs misères.

Nous levâmes l'ancre à deux heures. Un pilote nous mit hors du port. Le vent était faible, et de la partie du midi. Nous restâmes trois jours à la vue de la colonne de Pompée, que nous découvrions à l'horizon. Le soir du troisième jour nous entendîmes le coup de canon de retraite du port d'Alexandrie. Ce fut comme le signal de notre départ définitif; car le vent du nord se leva, et nous fîmes voile à l'occident.

Nous essayâmes d'abord de traverser le grand canal de Libye; mais le vent du nord, qui déjà n'était pas très-favorable, passa au nord-ouest le 29 novembre, et nous fûmes obligés de courir des bordées entre la Crète et la côte d'Afrique.

Le 1er décembre, le vent, se fixant à l'ouest, nous barra absolument le chemin. Peu à peu il descendit au sud-ouest, et se changea en une tempête qui ne cessa qu'à notre arrivée à Tunis. Notre navigation ne fut plus qu'une espèce de continuel naufrage de quarante-deux jours; ce qui est un peu long. Le 3, nous amenâmes toutes les voiles, et nous commençâmes à fuir devant la lame. Nous fûmes portés ainsi, avec une extrême violence, jusque sur les côtes de la Caramanie. Là, pendant quatre jours entiers, je vis à loisir les tristes et hauts sommets du Cragus, enveloppés de nuages. Nous battions la mer çà et là, tâchant, à la moindre variation du vent, de nous éloigner de la terre. Nous eûmes un moment la pensée d'entrer au port de Château-Rouge; mais le capitaine, qui était d'une timidité extrême, n'osa risquer le mouillage. La nuit du 8 fut très-pénible. Une rafale subite du midi nous chassa vers l'île de Rhodes; la lame était si courte et si mauvaise, qu'elle fatiguait singulièrement le vaisseau. Nous découvrîmes une petite felouque grecque à demi submergée, et à laquelle nous ne pûmes donner aucun secours. Elle passa à une encablure de notre poupe. Les quatre hommes qui la conduisaient étaient à genoux sur le pont; ils avaient suspendu un fanal à leur mât, et ils poussaient des cris que nous apportaient les vents. Le lendemain matin nous ne revîmes plus cette felouque.

Le vent ayant sauté au nord, nous mîmes la misaine dehors, et nous tâchâmes de nous soutenir sur la côte méridionale de l'île de Rhodes. Nous avançâmes jusqu'à l'île de Scarpanto. Le 10, le vent retomba à l'ouest, et nous perdîmes tout espoir de continuer notre route. Je désirais que le capitaine renonçât à passer le canal de Libye, et qu'il se jetât dans l'Archipel, où nous avions l'espoir de trouver d'autres vents. Mais il craignait de s'aventurer au milieu des îles. Il y avait dix-sept jours que nous étions en mer. Pour occuper mon temps je copiais et mettais en ordre les notes de ce voyage et les descriptions des *Martyrs*. La nuit je me promenais sur le pont avec le second capitaine Dinelli. Les nuits passées au milieu des vagues, sur un vaisseau battu de la tempête, ne sont point stériles pour l'âme, car les nobles pensées naissent des grands spectacles. Les étoiles qui se montrent fugitives entre les nuages brisés, les flots étincelants autour de vous, les coups de la lame qui font sortir un bruit sourd des flancs du navire, le gémissement du vent dans les mâts, tout vous annonce que vous êtes hors de la puissance de l'homme, et que vous ne dépendez plus que de la volonté de Dieu. L'incertitude de votre avenir donne aux objets leur véritable prix : et la terre, contemplée du milieu d'une mer orageuse, ressemble à la vie considérée par un homme qui va mourir.

Après avoir mesuré vingt fois les mêmes vagues, nous nous retrouvâmes le 12 devant l'île de Scarpanto. Cette île, jadis appelée *Carpathos*, et *Crapathos* par Homère, donna son nom à la mer Carpathienne. Quelques vers de Virgile font aujourd'hui toute sa célébrité :

« Est in Carpathio Neptuni gurgite vates
Cœruleus Proteus, etc. »

« Protée, ô mon cher fils, peut seul finir tes maux;
C'est lui que nous voyons, sur les mers qu'il habite,
Atteler à son char les monstres d'Amphitrite;
Pallène est sa patrie, et dans ce même jour
Vers ces bords fortunés il hâte son retour.
Les Nymphes, les Tritons, tous, jusqu'au vieux Nérée,
Respectent de ce dieu la science sacrée;
Ses regards pénétrants, son vaste souvenir,

> Embrassent le présent, le passé, l'avenir :
> Précieuse faveur du dieu puissant des ondes,
> Dont il pait les troupeaux dans les plaines profondes. »

Je n'irai point, si je puis, demeurer dans l'île de Protée, malgré les beaux vers des Géorgiques françaises et latines. Il me semble encore voir les tristes villages d'Anchinates, d'Oro, de Saint-Hélie, que nous découvrions avec des lunettes marines dans les montagnes de l'île. Je n'ai point, comme Ménélas et comme Aristée, perdu mon royaume ou mes abeilles ; je n'ai rien à attendre de l'avenir, et je laisse au fils de Neptune des secrets qui ne peuvent m'intéresser.

Le 12, à six heures du soir, le vent se tournant au midi, j'engageai le capitaine à passer en dedans de l'île de Crète. Il y consentit avec peine. A neuf heures il dit selon sa coutume : *Ho paura!* et il alla se coucher. M. Dinelli prit sur lui de franchir le canal formé par l'île de Scarpanto et celle de Coxo. Nous y entrâmes avec un vent violent du sud-ouest. Au lever du jour, nous nous trouvâmes au milieu d'un archipel d'îlots et d'écueils qui blanchissaient de toutes parts. Nous prîmes le parti de nous jeter dans le port de l'île de Stampalie, qui était devant nous.

Ce triste port n'avait ni vaisseaux dans ses eaux, ni maisons sur ses rivages. On apercevait seulement un village suspendu comme de coutume au sommet d'un rocher. Nous mouillâmes sous la côte ; je descendis à terre avec le capitaine. Tandis qu'il montait au village, j'examinai l'intérieur de l'île. Je ne vis partout que des bruyères, des eaux errantes qui coulaient sur la mousse, et la mer qui se brisait sur une ceinture de rochers. Les anciens appelèrent pourtant cette île la *Table des Dieux*, Θεῶν τράπεζα, à cause des fleurs dont elle était semée. Elle est plus connue sous le nom d'*Astypalée*; on y trouvait un temple d'Achille. Il y a peut-être des gens fort heureux dans le misérable hameau de Stampalie, des gens qui ne sont peut-être jamais sortis de leur île, et qui n'ont jamais entendu parler de nos révolutions. Je me demandais si j'aurais voulu de ce bonheur ; mais je n'étais déjà plus qu'un vieux pilote incapable de répondre affirmativement à cette question, et dont les songes sont enfants des vents et des tempêtes.

Nos matelots embarquèrent de l'eau ; le capitaine revint avec des poulets et un cochon vivant. Une felouque candiote entra dans le port ; à peine eut-elle jeté l'ancre auprès de nous, que l'équipage se mit à danser autour du gouvernail : *O Græcia vana!*

Le vent continuant toujours de souffler du midi, nous appareillâmes le 16 à neuf heures du matin. Nous passâmes au sud de l'île de Nanfia, et le soir, au coucher du soleil, nous aperçûmes la Crète. Le lendemain 17, faisant route au nord-ouest, nous découvrîmes le mont Ida : son sommet, enveloppé de neige, ressemblait à une immense coupole. Nous portâmes sur l'île de Cérigo, et nous fûmes assez heureux pour la passer le 18. Le 19, je revis les côtes de la Grèce, et je saluai le Ténare. Un orage du sud-est s'éleva à notre grande joie, et en cinq jours nous arrivâmes dans les eaux de l'île de Malte. Nous la découvrîmes la veille de Noël, mais le jour de Noël même, le vent se rangeant à l'ouest-nord-ouest nous chassa au midi de Lampedouse. Nous restâmes dix-huit jours sur la côte orientale du royaume de Tunis, entre la vie et la mort. Je n'oublierai de ma vie la journée du 28. Nous étions à la vue de la Pantalérie : un calme profond survint tout à coup à midi ; le ciel, éclairé d'une lumière blafarde, était menaçant. Vers le coucher du soleil, une nuit si profonde tomba du ciel, qu'elle justifia à mes yeux la belle expression de Virgile : *Ponto nox incubat atra*. Nous entendîmes ensuite un bruit affreux. Un ouragan fondit sur le navire, et le fit pirouetter comme une plume sur un bassin d'eau. Dans un instant la mer fut bouleversée de telle sorte que sa surface n'offrait qu'une nappe d'écume. Le vaisseau, qui n'obéissait plus au gouvernail, était comme un point ténébreux au milieu de cette terrible blancheur ; le tourbillon semblait nous soulever et nous arracher des flots ; nous tournions en tous sens, plongeant tour à tour la poupe et la proue dans les vagues. Le retour de la lumière nous montra notre danger. Nous touchions presque à l'île de Lampedouse. Le même coup de vent fit périr, sur l'île de Malte, deux vaisseaux de guerre anglais, dont les gazettes du temps ont parlé. M. Dinelli regardant le naufrage comme inévitable, j'écrivis un billet ainsi conçu : « F. A. de Chateaubriand, naufragé sur l'île de Lampedouse, le 28 décembre 1806, en revenant de la Terre Sainte. » J'enfermai ce billet dans une bouteille vide, avec le dessein de la jeter à la mer au dernier moment.

La Providence nous sauva. Un léger changement dans le vent nous fit tomber au midi de Lampedouse, et nous nous trouvâmes dans une mer libre. Le vent remontant toujours au nord, nous hasardâmes de mettre une voile, et nous courûmes sur la petite syrte. Le fond de cette syrte va toujours s'élevant jusqu'au rivage, de sorte qu'en marchant la sonde à la main, on vient mouiller à telle brasse que l'on veut. Le peu de profondeur de l'eau y rend la mer calme au milieu des plus grands vents, et cette plage, si dangereuse pour les barques des anciens, est une espèce de port en pleine mer pour les vaisseaux modernes.

Nous jetâmes l'ancre devant les îles Kerkeni, tout auprès de la ligne des pêcheries. J'étais si las de cette longue traversée, que j'aurais bien voulu débarquer à Sfax, et me rendre de là à Tunis par terre; mais le capitaine n'osa chercher le port de Sfax, dont l'entrée est en effet dangereuse. Nous restâmes huit jours à l'ancre dans la petite syrte, où je vis commencer l'année 1807. Sous combien d'astres, et dans combien de fortunes diverses, j'avais déjà vu se renouveler pour moi les années qui passent si vite ou qui sont si longues! Qu'ils étaient loin de moi ces temps de mon enfance où je recevais avec un cœur palpitant de joie la bénédiction et les présents paternels! Comme ce premier jour de l'année était attendu! Et maintenant, sur un vaisseau étranger, au milieu de la mer, à la vue d'une terre barbare, ce premier jour s'envolait pour moi, sans témoins, sans plaisirs, sans les embrassements de la famille, sans ces tendres souhaits de bonheur qu'une mère forme pour son fils avec tant de sincérité! Ce jour, né du sein des tempêtes, ne laissait tomber sur mon front que des soucis, des regrets et des cheveux blancs.

Toutefois nous crûmes devoir chômer sa fête, non comme la fête d'un hôte agréable, mais comme celle d'une vieille connaissance. On égorgea le reste des poulets, à l'exception d'un brave coq, notre horloge fidèle, qui n'avait cessé de veiller et de chanter au milieu des plus grands périls. Le rabbin, le Barbaresque et les deux Maures sortirent de la cale du vaisseau, et vinrent recevoir leurs étrennes à notre banquet. C'était là mon repas de famille! Nous bûmes à la France : nous n'étions pas loin de l'île des Lotophages où les compagnons d'Ulysse oublièrent leur patrie : je ne connais point de fruits assez doux pour me faire oublier la mienne.

Nous touchions presque aux îles Kerkeni, les *Cercinæ* des anciens. Du temps de Strabon, il y avait des pêcheries en avant de ces îles, comme aujourd'hui. Les *Cercinæ* furent témoins de deux grands coups de la fortune; car elles virent passer tour à tour Annibal et Marius fugitifs. Nous étions assez près d'Africa (*Turris Annibalis*), où le premier de ces deux grands hommes fut obligé de s'embarquer pour échapper à l'ingratitude des Carthaginois. Sfax est une ville moderne : selon le docteur Shaw, elle tire son nom du mot *Sfakouse*, à cause de la grande quantité de concombres qui croissent dans son territoire.

Le 6 janvier 1807, la tempête étant enfin apaisée, nous quittâmes la petite syrte, nous remontâmes la côte de Tunis pendant trois jours, et le 10 nous doublâmes le cap Bon, l'objet de toutes nos espérances. Le 11, nous mouillâmes sous le cap de Carthage. Le 12, nous jetâmes l'ancre devant la Goulette, échelle ou port de Tunis. On envoya la chaloupe à terre; j'écrivis à M. Devoise, consul français auprès du bey. Je craignais de subir encore une quarantaine; mais M. Devoise m'obtint la permission de débarquer le 18. Ce fut avec une vraie joie que je quittai le vaisseau. Je louai des chevaux à la Goulette; je fis le tour du lac, et j'arrivai à cinq heures du soir chez mon nouvel hôte.

SEPTIÈME ET DERNIÈRE PARTIE.

VOYAGE DE TUNIS, ET RETOUR EN FRANCE.

Je trouvai chez M. et madame Devoise l'hospitalité la plus généreuse et la société la plus aimable : ils eurent la bonté de me garder six semaines au sein de leur famille ; et je jouis enfin d'un repos dont j'avais un extrême besoin. On approchait du carnaval, et l'on ne songeait qu'à rire, en dépit des Maures. Les cendres de Didon et les ruines de Carthage entendaient le son d'un violon français. On ne s'embarrassait ni de Scipion, ni d'Annibal, ni de Marius, ni de Caton d'Utique, qu'on eût fait boire (car il aimait le vin) s'il se fût avisé de venir gourmander l'assemblée. Saint Louis seul eût été respecté en sa qualité de Français ; mais le bon et grand roi n'eût pas trouvé mauvais que ses sujets s'amusassent dans le même lieu où il avait tant souffert.

Le caractère national ne peut s'effacer. Nos marins disent que, dans les colonies nouvelles, les Espagnols commencent par bâtir une église ; les Anglais, une taverne ; et les Français un fort : et j'ajoute, une salle de bal. Je me trouvais en Amérique, sur la frontière du pays des Sauvages : j'appris qu'à la première journée je rencontrerais parmi les Indiens un de mes compatriotes. Arrivé chez les Cayougas, tribu qui faisait partie de la nation des Iroquois, mon guide me conduisit dans une forêt. Au milieu de cette forêt on voyait une espèce de grange ; je trouvai dans cette grange une vingtaine de Sauvages, hommes et femmes, barbouillés comme des sorciers, le corps demi-nu, les oreilles découpées, des plumes de corbeau sur la tête, et des anneaux passés dans les narines. Un petit Français, poudré et frisé comme autrefois, habit vert-pomme, veste de droguet, jabot et manchettes de mousseline, raclait un violon de poche, et faisait danser *Madelon Friquet* à ces Iroquois. M. Violet (c'était son nom) était maître de danse chez les Sauvages. On lui payait ses leçons en peaux de castor et en jambons d'ours : il avait été marmiton au service du général Rochambeau pendant la guerre d'Amérique. Demeuré à New-York après le départ de notre armée, il résolut d'enseigner les beaux-arts aux Américains. Ses vues s'étant agrandies avec ses succès, le nouvel Orphée porta la civilisation jusque chez les hordes errantes du Nouveau Monde. En me parlant des Indiens, il me disait toujours : « Ces messieurs Sauvages et ces dames Sauvagesses. » Il se louai beaucoup de la légèreté de ses écoliers : en effet, je n'ai jamais vu faire de telles gambades. M. Violet, tenant son petit violon entre son menton et sa poitrine, accordait l'instrument fatal ; il criait en iroquois : *A vos places!* Et toute la troupe sautait comme une bande de démons. Voilà ce que c'est que le génie des peuples.

Nous dansâmes donc aussi sur les débris de Carthage. Ayant vécu à Tunis absolument comme en France, je ne suivrai plus les dates de mon journal. Je traiterai les sujets d'une manière générale et selon l'ordre dans lequel ils s'offriront à ma mémoire. Mais avant de parler de Carthage et de ses ruines, je dois nommer les différentes personnes que j'ai connues en Barbarie. Outre M. le consul de France, je voyais souvent M. Lessing, consul de Hollande : son beau-frère, M. Humberg, officier-ingénieur hollandais, commandait à la Goulette. C'est avec le dernier que j'ai visité les ruines de Carthage ; j'ai eu infiniment à me louer de sa complaisance et de sa politesse. Je rencontrai aussi M. Lear, consul des États-Unis. J'avais été autrefois recommandé en Amérique au général Washington. M. Lear avait occupé une place auprès de ce grand homme : il voulut bien, en mémoire de mon illustre patron, me faire donner passage sur un schooner des États-Unis. Ce schooner me déposa en Espagne, comme je le dirai à la fin de cet Itinéraire. Enfin, je vis à Tunis, tant à la légation que dans la ville, plusieurs jeunes Français à qui mon nom n'était pas tout à fait étranger. Je ne dois point oublier les restes de l'intéressante famille de M. Adanson.

Si la multitude des récits fatigue l'écrivain qui veut parler aujourd'hui de l'Égypte et de la Judée, il éprouve, au sujet des antiquités de l'Afrique, un embarras tout contraire par la disette des documents. Ce n'est pas qu'on manque de Voyages en Barbarie : je connais une trentaine de Relations des royaumes de Maroc, d'Alger et de Tunis. Toutefois ces relations sont insuffisantes. Parmi les anciens Voyages, il faut distinguer l'*Africa illustrata* de Grammaye, et le savant ouvrage de Shaw. Les *Missions* des Pères de la Trinité et des Pères de la Merci renferment des miracles de charité : mais elles ne parlent point, et ne doivent point parler, des Romains et des Carthaginois. Les Mémoires imprimés à la suite des Voyages de Paul Lucas ne contiennent que le récit d'une guerre civile à Tunis. Shaw aurait pu suppléer à tout, s'il avait étendu ses recherches à l'histoire ; malheureusement il ne la considère que sous les rapports géographiques, il touche à peine, en passant, les antiquités : Carthage, par exemple, n'occupe pas, dans ses observations, plus de place que Tunis. Parmi les voyageurs tout à fait modernes, lady Montague, l'abbé Poiret, M. Desfontaines, disent quelques mots de Carthage, mais sans s'y arrêter aucunement. On a publié à Milan, en 1806, l'année même de mon voyage, un ouvrage sous ce titre : *Ragguaglio di alcuni Monumenti di Antichita ed Arti, raccolti negli ultimi Viaggi d'un dilettante*[1].

Je crois qu'il est question de Carthage dans ce livre : j'en ai retrouvé la note trop tard pour le faire venir d'Italie. On peut donc dire que le sujet que je vais traiter est neuf; j'ouvrirai la route; les habiles viendront après moi.

Avant de parler de Carthage, qui est ici le seul objet intéressant, il faut commencer par nous débarrasser de Tunis. Cette ville conserve à peu près son nom antique. Les Grecs et les Latins l'appelaient *Tunes*; et Diodore lui donne l'épithète de *Blanche*, Λευκὸν, parce qu'elle est bâtie sur une colline crayeuse : elle est à douze milles des ruines de Carthage, et presque au bord d'un lac dont l'eau est salée. Ce lac communique avec la mer, au moyen d'un canal appelé *la Goulette*, et ce canal est défendu par un fort. Les vaisseaux marchands mouillent devant ce fort, où ils se mettent à l'abri derrière la jetée de la Goulette, en payant un droit d'ancrage considérable.

Le lac de Tunis pouvait servir de port aux flottes des anciens; aujourd'hui une de nos barques a bien de la peine à le traverser sans échouer. Il faut avoir soin de suivre le principal canal qu'indiquent des pieux plantés dans la vase. Abulféda marque dans ce lac une île qui sert maintenant de lazaret. Les voyageurs ont parlé des flamands ou phénicoptères qui animent cette grande flaque d'eau, d'ailleurs assez triste. Quand ces beaux oiseaux volent à l'encontre du soleil, tendant le cou en avant, et allongeant les pieds en arrière, ils ont l'air de flèches empennées avec des plumes couleur de rose.

Des bords du lac, pour arriver à Tunis, il faut traverser un terrain qui sert de promenade aux Francs. La ville est murée; elle peut avoir une lieue de tour, en y comprenant le faubourg extérieur, Bled-el-Hadrah. Les maisons en sont basses; les rues, étroites; les boutiques, pauvres; les mosquées, chétives. Le peuple, qui se montre peu au dehors, a quelque chose de hagard et de sauvage. On rencontre sous les portes de la ville ce qu'on appelle des *Siddi* ou des *Saints* : ce sont des négresses et des nègres tout nus, dévorés par la vermine, vautrés dans leurs ordures, et mangeant insolemment le pain de la charité. Ces sales créatures sont sous la protection immédiate de Mahomet.

[1] *Voyez* la Préface de la troisième édition.

Des marchands européens, des Turcs enrôlés à Smyrne, des Maures dégénérés, des renégats et des captifs, composent le reste de la population.

La campagne aux environs de Tunis est agréable : elle présente de grandes plaines semées de blé et bordées de collines qu'ombragent des oliviers et des caroubiers. Un aqueduc moderne, d'un bon effet, traverse une vallée derrière la ville. Le bey a sa maison de campagne au fond de cette vallée. De Tunis même on découvre, au midi, les collines dont j'ai parlé. On voit à l'orient les montagnes du Mamélife : montagnes singulièrement déchirées, d'une figure bizarre, et au pied desquelles se trouvent les eaux chaudes connues des anciens. A l'ouest et au nord, on aperçoit la mer, le port de la Goulette, et les ruines de Carthage.

Les Tunisiens sont cependant moins cruels et plus civilisés que les peuples d'Alger. Ils ont recueilli les Maures d'Andalousie, qui habitent le village de Tub-Urbo, à six lieues de Tunis, sur la Me-Jerdah[1]. Le bey actuel est un homme habile : il cherche à se tirer de la dépendance d'Alger, à laquelle Tunis est soumise depuis la conquête qu'en firent les Algériens en 1757. Ce prince parle italien, cause avec esprit, et entend mieux la politique de l'Europe que la plupart des Orientaux. On sait au reste que Tunis fut attaquée par saint Louis en 1270, et prise par Charles-Quint en 1535. Comme la mort de saint Louis se lie à l'histoire de Carthage, j'en parlerai ailleurs. Quant à Charles-Quint, il défit le fameux Barberousse, et rétablit le roi de Tunis sur son trône, en l'obligeant toutefois à payer un tribut à l'Espagne : on peut consulter à ce sujet l'ouvrage de Robertson[2]. Charles-Quint garda le fort de la Goulette, mais les Turcs le reprirent en 1574.

Je ne dis rien de la Tunis des anciens, parce qu'on va la voir figurer à l'instant dans les guerres de Rome et de Carthage.

Au reste, on m'a fait présent à Tunis d'un manuscrit qui traite de l'état actuel de ce royaume, de son gouvernement, de son commerce, de son revenu, de ses armées, de ses caravanes. Je n'ai point voulu profiter de ce manuscrit; je n'en connais point l'auteur; mais, quel qu'il soit, il est juste qu'il recueille l'honneur de son travail. Je donnerai cet excellent *Mémoire* à la fin de l'*Itinéraire*[3]. Je passe maintenant à l'histoire et aux ruines de Carthage.

L'an 883 avant notre ère, Didon, obligée de fuir sa terre natale, vint aborder en Afrique. Carthage, fondée par l'épouse de Sichée, dut ainsi

---

[1] La Bagrada de l'antiquité, au bord de laquelle Régulus tua le fameux serpent. — [2] *Histoire de Charles-Quint*, liv. v. — [3] Ce Mémoire méritait bien de fixer l'attention des critiques, et personne ne l'a remarqué.

sa naissance à l'une de ces aventures tragiques qui marquent le berceau des peuples, et qui sont comme le germe et le présage des maux, fruits plus ou moins tardifs de toute société humaine. On connaît l'heureux anachronisme de l'*Énéide*. Tel est le privilége du génie, que les poétiques malheurs de Didon sont devenus une partie de la gloire de Carthage. A la vue des ruines de cette cité, on cherche les flammes du bûcher funèbre ; on croit entendre les imprécations d'une femme abandonnée ; on admire ces puissants mensonges qui peuvent occuper l'imagination, dans des lieux remplis des plus grands souvenirs de l'histoire. Certes, lorsqu'une reine expirante appelle dans les murs de Carthage les divinités ennemies de Rome, et les dieux vengeurs de l'hospitalité ; lorsque Vénus, sourde aux prières de l'amour, exauce les vœux de la haine, qu'elle refuse à Didon un descendant d'Énée, et lui accorde Annibal : de telles merveilles, exprimées dans un merveilleux langage, ne peuvent plus être passées sous silence. L'histoire prend alors son rang parmi les Muses, et la fiction devient aussi grave que la vérité.

Après la mort de Didon, la nouvelle colonie adopta un gouvernement dont Aristote a vanté les lois. Des pouvoirs balancés avec art entre les deux premiers magistrats, les nobles et le peuple, eurent cela de particulier qu'ils subsistèrent pendant sept siècles sans se détruire : à peine furent-ils ébranlés par des séditions populaires et par quelques conspirations des grands. Comme les guerres civiles, source des crimes publics, sont cependant mères des vertus particulières, la république gagna plus qu'elle ne perdit à ces orages. Si ses destinées sur la terre ne furent pas aussi longues que celles de sa rivale, du moins à Carthage la liberté ne succomba qu'avec la patrie.

Mais, comme les nations les plus libres sont aussi les plus passionnées, nous trouvons, avant la première guerre Punique, les Carthaginois engagés dans des guerres honteuses. Ils donnèrent des chaînes à ces peuples de la Bétique, dont le courage ne sauva pas la vertu ; ils s'allièrent avec Xerxès, et perdirent une bataille contre Gélon, le même jour que les Lacédémoniens succombèrent aux Thermopyles. Les hommes, malgré leurs préjugés, font un tel cas des sentiments nobles, que personne ne songe aux quatre-vingt mille Carthaginois égorgés dans les champs de la Sicile, tandis que le monde entier s'entretient des trois cents Spartiates morts pour obéir aux saintes lois de leur pays. C'est la grandeur de la cause, et non pas celle des moyens, qui conduit à la véritable renommée, et l'honneur a fait dans tous les temps la partie la plus solide de la gloire.

Après avoir combattu tour à tour Agathocle en Afrique et Pyrrhus en Sicile, les Carthaginois en vinrent aux mains avec la république romaine.

La cause de la première guerre Punique fut légère, mais cette guerre amena Régulus aux portes de Carthage.

Les Romains, ne voulant point interrompre le cours des victoires de ce grand homme, ni envoyer les consuls Fulvius et M. Émilius prendre sa place, lui ordonnèrent de rester en Afrique, en qualité de proconsul. Il se plaignit de ces honneurs; il écrivit au sénat, et le pria instamment de lui ôter le commandement de l'armée : une affaire importante aux yeux de Régulus demandait sa présence en Italie. Il avait un champ de sept arpents à Pupinium : le fermier de ce champ étant mort, le valet du fermier s'était enfui avec les bœufs et les instruments du labourage. Régulus représentait aux sénateurs que si sa ferme demeurait en friche, il lui serait impossible de faire vivre sa femme et ses enfants. Le sénat ordonna que le champ de Régulus serait cultivé aux frais de la république; qu'on tirerait du trésor l'argent nécessaire pour racheter les objets volés, et que les enfants et la femme du proconsul seraient, pendant son absence, nourris aux dépens du peuple romain. Dans une juste admiration de cette simplicité, Tite-Live s'écrie : « Oh! combien la vertu est préférable aux richesses! Celles-ci passent avec ceux qui les possèdent ; la pauvreté de Régulus est encore en vénération! »

Régulus, marchant de victoire en victoire, s'empara bientôt de Tunis ; la prise de cette ville jeta la consternation parmi les Carthaginois; ils demandèrent la paix au proconsul. Ce laboureur romain prouva qu'il est plus facile de conduire la charrue après avoir remporté des victoires, que de diriger d'une main ferme une prospérité éclatante : le véritable grand homme est surtout fait pour briller dans le malheur; il semble égaré dans le succès, et paraît comme étranger à la fortune. Régulus proposa aux ennemis des conditions si dures, qu'ils se virent forcés de continuer la guerre.

Pendant ces négociations, la destinée amenait au travers des mers un homme qui devait changer le cours des événements : un Lacédémonien nommé *Xantippe* vient retarder la chute de Carthage ; il livre bataille aux Romains sous les murs de Tunis, détruit leur armée, fait Régulus prisonnier, se rembarque, et disparaît sans laisser d'autres traces dans l'histoire [1].

Régulus, conduit à Carthage, éprouva les traitements les plus inhumains ; on lui fit expier les durs triomphes de sa patrie. Ceux qui traînaient à leurs chars avec tant d'orgueil des rois tombés du trône, des

---

[1] Quelques auteurs accusent les Carthaginois de l'avoir fait périr par jalousie de sa gloire, mais cela n'est pas prouvé.

femmes, des enfants en pleurs, pouvaient-ils espérer qu'on respectât dans les fers un citoyen de Rome?

La fortune redevint favorable aux Romains. Carthage demanda une seconde fois la paix; elle envoya des ambassadeurs en Italie : Régulus les accompagnait. Ses maîtres lui firent donner sa parole qu'il reviendrait prendre ses chaînes si les négociations n'avaient pas une heureuse issue : on espérait qu'il plaiderait fortement en faveur d'une paix qui lui devait rendre sa patrie.

Régulus, arrivé aux portes de Rome, refusa d'entrer dans la ville. Il y avait une ancienne loi qui défendait à tout étranger d'introduire dans le sénat les ambassadeurs d'un peuple ennemi : Régulus, se regardant comme un envoyé des Carthaginois, fit revivre en cette occasion l'antique usage. Les sénateurs furent donc obligés de s'assembler hors des murs de la cité. Régulus leur déclara qu'il venait, par l'ordre de ses maîtres, demander au peuple romain la paix ou l'échange des prisonniers.

Les ambassadeurs de Carthage, après avoir exposé l'objet de leur mission, se retirèrent : Régulus les voulut suivre; mais les sénateurs le prièrent de rester à la délibération.

Pressé de dire son avis, il représenta fortement toutes les raisons que Rome avait de continuer la guerre contre Carthage. Les sénateurs, admirant sa fermeté, désiraient sauver un tel citoyen : le grand pontife soutenait qu'on pouvait le dégager des serments qu'il avait faits.

« Suivez les conseils que je vous ai donnés, dit l'illustre captif, d'une voix qui étonna l'assemblée, et oubliez Régulus : je ne demeurerai point dans Rome après avoir été l'esclave de Carthage. Je n'attirerai point sur vous la colère des dieux. J'ai promis aux ennemis de me remettre entre leurs mains si vous rejetiez la paix; je tiendrai mon serment. On ne trompe point Jupiter par de vaines expiations; le sang des taureaux et des brebis ne peut effacer un mensonge, et le sacrilége est puni tôt ou tard.

« Je n'ignore point le sort qui m'attend; mais un crime flétrirait mon âme : la douleur ne brisera que mon corps. D'ailleurs il n'est point de maux pour celui qui sait les souffrir : s'ils passent les forces de la nature, la mort nous en délivre. Pères conscrits, cessez de me plaindre : j'ai disposé de moi, et rien ne pourra me faire changer de sentiments. Je retourne à Carthage; je fais mon devoir, et je laisse faire aux dieux. »

Régulus mit le comble à sa magnanimité : afin de diminuer l'intérêt qu'on prenait à sa vie, et pour se débarrasser d'une compassion inutile, il dit aux sénateurs que les Carthaginois lui avaient fait boire un poison lent avant de sortir de prison : « Ainsi, ajouta-t-il, vous ne perdrez de moi que quelques instants qui ne valent pas la peine d'être achetés par un parjure. » Il se leva, s'éloigna de Rome sans proférer une parole de plus, tenant les yeux attachés à la terre, et repoussant sa femme et ses enfants, soit qu'il craignît d'être attendri par leurs adieux, soit que, comme esclave carthaginois, il se trouvât indigne des embrassements d'une matrone romaine. Il finit ses jours dans d'affreux supplices, si toutefois le silence de Polybe et de Diodore ne balance pas le récit des historiens latins. Régulus fut un exemple mémorable de ce que peuvent, sur une âme courageuse, la religion du serment et l'amour de la patrie. Que si l'orgueil eut peut-être un peu de part à la résolution de ce mâle génie, se punir ainsi d'avoir été vaincu, c'était être digne de la victoire.

Après vingt-quatre années de combats, un traité de paix mit fin à la première guerre Punique. Mais les Romains n'étaient déjà plus ce peuple de laboureurs conduit par un sénat de rois, élevant des autels à la Modération et à la Petite-Fortune : c'étaient des hommes qui se sentaient faits pour commander, et que l'ambition poussait incessamment à l'injustice. Sous un prétexte frivole, ils envahirent la Sardaigne, et s'applaudirent d'avoir fait, en pleine paix, une conquête sur les Carthaginois. Ils ne savaient pas que le vengeur de la foi violée était déjà aux portes de Sagonte, et que bientôt il paraîtrait sur les collines de Rome : ici commence la seconde guerre Punique.

Annibal me paraît avoir été le plus grand capitaine de l'antiquité : si ce n'est pas celui que l'on aime le mieux, c'est celui qui étonne davantage. Il n'eut ni l'héroïsme d'Alexandre, ni les talents universels de César; mais il les surpassa l'un et l'autre comme homme de guerre. Ordinairement l'amour de la patrie ou de la gloire conduit les héros aux prodiges : Annibal seul est guidé par la haine. Livré à ce génie d'une nouvelle espèce, il part des extrémités de l'Espagne avec une armée composée de vingt peuples divers. Il franchit les Pyrénées et les Gaules, dompte les nations ennemies sur son passage, traverse les fleuves, arrive au pied des Alpes. Ces montagnes sans chemins, défendues par des Barbares, opposent en vain leur barrière à Annibal. Il tombe de leurs sommets glacés sur l'Italie, écrase la première armée consulaire sur les bords du Tésin, frappe un second coup à la Trébia, un troisième à Trasimène, et du quatrième coup de son épée il semble immoler Rome dans la plaine de Cannes. Pendant seize années il fait la guerre sans secours au sein de l'Italie; pendant seize années, il ne lui échappe qu'une de ces fautes qui décident du sort des empires, et qui paraissent si étrangères à la nature d'un grand homme, qu'on peut les attribuer raisonnablement à un dessein de la Providence.

Infatigable dans les périls, inépuisable dans les ressources, fin, ingénieux, éloquent, savant même, et auteur de plusieurs ouvrages, Annibal eut toutes les distinctions qui appartiennent à la supériorité de l'esprit et à la force du caractère; mais il manqua des hautes qualités du cœur : froid, cruel, sans entrailles, né pour renverser et non pour fonder des empires, il fut en magnanimité fort inférieur à son rival.

Le nom de Scipion l'Africain est un des beaux noms de l'histoire. L'ami des dieux, le généreux protecteur de l'infortune et de la beauté, Scipion a quelques traits de ressemblance avec nos anciens chevaliers. En lui commence cette urbanité romaine, ornement du génie de Cicéron, de Pompée, de César, et qui remplaça chez ces citoyens illustres la rusticité de Caton et de Fabricius.

Annibal et Scipion se rencontrèrent aux champs de Zama; l'un célèbre par ses victoires, l'autre fameux par ses vertus : dignes tous les deux de représenter leurs grandes patries, et de se disputer l'empire du monde.

Au départ de la flotte de Scipion pour l'Afrique, le rivage de la Sicile était bordé d'un peuple immense et d'une foule de soldats. Quatre cents vaisseaux de charge et cinquante trirèmes couvraient la rade de Lilybée. On distinguait à ses trois fanaux la galère de Lélius, amiral de la flotte. Les autres vaisseaux, selon leur grandeur, portaient une ou deux lumières. Les yeux du monde étaient attachés sur cette expédition qui devait arracher Annibal de l'Italie, et décider enfin du sort de Rome et de Carthage. La cinquième et la sixième légion, qui s'étaient trouvées à la bataille de Cannes, brûlaient du désir de ravager les foyers du vainqueur. Le général surtout attirait les regards : sa piété envers les dieux, ses exploits en Espagne, où il avait vengé la mort de son oncle et de son père, le projet de rejeter la guerre en Afrique, projet que lui seul avait conçu contre l'opinion du grand Fabius; enfin, cette faveur que les hommes accordent aux entreprises hardies, à la gloire, à la beauté, à la jeunesse, faisaient de Scipion l'objet de tous les vœux comme de toutes les espérances.

Le jour du départ ne tarda pas d'arriver. Au lever de l'aurore, Scipion parut sur la poupe de la galère de Lélius, à la vue de la flotte et de la multitude qui couvrait les hauteurs du rivage. Un héraut leva son sceptre, et fit faire silence :

« Dieux et déesses de la terre, s'écria Scipion, et vous, divinités de la mer, accordez une heureuse issue à mon entreprise ! que mes desseins tournent à ma gloire et à celle du peuple romain! Que pleins de joie, nous retournions un jour dans nos foyers, chargés des dépouilles de l'ennemi; et que Carthage éprouve les malheurs dont elle avait menacé ma patrie! »

Cela dit, on égorge une victime; Scipion en jette les entrailles fumantes dans la mer : les voiles se déploient au son de la trompette; un vent favorable emporte la flotte entière loin des rivages de la Sicile.

Le lendemain du départ, on découvrit la terre d'Afrique et le promontoire de Mercure : la nuit survint, et la flotte fut obligée de jeter l'ancre. Au retour du soleil, Scipion apercevant la côte, demanda le nom du promontoire le plus voisin des vaisseaux. « C'est le cap Beau, » répondit le pilote. A ce nom d'heureux augure, le général, saluant la fortune de Rome, ordonna de tourner la proue de sa galère vers l'endroit désigné par les dieux.

Le débarquement s'accomplit sans obstacle; la consternation se répandit dans les villes et dans les campagnes; les chemins étaient couverts d'hommes, de femmes et d'enfants qui fuyaient avec leurs troupeaux : on eût cru voir une de ces grandes migrations des peuples, quand des nations entières, par la colère ou par la volonté du ciel, abandonnent les tombeaux de leurs aïeux. L'épouvante saisit Carthage : on crie aux armes, on ferme les portes; on place des soldats sur les murs, comme si les Romains étaient déjà prêts à donner l'assaut.

Cependant Scipion avait envoyé sa flotte vers Utique; il marchait lui-même par terre à cette ville dans le dessein de l'assiéger : Masinissa vint le rejoindre avec deux mille chevaux.

Ce roi Numide, d'abord allié des Carthaginois, avait fait la guerre aux Romains en Espagne; par une suite d'aventures extraordinaires, ayant perdu et recouvré plusieurs fois son royaume, il se trouvait fugitif quand Scipion débarqua en Afrique. Syphax, prince des Gétules, qui avait épousé Sophonisbe, fille d'Asdrubal, venait de s'emparer des États de Masinissa. Celui-ci se jeta dans les bras de Scipion, et les Romains lui durent en partie le succès de leurs armes.

Après quelques combats heureux, Scipion mit le siége devant Utique. Les Carthaginois, commandés par Asdrubal et par Syphax, formèrent deux camps séparés à la vue du camp romain. Scipion parvint à mettre le feu à ces deux camps dont les tentes étaient faites de nattes et de roseaux, à la manière des Numides. Quarante mille hommes périrent ainsi dans une seule nuit. Le vainqueur, qui prit dans cette circonstance une quantité prodigieuse d'armes, les fit brûler en l'honneur de Vulcain.

Les Carthaginois ne se découragèrent point : ils ordonnèrent de grandes levées. Syphax, touché des larmes de Sophonisbe, demeura fidèle aux vaincus, et s'exposa de nouveau pour la patrie d'une femme qu'il aimait avec passion. Toujours favorisé du ciel, Scipion battit les armées ennemies, prit les villes de leur dépendance, s'empara de Tunis, et menaça Carthage d'une entière destruction. Entraîné par son fatal amour, Syphax osa reparaître devant les vainqueurs, avec un courage digne d'un meilleur sort. Abandonné des siens sur le champ de bataille, il se précipite seul dans les escadrons romains : il espérait que ses soldats, honteux d'abandonner leur roi, tourneraient la tête et viendraient mourir avec lui : mais ces lâches continuèrent à fuir; et Syphax, dont le cheval fut tué d'un coup de pique, tomba vivant entre les mains de Masinissa.

C'était un grand sujet de joie pour ce dernier prince de tenir prisonnier celui qui lui avait ravi la couronne : quelque temps après, le sort des armes mit aussi au pouvoir de Masinissa Sophonisbe, femme de Syphax. Elle se jette aux pieds du vainqueur.

« Je suis ta prisonnière : ainsi le veulent les dieux, ton courage et la fortune; mais par tes genoux que j'embrasse, par cette main triomphante que tu me permets de toucher, je t'en supplie, ô Masinissa, garde-moi pour ton esclave, sauve-moi de l'horreur de devenir la proie d'un Barbare. Hélas! il n'y a qu'un moment que j'étais, ainsi que toi-même, environnée de la majesté des rois! Songe que tu ne peux renier ton sang; que tu partages avec Syphax le nom de Numide. Mon époux sortit de ce palais par la colère des dieux : puisses-tu y être entré sous de plus heureux auspices! Citoyenne de Carthage, fille d'Asdrubal, juge de ce que je dois attendre d'un Romain. Si je ne puis rester dans les fers d'un prince né sur le sol de ma patrie, si la mort peut seule me soustraire au joug de l'étranger, donne-moi cette mort : je la compterai au nombre de tes bienfaits. »

Masinissa fut touché des pleurs et du sort de Sophonisbe : elle était dans tout l'éclat de la jeunesse et d'une incomparable beauté. Ses supplications, dit Tite-Live, étaient moins des prières que des caresses. Masinissa vaincu lui promit tout, et, non moins passionné que Syphax, il fit son épouse de sa prisonnière.

Syphax chargé de fers fut présenté à Scipion. Ce grand homme, qui naguère avait vu sur un trône celui qu'il contemplait à ses pieds, se sentit touché de compassion. Syphax avait été autrefois l'allié des Romains; il rejeta la faute de sa défection sur Sophonisbe. « Les flambeaux de mon fatal hyménée, dit-il, ont réduit mon palais en cendres; mais une chose me console : la furie qui a détruit ma maison est passée dans la couche de mon ennemi; elle réserve à Masinissa un sort pareil au mien. »

Syphax cachait ainsi, sous l'apparence de la haine, la jalousie qui lui arrachait ces paroles, car ce prince aimait encore Sophonisbe. Scipion n'était pas sans inquiétude; il craignait que la fille d'Asdrubal ne prît sur Masinissa l'empire qu'elle avait eu sur Syphax. La passion de Masinissa paraissait déjà d'une violence extrême : il s'était hâté de célébrer ses noces avant d'avoir quitté les armes; impatient de s'unir à Sophonisbe, il avait allumé les torches nuptiales devant les dieux domestiques de Syphax, devant ces dieux accoutumés à exaucer les vœux formés contre les Romains. Masinissa était revenu auprès de Scipion; celui-ci, en donnant des louanges au roi des Numides, lui fit quelques légers reproches de sa conduite envers Sophonisbe. Alors Masinissa rentra en lui-même, et, craignant de s'attirer la disgrâce des Romains, sacrifia son amour à son ambition. On l'entendit gémir au fond de sa tente, et se débattre contre ces sentiments généreux que l'homme n'arrache point de son cœur sans violence. Il fit appeler l'officier chargé de garder le poison du roi : ce poison servait aux princes africains à se délivrer de la vie quand ils étaient tombés dans un malheur sans remède : ainsi la couronne, qui n'était point chez eux à l'abri des révolutions de la fortune, était du moins à l'abri du mépris. Masinissa mêla le poison dans une coupe pour l'envoyer à Sophonisbe. Puis, s'adressant à l'officier chargé du triste message : « Dis à la reine que si j'avais été le maître, jamais Masinissa n'eût été séparé de Sophonisbe. Les dieux des Romains en ordonnent autrement. Je lui tiens du moins une de mes promesses; elle ne tombera point vivante entre les mains de ses ennemis si elle se soumet à sa fortune en citoyenne de Carthage, en fille d'Asdrubal et en femme de Syphax et de Masinissa. »

L'officier entra chez Sophonisbe, et lui transmit l'ordre du roi. « Je reçois ce don nuptial avec joie, répondit-elle, puisqu'il est vrai qu'un mari n'a pu faire à sa femme d'autre présent. Dis à ton maître qu'en perdant la vie, j'aurais du moins conservé l'honneur, si je n'eusse point épousé Masinissa la veille de ma mort. » Elle avala le poison.

Ce fut dans ces conjonctures que les Carthaginois rappelèrent Annibal de l'Italie : il versa des larmes de rage, il accusa ses concitoyens, il s'en prit aux dieux, il se reprocha de n'avoir pas marché à Rome après la bataille de Cannes. Jamais homme en quittant son pays pour aller en exil n'éprouva plus de douleur qu'Annibal en s'arrachant d'une terre étrangère pour rentrer dans sa patrie.

Il débarqua sur la côte d'Afrique avec les vieux soldats qui avaient traversé, comme lui, les Espagnes, les Gaules, l'Italie; qui montraient plus de faisceaux ravis à des préteurs, à des généraux, à des consuls, que tous les magistrats de Rome n'en faisaient porter devant eux. Annibal avait été trente-six ans absent de sa patrie : il en était sorti enfant; il y revenait dans un âge avancé, ainsi qu'il le dit lui-même à Scipion. Quelles durent être les pensées de ce grand homme quand il revit Carthage, dont les murs et les habitants lui étaient presque étrangers ! Deux de ses frères étaient morts; les compagnons de son enfance avaient disparu; les générations s'étaient succédé : les temples chargés de la dépouille des Romains furent sans doute les seuls lieux qu'Annibal put reconnaître dans cette Carthage nouvelle. Si ses concitoyens n'avaient pas été aveuglés par l'envie, avec quelle admiration ils auraient contemplé ce héros qui, depuis trente ans, versait son sang pour eux dans une région lointaine, et les couvrait d'une gloire ineffaçable ! Mais, quand les services sont si éminents qu'ils excèdent les bornes de la reconnaissance, ils ne sont payés que par l'ingratitude. Annibal eut le malheur d'être plus grand que le peuple chez lequel il était né; et son destin fut de vivre et de mourir en terre étrangère.

Il conduisit son armée à Zama. Scipion rapprocha son camp de celui d'Annibal. Le général carthaginois eut un pressentiment de l'infidélité de la fortune; car il demanda une entrevue au général romain, afin de lui proposer la paix. On fixa le lieu du rendez-vous. Quand les deux capitaines furent en présence, ils demeurèrent muets et saisis d'admiration l'un pour l'autre. Annibal prit enfin la parole :

« Scipion, les dieux ont voulu que votre père ait été le premier des généraux ennemis à qui je me sois montré en Italie, les armes à la main ; ces mêmes dieux m'ordonnent de venir aujourd'hui, désarmé, demander la paix à son fils. Vous avez vu les Carthaginois campés aux portes de Rome : le bruit d'un camp romain se fait entendre à présent jusque dans les murs de Carthage. Sorti enfant de ma patrie, j'y rentre plein de jours ; une longue expérience de la bonne et de la mauvaise fortune m'a appris à juger des choses par la raison et non par l'événement. Votre jeunesse, et le bonheur qui ne vous a point encore abandonné, vous rendront peut-être ennemi du repos; dans la prospérité on ne songe point aux revers. Vous avez l'âge que j'avais à Cannes et à Trasimène. Voyez ce que j'ai été, et connaissez, par mon exemple, l'inconstance du sort. Celui qui vous parle en suppliant est ce même Annibal qui, campé entre le Tibre et le Tévéron, prêt à donner l'assaut à Rome, délibérait sur ce qu'il ferait de votre patrie. J'ai porté l'épouvante dans les champs de vos pères, et je suis réduit à vous prier d'épargner de tels malheurs à mon pays. Rien n'est plus incertain que le succès des armes : un moment peut vous ravir votre gloire et vos espérances. Consentir à la paix, c'est rester vous-même l'arbitre de vos destinées; combattre, c'est remettre votre sort entre les mains des dieux. »

A ce discours étudié, Scipion répondit avec plus de franchise, mais moins d'éloquence : il rejeta comme insuffisantes les propositions de paix que lui faisait Annibal, et l'on ne songea plus qu'à combattre. Il est probable que l'intérêt de la patrie ne fut pas le seul motif qui porta le général romain à rompre avec le général carthaginois, et que Scipion ne put se défendre du désir de se mesurer avec Annibal.

Le lendemain de cette entrevue, deux armées, composées de vétérans, conduites par les deux plus grands capitaines des deux plus grands peuples de la terre, s'avancèrent pour se disputer, non les murs de Rome et de Carthage, mais l'empire du monde, prix de ce dernier combat.

Scipion plaça les piquiers au premier rang, les princes au second, et les triaires au troisième. Il rompit ces lignes par des intervalles égaux, afin d'ouvrir un passage aux éléphants des Carthaginois. Des vélites répandus dans ces intervalles devaient, selon l'occasion, se replier derrière les soldats pesamment armés, ou lancer sur les éléphants une grêle de flèches et de javelots. Lélius couvrait l'aile gauche de l'armée avec la cavalerie latine, et Masinissa commandait à l'aile droite les chevaux numides.

Annibal rangea quatre-vingts éléphants sur le front de son armée, dont la première ligne était composée de Liguriens, de Gaulois, de Baléares et de Maures; les Carthaginois venaient au second rang; des Bruttiens formaient derrière eux une espèce de réserve, sur laquelle le général comptait peu. Annibal opposa sa cavalerie à la cavalerie des Romains, les Carthaginois à Lélius et les Numides à Masinissa.

Les Romains sonnent les premiers la charge. Ils poussent en même temps de si grands cris, qu'une partie des éléphants effrayés se replie sur l'aile gauche de l'armée d'Annibal, et jette la confusion parmi les cavaliers numides. Masinissa aperçoit leur désordre, fond sur eux, et achève de les mettre en fuite. L'autre partie des éléphants qui s'étaient précipités sur les Romains est repoussée par les vélites, et cause, à l'aile droite des Carthaginois, le même accident qu'à l'aile gauche. Ainsi, dès le premier choc, Annibal demeura sans cavalerie et découvert sur ses deux flancs : des raisons puissantes, que l'histoire n'a pas connues, l'empêchèrent sans doute de penser à la retraite.

L'infanterie en étant venue aux mains, les soldats de Scipion enfoncèrent facilement la première ligne de l'ennemi, qui n'était composée que de mercenaires. Les Romains et les Carthaginois se trouvèrent

HENRI IV

alors face à face. Les premiers, pour arriver aux seconds, étant obligés de passer sur des monceaux de cadavres, rompirent leur ligne, et furent au moment de perdre la victoire. Scipion voit le danger, et change son ordre de bataille. Il fait passer les princes et les triaires au premier rang, et les place à la droite et à la gauche des piquiers; il déborde par ce moyen le front de l'armée d'Annibal, qui avait déjà perdu sa cavalerie et la première ligne de ses fantassins. Les vétérans carthaginois soutinrent la gloire qu'ils s'étaient acquise dans tant de batailles. On reconnaissait parmi eux, à leurs couronnes, de simples soldats qui avaient tué, de leurs propres mains, des généraux et des consuls. Mais la cavalerie romaine, revenant de la poursuite des ennemis, charge par derrière les vieux compagnons d'Annibal. Entourés de toutes parts, ils combattent jusqu'au dernier soupir, et n'abandonnent leurs drapeaux qu'avec la vie. Annibal lui-même, après avoir fait tout ce qu'on peut attendre d'un grand général et d'un soldat intrépide, se sauve avec quelques cavaliers.

Resté maître du champ de bataille, Scipion donna de grands éloges à l'habileté que son rival avait déployée dans les événements du combat. Était-ce générosité ou orgueil? Peut-être l'une et l'autre; car le vainqueur était Scipion, et le vaincu Annibal.

La bataille de Zama mit fin à la seconde guerre Punique. Carthage demanda la paix, et ne la reçut qu'à des conditions qui présageaient sa ruine prochaine. Annibal, n'osant se fier à la foi d'un peuple ingrat, abandonna sa patrie. Il erra dans les cours étrangères, cherchant partout des ennemis aux Romains, et partout poursuivi par eux; donnant à de faibles rois des conseils qu'ils étaient incapables de suivre, et apprenant par sa propre expérience qu'il ne faut porter chez les hôtes couronnés ni gloire ni malheur. On assure qu'il rencontra Scipion à Éphèse, et que, s'entretenant avec son vainqueur, celui-ci lui dit : « A votre avis, Annibal, quel a été le premier capitaine du monde? — Alexandre, répondit le Carthaginois. — Et le second? repartit Scipion. — Pyrrhus. — Et le troisième? — Moi. — Que serait-ce donc, s'écria Scipion en riant, si vous m'aviez vaincu? — Je me serais placé, répondit Annibal, avant Alexandre. » Mot qui prouve que l'illustre banni avait appris dans les cours l'art de la flatterie, et qu'il avait à la fois trop de modestie et trop d'orgueil.

Enfin les Romains ne purent se résoudre à laisser vivre Annibal. Seul, proscrit et malheureux, il leur semblait balancer la fortune du Capitole. Ils étaient humiliés en pensant qu'il y avait au monde un homme qui les avait vaincus, et qui n'était point effrayé de leur grandeur. Ils envoyèrent une ambassade jusqu'au fond de l'Asie demander au roi

Prusias la mort de son suppliant. Prusias eut la lâcheté d'abandonner Annibal. Alors ce grand homme avala du poison, en disant : « Délivrons les Romains de la crainte que leur cause un vieillard exilé, désarmé et trahi. »

Scipion éprouva comme Annibal les peines attachées à la gloire. Il finit ses jours à Literne, dans un exil volontaire. On a remarqué qu'Annibal, Philopœmen et Scipion moururent à peu près dans le même temps, tous trois victimes de l'ingratitude de leur pays. L'Africain fit graver sur son tombeau cette inscription si connue :

INGRATE PATRIE,
TU N'AURAS PAS MES OS.

Mais, après tout, la proscription et l'exil, qui peuvent faire oublier des noms vulgaires, attirent les yeux sur les noms illustres : la vertu heureuse nous éblouit ; elle charme nos regards lorsqu'elle est persécutée.

Carthage elle-même ne survécut pas longtemps à Annibal. Scipion Nasica et les sénateurs les plus sages voulaient conserver à Rome une rivale ; mais on ne change point les destinées des empires. La haine aveugle du vieux Caton l'emporta, et les Romains, sous le prétexte le plus frivole, commencèrent la troisième guerre Punique.

Ils employèrent d'abord une insigne perfidie pour dépouiller les ennemis de leurs armes. Les Carthaginois, ayant en vain demandé la paix, résolurent de s'ensevelir sous les ruines de leur cité. Les consuls Marcius et Manilius parurent bientôt sous les murs de Carthage. Avant d'en former le siége, ils eurent recours à deux cérémonies formidables : l'évocation des divinités tutélaires de cette ville, et le dévouement de la patrie d'Annibal aux dieux infernaux.

« Dieu ou déesse qui protégez le peuple et la république de Carthage, génie à qui la défense de cette ville est confiée, abandonnez vos anciennes demeures ; venez habiter nos temples. Puissent Rome et nos sacrifices vous être plus agréables que la ville et les sacrifices des Carthaginois ! »

Passant ensuite à la formule de dévouement :

« Dieu Pluton, Jupiter malfaisant, dieux Mânes, frappez de terreur la ville de Carthage ; entraînez ses habitants aux enfers. Je vous dévoue la tête des ennemis, leurs biens, leurs villes, leurs campagnes ; remplissez mes vœux, et je vous immolerai trois brebis noires. Terre, mère des hommes, et vous, Jupiter, je vous atteste. »

Cependant les consuls furent repoussés avec vigueur. Le génie d'Annibal s'était réveillé dans la ville assiégée. Les femmes coupèrent leurs cheveux ; elles en firent des cordes pour les arcs et pour les machines de guerre. Scipion, le second Africain, servait alors comme tribun dans l'armée romaine. Quelques vieillards qui avaient vu le premier Scipion en Afrique vivaient encore, entre autres le célèbre Masinissa. Ce roi numide, âgé de plus de quatre-vingts ans, invita le jeune Scipion à sa cour; c'est sur la supposition de cette entrevue [1] que Cicéron composa le beau morceau de sa *République*, connu sous le nom du *Songe de Scipion*. Il fait parler ainsi l'Émilien à Lélius, à Philus, à Manilius et à Scévola :

« J'aborde Masinissa. Le vieillard me reçoit dans ses bras et m'arrose de ses pleurs. Il lève les yeux au ciel et s'écrie : « Soleil, dieux « célestes, je vous remercie! Je reçois avant de mourir, dans mon « royaume et à mes foyers, le digne héritier de l'homme vertueux et « du grand capitaine toujours présent à ma mémoire. »

« La nuit, plein des discours de Masinissa, je rêvai que l'Africain s'offrait devant moi : je tremblais, saisi de respect et de crainte. L'Africain me rassura, et me transporta avec lui au plus haut du ciel, dans un lieu tout brillant d'étoiles. Il me dit :

« Abaissez vos regards et voyez Carthage : je la forçai de se sou-
« mettre au peuple romain; dans deux ans vous la détruirez de fond
« en comble, et vous mériterez par vous-même le nom d'Africain que
« vous ne tenez encore que de mon héritage.... Sachez, pour vous en-
« courager à la vertu, qu'il est dans le ciel un lieu destiné à l'homme
« juste. Ce qu'on appelle la vie sur la terre, c'est la mort. On n'existe
« que dans la demeure éternelle des âmes, et l'on ne parvient à cette
« demeure que par la sainteté, la religion, la justice, le respect envers
« ses parents, et le dévouement à la patrie. Sachez surtout mépriser
« les récompenses des mortels. Vous voyez d'ici combien cette terre
« est petite, combien les plus vastes royaumes occupent peu de place
« sur le globe que vous découvrez à peine, combien de solitudes et de
« mers divisent les peuples entre eux ! Quel serait donc l'objet de votre
« ambition? Le nom d'un Romain a-t-il jamais franchi les sommets du
« Caucase ou les rivages du Gange? Que de peuples à l'orient, à l'occi-
« dent, au midi, au septentrion, n'entendront jamais parler de l'Afri-
« cain! Et ceux qui en parlent aujourd'hui, combien de temps en par-
« leront-ils? Ils vont mourir. Dans le bouleversement des empires,
« dans ces grandes révolutions que le temps amène, ma mémoire périra
« sans retour. O mon fils! ne songez donc qu'aux sanctuaires divins
« où vous entendez cette harmonie des sphères qui charme maintenant

---

[1] Scipion avait vu auparavant Masinissa. Sa dernière entrevue n'eut pas lieu, car Masinissa était mort quand Scipion arriva à sa cour.

« vos oreilles; n'aspirez qu'à ces temples éternels préparés pour les « grandes âmes et pour ces génies sublimes qui, pendant la vie, se « sont élevés à la contemplation des choses du ciel. » L'Africain se tut et je m'éveillai.

Cette noble fiction d'un consul romain, surnommé *le Père de la patrie*, ne déroge point à la gravité de l'histoire. Si l'histoire est faite pour conserver les grands noms et les pensées du génie, ces grands noms et ces pensées se trouvent ici [1].

Scipion l'Émilien, nommé consul par la faveur du peuple, eut ordre de continuer le siége de Carthage. Il surprit d'abord la ville basse, qui portait le nom de *Mégara* ou de *Magara* [2]. Il voulut ensuite fermer le port extérieur au moyen d'une chaussée. Les Carthaginois ouvrirent une autre entrée à ce port, et parurent en mer au grand étonnement des Romains. Ils auraient pu brûler la flotte de Scipion; mais l'heure de Carthage était venue, et le trouble s'était emparé des conseils de cette ville infortunée.

Elle fut défendue par un certain Asdrubal, homme cruel, qui commandait trente mille mercenaires, et qui traitait les citoyens avec autant de rigueur que les ennemis. L'hiver s'étant passé dans les entreprises que j'ai décrites, Scipion attaqua au printemps le port intérieur appelé le *Cothon*.

Bientôt maître des murailles de ce port, il s'avança jusque dans la grande place de la ville. Trois rues s'ouvraient sur cette place et montaient en pente jusqu'à la citadelle connue sous le nom de *Byrsa*. Les habitants se défendirent dans les maisons de ces rues : Scipion fut obligé de les assiéger et de prendre chaque maison tour à tour. Ce combat dura six jours et six nuits. Une partie des soldats romains forçait les retraites des Carthaginois, tandis qu'une autre partie était occupée à tirer avec des crocs les corps entassés dans les maisons ou précipités dans les rues. Beaucoup de vivants furent jetés pêle-mêle dans les fossés avec les morts.

Le septième jour, des députés parurent en habits de suppliants; ils se bornaient à demander la vie des citoyens réfugiés dans la citadelle. Scipion leur accorda leur demande, exceptant toutefois de cette grâce les déserteurs romains qui avaient passé du côté des Carthaginois. Cinquante mille personnes, hommes, femmes, enfants et vieillards, sortirent ainsi de Byrsa.

Au sommet de la citadelle s'élevait un temple consacré à Esculape.

---

[1] Ce songe est une imitation d'un passage de *la République de Platon*. — [2] Je ne ferai la description de Carthage qu'en parlant de ses ruines.

Les transfuges, au nombre de neuf cents, se retranchèrent dans ce temple. Asdrubal les commandait; il avait avec lui sa femme et ses deux enfants. Cette troupe désespérée soutint quelque temps les efforts des Romains; mais, chassée peu à peu des parvis du temple, elle se renferma dans le temple même. Alors Asdrubal, entraîné par l'amour de la vie, abandonnant secrètement ses compagnons d'infortune, sa femme et ses enfants, vint, un rameau d'olivier à la main, embrasser les genoux de Scipion. Scipion le fit aussitôt montrer aux transfuges. Ceux-ci, pleins de rage, mirent le feu au temple, en faisant contre Asdrubal d'horribles imprécations.

Comme les flammes commençaient à sortir de l'édifice, on vit paraître une femme couverte de ses plus beaux habits, et tenant par la main deux enfants : c'était la femme d'Asdrubal. Elle promène ses regards sur les ennemis qui entouraient la citadelle, et reconnaissant Scipion : « Romain, s'écria-t-elle, je ne demande point au ciel qu'il exerce sur toi sa vengeance : tu ne fais que suivre les lois de la guerre; mais puisses-tu, avec les divinités de mon pays, punir le perfide qui trahit sa femme, ses enfants, sa patrie et ses dieux! Et toi, Asdrubal, Rome déjà prépare le châtiment de tes forfaits ! Indigne chef de Carthage, cours te faire traîner au char de ton vainqueur, tandis que ce feu va nous dérober, moi et mes enfants, à l'esclavage! »

En achevant ces mots, elle égorge ses enfants, les jette dans les flammes, et s'y précipite après eux. Tous les transfuges imitent son exemple.

Ainsi périt la patrie de Didon, de Sophonisbe et d'Annibal. Florus veut que l'on juge de la grandeur du désastre par l'embrasement, qui dura dix-sept jours entiers. Scipion versa des pleurs sur le sort de Carthage. A l'aspect de l'incendie qui consumait cette ville naguère si florissante, il songea aux révolutions des empires, et prononça ces vers d'Homère en les appliquant aux destinées futures de Rome : « Un temps viendra où l'on verra périr, et les sacrés murs d'Ilion, et le belliqueux Priam, et tout son peuple. » Corinthe fut détruite la même année que Carthage, et un enfant de Corinthe répéta, comme Scipion, un passage d'Homère, à la vue de sa patrie en cendres. Quel est donc cet homme que toute l'antiquité appelle à la chute des États et au spectacle des calamités des peuples, comme si rien ne pouvait être grand et tragique sans sa présence; comme si toutes les douleurs humaines étaient sous la protection et sous l'empire du chantre d'Ilion et d'Hector?

Carthage ne fut pas plus tôt détruite, qu'un dieu vengeur sembla sortir de ses ruines : Rome perd ses mœurs; elle voit naître dans son sein des guerres civiles; et cette corruption et ces discordes commencent sur les rivages Puniques. Et d'abord Scipion, destructeur de Carthage, meurt assassiné par la main de ses proches; les enfants de ce roi Masinissa, qui fit triompher les Romains, s'égorgent sur le tombeau de Sophonisbe; les dépouilles de Syphax servent à Jugurtha à pervertir et à vaincre les descendants de Régulus. « O cité vénale! s'écrie le prince africain en sortant du Capitole : ô cité mûre pour ta ruine, si tu trouves un acheteur ! » Bientôt Jugurtha fait passer une armée romaine sous le joug, presque à la vue de Carthage, et renouvelle cette honteuse cérémonie, comme pour réjouir les mânes d'Annibal; il tombe enfin dans les mains de Marius, et perd l'esprit au milieu de la pompe triomphale. Les licteurs le dépouillent, lui arrachent ses pendants d'oreilles, le jettent nu dans une fosse, où ce roi justifie jusqu'à son dernier soupir ce qu'il avait dit de l'avidité des Romains.

Mais la victoire obtenue sur le descendant de Masinissa a fait naître entre Sylla et Marius cette jalousie qui va couvrir Rome de deuil. Obligé de fuir devant son rival, Marius vint chercher un asile parmi les tombeaux d'Hannon et d'Hamilcar. Un esclave de Sextilius, préfet d'Afrique, apporte à Marius l'ordre de quitter les débris qui lui servent de retraite : « Va dire à ton maître, répond le terrible consul, que tu as vu Marius fugitif assis sur les ruines de Carthage. »

« Marius et Carthage, disent un historien et un poëte, se consolaient mutuellement de leur sort; et, tombés l'un et l'autre, ils pardonnaient aux dieux. »

Enfin la liberté de Rome expire aux pieds de Carthage détruite et enchaînée. La vengeance est complète : c'est un Scipion qui succombe en Afrique sous les coups de César; et son corps est le jouet des flots qui portèrent les vaisseaux triomphants de ses aïeux.

Mais Caton vit encore à Utique, et avec lui Rome et la liberté sont encore debout. César approche : Caton juge que les dieux de la patrie se sont retirés. Il demande son épée; un enfant la lui apporte; Caton la tire du fourreau, en touche la pointe et dit : « Je suis mon maître! » Ensuite il se couche, et lit deux fois le dialogue de Platon sur l'immortalité de l'âme, après quoi il s'endort. Le chant des oiseaux le réveille au point du jour : il pense alors qu'il est temps de changer une vie libre en une vie immortelle; il se donne un coup d'épée au-dessous de l'estomac : il tombe de son lit, se débat contre la mort. On accourt, on bande sa plaie : il revient de son évanouissement, déchire l'appareil et arrache ses entrailles. Il aime mieux mourir pour une cause sainte, que de vivre sous un grand homme.

Le destin de Rome républicaine étant accompli, les hommes, les lois, ayant changé, le sort de Carthage changea pareillement. Déjà

Tibérius Gracchus avait établi une colonie dans l'enceinte déserte de la ville de Didon; mais sans doute cette colonie n'y prospéra pas, puisque Marius ne trouva à Carthage que des cabanes et des ruines. Jules César, étant en Afrique, fit un songe : il crut voir pendant son sommeil une grande armée qui l'appelait en répandant des pleurs. Dès lors, il forma le projet de rebâtir Corinthe et Carthage, dont le rêve lui avait apparemment offert les guerriers. Auguste, qui partagea toutes les fureurs d'une révolution sanglante, et qui les répara toutes, accomplit le dessein de César. Carthage sortit de ses ruines, et Strabon assure que de son temps elle était déjà florissante. Elle devint la métropole de l'Afrique, et fut célèbre par sa politesse et par ses écoles. Elle vit naître tour à tour de grands et d'heureux génies. Tertullien lui adressa son *Apologétique* contre les Gentils. Mais, toujours cruelle dans sa religion, Carthage persécuta les chrétiens innocents, comme elle avait jadis brûlé des enfants en l'honneur de Saturne. Elle livra au martyre l'illustre Cyprien, qui faisait refleurir l'éloquence latine. Arnobe et Lactance se distinguèrent à Carthage : le dernier y mérita le surnom de *Cicéron chrétien*.

Soixante ans après, saint Augustin puisa dans la capitale de l'Afrique ce goût des voluptés sur lequel, ainsi que le roi-prophète, il pleura le reste de sa vie. Sa belle imagination, touchée des fictions des poëtes, aimait à chercher les restes du palais de Didon. Le désenchantement que l'âge amène, et le vide qui suit les plaisirs, rappelèrent le fils de Monique à des pensées plus graves. Saint Ambroise acheva la victoire, et Augustin, devenu évêque d'Hippone, fut un modèle de vertu. Sa maison ressemblait à une espèce de monastère où rien n'était affecté ni en pauvreté ni en richesse. Vêtu d'une manière modeste, mais propre et agréable, le vénérable prélat rejetait les habits somptueux, qui ne convenaient, disait-il, ni à son ministère, ni à son corps cassé de vieillesse, ni à ses cheveux blancs. Aucune femme n'entrait chez lui, pas même sa sœur, veuve et servante de Dieu. Les étrangers trouvaient à sa table une hospitalité libérale; mais, pour lui, il ne vivait que de fruits et de légumes. Il faisait sa principale occupation de l'assistance des pauvres et de la prédication de la parole de Dieu. Il fut surpris dans l'exercice de ses devoirs par les Vandales, qui vinrent mettre le siége devant Hippone, l'an 431 de notre ère, et qui changèrent la face de l'Afrique.

Les Barbares avaient déjà envahi les grandes provinces de l'Empire; Rome même avait été saccagée par Alaric. Les Vandales, ou poussés par les Visigoths, ou appelés par le comte Boniface, passèrent enfin d'Espagne en Afrique. Ils étaient, selon Procope, de la race des Goths, et joignaient à leur férocité naturelle le fanatisme religieux. Convertis au christianisme, mais ariens de secte, ils persécutèrent les catholiques avec une rage inouïe. Leur cruauté fut sans exemple : quand ils étaient repoussés devant une ville, ils massacraient leurs prisonniers autour de cette ville. Laissant les cadavres exposés au soleil, ils chargeaient, pour ainsi dire, le vent de porter la peste dans les murs que leur rage n'avait pu frapper. L'Afrique fut épouvantée de cette race d'hommes, de géants demi-nus, qui faisaient des peuples vaincus des espèces de bêtes de somme, les chassaient par troupeaux devant eux, et les égorgeaient quand ils en étaient las.

Genséric établit à Carthage le siège de son empire : il était digne de commander aux Barbares que Dieu lui avait soumis. C'était un prince sombre, sujet à des accès de la plus noire mélancolie, et qui paraissait grand dans le naufrage général du monde civilisé, parce qu'il était monté sur des débris.

Au milieu de ses malheurs, une dernière vengeance était réservée à la ville de Didon. Genséric traverse la mer et s'empare de Rome : il la livre à ses soldats pendant quatorze jours et quatorze nuits. Il se rembarque ensuite ; la flotte du nouvel Annibal apporte à Carthage les dépouilles de Rome, comme la flotte de Scipion avait apporté à Rome les dépouilles de Carthage. Tous les vaisseaux de Genséric, dit Procope, arrivèrent heureusement en Afrique, excepté celui qui portait les dieux. Solidement établi dans son nouvel empire, Genséric en sortait tous les ans pour ravager l'Italie, la Sicile, l'Illyrie et la Grèce. Les aveugles conquérants de cette époque sentaient intérieurement qu'ils n'étaient rien en eux-mêmes, qu'ils n'étaient que des instruments d'un conseil éternel. De là les noms qu'ils se donnaient de *Fléau de Dieu*, de *Ravageur de l'espèce humaine ;* de là cette fureur de détruire dont ils se sentaient tourmentés, cette soif du sang qu'ils ne pouvaient éteindre ; de là cette combinaison de toutes choses pour leurs succès ; bassesse des hommes, absence de courage, de vertus, de talents, de génie : car rien ne devait mettre d'obstacles à l'accomplissement des arrêts du ciel. La flotte de Genséric était prête ; ses soldats étaient embarqués : où allait-il ? Il ne le savait pas lui-même. « Prince, lui dit le pilote, quels peuples allez-vous attaquer ? — Ceux-là, répond le Barbare, que Dieu regarde à présent dans sa colère. »

Genséric mourut trente-neuf ans après avoir pris Carthage. C'était la seule ville d'Afrique dont il n'eût pas détruit les murs. Il eut pour successeur Hunéric, l'un de ses fils.

Après un règne de huit ans, Hunéric fut remplacé sur le trône par son cousin Gondamond : celui-ci porta le sceptre treize années, et laissa la couronne à Transamond son frère.

Le règne de Transamond fut en tout de vingt-sept années. Ildéric, fils d'Hunéric et petit-fils de Genséric, hérita du royaume de Carthage. Gélimer parent d'Ildéric, conspira contre lui, et le fit jeter dans un cachot. L'empereur Justinien prit la défense du monarque détrôné, et Bélisaire passa en Afrique. Gélimer ne fit presque point de résistance. Le général romain entra victorieux dans Carthage. Il se rendit au palais, où, par un jeu de la fortune, il mangea des viandes mêmes qui avaient été préparées pour Gélimer, et fut servi par les officiers de ce prince. Rien n'était changé à la cour, hors le maître; et c'est peu de chose quand il a cessé d'être heureux.

Bélisaire au reste était digne de ses succès. C'était un de ces hommes qui paraissent de loin à loin dans les jours du vice, pour interrompre le droit de prescription contre la vertu. Malheureusement ces nobles âmes qui brillent au milieu de la bassesse ne produisent aucune révolution. Elles ne sont point liées aux affaires humaines de leur temps; étrangères et isolées dans le présent, elles ne peuvent avoir aucune influence sur l'avenir. Le monde roule sur elles sans les entraîner; mais aussi elles ne peuvent arrêter le monde. Pour que les âmes d'une haute nature soient utiles à la société, il faut qu'elles naissent chez un peuple qui conserve le goût de l'ordre, de la religion et des mœurs, et dont le génie et le caractère soient en rapport avec sa position morale et politique. Dans le siècle de Bélisaire, les événements étaient grands et les hommes petits. C'est pourquoi les annales de ce siècle, bien que remplies de catastrophes tragiques, nous révoltent et nous fatiguent. Nous ne cherchons point, dans l'histoire, les révolutions qui maîtrisent et écrasent des hommes, mais les hommes qui commandent aux révolutions, et qui soient plus puissants que la fortune. L'univers bouleversé par les Barbares ne nous inspire que de l'horreur et du mépris; nous sommes éternellement et justement occupés d'une petite querelle de Sparte et d'Athènes dans un petit coin de la Grèce.

Gélimer, prisonnier à Constantinople, servit au triomphe de Bélisaire. Bientôt après, ce monarque devint laboureur. En pareil cas, la philosophie peut consoler un homme d'une nature commune, mais elle ne fait qu'augmenter les regrets d'un cœur vraiment royal.

On sait que Justinien ne fit point crever les yeux à Bélisaire. Ce ne serait après tout qu'un bien petit événement dans la grande histoire de l'ingratitude humaine. Quant à Carthage, elle vit un prince sortir de ses murs pour aller s'asseoir sur le trône des Césars : ce fut cet Héraclius qui renversa le tyran Phocas. Les Arabes firent, en 647, leur première expédition en Afrique. Cette expédition fut suivie de quatre autres dans l'espace de cinquante ans. Carthage tomba sous le joug musulman en 696. La plupart des habitants se sauvèrent en Espagne et en Sicile. Le patrice Jean, général de l'empereur Léonce, occupa la ville en 697 ; mais les Sarrasins y rentrèrent pour toujours en 698 ; et la fille de Tyr devint la proie des enfants d'Ismaël. Elle fut prise par Hassan, sous le califat d'Abd-el-Melike. On prétend que les nouveaux maîtres de Carthage en rasèrent jusqu'aux fondements. Cependant il en existait encore de grands débris au commencement du neuvième siècle, s'il est vrai que des ambassadeurs de Charlemagne y découvrirent le corps de saint Cyprien. Vers la fin du même siècle, les infidèles formèrent une ligue contre les chrétiens, et ils avaient à leur tête, dit l'histoire, les *Sarrasins de Carthage*. Nous verrons aussi que saint Louis trouva une ville naissante dans les ruines de cette antique cité. Quoi qu'il en soit, elle n'offre plus aujourd'hui que les débris dont je vais parler. Elle n'est connue dans le pays que sous le nom de Bersach, qui semble être une corruption du nom de Byrsa. Quand on veut aller de Tunis à Carthage, il faut demander la tour d'Almenare ou *la torre de Mastinacès : ventoso gloria curru!*

Il est assez difficile de bien comprendre, d'après le récit des historiens, le plan de l'ancienne Carthage. Polybe et Tite-Live avaient sans doute parlé fort au long du siége de cette ville, mais nous n'avons plus leurs descriptions. Nous sommes réduits aux abréviateurs latins, tels que Florus et Velléius Paterculus, qui n'entrent point dans le détail des lieux. Les géographes qui vinrent par la suite des temps ne connurent que la Carthage romaine. L'autorité la plus complète sur ce sujet est celle du Grec Appien, qui florissait près de trois siècles après l'événement, et qui, dans son style déclamatoire, manque de précision et de clarté. Rollin, qui le suit, en y mêlant peut-être mal à propos l'autorité de Strabon, m'épargnera la peine d'une traduction.

« Elle était située dans le fond d'un golfe, environnée de mer en forme d'une presqu'île dont le col, c'est-à-dire l'isthme qui la joignait au continent, était d'une lieue et un quart (vingt-cinq stades). La presqu'île avait de circuit dix-huit lieues (trois cent soixante stades). Du côté de l'occident il en sortait une longue pointe de terre, large à peu près de douze toises (un demi-stade), qui, s'avançant dans la mer, la séparait d'avec un marais, et était fermée de tous côtés de rochers et d'une simple muraille. Du côté du midi et du continent, où était la citadelle appelée *Byrsa*, la ville était close d'une triple muraille, haute de trente coudées, sans les parapets et les tours qui la flanquaient tout alentour par d'égales distances, éloignées l'une de l'autre de quatre-vingts toises. Chaque tour avait quatre étages, les murailles n'en avaient que deux ; elles étaient voûtées, et dans le bas il y avait des étables pour mettre trois cents éléphants, avec les choses nécessaires pour leur subsistance, et des écuries au-dessus pour quatre mille chevaux, et les greniers pour leur nourriture. Il s'y trouvait aussi de quoi y loger vingt mille fantassins et quatre mille cavaliers. Enfin, tout cet appareil de guerre était renfermé dans les seules murailles. Il n'y avait qu'un endroit de la ville dont les murs fussent faibles et bas : c'était un angle négligé qui commençait à la pointe de terre dont nous avons parlé, et qui continuait jusqu'au port qui était du côté du couchant. Il y en avait deux qui se communiquaient l'un à l'autre, mais qui n'avaient qu'une seule entrée, large de soixante-dix pieds et fermée par des chaînes. Le premier était pour les marchands, où l'on trouvait plusieurs et diverses demeures pour les matelots. L'autre était le port intérieur, pour les navires de guerre, au milieu duquel on voyait une île nommée *Cothon*, bordée, aussi bien que le port, de grands quais où il y avait des loges séparées pour mettre à couvert deux cent vingt navires, et des magasins au-dessus, où l'on gardait tout ce qui était nécessaire à l'armement et à l'équipement des vaisseaux. L'entrée de chacune de ces loges, destinées à retirer les vaisseaux, était ornée de deux colonnes de marbre d'ouvrage ionique ; de sorte que tant le port que l'île représentaient des deux côtés deux magnifiques galeries. Dans cette île était le palais de l'amiral ; et, comme il était vis-à-vis de l'entrée du port, il pouvait de là découvrir tout ce qui se passait dans la mer, sans que de la mer on pût rien voir de ce qui se faisait dans l'intérieur du port. Les marchands, de même, n'avaient aucune vue sur les vaisseaux de guerre, les deux ports étant séparés par une double muraille, et il y avait dans chacun une porte particulière pour entrer dans la ville sans passer par l'autre port. On peut donc distinguer trois parties dans Carthage : le port qui était double, appelé quelquefois *Cothon*, à cause de la petite île de ce nom ; la citadelle, appelée *Byrsa*; la ville proprement dite, où demeuraient les habitants, qui environnait la citadelle, et était nommée *Mégara.* »

Il ne resta vraisemblablement de cette première ville que les citernes publiques et particulières; elles sont d'une beauté surprenante, et donnent une grande idée des monuments des Carthaginois ; mais je ne sais si l'aqueduc qui conduisait l'eau à ces citernes ne doit pas être attribué à la seconde Carthage. Je me fonde, pour la destruction entière de la cité de Didon, sur ce passage de Florus : « *Quanta urbs deleta sit, ut de cæteris taceam, vel ignium mora probari potest. Quippe per continuos XVII dies vix potuit incendium extingui, quod domibus ac templis sui sponte hostes immiserant; ut quatenus urbs eripi Romanis non poterat, triumphus arderet.* »

Aprien ajoute que ce qui échappa aux flammes fut démoli par ordre du sénat romain. « Rome, dit Velléius Paterculus, déjà maîtresse du monde, ne se croyait pas en sûreté tant que subsisterait le nom de Carthage, » *si nomen usquam maneret Carthaginis.*

Strabon, dans sa description courte et claire, mêle évidemment différentes parties de l'ancienne et de la nouvelle cité :

Καὶ Καρχηδὼν δὲ ἐπὶ χερρονήσου τίνος ἵδρυται, ...
. . . . etc.

« Carthage, environnée de murs de toutes parts, occupe une presqu'île de trois cents stades de tour, qu'elle a attachée à la terre ferme par un isthme de soixante stades de largeur. Au milieu de la ville s'élevait une colline sur laquelle était bâtie une citadelle appelée *Byrsa*. Au sommet de cette citadelle on voyait un temple consacré à Esculape, et des maisons couvraient la pente de la colline. Les ports sont au pied de Byrsa, ainsi que la petite île ronde appelée *Cothon*, autour de laquelle les vaisseaux forment un cercle. »

Sur ce mot *Karchédôn* de l'original, j'observe, après quelques écrivains, que, selon Samuel Bochard, le nom phénicien de *Carthage* était *Cartha-Hadath* ou *Cartha-Hadtha*, c'est-à-dire la nouvelle ville. Les Grecs en firent *Karchédôn*, et les Romains *Carthage*. Les noms des trois parties de la ville étaient également tirés du phénicien, *Magara magar*, magasin ; *Byrsa* de *bosra*, forteresse ; et *Cothon* de *ratoun*, coupure ; car il n'est pas bien clair que le Cothon fût une île.

Après Strabon, nous ne savons plus rien de Carthage, sinon qu'elle était devenue une des plus grandes et des plus belles villes du monde. Pline pourtant se contente de dire : *Colonia Carthago, magnæ in vestigiis Carthaginis*: Pomponius Méla, avant Pline, ne paraît pas beaucoup plus favorable : *Jam quidem iterum opulenta, etiam nunc tamen priorum excidio rerum, quam ope præsentium clarior ;* mais Solin dit : *Alterum post urbem Romam terrarum decus.* D'autres auteurs la nomment *la Grande* et *l'Heureuse* : *Carthago magna, felicitate reverenda.*

La nouvelle Carthage souffrit d'un incendie sous le règne de Marc-Aurèle ; car on voit ce prince occupé à réparer les malheurs de la colonie.

Commode, qui mit une flotte en station à Carthage pour apporter à Rome les blés de l'Afrique, voulut changer le nom de *Carthage* en celui de *la ville Commodiane*. Cette folie de l'indigne fils d'un grand homme fut bientôt oubliée.

Les deux Gordiens ayant été proclamés empereurs en Afrique, firent de Carthage la capitale du monde pendant leur règne d'un moment. Il paraît toutefois que les Carthaginois en témoignèrent peu de reconnaissance ; car, selon Capitolin, ils se révoltèrent contre les Gordiens en faveur de Capélius. Zosime dit encore que ces mêmes Carthaginois reconnurent Sabinien pour leur maître, tandis que le jeune Gordien succédait dans Rome à Balbin et à Maxime. Quand on croirait, d'après Zonare, que Carthage fut favorable aux Gordiens, ces empereurs n'auraient pas eu le temps d'embellir beaucoup cette cité.

Plusieurs inscriptions rapportées par le savant docteur Shaw prouvent qu'Adrien, Aurélien et Septime Sévère élevèrent des monuments en différentes villes du Byzacium, et sans doute ils ne négligèrent pas la capitale de cette riche province.

Le tyran Maxence porta la flamme et le fer en Afrique, et triompha de Carthage comme de l'antique ennemie de Rome. On ne voit pas sans frissonner cette longue suite d'insensés qui, presque sans interruption, ont gouverné le monde depuis Tibère jusqu'à Constantin, et qui vont, après ce dernier prince, se joindre aux monstres de la Byzantine. Les peuples ne valaient guère mieux que les rois. Une effroyable convention semblait exister entre les nations et les souverains : ceux-ci pour tout oser, celles-là pour tout souffrir.

Ainsi ce que nous savons des monuments de Carthage dans les siècles que nous venons de parcourir se réduit à très-peu de chose : nous voyons seulement par les écrits de Tertullien, de saint Cyprien, de Lactance, de saint Augustin, par les canons des conciles de Carthage et par les *Actes des Martyrs,* qu'il y avait à Carthage des amphithéâtres, des théâtres, des bains, des portiques. La ville ne fut jamais bien fortifiée, car Gordien le Vieux ne put s'y défendre ; et, longtemps après, Genséric et Bélisaire y entrèrent sans difficulté.

J'ai entre les mains plusieurs monnaies des rois vandales qui prouvent que les arts étaient tout à fait perdus sous le règne de ces rois : ainsi il n'est pas probable que Carthage ait reçu aucun embellissement de ses nouveaux maîtres. Nous savons au contraire que Genséric abattit les églises et les théâtres ; tous les monuments païens furent renversés par ses ordres : on cite entre autres le temple de Mémoire et la rue consacrée à la déesse Céleste. Cette rue était bordée de superbes édifices.

Justinien, après avoir arraché Carthage aux Vandales, y fit construire des portiques, des thermes, des églises et des monastères, comme on le voit dans le livre *des Édifices* de Procope. Cet historien parle encore d'une église bâtie par les Carthaginois, au bord de la mer, en l'honneur de saint Cyprien. Voilà ce que j'ai pu recueillir touchant les monuments d'une ville qui occupe un si haut rang dans l'histoire : passons maintenant à ses débris.

Le vaisseau sur lequel j'étais parti d'Alexandrie étant arrivé au port de Tunis, nous jetâmes l'ancre en face des ruines de Carthage : je les regardais sans pouvoir deviner ce que c'était ; j'apercevais quelques cabanes de Maures, un ermitage musulman sur la pointe d'un cap avancé, des brebis paissant parmi des ruines, ruines si peu apparentes, que je les distinguais à peine du sol qui les portait : c'était là Carthage :

> Devictæ Carthaginis arces
> Procubuere; jacent infausto in littore turres
> Eversæ. Quantum illa metus, quantum illa laborum
> Urbs dedit insultans Latio et Laurentibus arvis!
> Nunc passim, vix reliquias, vix nomina servans,
> Obruitur, propriis non agnoscenda ruinis.

« Les murs de Carthage vaincue et ses tours renversées gisent épars sur le rivage fatal. Quelle crainte cette ville n'a-t-elle pas jadis inspirée à Rome ; quels efforts ne nous a-t-elle pas coûté lorsqu'elle nous insultait jusque dans le Latium et dans les champs de Laurente! Maintenant on aperçoit à peine ses débris, elle conserve à peine son nom, et ne peut être reconnue à ses propres ruines. »

Pour se retrouver dans ces ruines, il est nécessaire de suivre une marche méthodique. Je suppose donc que le lecteur parte avec moi du fort de la Goulette, lequel, comme on sait et comme je l'ai dit, est situé sur le canal par où le lac de Tunis se dégorge dans la mer. Chevauchant le long du rivage, en se dirigeant est-nord-est, vous trouvez, après une demi-heure de chemin, des salines qui remontent vers l'ouest jusqu'à un fragment de mur assez voisin des grandes citernes. Passant entre les salines et la mer, vous commencez à découvrir des jetées qui s'étendent assez loin sous les flots. La mer et les jetées sont à votre droite ; à votre gauche, vous apercevez sur des hauteurs inégales beaucoup de débris ; au pied de ces débris est un bassin de forme ronde assez profond, et qui communiquait autrefois avec la mer par un canal dont on voit encore la trace. Ce bassin doit être, selon moi, le Cothon, ou le port intérieur de Carthage. Les restes des immenses travaux que l'on aperçoit dans la mer indiqueraient, dans ce cas, le môle extérieur. Il me semble même qu'on peut distinguer quelques piles de la levée que Scipion fit construire afin de fermer le port. J'ai remarqué aussi un second canal intérieur, qui sera, si l'on veut, la coupure faite par les Carthaginois lorsqu'ils ouvrirent un autre passage à leur flotte.

Ce sentiment est directement opposé à celui du docteur Shaw, qui place l'ancien port de Carthage au nord et au nord-ouest de la péninsule, dans le marais noyé appelé *El-Mersa*, ou le havre. Il suppose que ce port a été bouché par les vents du nord-est, et par le limon de la Bagrada. D'Anville, dans sa *Géographie ancienne*, et Bélidor, dans son *Architecture hydraulique*, ont suivi cette opinion. Les voyageurs se sont soumis à ces grandes autorités. Je ne sais quelle est à cet égard l'opinion du savant Italien dont je n'ai pas vu l'ouvrage [1].

J'avoue que je suis effrayé d'avoir à combattre des hommes d'un mérite aussi éminent que Shaw et d'Anville. L'un avait vu les lieux, et l'autre les avait devinés, si on me passe cette expression. Une chose cependant m'encourage : M. Humberg, commandant-ingénieur à la Goulette, homme très-habile, et qui réside depuis longtemps au milieu des ruines de Carthage, rejette absolument l'hypothèse du savant Anglais. Il est certain qu'il faut se défier de ces prétendus changements de lieux, de ces accidents locaux, à l'aide desquels on explique les difficultés d'un plan qu'on n'entend pas. Je ne sais donc si la Bagrada a pu fermer l'ancien port de Carthage, comme le docteur Shaw le suppose, ni produire sur le rivage d'Utique toutes les révolutions qu'il indique. La partie élevée de terrain au nord et au nord-ouest de l'isthme de Carthage n'a pas, soit le long de la mer, soit dans l'El-Mersa, la moindre sinuosité qui pût servir d'abri à un bateau. Pour trouver le Cothon dans cette position, il faut avoir recours à une espèce de trou qui, de l'aveu de Shaw, n'occupe pas cent verges en carré. Sur la mer du sud-est, au contraire, vous rencontrez de longues levées, des voûtes qui peuvent avoir été les magasins, ou même les loges des galères; vous voyez des canaux creusés de main d'hommes, un bassin intérieur assez grand pour contenir les barques des anciens; et, au milieu de ce bassin, une petite île.

L'histoire vient à mon secours. Scipion l'Africain était occupé à fortifier Tunis lorsqu'il vit des vaisseaux sortir de Carthage pour attaquer la flotte romaine à Utique. (TITE-LIVE, liv. x.) Si le port de Carthage avait été au nord, de l'autre côté de l'isthme, Scipion, placé à Tunis, n'aurait pas pu découvrir les galères des Carthaginois; la terre cache dans cette partie le golfe d'Utique. Mais, si l'on place le port au sud-est, Scipion vit et dut voir appareiller les ennemis.

Quand Scipion l'Émilien entreprit de fermer le port extérieur, il fit commencer la jetée à la pointe du cap de Carthage. (APP.) Or, le cap de Carthage est à l'orient, sur la baie même de Tunis. Appien ajoute que cette pointe de terre était près du port; ce qui est vrai si le port était au

---

[1] J'ai indiqué cet ouvrage plus haut. Son opinion paraît semblable à la mienne. *Voyez* la Préface de la troisième édition.

sud-est ; ce qui est faux si le port se trouvait au nord-ouest. Une chaussée, conduite de la plus longue pointe de l'isthme de Carthage pour enclore au nord-ouest ce qu'on appelle l'*El-Mersa*, est une chose absurde à supposer.

Enfin, après avoir pris le Cothon, Scipion attaqua Byrsa, ou la citadelle (APPIEN) ; le Cothon était donc au-dessous de la citadelle ; or, celle-ci était bâtie sur la plus haute colline de Carthage, colline que l'on voit entre le midi et l'orient. Le Cothon, placé au nord-ouest, aurait été trop éloigné de Byrsa, tandis que le bassin que j'indique est précisément au pied de la colline du sud-est.

Si je m'étends sur ce point plus qu'il n'est nécessaire à beaucoup de lecteurs, il y en a d'autres aussi qui prennent un vif intérêt aux souvenirs de l'histoire, et qui ne cherchent dans un ouvrage que des faits et des connaissances positives. N'est-il pas singulier que, dans une ville aussi fameuse que Carthage, on en soit à chercher l'emplacement même de ses ports, et que ce qui fit sa principale gloire soit précisément ce qui est le plus oublié ?

Shaw me semble avoir été plus heureux à l'égard du port marqué dans le premier livre de l'*Énéide*. Quelques savants ont cru que ce port était une création du poëte ; d'autres ont pensé que Virgile avait eu l'intention de représenter, ou le port d'Ithaque, ou celui de Carthagène, ou la baie de Naples ; mais le chantre de Didon était trop scrupuleux sur la peinture des lieux pour se permettre une telle licence ; il a décrit dans la plus exacte vérité un port à quelque distance de Carthage. Laissons parler le docteur Shaw :

« L'*Arvah-Reah*, l'Aquilaria des anciens, est à deux lieues à l'est-nord-est de Seedy-Doude, un peu au sud du promontoire de Mercure : ce fut là que Curion débarqua les troupes qui furent ensuite taillées en pièces par Saburra. Il y a ici divers restes d'antiquités, mais il n'y en a point qui méritent de l'attention. La montagne située entre le bord de la mer et le village, où il n'y a qu'un demi-mille de distance, est à vingt ou trente pieds au-dessus du niveau de la mer, fort artistement taillée, et percée en quelques endroits pour faire entrer l'air dans les voûtes que l'on y a pratiquées : on voit encore dans ces voûtes, à des distances réglées, de grosses colonnes et des arches pour soutenir la montagne. Ce sont ici les carrières dont parle Strabon, d'où les habitants de Carthage, d'Utique et de plusieurs autres villes voisines pouvaient tirer des pierres pour leurs bâtiments ; et, comme le dehors de la montagne est tout couvert d'arbres, que les voûtes qu'on y a faites s'ouvrent du côté de la mer, qu'il y a un grand rocher de chaque côté de cette ouverture, vis-à-vis laquelle est l'île d'Ægimurus, et que de plus on y trouve des sources qui sortent du roc, et des reposoirs pour les travailleurs, on ne saurait presque douter, vu que les circonstances y répondent si exactement, que ce ne soit ici la caverne que Virgile place quelque part dans le golfe, et dont il fait la description dans les vers suivants, quoiqu'il y ait des commentateurs qui ont cru que ce n'est qu'une pure fiction du poëte. »

>Est in secessu longo locus : insula portum
>Efficit objectu laterum; quibus omnis ab alto
>Frangitur; inque sinus scindit sese unda reductos.
>Hinc atque hinc vastæ rupes, geminique minantur
>In cœlum scopuli, quorum sub vertice late
>Æquora tuta silent : tum sylvis scena coruscis
>Desuper, horrentique atrum nemus imminet umbra.
>Fronte sub adversa, scopulis pendentibus antrum;
>Intus aquæ dulces, vivoque sedilia saxo;
>Nympharum domus, etc.
>(Virg., *Æneid.*, lib. i, v. 153-168.)

À présent que nous connaissons les ports, le reste ne nous retiendra pas longtemps. Je suppose que nous avons continué notre route le long de la mer jusqu'à l'angle d'où sort le promontoire de Carthage. Ce cap, selon le docteur Shaw, ne fut jamais compris dans la cité. Maintenant nous quittons la mer, et, tournant à gauche, nous parcourons en revenant au midi les ruines de la ville, disposées sur l'amphithéâtre des collines.

Nous trouvons d'abord les débris d'un très-grand édifice qui semble avoir fait partie d'un palais et d'un théâtre. Au-dessus de cet édifice, en montant à l'ouest, on arrive aux belles citernes qui passent généralement pour être les seuls restes de Carthage : elles recevaient peut-être les eaux d'un aqueduc dont on voit des fragments dans la campagne. Cet aqueduc parcourait un espace de cinquante milles, et se rendait aux sources du Zawan[1] et de Zungar. Il y avait des temples au-dessus de ces sources : les plus grandes arches de l'aqueduc ont soixante-dix pieds de haut, et les piliers de ces arches emportent seize pieds sur chaque face. Les citernes sont immenses : elles forment une suite de voûtes qui prennent naissance les unes dans les autres, et qui sont bordées, dans toute leur longueur, par un corridor : c'est véritablement un magnifique ouvrage.

Pour aller des citernes publiques à la colline de Byrsa, on traverse un chemin raboteux. Au pied de la colline, on trouve un cimetière et un misérable village, peut-être le *Tents* de lady Montague[2]. Le sommet de l'Acropole offre un terrain uni, semé de petits morceaux de marbre,

---

[1] On prononce dans le pays *Zauvan*. — [2] Les *écuries des éléphants*, dont parle lady Montague, sont des chambres souterraines qui n'ont rien de remarquable.

et qui est visiblement l'aire d'un palais ou d'un temple. Si l'on tient pour le palais, ce sera le palais de Didon ; si l'on préfère le temple, il faudra reconnaître celui d'Esculape. Là, deux femmes se précipitèrent dans les flammes, l'une pour ne pas survivre à son déshonneur, l'autre, à sa patrie.

> Soleil, dont les regards embrassent l'univers,
> Reine des dieux, témoin de mes affreux revers,
> Triple Hécate, pour qui dans l'horreur des ténèbres
> Retentissent les airs de hurlements funèbres ;
> Pâles filles du Styx, vous tous, lugubres dieux,
> Dieux de Didon mourante, écoutez tous mes vœux !
> S'il faut qu'enfin ce monstre, échappant au naufrage,
> Soit poussé dans le port, jeté sur le rivage ;
> Si c'est l'arrêt du sort, la volonté des cieux ;
> Que du moins assailli d'un peuple audacieux,
> Errant dans les climats où son destin l'exile,
> Implorant des secours, mendiant un asile,
> Redemandant son fils arraché de ses bras,
> De ses plus chers amis il pleure le trépas !...
> Qu'une honteuse paix suive une guerre affreuse !
> Qu'au moment de régner, une mort malheureuse
> L'enlève avant le temps ! Qu'il meure sans secours,
> Et que son corps sanglant reste en proie aux vautours !
> Voilà mon dernier vœu ! Du courroux qui m'enflamme
> Ainsi le dernier cri s'exhale avec mon âme.
> Et toi, mon peuple, et toi, prends son peuple en horreur,
> Didon au lit de mort te lègue sa fureur !
> En tribut à ta reine offre un sang qu'elle abhorre !
> C'est ainsi que mon ombre exige qu'on l'honore.
> Sors de ma cendre, sors, prends la flamme et le fer,
> Toi qui dois me venger des enfants de Teucer !
> Que le peuple latin, que les fils de Carthage,
> Opposés par les lieux, le soient plus par leur rage !
> Que de leurs ports jaloux, que de leurs murs rivaux,
> Soldats contre soldats, vaisseaux contre vaisseaux,
> Courent ensanglanter et la mer et la terre !
> Qu'une haine éternelle éternise la guerre !
> . . . .
> A peine elle achevait, que du glaive cruel
> Ses suivantes ont vu partir le coup mortel,
> Ont vu sur le bûcher la reine défaillante,
> Dans ses sanglantes mains l'épée encor fumante.

Du sommet de Byrsa l'œil embrasse les ruines de Carthage, qui sont plus nombreuses qu'on ne le pense généralement : elles ressemblent à celles de Sparte, n'ayant rien de bien conservé, mais occupant un espace considérable. Je les vis au mois de février ; les figuiers, les oliviers et les caroubiers donnaient déjà leurs premières feuilles ; de grandes angéliques et des acanthes formaient des touffes de verdure parmi les débris de marbre de toutes couleurs. Au loin je promenais mes regards sur l'isthme, sur une double mer, sur des îles lointaines, sur une campagne riante, sur des lacs bleuâtres, sur des montagnes azurées ; je découvrais des forêts, des vaisseaux, des aqueducs, des villages maures, des ermitages mahométans, des minarets, et les maisons blanches de Tunis. Des millions de sansonnets, réunis en bataillons et ressemblant à des nuages, volaient au-dessus de ma tête. Environné des plus grands et des plus touchants souvenirs, je pensais à Didon, à Sophonisbe, à la noble épouse d'Asdrubal ; je contemplais les vastes plaines où sont ensevelies les légions d'Annibal, de Scipion et de César ; mes yeux voulaient reconnaître l'emplacement d'Utique : hélas ! les débris des palais de Tibère existent encore à Caprée, et l'on cherche en vain à Utique la place de la maison de Caton ! Enfin, les terribles Vandales, les légers Maures passaient tour à tour devant ma mémoire, qui m'offrait pour dernier tableau saint Louis expirant sur les ruines de Carthage. Que le récit de la mort de ce prince termine cet *Itinéraire* : heureux de rentrer, pour ainsi dire, dans ma patrie, par un antique monument de ses vertus, et de finir au tombeau du roi de sainte mémoire ce long pèlerinage aux tombeaux des grands hommes.

Lorsque saint Louis entreprit son second voyage d'outre-mer, il n'était plus jeune. Sa santé affaiblie ne lui permettait ni de rester longtemps à cheval, ni de soutenir le poids d'une armure ; mais Louis n'avait rien perdu de la vigueur de l'âme. Il assemble à Paris les grands du royaume ; il leur fait la peinture des malheurs de la Palestine, et leur déclare qu'il est résolu d'aller au secours de ses frères les chrétiens. En même temps il reçoit la croix des mains du légat, et la donne à ses trois fils aînés.

Une foule de seigneurs se croisent avec lui : les rois de l'Europe se préparent à prendre la bannière, Charles de Sicile, Édouard d'Angleterre, Gaston de Béarn, les rois de Navarre et d'Aragon. Les femmes montrèrent le même zèle : la dame de Poitiers, la comtesse de Bretagne, Iolande de Bourgogne, Jeanne de Toulouse, Isabelle de France, Amicie de Courtenay, quittèrent la quenouille que filaient alors les reines, et suivirent leurs maris outre-mer.

Saint Louis fit son testament : il laissa à Agnès, la plus jeune de ses filles, dix mille francs pour se marier, et quatre mille francs à la reine Marguerite ; il nomma ensuite deux régents du royaume, Matthieu, abbé de Saint-Denis, et Simon, sire de Nesle ; après quoi il alla prendre l'oriflamme.

Cette bannière, que l'on commence à voir paraître dans nos armées sous le règne de Louis le Gros, était un étendard de soie attaché au bout d'une lance : il était *d'un vermeil samit, à guise de gonfanon à trois queues, et avait autour des houpes de soie verte.* On le déposait en temps de paix sur l'autel de l'abbaye de Saint-Denis, parmi les tombeaux des rois, comme pour avertir que, de race en race, les Français étaient fidèles à Dieu, au prince et à l'honneur. Saint Louis prit cette bannière des mains de l'abbé, selon l'usage. Il reçut en même temps l'escarcelle[1] et le bourdon[2] du pèlerin, que l'on appelait alors *la consolation et la marque du voyage*[3] : coutume si ancienne dans la monarchie, que Charlemagne fut enterré avec l'escarcelle d'or qu'il avait habitude de porter lorsqu'il allait en Italie.

Louis pria au tombeau des martyrs, et mit son royaume sous la protection du patron de la France. Le lendemain de cette cérémonie, il se rendit pieds nus, avec ses fils, du Palais de Justice à l'église de Notre-Dame. Le soir du même jour il partit pour Vincennes, où il fit ses adieux à la reine Marguerite, *gentille, bonne reine, pleine de grand simplece*, dit Robert de Sainceriaux ; ensuite il quitta pour jamais ces vieux chênes, vénérables témoins de sa justice et de sa vertu.

« Maintefois ai vu que le saint homme roy s'alloit esbattre au bois de Vincennes, et s'asseyoit au pied d'un chesne, et nous faisoit seoir auprès de lui, et tous ceux qui avoient affaire à lui venoient lui parler sans qu'aucun huissier leur donnast empeschement..... Aussi plusieurs fois ai vu qu'au temps d'esté le bon roi venoit au jardin de Paris, vestu d'une cotte de camelot, d'un surcot de tiretaine sans manches et d'un mantel par-dessus de sandal noir ; et faisoit là estendre des tapis pour nous asseoir auprès de lui, et là faisoit depescher son peuple diligemment comme au bois de Vincennes[4]. »

Saint Louis s'embarqua à Aigues-Mortes le mardi 1er juillet 1270. Trois avis avaient été ouverts dans le conseil du roi avant de mettre à la voile : d'aborder à Saint-Jean d'Acre, d'attaquer l'Égypte, de faire une descente à Tunis. Malheureusement saint Louis se rangea au dernier avis par une raison qui semblait assez décisive.

Tunis était alors sous la domination d'un prince que Geoffroy de Beaulieu et Guillaume de Nangis nomment *Omar-el-Muley-Moztanca*. Les historiens du temps ne disent point pourquoi ce prince feignit de vouloir embrasser la religion des chrétiens ; mais il est assez probable qu'apprenant l'armement des croisés et ne sachant où tomberait l'orage, il crut le détourner en envoyant des ambassadeurs en France, et flattant le saint roi d'une conversion à laquelle il ne pensait point. Cette tromperie de l'infidèle fut précisément ce qui attira sur lui la tempête qu'il

---

[1] Une ceinture. — [2] Un bâton. — [3] *Solatia et indicia itineris.* — [4] Sire de Joinville.

prétendait conjurer. Louis pensa qu'il suffirait de donner à Omar une occasion de déclarer ses desseins, et qu'alors une grande partie de l'Afrique se ferait chrétienne à l'exemple de son prince.

Une raison politique se joignit à ce motif religieux : les Tunisiens infestaient les mers ; ils enlevaient les secours que l'on faisait passer aux princes chrétiens de la Palestine ; ils fournissaient des chevaux, des armes et des soldats aux soudans d'Égypte ; ils étaient le centre des liaisons que Bondoc-Dari entretenait avec les Maures de Maroc et de l'Espagne. Il importait donc de détruire ce repaire de brigands, pour rendre plus faciles les expéditions en Terre Sainte.

Saint Louis entra dans la baie de Tunis au mois de juillet 1270. En ce temps-là un prince Maure avait entrepris de rebâtir Carthage : plusieurs maisons nouvelles s'élevaient déjà au milieu des ruines, et l'on voyait un château sur la colline de Byrsa. Les croisés furent frappés de la beauté du pays, couvert de bois d'oliviers. Omar ne vint point au-devant des Français; il les menaça au contraire de faire égorger tous les chrétiens de ses États si l'on tentait le débarquement. Ces menaces n'empêchèrent point l'armée de descendre ; elle campa dans l'isthme de Carthage, et l'aumônier d'un roi prit possession de la patrie d'Annibal en ces mots : *Je vous dis le ban de Nostre-Seigneur Jésus-Christ, et de Louis, roy de France, son sergent.* Ce même lieu avait entendu parler le gétule, le tyrien, le latin, le vandale, le grec et l'arabe, et toujours les mêmes passions dans des langues diverses.

Saint Louis résolut de prendre Carthage avant d'assiéger Tunis, qui était alors une ville riche, commerçante et fortifiée. Il chassa les Sarrasins d'une tour qui défendait les citernes : le château fut emporté d'assaut, et la nouvelle cité suivit le sort de la forteresse. Les princesses qui accompagnaient leurs maris débarquèrent au port, et par une de ces révolutions que les siècles amènent, les grandes dames de France s'établirent dans les ruines des palais de Didon.

Mais la prospérité semblait abandonner saint Louis dès qu'il avait passé les mers, comme s'il eût toujours été destiné à donner aux infidèles l'exemple de l'héroïsme dans le malheur. Il ne pouvait attaquer Tunis avant d'avoir reçu les secours que devait lui amener son frère, roi de Sicile. Obligée de se retrancher dans l'isthme, l'armée fut attaquée d'une maladie contagieuse qui en peu de jours emporta la moitié des soldats. Le soleil de l'Afrique dévorait des hommes accoutumés à vivre sous un ciel plus doux. Afin d'augmenter la misère des croisés, les Maures élevaient un sable brûlant avec des machines : livrant au souffle du midi cette arène embrasée, ils imitaient pour les chrétiens les effets du kansim ou du terrible vent du désert ; ingénieuse et épouvantable invention, digne des solitudes qui en firent naître l'idée, et qui montre à quel point l'homme peut porter le génie de la destruction. Des combats continuels achevaient d'épuiser les forces de l'armée : les vivants ne suffisaient pas à enterrer les morts; on jetait des cadavres dans les fossés du camp, qui en furent bientôt comblés.

Déjà les comtes de Nemours, de Montmorency et de Vendôme n'étaient plus; le roi avait vu mourir dans ses bras son fils chéri, le comte de Nevers. Il se sentit lui-même frappé. Il s'aperçut dès le premier moment que le coup était mortel; que ce coup abattrait facilement un corps usé par les fatigues de la guerre, par les soucis du trône et par ces veilles religieuses et royales que Louis consacrait à son Dieu et à son peuple. Il tâcha néanmoins de dissimuler son mal et de cacher la douleur qu'il ressentait de la perte de son fils. On le voyait, la mort sur le front, visiter les hôpitaux, comme un de ces Pères de la Merci consacrés dans les mêmes lieux à la rédemption des captifs et au salut des pestiférés. Des œuvres du saint il passait aux devoirs du roi, veillait à la sûreté du camp, montrait à l'ennemi un visage intrépide, ou, assis devant sa tente, rendait la justice à ses sujets comme sous le chêne de Vincennes.

Philippe, fils aîné et successeur de Louis, ne quittait point son père qu'il voyait près de descendre au tombeau. Le roi fut enfin obligé de garder sa tente : alors, ne pouvant plus être lui-même utile à ses peuples, il tâcha de leur assurer le bonheur dans l'avenir, en adressant à Philippe cette instruction qu'aucun Français ne lira jamais sans verser des larmes. Il l'écrivit sur son lit de mort. Du Cange parle d'un manuscrit qui paraît avoir été l'original de cette instruction : l'écriture en était grande, mais altérée : elle annonçait la défaillance de la main qui avait tracé l'expression d'une âme si forte.

« Beau filz, la premiere chose que je t'enseigne et commande à garder, si est que de tout ton cœur tu aimes Dieu. Car sans ce, nul homme ne peut estre sauvé. Et garde bien de faire chose qui lui déplaise. Car tu devrois plutost desirer à souffrir toutes manieres de tourments, que de pecher mortellement.

« Si Dieu t'envoie adversité, reçois-la benignement, et lui en rends grace : et pense que tu l'as bien desservi, et que le tout te tournera à ton preu. S'il te donne properité, si l'en remercie très-humblement, et garde que pour ce tu n'en sois pas pire par orgueil, ne autrement. Car on ne doit pas guerroyer Dieu de ses dons.

« Prends-toi bien garde que tu aies en ta compagnie prudes gens et loyaux, qui ne soient point pleins de convoitises, soit gens d'eglise, de religion, seculiers ou autres. Fuis la compagnie des mauvais et t'efforce d'escouter les paroles de Dieu, et les retiens en ton cueur.

« Aussi fais droicture et justice à chacun, tant aux pauvres comme aux riches. Et à tes serviteurs sois loyal, liberal et roide de paroles, à ce qu'ils te craignent et aiment comme leur maistre. Et si aucune controversité ou action se meut, enquiers-toi jusqu'à la vérité, soit tant pour toi que contre toi. Si tu es averti d'avoir aucune chose d'autrui, qui soit certaine, soit par toi ou par tes predecesseurs, fais-la rendre incontinent.

« Regarde en toute diligence comment les gens et sujets vivent en paix et en droicture dessous toi, par especial ès bonnes villes et cités, et ailleurs. Maintiens tes franchises et libertés, esquelles tes anciens les ont maintenues et gardées, et les tiens en faveur et amour.

« Garde-toi d'emouvoir guerre contre hommes chrestiens sans grand conseil, et qu'autrement tu n'y puisses obvier. Si guerre et débats y a entre tes sujets, apaise-les au plutost que tu pourras.

« Prends garde souvent à tes baillifs, prevosts et autres officiers, et t'enquiers de leur gouvernement, afin que, si chose y a en eux à reprendre, que tu le fasses.

« Et te supplie, mon enfant, que, en ma fin, tu ayes de moi souvenance, et de ma pauvre ame; et me secoures par messes, oraisons, prieres, aumosnes et bienfaits, par tout ton royaume. Et m'octroye partage et portion en tous tes bienfaits, que tu feras.

« Et je te donne toute benediction que jamais pere peut donner à enfant, priant à toute la Trinité du paradis, le Père, le Fils et le Saint-Esprit, qu'ils te gardent et défendent de tous maux; à ce que nous puissions une fois, après cette mortelle vie, estre devant Dieu ensemble, et lui rendre graces et louange sans fin. »

Tout homme près de mourir, détrompé sur les choses du monde, peut adresser de sages instructions à ses enfants; mais, quand ces instructions sont appuyées de l'exemple de toute une vie d'innocence; quand elles sortent de la bouche d'un grand prince, d'un guerrier intrépide, et du cœur le plus simple qui fut jamais; quand elles sont les dernières expressions d'une âme divine qui rentre aux éternelles demeures, alors heureux le peuple qui peut se glorifier en disant : « L'homme qui a écrit ces instructions était le roi de mes pères! »

La maladie faisant des progrès, Louis demanda l'extrême-onction. Il répondit aux prières des agonisants avec une voix aussi ferme que s'il eût donné des ordres sur un champ de bataille. Il se mit à genoux au pied de son lit pour recevoir le saint viatique, et on fut obligé de soutenir par les bras ce nouveau saint Jérôme, dans cette dernière communion. Depuis ce moment il mit fin aux pensées de la terre, et se crut acquitté envers ses peuples. Eh! quel monarque avait jamais mieux rempli ses devoirs! Sa charité s'étendit alors à tous les hommes : il pria pour les infidèles qui firent à la fois la gloire et le malheur de sa vie; il invoqua les saints patrons de la France, de cette France si chère à son âme royale. Le lundi matin, 25 août, sentant que son heure approchait, il se fit coucher sur un lit de cendres, où il demeura étendu les bras croisés sur la poitrine, et les yeux levés vers le ciel.

On n'a vu qu'une fois, et l'on ne reverra jamais un pareil spectacle : la flotte du roi de Sicile se montrait à l'horizon; la campagne et les collines étaient couvertes de l'armée des Maures. Au milieu des débris de Carthage le camp des chrétiens offrait l'image de la plus affreuse douleur : aucun bruit ne s'y faisait entendre, les soldats moribonds sortaient des hôpitaux, et se traînaient à travers les ruines, pour approcher de leur roi expirant. Louis était entouré de sa famille en larmes, des princes consternés, des princesses défaillantes. Les députés de l'empereur de Constantinople se trouvaient présents à cette scène : ils purent raconter à la Grèce la merveille d'un trépas que Socrate aurait admiré. Du lit de cendres où saint Louis rendait le dernier soupir, on découvrait le rivage d'Utique : chacun pouvait faire la comparaison de la mort du philosophe stoïcien et du philosophe chrétien. Plus heureux que Caton, saint Louis ne fut point obligé de lire un traité de l'immortalité de l'âme pour se convaincre de l'existence d'une vie future : il en trouvait la preuve invincible dans sa religion, ses vertus et ses malheurs. Enfin, vers les trois heures de l'après-midi, le roi, jetant un grand soupir, prononça distinctement ces paroles : « Seigneur j'entrerai dans votre maison, et je vous adorerai dans votre saint temple [1]; » et son âme s'envola dans le saint temple qu'il était digne d'habiter.

On entend alors retentir la trompette des croisés de Sicile : leur flotte arrive pleine de joie et chargée d'inutiles secours. On ne répond point à leur signal. Charles d'Anjou s'étonne et commence à craindre quelque malheur. Il aborde au rivage; il voit des sentinelles la pique renversée, exprimant encore moins leur douleur par ce deuil militaire que par l'abattement de leur visage. Il vole à la tente du roi son frère : il le trouve étendu mort sur la cendre. Il se jette sur les reliques sacrées, les arrose de ses larmes, baise avec respect les pieds du saint, et donne des marques de tendresse et de regrets qu'on n'aurait point attendues d'une âme aussi hautaine. Le visage de Louis avait encore toutes les couleurs de la vie, et ses lèvres même étaient vermeilles.

Charles obtint les entrailles de son frère, qu'il fit déposer à Montréal

---

[1] *Psalm.*

près de Salerne. Le cœur et les ossements du prince furent destinés à l'abbaye de Saint-Denis, mais les soldats ne voulurent point laisser partir avant eux ces restes chéris, disant que les cendres de leur souverain étaient le salut de l'armée. Il plut à Dieu d'attacher au tombeau du grand homme une vertu qui se manifesta par des miracles. La France, qui ne pouvait se consoler d'avoir perdu sur la terre un tel monarque, le déclara son protecteur dans le ciel. Louis, placé au rang des saints, devint ainsi pour la patrie une espèce de roi éternel. On s'empressa de lui élever des églises et des chapelles plus magnifiques que les simples palais où il avait passé sa vie. Les vieux chevaliers qui l'accompagnèrent à sa première croisade furent les premiers à reconnaître la nouvelle puissance de leur chef : « Et j'ay fait faire, dit le sire de Joinville, un autel en l'honneur de Dieu et de monseigneur saint Loys. »

La mort de Louis, si touchante, si vertueuse, si tranquille, par où se termine l'histoire de Carthage, semble être un sacrifice de paix offert en expiation des fureurs, des passions et des crimes dont cette ville infortunée fut si longtemps le théâtre. Je n'ai plus rien à dire aux lecteurs ; il est temps qu'ils rentrent avec moi dans notre commune patrie.

Je quittai M. Devoise, qui m'avait si noblement donné l'hospitalité. Je m'embarquai sur le schooner américain, où, comme je l'ai dit, M. Lear m'avait fait obtenir un passage. Nous appareillâmes de la Goulette le lundi 9 mars 1807, et nous fîmes voile pour l'Espagne. Nous prîmes les ordres d'une frégate américaine dans la rade d'Alger. Je ne descendis point à terre. Alger est bâti dans une position charmante, sur une côte qui rappelle la belle colline du Pausilype. Nous reconnûmes l'Espagne le 19 à sept heures du matin, vers le cap de Gatte, à la pointe du royaume de Grenade. Nous suivîmes le rivage et nous passâmes devant Malaga. Enfin nous vînmes jeter l'ancre, le vendredi saint, 27 mars, dans la baie de Gibraltar.

Je descendis à Algésiras le lundi de Pâques. J'en partis le 4 avril pour Cadix, où j'arrivai deux jours après, et où je fus reçu avec une extrême politesse par le consul et le vice-consul de France, MM. Leroi et Canclaux. De Cadix je me rendis à Cordoue : j'admirai la mosquée, qui fait aujourd'hui la cathédrale de cette ville. Je parcourus l'ancienne Bétique, où les poëtes avaient placé le bonheur. Je remontai jusqu'à Andujar, et je revins sur mes pas pour voir Grenade. L'Alhambra me parut digne d'être regardé, même après les temples de la Grèce. La vallée de Grenade est délicieuse, et ressemble beaucoup à celle de Sparte : on conçoit que les Maures regrettent un pareil pays.

Je partis de Grenade pour Aranjuès ; je traversai la patrie de l'illustre chevalier de la Manche, que je tiens pour le plus noble, le plus brave, le plus aimable et le moins fou des mortels. Je vis le Tage à Aranjuès, et j'arrivai le 21 avril à Madrid.

M. de Beauharnais, ambassadeur de France à la cour d'Espagne, me combla de bontés; il avait connu autrefois mon malheureux frère, mort sur l'échafaud avec son illustre aïeul[1]. Je quittai Madrid le 24. Je passai à l'Escurial, bâti par Philippe II sur les montagnes désertes de la Vieille-Castille. La cour vient chaque année s'établir dans ce monastère, comme pour donner à des sollitaires morts au monde le spectacle de toutes les passions, et recevoir d'eux ces leçons dont les passions ne profitent jamais. C'est là que l'on voit encore la chapelle funèbre où les rois d'Espagne sont ensevelis dans des tombeaux pareils, disposés en échelons; de sorte que toute cette poussière est étiquetée et rangée en ordre comme les curiosités d'un muséum. Il y a des sépulcres vides pour les souverains qui ne sont point encore descendus dans ces lieux.

De l'Escurial je pris ma route pour Ségovie; l'aqueduc de cette ville est un des plus grands ouvrages des Romains; mais il faut laisser M. de La Borde nous décrire ces monuments dans son beau *Voyage*. A Burgos, une superbe cathédrale gothique m'annonça l'approche de mon pays. Je n'oubliai point les cendres du Cid :

> Don Rodrigue surtout n'a trait à son visage
> Qui d'un homme de cœur ne soit la haute image,
> Et sort d'une maison si féconde en guerriers,
> Qu'ils y prennent naissance au milieu des lauriers.
> . . . . Il adorait Chimène.

A Miranda, je saluai l'Èbre qui vit le premier pas de cet Annibal dont j'avais si longtemps suivi les traces.

Je traversai Vittoria et les charmantes montagnes de la Biscaye. Le 3 de mai je mis le pied sur les terres de France : j'arrivai le 5 à Bayonne, après avoir fait le tour entier de la Méditerranée, visité Sparte, Athènes, Smyrne, Constantinople, Rhodes, Jérusalem, Alexandrie, le Caire, Carthage, Cordoue, Grenade et Madrid.

Quand les anciens pèlerins avaient accompli le voyage de la Terre Sainte, ils déposaient leur bourdon à Jérusalem, et prenaient pour le retour un bâton de palmier : je n'ai point rapporté dans mon pays un pareil symbole de gloire, et je n'ai point attaché à mes derniers travaux une importance qu'ils ne méritent pas. Il y a vingt ans que je me consacre à l'étude au milieu de tous les hasards et de tous les chagrins, *diversa exilia et desertas quærere terras :* un grand nombre de feuilles

---

[1] M. de Malesherbes.

de mes livres ont été tracées sous la tente, dans les déserts, au milieu des flots ; j'ai souvent tenu la plume sans savoir comment je prolongerais de quelques instants mon existence : ce sont là des droits à l'indulgence, et non des titres à la gloire. J'ai fait mes adieux aux Muses dans *les Martyrs,* et je les renouvelle dans ces mémoires, qui ne sont que la suite ou le commentaire de l'autre ouvrage. Si le ciel m'accorde un repos que je n'ai jamais goûté, je tâcherai d'élever en silence un monument à ma patrie ; si la Providence me refuse ce repos, je ne dois songer qu'à mettre mes derniers jours à l'abri des soucis qui ont empoisonné les premiers. Je ne suis plus jeune ; je n'ai plus l'amour du bruit ; je sais que les lettres, dont le commerce est si doux quand il est secret, ne nous attirent au dehors que des orages : dans tous les cas, j'ai assez écrit, si mon nom doit vivre ; beaucoup trop, s'il doit mourir.

NOTES

Note 1, page 162, tom. I.

Voici la description que le père Babin fait du temple de Minerve :

« Ce temple, qui paraît de fort loin, et qui est l'édifice d'Athènes le plus élevé au milieu de la citadelle, est un chef-d'œuvre des plus excellents architectes de l'antiquité. Il est long d'environ cent vingt pieds, et large de cinquante. On y voit trois rangs de voûtes soutenues de fort hautes colonnes de marbre, savoir, la nef et les deux ailes : en quoi il surpasse Sainte-Sophie, bâtie à Constantinople par l'empereur Justinien, quoique d'ailleurs ce soit un miracle du monde. Mais j'ai pris garde que ses murailles par dedans sont seulement encroûtées et couvertes de grandes pièces de marbre qui sont tombées en quelques endroits des galeries d'en haut, où l'on voit des briques et des pierres qui étaient couvertes de marbre.

« Mais quoique ce temple d'Athènes soit si magnifique pour sa matière, il est encore plus admirable pour sa façon et pour l'artifice qu'on y remarque : *Materiam superabat opus*. Entre toutes les voûtes, qui sont de marbre, il y en a une qui est la plus remarquable, à cause qu'elle est tout ornée d'autant de belles figures gravées sur le marbre qu'elle en peut contenir.

« Le vestibule est long de la largeur du temple, et large d'environ quatorze pieds, au-dessous duquel il y a une longue voûte plate qui semble être un riche plancher ou un magnifique lambris, car on y voit de longues pièces de marbre, qui semblent de longues et grosses poutres, qui soutiennent d'autres grandes pièces de même matière, ornées de diverses figures et de personnages avec un artifice merveilleux.

« Le frontispice du temple, qui est fort élevé au-dessus de ce vestibule, est tel que j'ai peine à croire qu'il y en ait un si magnifique et si bien travaillé dans toute la France. Les figures et statues du château de Richelieu, qui est le chef-d'œuvre des ouvriers de ce temps, n'ont rien qui approche de ces belles et grandes figures d'hommes, de femmes et de chevaux, qui paraissent environ au nombre de trente à ce frontispice, et autant à l'autre côté du temple, derrière le lieu où était le grand autel du temps des chrétiens.

« Le long du temple, il y a une allée ou galerie de chaque côté, où l'on passe entre les murailles du temple, et dix-sept fort hautes et fort grosses colonnes cannelées qui ne sont pas d'une seule pièce, mais de diverses grosses pièces de beau marbre blanc, mises les unes sur les autres. Entre ces beaux piliers, il y a le long de cette galerie une petite muraille qui laisse entre chaque colonne un lieu qui serait assez long et assez large pour y faire un autel et une chapelle, comme on en voit aux côtés et proche des murailles des grandes églises.

« Ces colonnes servent à soutenir en haut, avec des arcs-boutants, les murailles du temple, et empêchent par dehors qu'elles ne se démantellent par la pesanteur des voûtes. Les murailles de ce temple sont embellies en haut, par dehors, d'une belle ceinture de pierres de marbre, travaillées en perfection, sur lesquelles sont représentés quantité de triomphes ; de sorte qu'on y voit en demi-relief une infinité d'hommes, de femmes, d'enfants, de chevaux et de chariots, représentés sur ces pierres, qui sont si élevées, que les yeux ont peine à en découvrir toutes les beautés et à remarquer toute l'industrie des architectes et des sculpteurs qui les ont faites. Une de ces grandes pierres a été portée dans la mosquée, derrière la porte, où l'on voit avec admiration quantité de personnages qui y sont représentés avec un artifice nonpareil.

« Toutes les beautés de ce temple, que je viens de décrire, sont des ouvrages des anciens Grecs païens. Les Athéniens, ayant embrassé le christianisme, changèrent ce temple de Minerve en une église du vrai Dieu, et y ajoutèrent un trône épiscopal et une chaire de prédicateur, qui y restent encore, des autels qui ont été renversés par les Turcs, qui n'offrent point de sacrifices dans leurs mosquées. L'endroit du grand autel est encore plus blanc que le reste de la muraille : les degrés pour y monter sont entiers et magnifiques. »

Cette description naïve du Parthénon, à peu près tel qu'il était du temps de Périclès, ne vaut-elle pas bien les descriptions plus savantes que l'on a faites des ruines de ce beau temple ?

Cette citation était insérée dans la note des deux premières éditions.

Note 2, page 197.

Cette citation faisait partie du texte dans les deux premières éditions.

« Cependant les capitaines et lieutenants du roy de Perse Darius, ayant mis une grosse puissance ensemble, l'attendoient au passage de la rivière de Granique. Si estoit nécessaire de combattre là comme à la barrière de l'Asie, pour en gaigner l'entrée ; mais la plupart des capitaines de son conseil craignoient la profondeur de ceste rivière, et la hauteur de l'autre rive qui estoit roide et droite, et si ne la pouvoit-on gaigner ny y monter sans combattre : et y en avoit qui disoient qu'il falloit prendre garde à l'observance ancienne des mois, pour ce que les roys de Macédoine n'avoient jamais accoustumé de mettre leur armée aux champs le mois de juing, à quoy Alexandre leur respondit qu'il y remedieroit bien, commandant que l'on l'appelast le second mai. Davantage Parmenion estoit d'avis que pour le premier jour il ne falloit rien hasarder, à cause qu'il estoit desjà tard ; à quoy il luy respondit que « l'Helles« pont rougiroit de honte si luy craignoit de passer une rivière, veu qu'il venoit de passer un « bras de mer ; » et en disant cela, il entra luy mesme dedans la rivière avec treize compagnies de cheval, et marcha la teste baissée à l'encontre d'une infinité de traicts que les ennemis luy tirerent, montant contre-mont d'autre rive, qui estoit couppée et droite, et, qui pis est, toute couverte d'armes, de chevaux et d'ennemis qui l'attendoient en bataille rangée, poulsant les siens à travers le fil de l'eau, qui restoit profonde, et qui couroit si roide, qu'elle les emmenoit presque aval, tellement que l'on estimoit qu'il y eust plus de fureur en sa conduite que de bon sens ny de conseil. Ce nonobstant il s'obstina à vouloir passer, à toute force, et feit tant qu'à la fin il gaigna l'autre rive à grande peine et grande difficulté : mesmement pource que la terre y glissoit à cause de la fange qu'il y avoit. Passé qu'il fust, il fallut aussi tost combattre pesle mesle d'homme à homme, pource que les ennemis chargerent incontinent les premiers passez, avant qu'ils eussent loisir de se ranger en bataille, et leur coururent sus avec grands cris, tenant leurs chevaux bien joints et serrez l'un contre l'autre, et combattirent à coups de javelines premierement, et puis à coups d'espée, après que les javelines furent brisées. Si se ruerent plusieurs ensemble tout à coup sur luy, pource qu'il estoit facile à remarquer et cognoistre entre tous les autres à son escu, et à la queue qui pendait de son armet, à l'entour de laquelle il y avoit de costé et d'autre un pennache grand et blanc à merveille. Si fut atteinct d'un coup de javelot au défaut de la cuirasse, mais le coup ne perçca point; et comme Roesacès et Spithridates, deux des principaux capitaines persans, s'adressassent ensemble à luy, il se destourna de l'un, et picquant droit à Roesacès, qui estoit bien armé d'une bonne cuirasse, luy donna un si grand coup de javeline, qu'elle se rompit en sa main, et meit aussi tost la main à l'espée; mais ainsi comme ils estoient accouplez ensemble, Spithridates s'approchant de luy en flanc, se souleva sur son cheval, et luy ramena de toute sa puissance un si grand coup de hache barbaresque, qu'il couppa la creste de l'armet, avec un des costez du pennache, et y feit une telle faulsée, que le tranchant de la hache penetra jusques aux cheveux : et ainsi comme il en voulait encore donner un autre, le grand Clitus le prevint, qui lui passa une perthisane de part en part à travers le corps, et à l'instant mesme tomba aussi Roesacès, mort en terre d'un coup d'espée que lui donna Alexandre. Or, pendant que la gendarmerie combattoit en tel effort, le bataillon des gens de pied macedoniens passa la riviere, et commencerent les deux batailles à marcher l'une contre l'autre : mais celle des Perses ne sousteint point courageusement ny longuement, ains se tourna incontinent en fuite, exceptez les Grecs qui estoyent à la soude du roy de Perse, lesquelz se retirerent ensemble dessus une motte, et demanderent que l'on les prist à mercy. Mais Alexandre donnant le premier dedans, plus par cholere que de sain jugement, y perdit son cheval qui luy fut tué sous luy d'un coup d'espée à travers les flancs. Ce n'estoit pas Bucéphal, ains un autre ; mais tous ceulx qui furent en celle journée tuez ou blecez des siens le furent en cest endroit-là, pource qu'il s'opiniastra à combattre obstinéement contre hommes agguerriz et desesperez. L'on dit qu'en ceste premiere bataille il mourut du costé des Barbares vingt mille hommes de pied, et deux mille cinq cents de cheval : du costé d'Alexandre, Aristobolus escrit qu'il y en eut de morts trente et quatre en tout, dont douze estoyent gens de pied, à tous lesquelz Alexandre voulut, pour honorer leur memoire, que l'on dressast des images de bronze faites de la main de Lysyppus : et voulant faire part de ceste victoire aux Grecs, il envoya aux Atheniens particulierement trois cents boucliers de ceulx qui furent gaignez en la bataille, et generalement sur toutes les autres despouilles ; et sur tout le butin feit mettre ceste très-honorable inscription :

« Alexandre, fils de Philippus, et les Grecs, exceptez les Lacédémoniens, ont conquis ce
« butin sur les Barbares habitants en Asie. »

Note 3, page 202.

CONTRAT PASSÉ ENTRE LE CAPITAINE DIMITRI ET M. DE CHATEAUBRIAND [1].

Διὰ τοῦ παρόντος γράμματος γείννεται δῆλον ὅτι ὁ κύρ Χατζὶ Πολύκαρπος τοῦ Λαζάρου Χαβιαρτζὶς ὁποῦ ἔχει ναβλωμένην τὴν πολάκα ὀνόματι ὁ ἅγιος Ἰωάννης τοῦ Καν. Δημητρίου Στέριου ἀπὸ τὸ Βόλο μὲ Ωθω μανικὴν παντιέραν ἀπὸ ἐδῶ διὰ τὸν γιάφαν διὰ νὰ πιγαίνη τοὺς Χατζίδους Ῥωμαίους, ἐσυμφώνισεν τὴν σήμερον μετὰ τοῦ μουσοῦ Σατώ Μπριάντ μπειζάντες Φραντζέζος νὰ τοῦ δώσουν μεσα εἰς τὸ ἀνωθεν, καράβι μιαν μικρὰν κάμαραν νὰ καθίση αὐτὸς καὶ δύω τοῦ δοῦλοι μαζὶ, διὰ νὰ κάμη τὸ ταξίδι ἀπὸ ἐδῶ εἰς τὸ γιάφα, νὰ τοῦ δείδουν τόπον εἰς τὸ ὀτζάκη τοῦ καπιτάνιου νὰ μαγειρεύη τὸ φαγητοῦ, ὅσον γερον χρειαστεί κάθε φοφάν, νὰ τὸν καλοκιτάζουν εἰς ὥσον καιρὸν σταθεῖ εἰς τὸ ταξίδι, καὶ κατὰ πάντα τρώπον νὰ τὸν συχαριστήσουν χωρς νὰ τοῦ προξενίθη καμία ἐνώχλησις. διὰ νάβλον αὐτῆς τῆς κάμαρας ὁποῦ εἶναι ἡ ἀντικάμερα τοῦ καπιτάνιου, καὶ διὰ ὅλλαις ταῖς ἀνωθεν δούλευσαις ἐσυμφώνισαν γρόσους ἑπτακόσια ἤτι L : 700 : τὰ ὁποία ὁ ἄνωθεν μπείζαντες τὰ ἐμέτρησεν τοῦ Χατζὶ Πολυκάρπου, καὶ αὐνὸς ὁμολογεῖ πῶς τὰ ἔλαβεν, ὅθεν δὲν ἔχει πλέον ὁ καπιτάνος νὰ τοῦ ζητᾶ τίποτες, οὔτε ἐδῶ, οὔτε εἰς τὸ γιάφαν, ὅταν φθάσει καὶ ἔχεινά ξεμπαρκάριση. διὰ τοῦτο αἰ ὑπόσχεται τῶσον ὁ ῥηθεὶς Χατζὶ πολύκαρπος ναβλωκτῆς καθὼς καὶ ὁ Καπιτάνος νὰ φυλάξουν ὅλλα αὐτὰ ὁποῦ ὑποσχέθηκαν καὶ εἰς ἔνδυξιν ἀληθίας ὑπώγραφαν ἀμφώτεροι τὸ πάρον γράμμα

---

[1] Ce contrat a été copié avec les fautes d'orthographe grossières, les faux accents et les barbarismes de l'original.

καὶ τὸ ἴδωσαν εἰς χἶρας τοῦ μουσοῦ Σατὺ Μριάντ, ὅπως ἔχει τὸ κύρος καὶ τὴν ἰσχὺν ἐν παντὶ
καιρῷ καὶ τόπῳ.

Κωνσταντινύπολ. $\frac{6}{18}$ σεπτεμβρίου 1806.

χατζη πολικαρπος λαζαρού βεβιονο [1]

καπηταν δημητρης στηρηο βεβηονο [2]

[3] Ο καπιταν δἰμιτρις ηποσχετε μεταμένα ανεφ

εξ εναντιας κερου να μιν σταθή περισσοτερο

απο μιαν ημερα καστρι και χνου.

ελαβον τον ναβαμν γρο 700 ητι επτακοσια

χατζη πολικαρπο λαζαρου.

TRADUCTION DU CONTRAT PRÉCÉDENT [4].

Par le présent contrat, déclare le Hadgi Policarpe de Lazare Caviarzi nolisateur de la polaque nommée *Saint-Jean*, commandé par le capitain Dimitry Sterio de Vallo, avec pavillon ottoman pour porter les pellerins grecs d'ici à Jaffa, avoir aujourd'hui contracté avec M. de Chateaubriand, de lui céder une petite chambre dans le susdit bâtiment, où il puisse se loger lui et deux domestiques à son service ; en outre il lui sera donné une place dans la cheminée du capitan pour faire sa cuisine. On lui fournira de l'eau quand il en aura besoin, et l'on faira tout ce qui sera nécessaire pour le contenter pendant son voyage, sans permettre qu'il lui soit occasioné aucune molestie tout le temps de sa demeure à bord — Pour nolis de son passage et payement de tout service qui doit lui être rendu, se sont convenus la somme de piastres sept-cent n° 700 que M. Chateaubriand a compté audit Policarpe, et lui déclarer de les avoir reçu ; moyennant quoi le capitain ne doit et ne pourra rien autre demander de lui, ni ici, ni à leur arrivée à Jaffa, et lorsqu'il devra se débarquer.

C'est pourquoi ils s'engagent, ce nolisateur et ce capitan, d'observer et remplir les susdits conditions dont ils se sont convenus, et ont signé tous les deux le présent contrat, qui doit valoir en tout temps, et lieu.

Constantinopoli, 6 septembre 1806.

HADGI POLICARPE DE LAZARE

Noligeateur

Capitain DIMITRI ACRO

Le susdit cap^e. s'engage avec moi qu'il ne s'arrêtera
devant les Dardanelles et Scio qu'un jour.

HADGI POLICARPE DE LAZARE.

NOTE 4, page 214.

Cette citation faisait partie du texte dans les deux premières éditions.

« En arrivant dans l'île, dit le fils d'Ulysse, je sentis un air doux qui rendait les corps lâches et paresseux, mais qui inspirait une humeur enjouée et folâtre. Je remarquai que la campagne, naturellement fertile et agréable, était presque inculte, tant les habitants étaient ennemis du travail. Je vis de tous côtés des femmes et des jeunes filles, vainement parées, qui allaient en chantant les louanges de Vénus se dévouer à son temple. La beauté, les grâces, la joie, les

---

[1] Signature de Policarpe. — [2] Signature de Démétrius. — [3] Écrite de la main de Policarpe. —
[4] Cette traduction barbare est de l'interprète franc à Constantinople.

plaisirs éclataient également sur leurs visages, mais les grâces y étaient affectées : on n'y voyait point une noble simplicité et une pudeur aimable, qui fait le plus grand charme de la beauté. L'air de mollesse, l'art de composer leur visage, leur parure vaine, leur démarche languissante, leurs regards qui semblaient chercher ceux des hommes, leur jalousie entre elles pour allumer de grandes passions, en un mot tout ce que je voyais dans ces femmes me semblait vil et méprisable : à force de vouloir plaire elles me dégoûtaient.

« On me conduisit au temple de la déesse : elle en a plusieurs dans cette île ; car elle est particulièrement adorée à Cythère, à Idalie et à Paphos. C'est à Cythère que je fus conduit. Le temple est tout de marbre, c'est un parfait péristyle ; les colonnes sont d'une grosseur et d'une hauteur qui rendent cet édifice très-majestueux : au-dessus de l'architrave et de la frise sont, à chaque face, de grands frontons où l'on voit en bas-relief toutes les plus agréables aventures de la déesse. A la porte du temple est sans cesse une foule de peuples qui viennent faire leurs offrandes.

« On n'égorge jamais dans l'enceinte du lieu sacré aucune victime ; on n'y brûle point, comme ailleurs, la graisse des génisses et des taureaux ; on n'y répand jamais leur sang : on présente seulement devant l'autel les bêtes qu'on offre, et on n'en peut offrir aucune qui ne soit jeune, blanche, sans défaut et sans tache : on les couvre de bandelettes de pourpre brodées d'or ; leurs cornes sont dorées et ornées de bouquets de fleurs odoriférantes. Après qu'elles ont été présentées devant l'autel, on les renvoie dans un lieu écarté, où elles sont égorgées pour les festins des prêtres de la déesse.

« On offre aussi toutes sortes de liqueurs parfumées et du vin plus doux que le nectar. Les prêtres sont revêtus de longues robes blanches avec des ceintures d'or et des franges de même au bas de leurs robes. On brûle nuit et jour, sur les autels, les parfums les plus exquis de l'Orient, et ils forment une espèce de nuage qui monte vers le ciel. Toutes les colonnes du temple sont ornées de festons pendants ; tous les vases qui servent aux sacrifices sont d'or : un bois sacré de myrtes environne le bâtiment. Il n'y a que de jeunes garçons et de jeunes filles d'une rare beauté qui puissent présenter les victimes aux prêtres, et qui osent allumer le feu des autels. Mais l'impudence et la dissolution déshonorent un temple si magnifique. » (*Télémaque*.)

NOTE 5, page 274.

Cette citation faisait partie du texte dans les deux premières éditions.

« Toute l'étendue de Jérusalem est environnée de hautes montagnes ; mais c'est sur celle de Sion que doivent être les sépulcres de la famille de David dont on ignore le lieu. En effet, il y a quinze ans qu'un des murs du temple, que j'ai dit être sur la montagne de Sion, croula. Là-dessus, le patriarche donna ordre à un prêtre de le réparer des pierres qui se trouvaient dans le fondement des murailles de l'ancienne Sion. Pour cet effet, celui-ci fit marché avec environ vingt ouvriers, entre lesquels il se trouva deux hommes amis et de bonne intelligence. L'un d'eux mena un jour l'autre dans sa maison pour lui donner à déjeuner. Étant revenus après avoir mangé ensemble, l'inspecteur de l'ouvrage leur demanda la raison pourquoi ils étaient venus si tard, auquel ils répondirent qu'ils compenseraient cette heure de travail par une autre. Pendant donc que le reste des ouvriers furent à dîner, et que ceux-ci faisaient le travail qu'ils avaient promis, ils levèrent une pierre qui bouchait l'ouverture d'un antre, et se dirent l'un à l'autre : Voyons s'il n'y a pas là-dessous quelque trésor caché. Après y être entrés, ils avancèrent jusqu'à un palais soutenu par des colonnes de marbre, et couvert de feuilles d'or et d'argent. Au devant il y avait une table avec un sceptre et une couronne dessus : c'était là le sépulcre de David, roi d'Israël ; celui de Salomon, avec les mêmes ornements, était à la gauche, aussi bien que plusieurs autres rois de Juda de la famille de David, qui avaient été enterrés en ce lieu. Il s'y trouva aussi des coffres fermés ; mais on ignore encore ce qu'ils contenaient. Les deux ouvriers ayant voulu pénétrer dans le palais, il s'éleva un tourbillon de vent qui, entrant par l'ouverture de l'antre, les renversa par terre, où ils demeurèrent, comme s'ils eussent été morts, jusqu'au soir. Un autre souffle de vent les réveilla, et ils entendirent une voix semblable à celle d'un homme, qui leur dit : *Levez-vous et sortez de ce lieu.* La frayeur dont ils étaient saisis les fit retirer en diligence, et ils rapportèrent tout ce qui leur était arrivé au patriarche, qui le leur fit répéter en présence d'Abraham de Constantinople, le pharisien, et surnommé *le Pieux*, qui demeurait alors à Jérusalem. Il l'avait envoyé chercher pour lui demander quel était son sentiment là-dessus ; à quoi il répondit que c'était le lieu de la sépulture de la maison de David, destiné pour les rois de Juda. Le lendemain on trouva ces deux hommes couchés dans leurs lits, et fort malades de la peur qu'ils avaient eue. Ils refusèrent de retourner dans le même lieu, à quel prix que ce fût, assurant qu'il n'était pas permis à aucun mortel de pénétrer dans un lieu dont Dieu défendait l'entrée ; de sorte qu'elle a été bouchée par le commandement du patriarche, et la vue en a été ainsi cachée jusqu'aujourd'hui. »

Cette histoire paraît être renouvelée de celle que raconte Josèphe au sujet du même tombeau. Hérode le Grand ayant voulu faire ouvrir le cercueil de David, il en sortit une flamme qui l'empêcha de poursuivre son dessein.

Note 6, page 278.

Cette citation faisait partie du texte dans les deux premières éditions.

« A peine, dit Massillon, l'âme sainte du Sauveur a-t-elle ainsi accepté le ministère sanglant de notre réconciliation, que la justice de son Père commence à le regarder comme un homme de péché. Dès lors il ne voit plus en lui son Fils bien-aimé, en qui il avait mis toute sa complaisance ; il n'y voit plus qu'une hostie d'expiation et de colère, chargée de toutes les iniquités du monde, et qu'il ne peut plus se dispenser d'immoler à toute la sévérité de sa vengeance. Et c'est ici que tout le poids de sa justice commence à tomber sur cette âme pure et innocente : c'est ici où Jésus-Christ, comme le véritable Jacob, va lutter toute la nuit contre la colère d'un Dieu même, et où va se consommer par avance son sacrifice, mais d'une manière d'autant plus douloureuse que son âme sainte va expirer, pour ainsi dire, sous les coups de la justice d'un Dieu irrité, au lieu que sur le Calvaire elle ne sera livrée qu'à la fureur et à la puissance des hommes.. . . . .

« L'âme sainte du Sauveur, pleine de grâce, de vérité et de lumière ; ah ! elle voit le péché dans toute son horreur ; elle en voit le désordre, l'injustice, la tache immortelle ; elle en voit les suites déplorables : la mort, la malédiction, l'ignorance, l'orgueil, la corruption, toutes les passions, de cette source fatale nées et répandues sur la terre. En ce moment douloureux, la durée de tous les siècles se présente à elle : depuis le sang d'Abel jusqu'à la dernière consommation ; elle voit une tradition non interrompue de crimes sur la terre ; elle parcourt cette histoire affreuse de l'univers, et rien n'échappe aux secrètes horreurs de sa tristesse ; elle y voit les plus monstrueuses superstitions établies parmi les hommes : la connaissance de son père effacée ; les crimes infâmes érigés en divinités ; les adultères, les incestes, les abominations avoir leurs temples et leurs autels ; l'impiété et l'irréligion devenues le parti des plus modérés et des plus sages. Si elle se tourne vers les siècles des chrétiens, elle y découvre les maux futurs de son Église : les schismes, les erreurs, les dissensions qui devaient déchirer le mystère précieux de son unité, les profanations de ses autels, l'indigne usage des sacrements, l'extinction presque de sa foi, et les mœurs corrompues du paganisme rétablies parmi ses disciples.. . . . .

« Aussi, cette âme sainte ne pouvant plus porter le poids de ses maux, et retenue d'ailleurs dans son corps par la rigueur de la justice divine, triste jusqu'à la mort, et ne pouvant mourir, hors d'état et de finir ses peines, et de les soutenir, semble combattre, par les défaillances et les douleurs de son agonie, contre la mort et contre la vie ; et une sueur de sang qu'on voit couler à terre est le triste fruit de ses pénibles efforts : *Et factus est sudor ejus sicut guttæ sanguinis decurrentis in terram*. Père juste, fallait-il encore du sang à ce sacrifice intérieur de votre Fils? N'est-ce pas assez qu'il doive être répandu par ses ennemis? Faut-il que votre justice se hâte, pour ainsi dire, de le voir répandre? »

Note 7, page 278.

Cette citation faisait partie du texte dans les deux premières éditions.

La destruction de Jérusalem, prédite et pleurée par Jésus-Christ, mérite bien qu'on s'y arrête. Écoutons Josèphe, témoin oculaire de cet événement. La ville étant prise, un soldat met le feu au temple.

« Lorsque le feu dévorait ainsi ce superbe temple, les soldats, ardents au pillage, tuaient tous ceux qu'ils y rencontraient. Ils ne pardonnaient ni à l'âge ni à la qualité : les vieillards aussi bien que les enfants, et les prêtres comme les laïques, passaient par le tranchant de l'épée : tous se trouvaient enveloppés dans ce carnage général, et ceux qui avaient recours aux prières n'étaient pas plus humainement traités que ceux qui avaient le courage de se défendre jusqu'à la dernière extrémité. Les gémissements des mourants se mêlaient au bruit du pétillement du feu, qui gagnait toujours plus avant; et l'embrasement d'un si grand édifice, joint à la hauteur de son assiette, faisait croire à ceux qui ne le voyaient que de loin que toute la ville était en feu.

« On ne saurait rien imaginer de plus terrible que le bruit dont l'air retentissait de toutes parts ; car, quel n'était pas celui que faisaient les légions romaines dans leur fureur? Quels cris ne jetaient pas les factieux qui se voyaient environnés de tous côtés du fer et du feu? Quelle plainte ne faisait point ce pauvre peuple qui, se trouvant alors dans le temple, était dans une telle frayeur, qu'il se jetait, en fuyant, au milieu des ennemis ! Et quelles voix confuses ne poussait point jusqu'au ciel la multitude de ceux qui, de dessus la montagne opposée au temple, voyaient un spectacle si affreux ! Ceux même que la faim avait réduits à une telle extrémité que la mort était prête à leur fermer pour jamais les yeux, apercevant cet embrasement du temple, rassemblaient tout ce qui leur restait de forces pour déplorer un si étrange malheur ; et les échos des montagnes d'alentour et du pays qui est au delà du Jourdain redoublaient encore cet horrible bruit ; mais, quelque épouvantable qu'il fût, les maux qui le causaient l'étaient encore davantage. Ce feu qui dévorait le temple était si grand et si violent, qu'il semblait que la montagne même sur laquelle il était assis brûlât jusque dans ses fondements. Le sang coulait en telle abondance, qu'il paraissait disputer avec le feu à qui s'étendrait davantage. Le nombre de ceux qui étaient tués surpassait celui de ceux qui les sacrifiaient à leur colère et à leur vengeance; toute la terre était couverte de corps morts ; et les soldats marchaient dessus pour suivre par un chemin si effroyable ceux qui s'enfuyaient.

« Quatre ans avant le commencement de la guerre, lorsque Jérusalem était encore dans une profonde paix et dans l'abondance, Jésus, fils d'Ananus, qui n'était qu'un simple paysan, étant venu à la fête des Tabernacles, qui se célèbre tous les ans dans le temple en l'honneur de Dieu, cria : « Voix du côté de l'orient ; voix du côté de l'occident ; voix du côté des quatre « vents ; voix contre Jérusalem et contre le temple ; voix contre les nouveaux mariés et les « nouvelles mariées ; voix contre tout le peuple. » Et il ne cessait point, jour et nuit, de courir par toute la ville en répétant même chose. Quelques personnes de qualité, ne pouvant souffrir des paroles d'un si mauvais présage, le firent prendre et extrêmement fouetter.

« Mais à chaque coup qu'on lui donnait, il répétait d'une voix plaintive et lamentable : « Malheur ! malheur sur Jérusalem ! »

« Quand Jérusalem fut assiégée, on vit l'effet de ses prédictions. Et faisant alors le tour des murailles de la ville, il se mit encore à crier : « Malheur ! malheur sur la ville ! malheur sur le « peuple ! malheur sur le temple ! » A quoi ayant ajouté : « et malheur sur moi ! » une pierre poussée par une machine le porta par terre, et il rendit l'esprit en proférant ces mêmes mots. »

Note 8, page 279.

« On verra, dit encore Massillon, le Fils de l'Homme parcourant des yeux, du haut des airs, les peuples et les nations confondus et assemblés à ses pieds, relisant dans ce spectacle l'histoire de l'univers, c'est-à-dire des passions ou des vertus des hommes ; on le verra rassembler ses élus des quatre vents, les choisir de toute langue, de tout état, de toute nation ; réunir les enfants d'Israël dispersés dans l'univers ; exposer l'histoire secrète d'un peuple saint et nouveau ; produire sur la scène des héros de la foi, jusque-là inconnus au monde : ne plus distinguer les siècles par les victoires des conquérants, par l'établissement ou la décadence des empires, par la politesse ou la barbarie des temps, par les grands hommes qui ont paru dans chaque âge, mais par les divers triomphes de la grâce, par les victoires cachées des justes sur leurs passions, par l'établissement de son règne dans un cœur, par la fermeté héroïque d'un fidèle persécuté...

« La disposition de l'univers ainsi ordonnée ; tous les peuples de la terre ainsi séparés ; chacun immobile à la place qui lui sera tombée en partage ; la surprise, la terreur, le désespoir, la confusion, peints sur le visage des uns ; sur celui des autres la joie, la sérénité, la confiance ; les yeux des justes levés en haut vers le Fils de l'Homme d'où ils attendent leur délivrance ; ceux des impies fixés d'une manière affreuse sur la terre, et perçant presque les abîmes de leurs regards, comme pour y marquer déjà la place qui leur est destinée. »

Note 9, page 280.

Cette citation faisait partie du texte dans les deux premières éditions.

Bossuet a renfermé toute cette histoire en quelques pages, mais ces pages sont sublimes :

« Cependant la jalousie des pharisiens et des prêtres le mène à un supplice infâme ; ses disciples l'abandonnent ; un d'eux le trahit ; le premier et le plus zélé de tous le renie trois fois. Accusé devant le conseil, il honore jusqu'à la fin le ministère des prêtres, et répond en termes précis au pontife qui l'interrogeait juridiquement ; mais le moment était arrivé où la synagogue devait être réprouvée. Le pontife et tout le conseil condamnent Jésus-Christ, parce qu'il se disait le Christ, Fils de Dieu. Il est livré à Ponce-Pilate, président romain : son innocence est reconnue par son juge, que la politique et l'intérêt font agir contre sa conscience : le Juste est condamné à mort : le plus grand de tous les crimes donne lieu à la plus parfaite obéissance qui fut jamais. Jésus, maître de sa vie et de toutes choses, s'abandonne volontairement à la fureur des méchants, et offre ce sacrifice qui devait être l'expiation du genre humain. A la croix, il regarde dans les prophéties ce qui lui restait à faire : il l'achève, et dit enfin : « Tout est consommé. »

« A ce mot, tout change dans le monde : la loi cesse, les figures passent, les sacrifices sont abolis par une oblation plus parfaite. Cela fait, Jésus-Christ expire avec un grand cri : toute la nature s'émeut ; le centurion qui le gardait, étonné d'une telle mort, s'écrie qu'il est vraiment le Fils de Dieu, et les spectateurs s'en retournent frappant leur poitrine. Au troisième jour il ressuscité ; il paraît aux siens qui l'avaient abandonné, et qui s'obstinaient à ne pas croire sa résurrection. Ils le voient, ils lui parlent, ils le touchent, ils sont convaincus.

. . . .

« Sur ce fondement, douze pêcheurs entreprennent de convertir le monde entier, qu'ils voient si opposé aux lois qu'ils avaient à lui prescrire et aux vérités qu'ils avaient à lui annoncer. Ils ont ordre de commencer par Jérusalem, et de là de se répandre par toute la terre, pour instruire toutes les nations et les baptiser au nom du Père, du Fils, et du Saint-Esprit. Jésus-Christ leur promet d'être avec eux jusqu'à la consommation des siècles, et assure par cette parole la perpétuelle durée du ministère ecclésiastique. Cela dit, il monte aux cieux en leur présence. »

Note 10, page 289.

Cette citation faisait partie du texte dans les deux premières éditions.

« Voyant le roi qui avoit la maladie de l'ost et la menaison comme les autres que nous laissions, se just bien garanti s'il eust voulu és grands gaïlées ; mais il disoit qu'il aimoit mieux mourir que laisser son peuple : il nous commença à hucher et à crier que demourassions, et nous tiroit de bons garrots pour nous faire demeurer jusqu'à ce qu'il nous donnast congé de nager. Or je vous lerray ici, et vous dirai la façon et manière comme fut prins le roi, ainsi que lui-mesme me conta. Je lui ouï dire qu'il avoit laissé ses gens d'armes et sa bataille, et s'estoit mis lui et messire Geoffroy de Sergine en la bataille de messire Gaultier de Chastillon, qui faisoit l'arrière-garde. Et estoit le roi monté sur un petit coursier, une housse de soie vestue ; et ne lui demoura, ainsi que lui ai depuis oy dire, de tous ses gens d'armes, que le bon chevalier messire Geoffroy de Sergine, lequel se rendit jusques à une petite ville nommée *Casel*, là où le roi fut prins. Mais avant que les Turcs le pussent voir, lui oy conter que messire Geoffroy de Sergine le deffendoit en la façon que le bon serviteur deffend le hanap de son seigneur, de peur des mouches. Car toutes les fois que les Sarrazins l'approchoient, messire Geoffroy le deffendoit à grands coups d'espée et de pointe, et ressembloit sa force lui estre doublée d'oultre moitié, et son preux et hardi courage. Et à tous les coups les chassoit de dessus le roi. Et ainsi l'emmena jusqu'au lieu de Casel, et là fut descendu au giron d'une bourgeoisie qui estoit de Paris. Et là le cuidèrent voir passer le pas de mort, et n'esperoient point que jamais il peust passer celui jour sans mourir[1]. »

C'était déjà un coup assez surprenant de la fortune, que d'avoir livré un des plus grands rois que la France ait eus aux mains d'un jeune soudan d'Egypte, dernier héritier du grand Saladin. Mais cette fortune, qui dispose des empires, voulant, pour ainsi dire, montrer en un jour l'excès de sa puissance et de ses caprices, fit égorger le roi vainqueur sous les yeux du roi vaincu.

« Et ce voyant le soudan qui estoit encore jeune, et la malice qui avoit esté inspirée contre sa personne, il s'enfuit en sa haute tour, qu'il avoit près de sa chambre, dont j'ai devant parlé. Car ses gens mesme de la Haulequa lui avoient jà abattu tous ses pavillons, et environnoient cette tour, où il s'en estoit lui. Et dedans la tour il y avoit trois de ses evesques, qui avoient mangé avec lui, qui lui escrivirent qu'il descendist. Et il leur dit que volontiers il descendroit, mais qu'ils l'assurassent. Ils lui respondirent que bien le feroient descendre par force, et malgré lui ; et qu'il n'estoit mye encore à Damiète. Et tantost ils vont jetter le feu gregeois dedans cette tour, qui estoit seulement de perches de sapin et de toile, comme j'ai devant dit. Et incontinent fut embrasée la tour. Et vous promets que jamais ne vis plus beau feu, ne plus soudain. Quand le sultan vit que le feu le pressoit, il descendit par la voie du Prael, dont j'ai devant parlé, et s'enfuit vers le fleuve ; et, en s'enfuyant, l'un des chevaliers de la Haulequa le ferit d'un grand glaive parmi les costes, et il se jecte à tout le glaive dedans le fleuve. Et après lui descendirent environ de neuf chevaliers, qui le tuèrent là dans le fleuve, assez près de nostre gallée. Et quand le soudan fut mort, l'un desdits chevaliers, qui avoit nom Faracataie, le fendit, et lui tira le cœur du ventre. Et lors il s'en vint au roi, sa main toute ensanglantée, et lui demanda : « Que me donneras-tu, dont j'ai occis ton ennemi qui « t'eust fait mourir s'il eust vescu ? » Et à cette demande ne lui respondit oncques un seul mot le bon roi saint Louis. »

Note 11, page 290.

Cette citation faisait partie du texte dans les deux premières éditions.

Le tableau du royaume de Jérusalem, tracé par l'abbé Guénée, mérite d'être rapporté. Il y auroit de la témérité à vouloir refaire un ouvrage qui ne pèche que par des omissions volon

[1] Sire de Joinville.

taires. Sans doute l'auteur, ne pouvant pas tout dire, s'est contenté des principaux traits.

« Ce royaume s'étendait, dit-il, du couchant au levant, depuis la mer Méditerranée jusqu'au désert de l'Arabie, et du midi au nord, depuis le fort de Darum, au delà du torrent d'Égypte, jusqu'à la rivière qui coule entre Bérith et Biblos. Ainsi, il comprenait d'abord les trois Palestines, qui avaient pour capitales : la première, Jérusalem ; la deuxième, Césarée maritime ; et la troisième, Bethsan, puis Nazareth ; il comprenait en outre tout le pays des Philistins, toute la Phénicie avec la deuxième et la troisième Arabie, et quelques parties de la première.

« Cet État, disent les *Assises de Jérusalem*, avait deux chefs seigneurs, l'un spirituel et l'autre temporel : le patriarche était le seigneur spirituel, et le roi, le seigneur temporel.

« Le patriarche étendait sa juridiction sur les quatre archevêchés de Tyr, de Césarée, de Nazareth et de Krak ; il avait pour suffragants les évêques de Bethléem, de Lyde et d'Hébron ; de lui dépendaient encore les six abbés de Mont-Sion, de la Latine, du Temple, du Mont-Olivet, de Josaphat et de Saint-Samuel ; le prieur du Saint-Sépulcre, et les trois abbesses de Notre-Dame la Grande, de Sainte-Anne et de Saint-Ladre.

« Les archevêques avaient pour suffragants : celui de Tyr, les évêques de Bérith, de Sidon, de Panéas et de Ptolémaïs ; celui de Césarée, l'évêque de Sébaste ; celui de Nazareth, l'évêque de Tibériade et le prieur du Mont-Tabor ; celui de Krak, l'évêque du Mont-Sinaï.

« Les évêques de Saint-Georges, de Lyde et d'Acre avaient sous leur juridiction : le premier, les deux abbés de Saint-Joseph d'Arimathie et de Saint-Habacuc, les deux prieurs de Saint-Jean l'Évangéliste et de Sainte-Catherine du Mont-Gisart, avec l'abbesse des Trois-Ombres ; le deuxième, la Trinité et les Repenties.

« Tous ces évêchés, abbayes, chapitres, couvents d'hommes et de femmes, paraissent avoir eu d'assez grands biens, à en juger par les troupes qu'ils étaient obligés de fournir à l'État. Trois ordres surtout, religieux et militaires tout à la fois, se distinguaient par leur opulence ; ils avaient dans le pays des terres considérables, des châteaux et des villes.

« Outre les domaines que le roi possédait en propre, comme Jérusalem, Naplouse, Acre, Tyr et leurs dépendances, on comptait dans le royaume quatre grandes baronnies ; elles comprenaient, la première, les comtés de Jafa et d'Ascalon, avec les seigneuries de Rama, de Mirabel et d'Ybelin ; la deuxième, la principauté de Galilée ; la troisième, les seigneuries de Sidon, de Césarée et de Bethsan ; la quatrième, les seigneuries de Krak, de Montréal et d'Hébron. Le comté de Tripoli formait une principauté à part, dépendante, mais distinguée du royaume de Jérusalem.

« Un des premiers soins des rois avait été de donner un code à leur peuple. De *sages hommes* furent chargés de recueillir les principales lois des différents pays d'où étaient venus les croisés, et d'en former un corps de législation, d'après lequel les affaires civiles et criminelles seraient jugées. On établit deux cours de justice : la haute pour les nobles, l'autre pour la bourgeoisie et toute la roture. Les Syriens obtinrent d'être jugés suivant leurs propres lois.

« Les différents seigneurs, tels que les comtes de Jafa, les seigneurs d'Ybelin, de Césarée, de Caïfas, de Krak, l'archevêque de Nazareth, etc., eurent leurs cours et justice ; et les principales villes, Jérusalem, Naplouse, Acre, Jafa, Césarée, Bethsan, Hébron, Gades, Lyde, Assur, Panéas, Tibériade, Nazareth, etc., leurs cours et justices bourgeoises : les justices seigneuriales et bourgeoises, au nombre d'abord de vingt à trente de chaque espèce, augmentèrent à proportion que l'État s'agrandissait.

« Les baronnies et leurs dépendances étaient chargées de fournir deux mille cavaliers ; les villes de Jérusalem, d'Acre et de Naplouse en devaient six cent soixante-six, et cent treize sergents ; les cités de Tyr, de Césarée, d'Ascalon, de Tibériade, mille sergents.

« Les églises, évêques, abbés, chapitres, etc., devaient en donner environ sept mille, savoir : le patriarche, l'église du Saint-Sépulcre, l'évêque de Tibériade, et l'abbé du Mont-Tabor, chacun six cents ; l'archevêque de Tyr et l'évêque de Tibériade, chacun cinq cent cinquante ; les évêques de Lyde et de Bethléem, chacun deux cents ; et les autres à proportion de leurs domaines.

« Les troupes de ces réunies firent d'abord une armée de dix à douze mille hommes ; on les porta ensuite à quinze; et quand Lusignan fut défait par Saladin, son armée montait à près de vingt-deux mille hommes, toutes troupes du royaume.

« Malgré les dépenses et les pertes qu'entraînaient des guerres presque continuelles, les impôts étaient modérés, l'abondance régnait dans le pays, le peuple se multipliait, les seigneurs trouvaient dans leurs fiefs de quoi se dédommager de ce qu'ils avaient quitté en Europe; et Baudouin du Bourg lui-même ne regretta pas longtemps son riche et beau comté d'Édesse. »

NOTE 12, page 293.

Cette citation faisait partie du texte dans les deux premières éditions.

Je ne puis cependant m'empêcher de donner ici un calcul qui faisait partie de mon travail; il est tiré de l'*Itinéraire* de Benjamin de Tudèle. Ce Juif espagnol avait parcouru la terre au treizième siècle pour déterminer l'état du peuple hébreu dans le monde connu [1]. J'ai relevé, la plume à la main, les nombres donnés par le voyageur, et j'ai trouvé sept cent soixante-huit mille huit cent soixante-cinq Juifs dans l'Afrique, l'Asie et l'Europe. Il est vrai que Benjamin parle des Juifs d'Allemagne sans en citer le nombre, et qu'il se tait sur les Juifs de Londres et de Paris. Portons la somme à un million d'hommes; ajoutons à ce million d'hommes un million de femmes et deux millions d'enfants, nous aurons quatre millions d'individus pour la population juive au treizième siècle. Selon la supputation la plus probable, la Judée proprement dite, la Galilée, la Palestine ou l'Idumée, comptaient, du temps de Vespasien, environ six ou sept millions d'habitants; quelques auteurs portent ce nombre beaucoup plus haut: au seul siége de Jérusalem par Titus il périt onze cent mille Juifs. La population juive aurait donc été, au treizième siècle, le sixième de ce qu'elle était avant sa dispersion. Voici le tableau tel que je l'ai composé d'après l'*Itinéraire* de Benjamin. Il est curieux d'ailleurs pour la géographie du moyen âge; mais les noms des lieux y sont souvent estropiés par le voyageur: l'original hébreu a dû se refuser à leur véritable orthographe dans certaines lettres; Arias Montanus a porté de nouvelles altérations dans la version latine, et la traduction française achève de défigurer ces noms:

VILLES.	JUIFS.	VILLES.	JUIFS.
Barcelonne	4 chefs		3,333
Narbonne	300	Ascoli	40
Bidrasch	3 id.	Trani	200
Montpellier	6 id.	Tarente	300
Lunel	300	Bardenis	10
Beaucaire	40	Otrante	500
Saint-Gilles	100	Corfou	1
Arles	200	Leptan	100
Marseille	300	Achilon	10
Gènes	20	Patras	50
Lucques	40	Lépante	100
Rome	200	Crissa	200
Capoue	300	Corinthe	300
Naples	500	Thèbes	2,000
Salerne	600	Egrifou	100
Malfi	20	Jabustérisa	100
Bénévent	200	Sinon-Potamon	40
Malchi	200	Gardegin (quelques Juifs).	
	3,333		7,384

[1] Il n'est pourtant pas bien clair que Benjamin ait parcouru tous les lieux qu'il a nommés. Il est même évident, par des passages du texte hébreu, que le voyageur juif n'a souvent écrit que sur des Mémoires.

Villes.	Juifs.	Villes.	Juifs.
	7,384		62,905
Armilon	500	Ghukbéran	10,000
Bissine	100	Bagdad	1,000
Séleucie	500	Géhiaga	5,000
Mitricin	20	Dans un lieu à vingt pas de	
Darman	140	Gégaiga	20,000
Canisthol	20	Hhilan	10,000
Constantinople	1,000	Naphahh	200
Doroston	100	Alkotsonath	300
Galipoline	200	Rupha	7,000
Galas	50	Séphitbib (une synagogue).	
Mytiles (une université).		Juifs qui habitent dans les villes	
Giham	500	et autres lieux du pays de	
Ismos	300	Théma	300,000
Rhodes	500	Chihar	50,000
Dophros (assemblée de Juifs).		Vira, fleuve du pays d'Éliman	
Laodicée	200	(au bord)	3,000
Gébal	120	Néasat	7,000
Birot	40	Bostan	1,000
Sidon	20	Samura	1,500
Tyr	500	Chuzsetham	7,000
Akadi	100	Robard-Bar	2,000
Césarée	10	Vaanath	4,000
Luz	1	Pays de Molhheath (deux sy-	
Bethgebarin	3	nagogues).	
Torondolos (autrefois Sunam).	30	Charian	25,000
Nob	2	Hhendam	50,000
Ramas	3	Tabarethan	4,000
Joppé	1	Asbaham	15,000
Ascalon	240	Scaphas	10,000
Dans la même ville, Juifs sama-		Ginat	8,000
ritains	300	Samareant	50,000
Ségura	1	Dans les montagnes de Nisbon,	
Tibériade	50	appartenant au roi de Perse,	
Timin	20	on dit qu'il y a quatre tribus	
Ghalmal	50	d'Israël, savoir : Dan, Zabu-	
Damas	3,000	lon, Aser et Nephtali.	
Thadmur	4,000	Cherataan	500
Siba	1,500	Kathiphan	50,000
Kelagh-Geher	2,000	Pays de Haalam (les Juifs, au	
Dakia	700	nombre de vingt familles).	
Hharan	700	Ile de Cheneray	23,000
Achabor	2,000	Gingalan	1,000
Nisibis	1,000	L'Ynde (une grande quantité	
Gezir-Ben-Ghamar	4,000	de Juifs).	
Al-Mutsal (autrefois Assur)	7,000	Hhalavan	1,300
Rababan	2,000	Kita	30,000
Karkésia	5,000	Misraïm	2,000
Al-Jobar	2,000	Gossen	1,000
Hhardan	15,000	Al-Bubug	200
	62,905		762,905

Villes.	Juifs.	Villes.	Juifs.
	762,905		767,305
Ramira	700	Tunis	40
Lambhola	500	Messine	20
Alexandrie	3,000	Palerme	1,500
Damiette	200		
	767,305	Total	768,865

Benjamin ne spécifie point le nombre des Juifs d'Allemagne, mais il cite les villes où se trouvaient les principales synagogues; ces villes sont: Coblentz, Andernach, Caub, Creutznach, Bengen, Germersheim, Munster, Strasbourg, Mantern, Freising, Bamberg, Tsor et Reguespurch. En parlant des Juifs de Paris, il dit : *In qua sapientium discipuli sunt omnium qui hodie in omni regione sunt doctissimi.*

NOTE 13, page 300.

Cette citation faisait partie du texte dans les deux premières éditions.

Josèphe parle ainsi du premier temple :

« La longueur du temple est de soixante coudées, sa hauteur d'autant, et sa largeur de vingt. Sur cet édifice on en éleva un autre de même grandeur; et ainsi, toute la hauteur du temple était de six-vingts coudées. Il était tourné vers l'orient, et son portique était de pareille hauteur de six-vingts coudées, de vingt de long et de six de large. Il y avait alentour du temple trente chambres en forme de galeries, et qui servaient au dehors comme d'arcs-boutants pour le soutenir. On passait des unes dans les autres, et chacune avait vingt coudées de long, autant de large, et vingt de hauteur. Il y avait au-dessus de ces chambres deux étages de pareil nombre de chambres toutes semblables. Ainsi, la hauteur des trois étages ensemble, montant ensemble à soixante coudées, revenait justement à la hauteur du bas édifice du temple dont nous venons de parler; et il n'y avait rien au-dessus. Toutes ces chambres étaient couvertes de bois de cèdre, et chacune avait sa couverture à part, en forme de pavillon; mais elles étaient jointes par de longues et grosses poutres, afin de les rendre plus fermes, et ainsi elles ne faisaient ensemble qu'un seul corps. Leurs plafonds étaient de bois de cèdre fort poli, et enrichis de feuillages dorés, taillés dans le bois. Le reste était aussi lambrissé de bois de cèdre, si bien travaillé et si bien doré, qu'on ne pouvait y entrer sans que leur éclat éblouît les yeux. Toute la structure de ce superbe édifice était de pierres si polies et tellement jointes, qu'on ne pouvait pas en apercevoir les liaisons; mais il semblait que la nature les eût formées de la sorte, d'une seule pièce, sans que l'art ni les instruments dont les excellents maîtres se servent pour embellir leurs ouvrages, y eussent en rien contribué. Salomon fit faire dans l'épaisseur du mur, du côté de l'orient, où il n'y avait point de grand portail, mais seulement deux portes, un degré à vis de son invention pour monter jusqu'au haut du temple. Il y avait dedans et dehors le temple des ais de cèdre, attachés ensemble avec de grandes et fortes chaînes, pour servir encore à le maintenir en état.

« Lorsque tout ce grand corps de bâtiment fut achevé, Salomon le fit diviser en deux parties, dont l'une, nommée *le Saint des Saints* ou *Sanctuaire,* qui avait vingt coudées de long, était particulièrement consacrée à Dieu, et il n'était permis à personne d'y entrer; l'autre partie, qui avait quarante coudées de longueur, fut nommée *le Saint-Temple,* et destinée pour les sacrificateurs. Ces deux parties étaient séparées par de grandes portes de cèdre, parfaitement bien taillées et fort dorées, sur lesquelles pendaient des voiles de lin, pleins de diverses fleurs de couleur de pourpre, d'hyacinthe et d'écarlate............................
. . . .

« Salomon se servit, pour tout ce que je viens de dire, d'un ouvrier admirable, mais principalement aux ouvrages d'or, d'argent et de cuivre, nommé *Chiram,* qu'il avait fait venir de Tyr, dont le père, nommé *Ur,* quoique habitué à Tyr, était descendu des Israélites, et sa mère était de la tribu de Nephtali. Ce même homme lui fit aussi deux colonnes de bronze qui avaient quatre doigts d'épaisseur, dix-huit coudées de haut, et douze coudées de tour, au-dessus desquelles étaient des corniches de fonte en forme de lis, de cinq coudées de hauteur. Il y avait alentour de ces colonnes des feuillages d'or qui couvraient ces lis, et on y voyait pendre en deux rangs deux cents grenades aussi de fonte. Ces colonnes furent placées à l'entrée du porche du temple; l'une nommée *Jachim*, à la main droite; et l'autre nommée *Boz*, à la main gauche.

. . . .

« Salomon fit bâtir hors de cette enceinte une espèce d'autre temple d'une forme quadrangulaire, environné de grandes galeries, avec quatre grands portiques qui regardaient le levant, le couchant, le septentrion et le midi, et auxquels étaient attachées de grandes portes toutes dorées; mais il n'y avait que ceux qui étaient purifiés selon la loi, et résolus d'observer les commandements de Dieu, qui eussent la permission d'y entrer. La construction de cet autre temple était un ouvrage si digne d'admiration, qu'à peine est-ce une chose croyable; car, pour le pouvoir bâtir au niveau du haut de la montagne sur laquelle le temple était assis, il fallut remplir, jusqu'à la hauteur de quatre cents coudées, un vallon dont la profondeur était telle qu'on ne pouvait le regarder sans frayeur. Il fit environner ce temple d'une double galerie soutenue par un double rang de colonnes de pierre d'une seule pièce; et ces galeries, dont toutes les portes étaient d'argent, étaient lambrissées de bois de cèdre [1]. »

Il est clair par cette description que les Hébreux, lorsqu'ils bâtirent le premier temple, n'avaient aucune connaissance des ordres. Les deux colonnes de bronze suffisent pour le prouver : les chapiteaux et les proportions de ces colonnes n'ont aucun rapport avec le premier dorique, seul ordre qui fût peut-être alors inventé dans la Grèce; mais ces mêmes colonnes, ornées de feuillages d'or, de fleurs de lis et de grenades, rappellent les décorations capricieuses de la colonne égyptienne. Au reste, les chambres en forme de pavillons, les lambris de cèdre doré, et tous ces détails imperceptibles sur de grandes masses, prouvent la vérité de ce que j'ai dit sur le goût des premiers Hébreux.

NOTE 14, page 309.

Cette citation faisait partie du texte dans les deux premières éditions.

Le plus ancien auteur qui ait décrit la mosquée de la Roche, est Guillaume de Tyr : il la devait bien connaître, puisqu'elle sortait à peine des mains des chrétiens à l'époque où le sage archevêque écrivait son histoire. Voici comment il en parle :

« Nous avons dit, au commencement de ce livre, qu'Omar, fils de Caleb, avait fait bâtir ce temple. . . . . et c'est ce que prouvent évidemment les inscriptions anciennes gravées au dedans et au dehors de cet édifice. . . . . »

L'historien passe à la description du parvis, et il ajoute :

« Dans les angles de ce parvis il y avait des tours extrêmement élevées, du haut desquelles, à certaines heures, les prêtres des Sarrasins avaient coutume d'inviter le peuple à la prière. Quelques-unes de ces tours sont demeurées debout jusqu'à présent; mais les autres ont été ruinées par différents accidents. On ne pouvait entrer ni rester dans le parvis sans avoir les pieds nus et lavés. . . . .

« Le temple est bâti au milieu du parvis supérieur; il est octogone et décoré, en dedans et en dehors, de carreaux de marbre et d'ouvrages de mosaïque. Les deux parvis, tant le supérieur que l'inférieur, sont pavés de dalles blanches pour recevoir pendant l'hiver les eaux de la pluie qui descendent en grande abondance des bâtiments du temple, et tombent très-limpides et sans limons dans les citernes au-dessous. Au milieu du temple, entre le rang intérieur des colonnes, on trouve une roche un peu élevée; et sous cette roche il y a une grotte pratiquée dans la même pierre. Ce fut sur cette pierre que s'assit l'ange qui, en punition du dénombrement du peuple, fait inconsidérément par David, frappa ce peuple jusqu'à ce que

---

[1] *Histoire des Juifs*, trad. d'Arnaud d'Andilly.

Dieu lui ordonnât de remettre son épée dans le fourreau. Cette roche, avant l'arrivée de nos armées, était exposée nue et découverte ; et elle demeura encore en cet état pendant quinze années ; mais ceux qui dans la suite furent commis à la garde de ce lieu, la recouvrirent, et construisirent dessus un chœur et un autel, pour y célébrer l'office divin. »

Ces détails sont curieux, parce qu'il y a huit cents ans qu'ils sont écrits ; mais ils nous apprennent peu de chose sur l'intérieur de la mosquée. Les plus anciens voyageurs, Arculfe dans Adamannus, Willibaldus, Bernard le Moine, Ludolphe, Breydenbach, Sanut, etc., n'en parlent que par ouï-dire, et ils ne paraissent pas toujours bien instruits. Le fanatisme des musulmans était beaucoup plus grand dans ces temps reculés qu'il ne l'est aujourd'hui, et jamais ils n'auraient voulu révéler à un chrétien les mystères de leurs temples. Il faut donc passer aux voyageurs modernes, et nous arrêter encore à Deshayes.

Cet ambassadeur de Louis XIII aux lieux saints refusa, comme je l'ai dit, d'entrer dans la mosquée de la Roche ; mais les Turcs lui en firent la description.

« Il y a, dit-il, un grand dôme qui est porté au dedans par deux rangs de colonnes de marbre, au milieu duquel est une grosse pierre, sur laquelle les Turcs croient que Mahomet monta quand il alla au ciel. Pour cette cause, ils y ont une grande dévotion ; et ceux qui ont quelque moyen fondent de quoi entretenir quelqu'un, après leur mort, qui lise l'Alcoran, alentour de cette pierre à leur intention.

« Le dedans de cette mosquée est tout blanchi, hormis en quelques endroits, où le nom de Dieu est écrit en grands caractères arabiques. »

Ceci ne diffère pas beaucoup de la relation de Guillaume de Tyr. Le père Roger nous instruira mieux ; car il paraît avoir trouvé le moyen d'entrer dans la mosquée. Du moins voici comment il s'explique :

« Si un chrétien y entrait (dans le parvis du temple), quelques prières qu'il fît en ce lieu, disent les Turcs, Dieu ne manquerait pas de l'exaucer, quand même ce serait de mettre Jérusalem entre les mains des chrétiens. C'est pourquoi, outre la défense qui est faite aux chrétiens non-seulement d'entrer dans le temple, mais même dans le parvis, sous peine d'être brûlés vifs ou de se faire Turcs, ils y font une soigneuse garde, laquelle fut gagnée de mon temps par un stratagème qu'il ne m'est pas permis de dire, pour les accidents qui en pourraient arriver, me contentant de dire toutes les particularités qui s'y remarquent. »

Du parvis il vient à la description du temple.

« Pour entrer dans le temple, il y a quatre portes situées à l'orient, occident, septentrion et midi ; chacune ayant son portail bien élaboré de moulures, et six colonnes avec leurs piédestaux et chapiteaux, le tout de marbre et de porphyre. Le dedans est tout de marbre blanc : le pavé même est de grandes tables de marbre de diverses couleurs, dont la plus grande partie, tant des colonnes que du marbre, et le plomb, ont été pris par les Turcs, tant en l'église de Bethléem qu'en celle du Saint-Sépulcre, et autres qu'ils ont démolies.

« Dans le temple il y a trente-deux colonnes de marbre gris en deux rangs, dont seize grandes soutiennent la première voûte, et les autres le dôme, chacune étant posée sur son piédestal et leurs chapiteaux. Tout autour des colonnes, il y a de très-beaux ouvrages de fer doré et de cuivre, faits en forme de chandeliers, sur lesquels il y a sept mille lampes posées, lesquelles brûlent depuis le jeudi au soleil couché jusqu'au vendredi matin ; et tous les ans un mois durant, à savoir, au temps de leur ramadan, qui est leur carême.

« Dans le milieu du temple, il y a une petite tour de marbre, où l'on monte en dehors par dix-huit degrés. C'est où se met le cadi tous les vendredis, depuis midi jusqu'à deux heures, que durent leurs cérémonies, tant la prière que les expositions qu'il fait sur les principaux points de l'Alcoran.

« Outre les trente-deux colonnes qui soutiennent la voûte et le dôme, il y en a deux autres moindres, assez proches de la porte de l'occident, que l'on montre aux pèlerins étrangers, auxquels ils font accroire que lorsqu'ils passent librement entre ces colonnes, ils sont prédestinés pour le paradis de Mahomet, et disent que si un chrétien passait entre ces colonnes, elles se serreraient et l'écraseraient. J'en sais bien pourtant à qui cet accident n'est pas arrivé, quoiqu'ils fussent bons chrétiens.

« A trois pas de ces deux colonnes il y a une pierre dans le pavé, qui semble de marbre noir, de deux pieds et demi en carré, élevée un peu plus que le pavé. En cette pierre il y a vingt-trois trous où il semble qu'autrefois il y ait eu des clous, comme de fait il en reste encore deux. Savoir à quoi ils servaient, je ne le sais pas : même les mahométans l'ignorent, quoiqu'ils croient que c'était sur cette pierre que les prophètes mettaient les pieds lorsqu'ils descendaient de cheval pour entrer au temple, et que ce fut sur cette pierre que descendit Mahomet lorsqu'il arriva de l'Arabie-Heureuse, quand il fit le voyage du paradis pour traiter d'affaires avec Dieu. »

NOTE 15, page 24, T. II.

Cette note faisait partie du texte dans les deux premières éditions.

« Cependant la barque s'approcha, et Septimius se leva le premier en pieds qui salua Pompeius, en langage romain, du nom d'*Imperator*, qui est à dire, souverain capitaine, et Achillas le salua aussi en langage grec, et luy dit qu'il passast en sa barque, parce que le long du rivage il y avoit force vase et des bancs de sable, tellement qu'il n'y avoit pas assez eau pour sa galere ; mais en mesme temps on voyoit de loing plusieurs galeres de celles du roy, qu'on armoit en diligence, et toute la coste couverte de gens de guerre, tellement que quand Pompeius et ceulx de sa compagnie eussent voulu changer d'advis, ils n'eussent plus sceu se sauver, et si y avoit d'avantage qu'en monstrant de se deffier, ilz donnoient au meurtrier quelque couleur d'executer sa meschanceté. Parquoy prenant congé de sa femme Cornelia, laquelle desjà avant le coup faisoit les lamentations de sa fin, il commanda à deux centeniers qu'ilz entrassent en la barque de l'Égyptien devant luy, et à un de ses serfs affranchiz qui s'appeloit *Philippus*, avec un autre esclave qui se nommoit *Scynes*. Et comme jà Achillas luy tendoit la main de dedans sa barque, il se retourna devers sa femme et son filz, et leur dit ces vers de Sophocle :

> Qui en maison de prince entre, devient
> Serf, quoy qu'il soit libre quand il y vient.

« Ce furent les dernieres paroles qu'il dit aux siens, quand il passa de sa galere en la barque : et pource qu'il y avoit loing de sa galere jusqu'à la terre ferme, voyant que par le chemin personne ne lui entamoit propos d'amiable entretien, il regarda Septimius au visage, et luy dit : « Il me semble que je te recognois, compagnon, pour avoir autrefois esté à la guerre avec « moy. » L'autre luy feit signe de la teste seulement qu'il estoit vray, sans luy faire autre responce ne caresse quelconque : parquoy n'y ayant plus personne qui dist mot, il prist en sa main un petit livret, dedans lequel il avoit escript une harangue en langage grec, qu'il vouloit faire à Ptolemæus, et se met à la lire. Quand ilz vindrent à approcher de la terre, Cornelia, avec ses domestiques et familiers amis, se leva sur ses pieds, regardant en grande detresse quelle seroit l'issue. Si luy sembla qu'elle devait bien esperer, quand elle aperceut plusieurs des gens du roy, qui se presenterent à la descente comme pour le recueillir et l'honorer : mais sur ce poinct ainsi comme il prenoit la main de son affranchy Philippus pour se lever plus à son aise, Septimius vint le premier par derriere qui luy passa son espée à travers le corps, après lequel Salvius et Achillas desgaisnerent aussi leurs espées, et adonc Pompeius tira sa robe à deux mains au-devant de sa face, sans dire ny faire aucune chose indigne de luy, et endura vertueusement les coups qu'ilz luy donnerent, en souspirant un peu seulement ; estant aagé de cinquante-neuf ans, et ayant achevé sa vie le jour ensuivant celuy de sa nativité. Ceulx qui estoient dedans les vaisseaux à la rade, quand ils aperceurent ce meurtre, jetterent une si grande clameur, que l'on entendoit jusques à la coste, et levant en diligence les anchres se mirent à la voile pour s'enfouir, à quoy leur servit le vent qui se leva incontinent frais aussi tost qu'ilz eurent gaigné la haute mer, de maniere que les Égyptiens qui s'appareilloient pour voguer après eulx, quand ils veirent cela, s'en desporterent, et ayant coupé la teste en jetterent le tronc du corps hors de la barque, exposé à qui eut envie de veoir un si miserable spectacle.

« Philippus son affranchy demoura toujours auprès, jusques à ce que les Egyptiens fûrent assouvis de le regarder, et puis l'ayant lavé de l'eau de la mer, et enveloppé d'une sienne pauvre chemise, pource qu'il n'avoit autre chose, il chercha au long de la greve, où il trouva quelque demourant d'un vieil bateau de pescheur, dont les pieces estoient bien vieilles, mais suffisantes pour brusler un pauvre corps nud, et encore non tout entier. Ainsi comme il les amassoit et assembloit, il survint un Romain homme d'aage, qui en ses jeunes ans avoit esté à la guerre sous Pompeius : si luy demanda, « Qui es tu, mon amy, qui fais cest apprest pour « les funerailles du grand Pompeius ? » Philippus lui respondit qu'il estoit un sien affranchy. « Ha ! dit le Romain, tu n'auras pas tout seul cest honneur, et te prie, veuille-moy recevoir « pour compagnon en une si saincte et si devote rencontre, afin que je n'aie point occasion « de me plaindre en tout et partout de m'estre habitué en pays estranger, ayant, en recom- « pense de plusieurs maulx que j'y ay endurez, rencontré au moins cette bonne adventure de « pouvoir toucher avec mes mains, et aider à ensepvelir le plus grand capitaine des Ro- « mains. » Voilà comment Pompeius fut ensepulturé. Le lendemain Lucius Lentulus ne sa- chant rien de ce qui s'estoit passé, ains venant de Cypre, alloit cinglant au long du rivage, et aperceut un feu de funerailles, et Philippus auprès, lequel il ne recogneut pas du premier coup : si luy demanda, « Qui est celuy qui, ayant ici achevé le cours de sa destinée, repose en « ce lieu? » Mais soubdain, jettant un grand soupir, il ajouta : « Hélas ! à l'adventure est-ce « toi, grand Pompeius ? » Puis descendit en terre, là où tantost après il fut pris et tué. Telle fut la fin du grand Pompeius.

« Il ne passa guere de temps après que Cæsar n'arrivast en Egypte ainsi troublée et es- tonnée, là où luy fut la teste de Pompeius presentée ; mais il tourna la face arriere pour ne la point veoir, et ayant en horreur celui qui la luy presentoit comme un meurtrier excommunié, se prit à plorer : bien prit-il l'anneau duquel il cachettoit ses lettres, qui luy fut aussi pre- senté, et où il y avoit engravé en la pierre un lion tenant une espée ; mais il feit mourir Achillas et Pothinus : et leur roy mesme Ptolomæus ayant esté desfait dans une bataille au long de la riviere du Nil, disparut, de maniere qu'on ne sceut oncques puis ce qu'il estoit de- venu. Quant au rhétoricien Theodotus, il eschappa la punition de Cæsar : car il s'enfouit de bonne heure, et s'en alla errant çà et là par le pays d'Egypte, estant miserable et haï de tout le monde. Mais depuis, Marcus Brutus, après avoir occis Cæsar, se trouvant le plus fort en Asie, le rencontra par cas d'adventure, et après lui avoir fait endurer tous les tourments dont il se peut adviser, le feit finablement mourir. Les cendres du corps de Pompeius furent depuis rapportées à sa femme Cornelia, laquelle les posa en une sienne terre qu'il avait près la ville de Alba. »

NOTE 16, page 38.

Fragment d'une Lettre de J.-B. d'Ansse de Villoison, membre de l'Institut de France, au professeur Millin, sur l'inscription grecque de la prétendue colonne de Pompée.

Le professeur Jaubert vient de rapporter d'Alexandrie une copie de l'inscription fruste qui porte faussement le nom de *Pompée*. Cette copie est parfaitement conforme à une autre que j'avais déjà reçue. La voici avec mes notes et avec ma traduction :

1 ΤΟ...ΩΤΑΤΟΝΑΥΤΟΚΡΑΤΟΡΑ
ΤΟΝΠΟΛΙΟΥΧΟΝΑΛΕΞΑΝΔΡΕΙΑC
3 ΔΙΟΚ.Η.ΙΑΝΟΝΤΟΝ...ΤΟΝ
4 ΠΟ...ΕΠΑΡΧΟCΑΙΓΥΠΤΟΥ

Ligne première, ΤΟ. Il est évident que c'est l'article τὸν.

Ibidem, ligne première,... ΩΤΑΤΟΝΑΥΤΟΚΡΑΤΟΡΑ. Il est également clair que c'est une épithète donnée à l'empereur Dioclétien ; mais, pour la trouver, il faut chercher un superlatif qui se termine en ώτατον, par un *omega* (et non par un *omicron*, ce qui serait plus facile et plus commun), et ensuite qui convienne particulièrement à ce prince. Je crois que c'est ὁσιώτατον, *très-saint* : qu'on ne soit pas surpris de cette épithète ; je la vois donnée à Dioclétien sur une inscription grecque découverte dans la vallée de Thymbra (aujourd'hui *Thimbrek-Déré*), près de la plaine de Bounar-Bachi, et rapportée par Lechevalier, n° 1, p. 256 de son *Voyage dans la Troade*, seconde édition ; Paris, an VII, in-8°. On y lit : ΤΩΝ ΟCΙΩΤΑΤΩΝ ΗΜΩΝ ΑΥΤΟΚΡΑΤΟΡΩΝ ΔΙΟΚΛΗΤΙΑΝΟΥ ΚΑΙ ΜΑΞΙΜΙΑΝΟΥ ; c'est-à-dire *de nos très-saints empereurs Dioclétien et Maximien*. Sur une autre inscription d'une colonne voisine, ils partagent avec Constance Chlore ce même titre, ὁσιώτατοι, *très-saints*, dont les empereurs grecs et chrétiens du Bas-Empire ont hérité, comme je l'ai observé *ibidem*, page 249.

Ligne 2, ΤΟΝ ΠΟΛΙΟΥΧΟΝ ΑΛΕΞΑΝΔΡΕΙΑC. C'est proprement *le protecteur, le génie tutélaire d'Alexandrie*. Les Athéniens donnaient le πολιοῦχος à Minerve, qui présidait à leur ville et la couvrait de son égide. *Voyez* ce que dit Spanheim sur le 55ᵉ vers de l'hymne de Callimaque, *sur les bains de Pallas*, page 668 et suiv., tome II, édition d'Ernesti.

Ligne 5, ΔΙΟΚ.Η.ΙΑΝΟΝ. Le Λ et le T sont détruits; mais on reconnaît tout de suite le nom de *Dioclétien*, ΔΙΟΚΛΗΤΙΑΝΟΝ.

Ibid., ligne 3, ΤΟΝ...ΤΟΝ. Je crois qu'il faut suppléer CEBACTON, c'est-à-dire Auguste, τὸν σεβαστόν. Tout le monde sait que Dioclétien prend les deux titres d'εὐσεβής et de σεβαστός, *pius Augustus*, sur plusieurs médailles, et celui de σεβαστός, Auguste, sur presque toutes, notamment sur celles d'Alexandrie, et le place immédiatement après son nom. *Voyez* M. Zoëga, page 535 et suiv. de ses *Nummi Ægyptii imperatorii* ; *Romæ*, 1787, in-4°.

Quatrième et dernière ligne, ΠΟ. C'est l'abréviation si connue de Πόβλιος, Publius. *Voyez* Corsini, page 55, col. 1, *De notis Græcorum* ; *Florentiæ*, 1749, *in-folio* ; Gennaro Sisti, p. 51 de son *Indirizzo per la lettura greca dalle sue oscurità rischiarata* ; *in Napoli*, 1758, in-8°, etc. Les Romains rendaient le même nom de *Publius* par ces deux lettres PV. *Voyez* page 328 d'un ouvrage fort utile, et totalement inconnu en France, intitulé : *Notæ et siglæ quæ in nummis et lapidibus apud Romanos obtinebant, explicatæ*, par mon savant et vertueux ami M. Jean-Dominique Coletti, ex-jésuite vénitien, dont je regretterai sans cesse la perte. Ses estimables frères, les doctes MM. Coletti, les Aldes de nos jours, ont donné cet ouvrage classique à Venise, en 1785, in-4°.

Peut-être la lettre initiale du nom suivant, entièrement effacé, de ce préfet d'Égypte, était-elle un M, qu'on aura pu joindre mal à propos dans cette occasion aux lettres précédentes ΠΟ. Alors on aura pu croire que ΠΟΜ. était une abréviation de ΠΟΜΠΗΙΟC, Pompée, dont le nom est quelquefois indiqué par ces trois lettres, comme dans une inscription de Sparte, rapportée n° 248, page XXXVIII des *Inscriptiones et Epigrammata græca et latina, reperta a Cyriaco Anconitano*, recueil publié à Rome, *in-fol.*, en 1654, par Charles Moroni, bibliothécaire du cardinal Albani. *Voyez* aussi Maffei, pag. 66 de ses *Siglæ Græcorum lapidariæ* ; *Veronæ*, 1746, *in-8°* ; Gennaro Sisti, l. c. pag. 51, etc. Cette erreur en aurait engendré une autre, et aurait donné lieu à la dénomination vulgaire et fausse de *colonne de Pompée*. Les seules lettres ΠΟ suffisaient pour accréditer cette opinion dans les siècles d'ignorance.

Quoi qu'il en soit de cette conjecture, les historiens qui ont parlé du règne de Dioclétien ne m'apprennent pas le nom totalement détruit de ce préfet d'Égypte, et me laissent dans l'impossibilité de suppléer cette petite lacune, peu importante, et la seule qui reste maintenant dans cette inscription. Serait-ce Pomponius Januarius, qui fut consul, en 288, avec Maximien ?

Je soupçonne, au reste, que ce gouverneur a pris une ancienne colonne, monument d'un âge où les arts florissaient, et l'a choisie pour y placer le nom de *Dioclétien*, et lui faire sa cour aux dépens de l'antiquité.

A la fin de cette inscription, il faut nécessairement sous-entendre, suivant l'usage constant, ἀπέθηκεν, ἀνέστησεν, ou τιμήσεν, ou ἀφιέρωσεν, ou quelque autre verbe semblable, qui désigne que ce préfet a érigé, a consacré ce monument à la gloire de Dioclétien. L'on ferait un volume presque aussi gros que le recueil de Gruter, si l'on voulait entasser toutes les pierres antiques et accumuler toutes les inscriptions grecques où se trouve cette ellipse si commune dont plusieurs antiquaires ont parlé, et cette construction avec l'accusatif sans verbe. C'est ainsi que les Latins omettent souvent le verbe POSVIT.

Il ne reste plus qu'à tâcher de déterminer la date précise de cette inscription. Elle ne paraît pas pouvoir être antérieure à l'année 296 ou 297, époque de la défaite et de la mort d'Achillée, qui s'était emparé de l'Égypte, et s'y soutint pendant environ six ans. Je serais tenté de croire qu'elle est de l'an 302, et a rapport à la distribution abondante de pain que l'empereur Dioclétien fit faire à une foule innombrable d'indigents de la ville d'Alexandrie, dont il est appelé, pour cette raison, le génie tutélaire, le conservateur, le protecteur, πολιοῦχος. Ces immenses largesses continuèrent jusqu'au règne de Justinien, qui les abolit. Voyez le *Chronicon Paschale*, à l'an 302, page 276 de l'édition de Du Cange, et l'*Histoire secrète* de Procope, chap. XXVI, page 77, édition du Louvre.

Je crois maintenant avoir éclairci toutes les difficultés de cette inscription fameuse. Voici la manière dont je l'écrirais en caractères grecs ordinaires cursifs ; j'y joins ma version latine et ma traduction françoise :

Τὸν ὁσιώτατον αὐτοκράτορα,
Τὸν πολιοῦχον Ἀλεξανδρείας,
Διοκλητιανὸν τὸν σεβαστόν,
Πόβλιος... ἔπαρχος Αἰγύπτου.

SANCTISSIMO IMPERATORI,
PATRONO CONSERVATORI ALEXANDRIÆ,
DIOCLETIANO AVGVSTO,
PVBLIVS... PRÆFECTVS ÆGYPTO.

C'est-à-dire : Publius... (ou Pomponius), préfet d'Égypte, a consacré ce monument à la gloire du très-saint empereur Dioclétien Auguste, le génie tutélaire d'Alexandrie.

Ce 29 juin 1803.

PIÈCES JUSTIFICATIVES

N° Ier.

ITINERARIUM
A
BURDIGALA HIERUSALEM USQUE
ET AB HERACLEA PER AULONAM, ET PER URBEM ROMAM

MEDIOLANUM USQUE

SIC

CIVITAS BURDIGALA, UBI EST FLUVIUS GARONNA, PER QUEM FACIT MARE OCEANUM ACCESSA ET RECESSA
PER LEUCAS PLUS MINUS CENTUM

Mutatio Stomatas..	. . . Leuc. VII.	Mansio Elusione.	. . . . .	M. VIIII.
Mutatio Sirione.	. . . . L. VIIII.	Mutatio Sostomago.	. . .	M. VIIII.
Civitas Vasatas.	. . . . L. VIIII.	Vicus Hebromago.	. . . . .	M. X.
Mutatio Tres Arbores.	. . L. V.	Mutatio Cedros .	. . . .	M. VI.
Mutatio Oscineio..	. . . . L. VIII.	Castellum Carcassone.	. .	M. VIII.
Mutatio Scittio.	. . . . L. VIII.	Mutatio Tricensimum .	. .	M. VIII.
Civitas Elusa..	. . . . . L. VIII.	Mutatio Hosverbas.	. . .	M. XV.
Mutatio Vanesia..	. . . L. XII.	Civitas Narbone.	. . . .	M. XV.
Civitas Auscius.	. . . . L. VIII.	Civitas Biterris.	. . . .	M. XVI.
Mutatio ad Sextum.	. . . L. VI.	Mansio Cessarone .	. . . .	M. XII.
Mutatio Hungunverro.	. . L. VII.	Mutatio foro Domiti .	. .	M. XVIII.
Mutatio Bucconis..	. . . L. VII.	Mutatio Sostantione.	. .	M. XVII.
Mutatio ad Jovem .	. . . L. VII.	Mutatio Ambrosio.	. . .	M. XV.
Civitas Tholosa	. . . L. VII.	Civitas Nemauso.	. . . .	M. XV.
Mutatio ad Nonum.	. . . M. VIIII.	Mutatio Ponte Ærarium.	.	M. XII.
Mutatio ad Vicesimum.	. . M. XI.	Civitas Arellate .	. . .	M. VIII.

Fit a Burdigala Arellate usque Millia CCCLXXI; Mutationes XXX;
Mansiones XI.

Mutatio Arnagie.	. . . . M. VIII.	Mutatio ad Lectoce .	. .	M. XIII.
Mutatio Bellinto .	. . . M. X.	Mutatio Novem Craris.	. .	M. X.
Civitas Avenione.	. . . . M. V.	Mansio Acuno.	. . . . .	M. XV.
Mutatio Cypresseta..	. . M. V.	Mutatio Vancianis .	. . .	M. XII.
Civitas Arausione .	. . . M. XV.	Mutatio Umbenno .	. . .	M. XII.

Civitas Valentia	M. VIIII.	Civitas Dea Vocontiorum	M. XVI.
Mutatio Cerebelliaca	M. XII.	Mansio Luco	M. XII.
Mansio Augusta	M. X.	Mutatio Vologatis	M. VIIII.
Mutatio Darentiaca	M. XII.		

Inde ascenditur Gaura Mons.

Mutatio Cambono	M. VIII.	Mansio Vapineo	M. XI.
Mansio Monte Seleuci	M. VIII.	Mansio Catorigas	M. XII.
Mutatio Daviano	M. VIII.	Mansio Hebriduno	M. XVI.
Mutatio ad Fines	M. XII.		

Inde incipiunt Alpes Cottiæ.

Mutatio Rame	M. XVII.	Mansio Birigantum	M. XVII.

Inde ascendis Matronam.

Mutatio Gesdaone	M. X.	Civitas Secussione	M. XVI.
Mansio ad Marte	M. VIIII.		

Inde incipit Italia.

Mutatio ad Duodecimum	M. XII.	Mutatio ad Medias	M. X.
Mansio ad Fines	M. XII.	Mutatio ad Cottias	M. XIII.
Mutatio ad Octavum	M. VIII.	Mansio Laumello	M. XII.
Civitas Taurinis	M. VIII.	Mutatio Duriis	M. VIIII.
Mutatio ad Decimum	M. X.	Civitas Ticeno	M. XII.
Mansio Quadratis	M. XII.	Mutatio ad Decimum	M. X.
Mutatio Ceste	M. XI.	Civitas Mediolanum	M. X.
Mansio Rigomago	M. VIII.	Mansio Fluvio Frigido	M. XII.

Fit ab Arellato ad Mediolanum usque, Millia CCCLXXV; Mutationes LXIII; Mansiones XXII.

Mutatio Argentia	M. X.	Civitas Vincentia	M. XI.
Mutatio Ponte Aurioli	M. X.	Mutatio ad Finem	M. XI.
Civitas Vergamo	M. XIII.	Civitas Patavi	M. X.
Mutatio Tollegatæ	M. XII.	Mutatio ad Duodecimum	M. XII.
Mutatio Tetellus	M. X.	Mutatio ad Nonum	M. XI.
Civitas Brixa	M. X.	Civitas Altino	M. VIIII.
Mansio ad Flexum	M. XI.	Mutatio Sanos	M. X.
Mutatio Beneventum	M. X.	Civitas Concordia	M. VIIII.
Civitas Verona	M. X.	Mutatio Apicilia	M. VIIII.
Mutatio Cadiano	M. X.	Mutatio ad Undecimum	M. X.
Mutatio Auræos	M. X.	Civitas Aquileia	M. XI.

Fit a Mediolano Aquileiam usque, Millia CCLI; Mutationes XXIV; Mansiones VIII.

Mutatio ad Undecimum	M. XI.	Mutatio castra	M. XII.
Mutatio ad Fornolus	M. XII.		

Inde sunt Alpes Juliæ.

Ad Pirum summas Alpes	M. VIIII.	Civitas Emona	M. XIII.
Mansio Longatico	M. XII.	Mutatio ad Quartodecimo	M. X.
Mutatio ad Nonum	M. VIII.	Mansio Hadrante	M. XIII.

Fines Italiæ et Norci.

Mutatio ad Medias	M. XIII.	Mansio Ragindone		M. XII.
Civitas Celeia	M. XIII.	Mutatio Pultovia		M. XII.
Mutatio Lotodos	M. XII.	Civitas Perovione		M. XII.

Transis pontem, intras Pannoniam inferiorem.

Mutatio Ramista	M. VIIII.	Mansio Lentolis		M. XII.
Mansio Aqua Viva	M. VIIII.	Mutatio Cardono		M. X.
Mutatio Popolis	M. X.	Mutatio Cocconis		M. XII.
Civitas Jovia	M. VIIII.	Mansio Serota		M. X.
Mutatio Sunista	M. VIIII.	Mutatio Bolentia		M. X.
Mutatio Peritur	M. XII.	Mansio Maurianis		M. VIIII.

Intras Pannoniam superiorem.

Mutatio Serena	M. VIII.	Civitas Cibalis		M. XII.
Mansio Vereis	M. X.	Mutatio Celena		M. XI.
Mutatio Jovalia	M. VIII.	Mansio Ulmo		M. XI.
Mutatio Mersella	M. VIII.	Mutatio Spaneta		M. X.
Civitas Mursa	M. X.	Mutatio Vedulia		M. VIII.
Mutatio Leutuoano	M. XII.	Civitas Sirmium		M. VIII.

Fit ab Aquileia Sirmium usque, Millia CCCXII; Mutationes XXXVIIII; Mansiones XVII.

Mutatio Fossis	M. VIIII.	Mutatio Altina		M. XI.
Civitas Bassianis	M. X.	Civitas Singiduno		M. VIII.
Mutatio Noviciani	M. XII.			

Finis Pannoniæ et Mysiæ.

Mutatio ad Sextum	M. VI.	Mutatio Vengeio		M. VI.
Mutatio Tricornia Castra	M. VI.	Civitas Margo		M. VIIII.
Mutatio ad Sextum Miliare	M. VII.	Civitas Viminatio		M. X.
Civitas Aureo Monte	M. VI.			

Ubi Diocletianus occidit Carinum.

Mutatio ad Nonum	M. VIIII.	Mansio Idomo		M. VIIII.
Mansio Municipio	M. VIIII.	Mutatio ad Octavum		M. VIIII.
Mutatio Jovis Pago	M. X.	Mansio Oromago		M. VIII.
Mutatio Bao	M. VII.			

Finis Mysiæ et Daciæ.

Mutatio Sarmatorum	M. XII.	Mutatio Latina		M. VIIII.
Mutatio Cametas	M. XI.	Mansio Turribus		M. VIIII.
Mansio Ipompeis	M. VIIII.	Mutatio Translitis		M. XII.
Mutatio Rappana	M. XII.	Mutatio Ballanstra		M. X.
Civitas Naisso	M. XII.	Mansio Meldia		M. VIIII.
Mutatio Redicibus	M. XII.	Mutatio Scretisca		M. XII.
Mutatio Ulmo	M. VII.	Civitas Serdica		M. XI.
Mansio Romansiana	M. VIIII.			

Fit a Sirmio Serdicam usque, Millia CCCXIIII; Mutationes XXIV; Mansiones XIII.

Mutatio Extvomme	M. VIII.	Mansio Iliga	M. X.
Mansio Buragara	M. VIIII.	Mutatio soneio	M. VIIII.
Mutatio Sparata	M. VIII.		

Finis Daciæ et Thraciæ

Mutatio Ponteucasi	M. VII.	Mansio Nicæ	M. VIIII.
Mansio Bonamans	M. V.	Mutatio Tarpodizo	M. X.
Mutatio Alusore	M. VIIII.	Mutatio Urisio	M. VII.
Mansio Basapare	M. XII.	Mansio Virgolis	M. VII.
Mutatio Tugugero	M. VIIII.	Mutatio Nargo	M. VIII.
Civitas Eilopopuli	M. XII.	Mansio Drizupara	M. VIIII.
Mutatio Syrnota	M. X.	Mutatio Tipso	M. X.
Mutatio Paramuole	M. VIII.	Mansio Tunorullo	M. XI.
Mansio Cillio	M. XII.	Mutatio Beodizo	M. VIII.
Mutatio Carassura	M. VIIII.	Civitas Heraclia	M. VIIII.
Mansio Azzo	M. XI.	Mutatio Baunne	M. XII.
Mutatio Palæ	M. VII.	Mansio Salamembria	M. X.
Mansio Castozobra	M. XI.	Mutatio Callum	M. X.
Mutatio Rhamis	M. VII.	Mansio Atyra	M. X.
Mansio Burdista	M. XI.	Mansio Regio	M. XII.
Mutatio Daphabæ	M. XI.	Civitas Constantinopoli	M. XII.

Fit a Serdica Constantinopolim usque, Millia CCCCXIII; Mutationes XII; Mansiones XX.

Fit omnis summa a Burdigala Constantinopolim vicies bis centena vigenti unum Millia; Mutationes CCXXX; Mansiones CXII.

Item ambulavimus Dalmatio et Dalmaticei, Zenofilo Cons. III kal. jun. a Chalcedonia.

Et reversi sumus Constantinopolim VII kal. jan. Consule suprascripto.

A Constantinopoli transis Pontum, venis Chalcedoniam, ambulas provinciam Bithyniam.

Mutatio Nassete	M. VII. S.	Mutatio Pontamus	M. XIII.
Mansio Pandicia	M. VII. S.	Mansio Libissa	M. VIIII.

Ibi positus est Rex Annibalianus, qui fuit Afrorum.

Mutatio Brunga	M. XII.	Civitas Nicomedia	M. XIII.

Fit a Constantinopoli Nicomediam usque, Millia VIII; Mutationes VII; Mansiones III.

Mutatio Hyribolum	M. X.	Mutatio Thateso	M. X.
Mansio Libum	M. XI.	Mutatio Tutaio	M. VIIII.
Mutatio Liada	M. XII.	Mutatio Protunica	M. XI.
Civitas Nicia	M. VIII.	Mutatio Artemis	M. XII.
Mutatio Schinæ	M. VIII.	Mansio Dablæ	M. VI.
Mansio Mido	M. VII.	Mansio Ceratæ	M. VI.
Mutatio Chogeæ	M. VI.		

Finis Bithyniæ et Galatiæ.

Mutatio Finis	M. X.	Mansio Agannia	.	M. XI.
Mansio Badastan	M. VI.	Mutatio Ipetobrogen	.	M. VI.
Mutatio Transmonte	M. VI.	Mansio Mnizos	.	M. X.
Mutatio Milia	M. XI.	Mutatio Prasmon	.	M. XII.
Civitas Juliopolis	M. VII.	Mutatio Cenaxepaliden	.	M. XIII.
Mutatio Hycronpotamum	M. XIII.	Civitas Anchira Galatiæ		

Fit a Nicomedia Anchiram Galatiæ usque, Millia CCLVIII; Mutationes XXVI; Mansiones VII.

Mutatio Delemna	M. X.	Civitas Arpona	M. XVIII.
Mansio Curveunta	M. XI.	Mutatio Galea	M. XIII.
Mutatio Rosolidiaco	M. XII.	Mutatio Andrapa	M. VIII.
Mutatio Aliassum	M. XIII.		

Finis Galatiæ et Cappadociæ.

Mansio Parnasso	M. XIII.	Mutatio Momoasson	M. XII.
Mansio Iogola	M. XVI.	Mansio Anathiango	M. XII.
Mansio Nitatis	M. XVIII.	Mutatio Chusa	M. XII.
Mutatio Argustana	M. XIII.	Mansio Saisman	M. XII.
Civitas Colonia	M. XVI.	Mansio Andavilis	M. XVI.

Ibi est villa Pampali, unde veniunt equi curules.

Civitas Thian . . . . . .

Inde fuit Apollonius magus.

Civitas Faustinopoli	M. XII.	Mansio Opodanda	M. XII.
Mutatio Cæna	M. XIII.	Mutatio Pilas	M. XIV.

Finis Cappadociæ et Ciliciæ.

Mansio Mansuerine	M. XII.	Civitas Tarso	M. XII.

Inde fuit Apostolus Paulus.

Fit ab Anchira Galatiæ Tharson usque, Millia CCCXLIII; Mutationes XXV; Mansiones XVIII.

Mutatio Pargais	M. XIII.	Mansio Catavolomis	M. XVI.
Civitas Adana	M. XIV.	Mansio Baiæ	M. XVII.
Civitas Masista	M. XVIII.	Mansio Alexandria Scabiosa	M. XVI.
Civitas Tardequeia	M. XV.	Mutatio Pictanus	M. VIIII.

Finis Ciliciæ et Syriæ.

Mansio Pangrios	M. VIII.	Civitas Antiochia	M. XVI.

Fit a Tharso Ciliciæ Antiochiam (usque), Millia CLXI; Mutationes X; Mansiones VII.

Ad palatium Dafne	M. V.	Mansio Cattelas	M. XVI.
Mutatio Hysdata	M. XI.	Civitas Ladica	M. XVI.
Mansio Platanus	M. VIII.	Civitas Gavala	M. XIV.
Mutatio Buchaias	M. VIII.	Civitas Balaneas	M. XIII.

Finis Syriæ Cœlis et Fœnicis.

Mutatio Maraccas.	. . . M. X.	Mansin Antaradus. . . .	M. XVI.

Est civitas in mare a ripa M. II.

Mutatio Spiclin.	. . . . M. XII.	Mutatio Bruttosalia. . . .	M. XII.
Mutatio Basiliscum.	. . . M. XII.	Mutatio Alcobile.	M. XII.
Mansio Arcas	. . . . . M. VIII.	Civitas Berito	M. XII.
Mutatio Bruttus	. . . . . M. IIII.	Mutatio Heldua.	M. XII.
Civitas Tripoli.	. . . . . M. XII.	Mutatio Parphirion. . . .	M. VIII.
Mutatio Tridis.	. . . . M. XII.	Civitas Sidona	M. VIII.

Ibi Helias ad viduam ascendit, et petit sibi cibum.

Mutatio ad Nonum.	. . . M. IIII.	Civitas Tyro	M. XII.

Fit ab Antiochia Tyrum usque, Millia CLXXIIII; Mutationes XX; Mansiones XI.

Mutatio Alexandrochene.	. M. XII.	Mutatio Calamon.	M. XII.
Mutatio Ecdeppa	. . . . M. XII.	Mansio Sicamenos.	M. III.
Civitas Ptolemaida.	. . . M. VIII.		

Ibi est mons Carmelus; ibi Helias sacrificium faciebat.

Mutatio Certa.	M. VIII.

Finis Syriæ et Palesntiæ.

Civitas Cæsarea Palestina, id est Judæ	M. VIII.

Fit a Tyro Cæsaream Palestinam usque, Millia LXXIII; Mutationes II; Mansiones III.

Ibi est balneus Cornelii centurionis, qui multas eleemosynas faciebat.

In tertio milliario est mons Syna, ubi fons est in quem mulier, si laverit, gravidat fit.

Civitas Maxianopoli.	. . . M. XVII.	Civitas Stradela.	M. X.

Ibi sedit Achab rex, et Helias prophetavit.
Ibi est campus ubi David Goliath occidit.

Civitas Sciopoli	. . . M. XII.	Civitas Neapoli	M. XV.
Aser, ubi fuit villa Job.	. M. VI.		

Ibi est mons *Agazaren*. Ibi dicunt Samaritani *Abraham sacrificium* obtulisse, et ascenduntur usque ad summum montem *gradus num. CCC.*

Inde *ad pedem montis* ipsius locus est, cui nomen est *Sechim*.

Ibi positum est monumentum, ubi positus est Joseph *in villa*, quam dedit ei Jacob pater ejus. Inde rapta est et Dina filia Jacob, a *filiis Amorrhæorum*.

Inde passus mille, locus est cui nomen *Secher*, unde descendit mulier Samaritana ad eumdem locum, ubi Jacob puteum fodit, ut de eo *aqua impleret*, et Dominus noster Jesus Christus cum ea loquutus est. Ubi sunt *arbores platani*, quos plantavit Jacob, et balneus qui de eo puteo lavatur.

INDE MILLIA XVIII EUNTIBUS HIERUSALEM.

In parte sinistra est villa, quæ dicitur *Bethar*.

Inde passus mille est locus, ubi Jacob, cum iret in Mesopotamiam, addormivit, et ibi est arbor *amigdala*, et vidit visum, et *Angelus* cum eo luctatus est. Ibi fuit rex Hieroboam, ad quem *missus fuit propheta* ut converteretur ad Deum excelsum : et *jussum fuerat prophetæ*, ne cum pseudopropheta, quem secum Rex habebat, manducaret. Et quia seductus est a pseudopropheta, et cum eo manducavit, rediens occurrit prophetæ leo in via, et occidit eum leo.

INDE HIERUSALEM MILLIA XII.

Fit a Cæsarea Palestinæ Hierusalem usque, Millia CXVI; Mansiones IV; Mutationes IV.

Sunt in Hierusalem piscinæ magnæ duæ ad latus Templi, id est, una ad dexteram, alia ad sinistram, quas Salomon fecit. *Interius vero civitatis sunt piscinæ gemellares*, quinque porticus habentes, quæ apellantur *Betsaida*. Ibi ægri multorum annorum sanabantur. Aquam autem habent eæ piscinæ *in modum coccini turbatam*. Est ibi et crypta *ubi Salomon dæmones* torquebat. Ibi est angelus turris excelsissimæ, ubi Dominus ascendit, et dixit ei is *qui tentabat* eum[*]. Et ait ei Dominus : Non tentabis Dominum Deum tuum, sed illi soli servies. Ibi est et lapis angularis magnus, de quo *dictum est :* Lapidem quem reprobaverunt ædificantes. Item ad caput anguli, et sub pinna turris ipsius, sunt cubicula plurima ubi Salomon palatium habebat. Ibi etiam *constat cubiculus*, in quo sedit et Sapientiam descripsit : ipse vero cubiculus uno lapide est tectus. Sunt ibi et *exceptoria magna* aquæ subterraneæ, et piscinæ magno opere ædificatæ, et in æde ipsa ubi Templum fuit, quod Salomon ædificavit, in marmore ante aram *sanguinem Zachariæ*[**], ibi dicas hodie fusum. Etiam parent vestigia *clavorum militum* qui eum occiderunt, in totam aream, ut putes in cera fixum esse. Sunt ibi et statuæ *duæ Hadriani*. Est et non longe de statuis *lapis pertusus*, ad quem veniunt Judæi *singulis annis*, et unguent eum, et *lamentant* se cum gemitu, et vestimenta sua scindunt, et sic recedunt. Et ibi et domus Ezechiæ Regis Judæ. Item exeunti in Hierusalem, ut ascendas Sion, in parte sinistra, et deorsum in valle juxta murum, est piscina, quæ dicitur *Siloa*, *habet quadriporticum*, et alia piscina, grandis foras. Hic fons *sex diebus atque noctibus* currit : septima vero die est sabbathum ; in totum nec nocte nec die currit. In eadem ascenditur Sion, et paret *ubi fuit domus Caiphæ* sacerdotis, et columna adhuc ibi est, in qua Christum flagellis ceciderunt. Intus autem intra murum Sion, paret locus ubi palatium habuit David, et *septem synogogæ*, quæ illic fuerunt ; una tantum remansit, reliquæ autem *arantur et seminantur*, sicut Isaias propheta dixit. Inde ut eas foris murum de Sione euntibus ad portam Neapolitanam, ad partem dextram, deorsum in valle sunt parietes, ubi domus fuit sive *prætorium Pontii Pilati*. Ibi Dominus auditus est antequam pateretur. A sinistra autem parte, est *monticulus Golgotha*, ubi Dominus crucifixus est. Inde quasi *ad lapidem missum* est crypta, ubi corpus ejus positum fuit et tertia die resurrexit. Ibidem *modo jussu Constantini* imperatoris basilica facta est, id est *Dominicum miræ pulchritudinis*,

---

[*] Deficiunt hoc loco quæ Matth., cap. IV, 6, reperies. (*Note de P. Wesseling.*) — [**] Asteriscus quo hæc signata sunt, deesse aliquid monet ; quanquam si voculam *ibi* tolleres, sana videri possent. (*Note de P. Wesseling.*)

habens ad latus exceptoria unde aqua levatur, et balneum a tergo, ubi *infantes lavantur.* Item ab Hierusalem euntibus ad portam quæ est contra orientem, ut ascendatur in montem Oliveti, *vallis quæ dicitur* Josaphat ad partem sinistram, ubi sunt vineæ. Est et petra, ubi *Juda Scarioth* Christum tradidit. A parte vero dextra, est arbor palmæ, de qua infantes ramos tulerunt, et *veniente Christo* substraverunt. Inde non longe quasi ad lapidis missum, sunt monumenta duo * *monubiles* miræ pulchritudinis facta. In unum positus est Isaias propheta, *qui est vere monolithus,* et in alium Ezechias rex Judæorum. Inde ascendis in montem Oliveti, ubi Dominus ante passionem Apostolos docuit. Ibi facta est *basilica jussu Constantini.* Inde non longe est *monticulus ubi Dominus* ascendit orare, et apparuit illic Moyses et Helias, quando Petrum et Joannem secum duxit. Inde ad *orientem passus mille* quingentos, est villa quæ appellatur *Bethania.* Est ibi crypta ubi Lazarus positus fuit, quem Dominus suscitavit.

ITEM AB HIERUSALEM IN HIERICHO MILLIA XVIII.

Descendentibus montem in parte dextra, retro monumentum est *arbor sycomori,* in quam Zachæus ascendit, ut Christum videret. A civitate passus mille quingentos est fons Helisæi prophetæ; antea si qua mulier ex ipsa aqua bibebat, *non faciebat natos.* Ad latus est vas fictile Helisæi; misit in eo sales, et venit, et stetit super fontem, et dixit : Hæc dicit Dominus : Sanavi aquas has; ex eo si qua mulier inde biberit, filios faciet. Supra eumdem vero fontem est domus Rachab *fornicariæ,* ad quam exploratores introierunt, et occultavit eos, quando Hiericho *versa est sola* evasit. Ibi fuit civitas Hiericho, cujus muros gyraverunt cum arca Testamenti filii Israel, et ceciderunt muri. Ex eo non paret nisi locus ubi fuit *arca Testamenti et lapides* 12, quos filii Israel de Jordane levaverunt. Ibidem Jesus Filius Nave *circumcidit filios Israel,* et circumcisiones eorum sepelivit.

ITEM AB HIERICHO AD MARE MORTUUM, MILLIA IX.

Est aqua ipsius *valde amarissima,* ubi in totum nullius generis piscis est, nec *aliqua navis,* et si quis hominum miserit se ut natet, ipsa aqua eum versat.

INDE AD JORDANEM UBI DOMINUS A JOANNE BAPTIZATUS EST MILLIA V.

Ibi est *locus super flumen* monticulus in illa ripa, ubi raptus est Helias in cœlum. Item ab Hierusalem euntibus Bethleem *millia quatuor, super strata,* in parte dextra, est monumentum, ubi Rachel posita est uxor Jacob. Inde millia duo a parte sinistra, est Bethleem, ubi natus est Dominus noster Jesus Christus; *ibi basilica* facta est jussu Constantini. Inde non longe est *monumentum Ezechiel,* Asaph, Job et Jesse, David, Salomon, et habet in ipsa crypta ad latus deorsum descendentibus, *Hebræis* scriptum nomina superscripta.

INDE BETHAZORA MILLIA XIV.

Ubi est fons, in quo Philippus Eunuchum baptizavit.

INDE TEREBINTHO MILLIA IX.

Ubi *Abraham habitavit* et *puteum fodit* sub arbore Terebintho, et cum angelis

---

* Asteriscus defectum videtur indicare. Cæteroqui, si post vocem *pulchritudinis* distinguas, non male cohærent. *(Note de P. Wesseling.)*

locutus est, et cibum sumpsit. *Ibi basilica* facta est jussu Constantini miræ pulchritudinis.

INDE TEREBINTHO CEDRON MILLIA II.

Ubi est *memoria* per quadrum ex lapidibus miræ pulchritudinis, *in qua positi sunt* Abraham, Isaac, Jacob, Sara, Rebecca et Lia.

ITEM AB HIEROSOLYMA SIC :

Civitas Nicopoli.	M. XXII.	Mutatio Bethar	M. X.
Civitas Lidda	M. X.	Civitas Cæsarea	M. XVI.
Mutatio Antipatrida.	M. X.		

Fit omnis summa a Constantinopoli usque Hierusalem millia undecies centena LXIIII Millia; Mutationes LXVIIII; Mansiones LVIII.

Item per Nicopolim Cæsaream, Millia LXXIII ; S. Mutationes V; Mansiones III.

Item ab Heraclea per Macedoniam Mut. aerea Millia XVI.

Mansio Registo.	M. XII.	Civitas Apris	M. XII.
Mutatio Bediso.	M. XII.	Mutatio Zesutera	M. XII.

Finis Europæ et Rhodopeæ.

Mansio Sirogellis.	M. X.	Mansio Berozica.	M. XV.
Mutatio Drippa	M. XIIII.	Mutatio Breierophaba.	M. X.
Mansio Gipsila.	M. XII.	Civitas Maximianopoli.	M. X.
Mutatio Demas.	M. XII.	Mutatio Adstabulodio.	M. XII.
Civitas Trajanopoli	M. XIII.	Mutatio Rumbodona.	M. X.
Mutatio Adunimpara	M. VIII.	Civitas Eprrum.	M. X.
Mutatio Salei.	M. VII. S.	Mutatio Purdis.	M. VIII.
Mutatio Melalico.	M. VIII.		

Finis Rhodopeæ et Macedoniæ.

Mansio Hercontroma.	M. VIIII.	Civitas Philippis	M. X.
Mutatio Neapolim.	M. VIIII.		

Ubi Paulus et Sileas in carcere fuerunt.

Mutatio ad Duodecim.	M. XII.	Mutatio Pennana	M. X.
Mutatio Domeros	M. VII.	Mutatio Peripidis	M. X.
Civitas Amphipolim.	M. XIII.		

Ibi positus est Euripides poeta.

Mansio Apollonia	M. XI.	Civitas Edissa	M. XV.
Mutatio Heracleustibus.	M. XI.	Mutatio ad Duodecimum	M. XII.
Mutatio Duodea	M. XIV.	Mansio Cellis	M. XVI.
Civitas Thessalonica	M. XIII.	Mutatio Grande.	M. XIV.
Mutatio ad Decimum	M. X.	Mutatio Melitonus	M. XIV.
Mutatio Gephira	M. X.	Civitas Heraclea	M. XIII.
Civitas Pelli, unde fuit Alexander magnus Macedo.	M. X.	Civitas Philippis.	M. X.
		Mutatio Parambole	M. XII.
Mutatio Scurio.	M. XV.	Mutatio Brucida	M. XIX.

Finis Macedoniæ et Epyri.

Civitas Cledo	M. XIII.	Mansio Coladiana	M. XV.
Mutatio Patras.	M. XII.	Mansio Marusio.	M. XIII.
Mansio Claudanon	M. IIII.	Mansio Absos.	M. XIV.
Mutatio Tabernas. . . .	M. VIIII.	Mutatio Stefana	M. XII.
Mansio Granda Via. . . .	M. VIIII.	Civitas Apollonia	M. XVIII.
Mutatio Trajecto. . . .	M. VIIII.	Mutatio Stefana	M. XII.
Mansio Hiscampis	M. VIIII.	Mansio Aulona Trajectum .	M. XII.
Mutatio ad Quintum . . .	M. VI.		

Fit omnis summa ab Heraclea per Macedoniam Aulonam usque, Millia DCLXXVIII; Mutationes LVIII; Mansiones XV.

Trans mare stadia mille. Quod facit millia centum.

ET VENIS ODRONTO MANSIONES MILLE PASSUS.

Mutatio ad Duodecimum . .	M. XIII.	Civitas Beroes	M. XI.
Mansio Clipeas	M. XII.	Mutatio Botontones . . .	M. XI.
Mutatio Valentia	M. XIII.	Civitas Rubos.	M. XI.
Civitas Brindisi.	M. XI.	Mutatio ad Quintum Decimum.	M. XV.
Mansio Spitenaees. . . .	M. XIIII.	Civitas Canusio.	M. XV.
Mutatio ad Decimum . .	M. XI.	Mutatio Undecimum. . . .	M. XI.
Civitas Leonatiæ	M. X.	Civitas Cerdonis.	M. XV.
Mutatio Turres Aurilianas.	M. XV.	Civitas Aecas	M. XVIII.
Mutatio Turres Julianas. .	M. VIIII.	Mutatio Aquilonis. . . .	M. X.

Finis Apuliæ et Campaniæ

Mutatio ad Equum magnum .	M. VIII.	Civitas et Mansio Claudiis.	M. XII.
Mutatio Vicus Forno novo .	M. XII.	Mutatio Novas.	M. VIIII.
Civitas Benevento . . .	M. X.	Civitas Capua	M. VII.

Fit summa ab Aulona usque Capuam Millia CCLXXXIX; Mutationes XXV; Mansiones XIII.

Mutatio ad Octavum. . .	M. VIII.	Mutatio ad Medias. . . .	M. X.
Mutatio Ponte Campano . .	M. VIIII.	Mutatio Appi foro. . . .	M. VIIII.
Civitas Sonuessa.	M. VIIII.	Mutatio Sponsas	M. VII.
Civitas Menturnas. . . .	M. VIIII.	Civitas Aricia et Albona. .	M. XIIII.
Civitas Formis	M. VIIII.	Mutatio ad Nono	M. VII.
Civitas Fondis	M. XII.	In Urbe Roma	M. VIIII.
Civitas Terracina	M. XIII.		

Fit a Capua usque ad urbem Romam Millia CXXXVI; Mutationes XIV; Mansiones IX.

Fit ab Heraclea per Aulonam in urbem Romam usque, Millia undecies centena XII; Mutationes XVIII; Mansiones XLVI.

AB URBE MEDIOLANUM.

Mutatio Rubras.	M. VIIII.	Civitas Interamna. . . .	M. VIIII.
Mutatio ac Vicencinum . .	M. XI.	Mutatio Tribus Tabernis. .	M. III.
Mutatio Aqua viva. . . .	M. XII.	Mutatio Fani fugitivi. .	M. X.
Civitas Vericulo	M. XII.	Civitas Spolitio.	M. VII.
Civitas Narniæ.	M. XII.	Mutatio Sacraria. . . .	M. VIII.

Civitas Trevis	M. IV.	Mutatio ad Cale . . .		M. XIV.
Civitas Fulginis	M. V.	Mutatio Intercisa		M. VIIII.
Civitas Foro Flamini . . .	M. III.	Civitas Foro Simphoni . .		M. VIIII.
Civitas Noceria. . . .	M. XII.	Mutatio ad Octavum . . .		M. VIIII.
Civitas Ptanias	M. VIII.	Civitas Fano Fortunæ . .		M. VIII.
Mansio Herbelloni	M. VII.	Civitas Pisauro		M. XXIV.
Mutatio Adresis	M. X.			

Usque Ariminum.

Mutatio Conpetu	M. XII.	Civitas Regio	M. VIII.
Civitas Cesena	M. VI.	Mutatio Canneto	M. X.
Civitas Foropopuli . . .	M. VI.	Civitas Parmæ	M. VIII.
Civitas Forolivi	M. VI.	Mutatio ad Turum	M. VII.
Civitas Faventia	M. V.	Mansio Fidentiæ	M. VIII.
Civitas Foro Corneli . . .	M. X.	Mutatio ad Fonteclos . . .	M. VIII.
Civitas Claterno	M. XIII	Civitas Placentia	M. XIII.
Civitas Bononia	M. X.	Mutatio ad Rota	M. XI.
Mutatio ad Medias . . .	M. XV.	Mutatio Tribus Tabernis . .	M. V.
Mutatio Victuriolas . . .	M. X.	Civitas Laude	M. VIIII.
Civitas Mutena	M. III.	Mutatio ad Nonum	M. VII.
Mutatio Ponte Secies . . .	M. V.	Civitas Mediolanum . . .	M. VII.

Fit omnis summa ab urbe Roma Mediolanum usque, Millia CCCCXVI; Mutationes XLII; Mansiones XXIIII.

EXPLICIT ITINERARIUM.

EX EODEM V. C. DE VERBIS GALLICIS.

Lugdunum, Desideratum-Montem.
Aremorici, ante mare, aræ, ante; More dicunt Mare, et ideo Morini Marini.
Arverni, ante obsta.
Rhodanum, violentum. Nam Rho nimium; Dan judicem, hoc et gallice, hoc et hebraice dicitur.

N° II.

DISSERTATION

SUR L'ÉTENDUE

DE L'ANCIENNE JÉRUSALEM ET DE SON TEMPLE

ET SUR LES MESURES HÉBRAÏQUES DE LONGUEUR.

Les villes qui tiennent un rang considérable dans l'histoire exigent des recherches particulières sur ce qui les regarde dans le détail; et on ne peut disconvenir que Jérusalem ne soit du nombre de celles qui méritent de faire l'objet de notre curiosité. C'est ce qui a engagé plusieurs savants à traiter ce sujet fort amplement et dans toutes ses circonstances, en cherchant à retrouver les différents quartiers de cette ville, ses édifices publics, ses portes, et presque généralement tous les lieux dont on trouve quelque mention dans les livres saints et autres monuments de l'antiquité. Quand même les recherches de ces savants ne paraîtraient pas suivies partout d'un parfait succès, leur zèle n'en mérite pas moins des éloges et de la reconnaissance.

Ce qu'on se propose principalement dans cet écrit est de fixer l'étendue de cette ville, sur laquelle on ne trouve encore rien de bien déterminé, et qui semble même en général fort exagérée. L'emploi du local devait en décider; et c'est parce qu'on l'a négligé, que ce point est demeuré à discuter. S'il est difficile et comme impossible de s'éclaircir d'une manière satisfaisante sur un grand nombre d'articles de détail concernant la ville de Jérusalem, ce que nous mettons ici en question peut être excepté, et se trouve susceptible d'une grande évidence.

Pour se mettre à portée de traiter cette matière avec précision, il faut commencer par reconnaître ce qui composait l'ancienne Jérusalem. Cet examen ne laissera aucune incertitude dans la distinction entre la ville moderne de Jérusalem et l'ancienne. L'enceinte de celle-ci paraîtra d'autant mieux déterminée, que la disposition naturelle des lieux en fait juger infailliblement. C'est dans cette vue que nous insérons ici le calque très-fidèle d'un plan actuel de Jérusalem, levé vraisemblablement par les soins de M. Deshayes, et qui a été publié dans la Relation du voyage qu'il entreprit au Levant en 1621, en conséquence des commissions dont il était chargé par le roi Louis XIII auprès du Grand Seigneur. Un des articles de ces commissions étant de maintenir les religieux latins dans la possession des saints lieux de la Palestine, et d'établir un consul à Jérusalem, il n'est pas surprenant qu'un pareil plan se rencontre plutôt dans ce Voyage que dans tout autre. L'enceinte actuelle de la ville, ses rues, la topographie du sol, sont exprimées dans ce plan, et mieux que partout ailleurs, que je sache. Nous n'admettons dans notre calque, pour plus de netteté, ou moins de distraction à l'égard de l'objet principal, que les circonstances qui intéressent particulièrement la matière de cette Dissertation. L'utilité, la nécessité même d'un plan, en pareil sujet, sont une juste raison de s'étonner qu'on n'ait encore fait aucun usage de celui dont nous empruntons le secours.

I

DISCUSSION DES QUARTIERS DE L'ANCIENNE JÉRUSALEM.

Josèphe nous donne une idée générale de Jérusalem, en disant (livre VI de la *Guerre des Juifs*, chap. VI) que cette ville était assise sur deux collines en face l'une de l'autre, et séparées par une vallée; que ce qui était appelé la *Haute-Ville* occupait la plus étendue ainsi que la plus élevée de ces collines, et celle que l'avantage de sa situation avait fait choisir par David pour sa forteresse; que l'autre colline, nommée *Acra*, servait d'assiette à la Basse-Ville. Or, nous voyons que la montagne de Sion, qui est la première des deux collines, se distingue encore parfaitement sur le plan. Son escarpement plus marqué regarde le midi et l'occident, étant formé par une profonde ravine, qui dans l'Écriture est nommée *Ge-ben-Hinnom*, ou *la Vallée des Enfants d'Hinnom*. Ce vallon, courant du couchant au levant, rencontre, à l'extrémité du mont de Sion, la vallée de Cédron, qui s'étend du nord au sud. Ces circonstances locales, et dont la nature même décide, ne prennent aucune part aux changements que le temps et la fureur des hommes ont pu apporter à la ville de Jérusalem. Et par là nous sommes assurés des limites de cette ville dans la partie que Sion occupait. C'est le côté qui s'avance le plus vers le midi ; et non-seulement on est fixé de manière à ne pouvoir s'étendre plus loin de ce côté-là, mais encore l'espace que l'emplacement de Jérusalem peut y prendre en largeur se trouve déterminé, d'une part, par la pente ou l'escarpement de Sion qui regarde le couchant, et de l'autre, par son extrémité opposée vers Cédron et l'orient. Celui des murs de Jérusalem que Josèphe appelle *le plus ancien*, comme étant attribué à David et à Salomon, bordait la crête du rocher, selon le témoignage de cet historien. A quoi se rapportent aussi ces paroles de Tacite, dans la description qu'il fait de Jérusalem (*Hist.*, liv. v, ch. xi) : *Duos colles, immensum editos, claudebant muri... extrema rupis abrupta.* D'où il suit que le contour de la montagne sert encore à indiquer l'ancienne enceinte, et à la circonscrire.

La seconde colline s'élevait au nord de Sion, faisant face par son côté oriental au mont Moria, sur lequel le temple était assis, et dont cette colline n'était séparée que par une cavité, que les Hasmonéens comblèrent en partie, en rasant le sommet d'Acra, comme on l'apprend de Josèphe (au même endroit que ci-dessus). Car, ce sommet ayant vue sur le temple, et en étant très-voisin, selon que Josèphe s'en explique, Antiochus Épiphanes y avait construit une forteresse, pour brider la ville et incommoder le temple ; laquelle forteresse, ayant garnison grecque ou macédonienne, se soutint contre les Juifs jusqu'au temps de Simon, qui la détruisit, et aplanit en même temps la colline. Comme il n'est même question d'Acra que depuis ce temps-là, il y a toute apparence que ce nom n'est autre chose que le mot grec Ἄκρα qui signifie un lieu élevé, et qui se prend quelquefois aussi pour une forteresse, de la même manière que nous y avons souvent employé le terme de *Roca*, la Roche. D'ailleurs le terme de *Hākra*, avec aspiration, paraît avoir été propre aux Syriens, ou du moins adopté par eux, pour désigner un lieu fortifié. Et dans la paraphrase chaldaïque (Samuel, liv. ii, chap. ii, v. 7), Hakra-Dsiun est la forteresse de Sion. Josèphe donne une idée de la figure de la colline dans son assiette, par le terme de ἀμφίκυρτος, lequel, selon Suidas, est propre à la lune dans une de ses phases entre le croissant et la pleine lune, et, selon Martianus-Capella, entre la demi-lune et la pleine. Une circonstance remarquable dans le plan qui nous sert d'original, est un vestige de l'éminence principale d'Acra entre Sion et le temple ; et la circonstance est d'autant moins équivoque que, sur le plan même, en tirant vers l'angle sud-ouest du temple, on a eu l'attention d'écrire *lieu-haut*.

Le mont Moria, que le temple occupait, n'étant d'abord qu'une colline irrégulière, il avait fallu, pour étendre les dépendances du temple sur une surface égale et augmenter l'aire du sommet, en soutenir les côtés, qui formaient un carré, par d'immenses constructions. Le côté oriental bordait la vallée de Cédron, dite communément *de Josaphat*, et très-profonde. Le côté du midi, dominant sur un terrain très-enfoncé, était revêtu de bas en haut d'une forte maçonnerie, et Josèphe ne donne pas moins de trois cents coudées d'élévation à cette partie du temple : de sorte même que, pour sa communication avec Sion, il avait été besoin d'un pont, comme le même auteur nous en instruit. Le côté occidental regardait Acra, dont l'aspect pour le temple est comparé à un théâtre par Josèphe. Du côté du nord, un fossé creusé, τάφρος δὲ ὀρώρυκτο, dit notre historien, séparait le temple d'avec une colline nommée *Bezetha*, qui fut dans la suite jointe à la ville par un agrandissement de son enceinte. Telle est la disposition générale du mont Moria dans l'étendue de Jérusalem.

La fameuse tour Antonia flanquait l'angle du temple qui regardait le nord-ouest. Assise sur un rocher, elle avait d'abord été construite par Hyrcan, premier du nom, et appelée Βάρις, terme grec selon Josèphe, mais que saint Jérôme dit avoir été commun dans la Palestine, et jusqu'à son temps, pour désigner des maisons fortes et construites en forme de tours. Celle-ci reçut de grands embellissements de la part d'Hérode, qui lui fit porter le nom d'Antoine son bienfaiteur; et avant l'accroissement de Bezetha, l'enceinte de la ville ne s'étendait pas au delà du côté du nord. Il faut même rabaisser un peu vers le sud, à une assez petite distance de la face occidentale du temple, pour exclure de la ville le Golgotha ou Calvaire, qui, étant destiné au supplice des criminels, n'était point compris dans l'enceinte de la ville. La piété des chrétiens n'a souffert en aucun temps que ce lieu demeurât inconnu, même avant le règne du grand Constantin. Car l'aurait-il été à ces Juifs convertis au christianisme, que saint Épiphane dit avoir repris leur demeure dans les débris de Jérusalem, après la destruction de cette ville par Tite, et qui y menèrent une vie édifiante? Constantin, selon le témoignage d'Eusèbe, couvrit le lieu même d'une basilique, l'an 326, de laquelle parle très-convenablement à ce témoignage l'auteur de l'*Itinerarium a Burdigala Hierusalem usque*, lui qui était à Jérusalem en 333, suivant le consulat qui sert de date à cet Itinéraire : *Ibidem modo jussu Constantini Imperatoris, Basilica facta est, id est Dominicum, miræ pulchritudinis*. Et bien qu'au commencement du onzième siècle, Almansor-Hakimbillâ, calife de la race des Fatimites d'Égypte, eût fait détruire cette église, pour ne vouloir tolérer la supercherie du prétendu feu saint des Grecs la veille de Pâques; cependant l'empereur grec Constantin Monomaque acquit trente-sept ans après, et en 1048, du petit-fils de Hakim, le droit de rééditier la même église; et il en fit la dépense, comme on l'apprend de Guillaume, archevêque de Tyr (liv. I, chap. VII). D'ailleurs, la conquête de Jérusalem par Godefroy de Bouillon en 1099 ne laisse pas un grand écoulement de temps depuis l'accident dont on vient de parler. Or, vous remarquerez que les circonstances précédentes qui concernent l'ancienne Jérusalem n'ont rien d'équivoque, et sont aussi décisives que la disposition du mont de Sion du côté opposé.

Il n'y a aucune ambiguité à l'égard de la partie orientale de Jérusalem. Il est notoire et évident que la vallée de Cédron servait de borne à la ville, sur la même ligne, ou à peu près, que la face du temple, tournée vers le même côté, décrivait au bord de cette vallée. On sait également à quoi s'en tenir pour le côté occidental de la ville quand on considère sur le plan du local que l'élévation naturelle du terrain, qui borne l'étendue de Sion de ce côté-là, comme vers le midi, continue, en se prolongeant vers le nord, jusqu'à la hauteur du temple. Et il n'y a aucun lieu de douter que ce prolongement de pente, qui commande sur un vallon au dehors de la ville, ne soit le côté d'Acra contraire à celui qui regarde le temple. La situation avantageuse que les murs de la ville conservent sur l'escarpement justifie pleinement cette opinion. Elle est même appuyée du témoignage formel de Brocardus, religieux dominicain, qui était en Palestine l'an 1283, comme il nous l'apprend dans la description qu'il a faite de ce pays. C'est à la partie occidentale de l'enceinte de Jérusalem prolongée depuis Sion vers le nord, que se rapportent ces paroles tirées de la Description spéciale de cette ville : *Vorago seu vallis, quæ procedebat versus aquilonem, faciebatque fossam civitatis juxta longitudidem ejus, usque ad plagam aquilonis; et super eam erat intrinsecus rupes eminens, quam Josephus*

Acram appellat, quæ sustinebat murum civitatis superpositum, cingentem ab occidente civitatem, usque ad portam Ephraïm, ubi curvatur contra orientem. Cet exposé de la part d'un auteur qui a écrit en vertu des connaissances qu'il avait prises sur le lieu même, est parfaitement conforme à ce que la représentation du terrain, par le plan qui en est donné, vient de nous dicter : *rupes imminens voragini, sive fossæ, procedenti versus aquilonem, sustinebat murum civitatis, cingentem eam ab occidente usque dum curvatur versus orientem.* En voilà suffisamment pour connaître les différents quartiers qui composaient l'ancienne Jérusalem, leur assiette et situation respective.

II

ENCEINTE DE L'ANCIENNE JÉRUSALEM.

Le détail dans lequel Josèphe est entré des diverses murailles qui enveloppaient Jérusalem, renferme des circonstances qui achèvent de nous instruire sur l'enceinte de cette ville.

Cet historien distingue trois murailles différentes. Celle qu'il nomme *la plus ancienne* couvrait non-seulement Sion à l'égard des dehors de la ville, mais elle séparait encore cette partie d'avec la ville inférieure ou Acra; et c'est même par cet endroit que Josèphe entame la description de cette muraille. Il dit que la tour nommée *Hippicos*, appuyant le côté qui regardait le nord, ἀρχόμενον δὲ κατὰ βορέαν ἀπὸ τοῦ Ἱππικοῦ, *incipiens ad boream ab Hippico;* elle s'étendait de là jusqu'au portique occidental du temple, par où nous devons entendre, comme le plan en fait juger, son angle sud-ouest. On voit clairement que cette partie de muraille fait une séparation de la Haute-Ville d'avec la Basse. Elle paraît répondre à l'enceinte méridionale de la ville moderne de Jérusalem, qui exclut Sion; en sorte qu'il y a tout lieu de présumer que la tour Hippicos dont on verra par la suite que la position nous importe, était élevée vers l'angle sud-ouest de l'enceinte actuelle de Jérusalem. Si l'on en croit plusieurs relations, cette enceinte est un ouvrage de Soliman, qui en 1520 succéda à son père Sélim, auquel les Turcs doivent la conquête de la Syrie et de l'Égypte. Cependant El-Édrisi, qui écrivait sa géographie pour Roger Ier, roi de Sicile, mort en 1151, représente Jérusalem dans un état conforme à celui d'aujourd'hui, en disant qu'elle s'étend en longueur d'occident en orient. Il exclut même formellement de son enceinte le mont de Sion ; puis qu'au terme de sa description, pour aller à un temple où les chrétiens prétendaient dès lors que Jésus-Christ avait célébré la Cène, et qui est situé sur ce mont, il faut sortir de la ville par une porte dite *de Sion, Bab-Seihun*, ce qui s'accorde à l'état actuel de Jérusalem. Benjamin de Tudèle, dont le voyage est daté de l'an 1173, remarque qu'il n'y avait alors d'autre édifice entier sur le mont de Sion que cette église. Et ce qui se lit dans le Voyage fait par Willebrand d'Oldembourg, en 1211, à l'égard du mont de Sion, *Nunc includitur muris civitatis, sed tempore Passionis Dominicæ excludebatur*, doit être pris au sens contraire, quand ce ne serait que par rapport à ce dernier membre, *excludebatur tempore Passionis*. Il est très-vraisemblable, en général, que, dans les endroits où les parties de l'ancienne enceinte prennent quelque rapport à l'enceinte moderne, la disposition des lieux, les vestiges même d'anciens fondements, ayant déterminé le passage de cette enceinte moderne, elle nous indique par conséquent la trace de l'ancienne. Il y a même une circonstance particulière qui autorise cette observation générale, pour la séparation de Sion d'avec Acra. C'est ce coude rentrant à l'égard de Sion, que vous remarquerez sur le plan, en suivant l'enceinte actuelle et méridionale de la ville de Jérusalem, dans la partie plus voisine de l'emplacement du temple, ou du mont Moria. Car, si l'on y prend garde, ce n'est en effet que de cette manière que le quartier de Sion pouvait être séparé d'Acra, puisque, comme nous l'avons observé en parlant d'Acra, l'endroit marqué *haut-lieu* sur le plan, et duquel le coude dont il s'agit paraît dépendre, désigne indubitablement une partie de l'éminence qui portait le nom d'*Acra*, et vraisemblablement celle qui dominait davantage et qui par conséquent se distinguait le plus d'avec Sion.

Josèphe, ayant décrit la partie septentrionale de l'enceinte de Sion, depuis la tour Hippicos jusqu'au temple, la reprend à cette tour, pour la conduire par l'occident, et ensuite nécessairement par le midi, jusque vers la fontaine de Siloé. Cette fontaine est dans le fond d'une ravine profonde, qui coupe la partie inférieure de Sion prolongée jusque sur le bord de la vallée de Cédron, et qui la sépare d'avec une portion de la ville située le long de cette vallée, jusqu'au pied du temple. A cette ravine venait aboutir l'enfoncement ou vallon qui distinguait le mont de Sion d'avec la colline d'Acra, et que Josèphe appelle τῶν τυροποιῶν, *caseariorum*, ou des fromagers. Édrisi fait mention de ce vallon, et très-distinctement, disant qu'à la sortie de la porte dont il a fait mention sous le nom de *Sion*, on descend dans un creux (*in fossam*, selon la version des Maronites) qui se nomme, ajoute-t-il, *la Vallée d'enfer*; et dans laquelle est la fontaine Seluan (ou Siloan). Cette fontaine n'était pas renfermée dans l'enceinte de la ville : saint Jérôme nous le fait connaître par ces paroles (*in Matth.* XXIII, 25) : *in portarum exitibus, quæ Siloam ducunt*. Le vallon dans l'enfoncement duquel est Siloé remontant du sud-est au nord-ouest, Josèphe doit nous paraître très-exact lorsqu'il dit que la muraille qui domine sur la fontaine de Siloé court d'un côté vers le midi, et de l'autre vers l'orient. Car c'est ainsi, selon le plan même du local, et presque à la rigueur, que cette muraille suivait le bord des deux escarpements qui forment la ravine. L'*Itinéraire de Jérusalem* s'explique convenablement sur la fontaine de Siloé : *Deorsum in valle, juxta murum est piscina quæ dicitur Siloa*. Remarquons même la mention qui est faite de ce mur dans un écrit de l'âge du grand Constantin. On en peut inférer que le rétablissement de Jérusalem, après la destruction de cette ville par Tite, rétablissement qu'on sait être l'ouvrage d'Adrien, sous le nouveau nom d'*Ælia Capitolina*, s'étendit à Sion comme au reste de la ville. De sorte que la ruine de Sion, telle qu'elle paraît aujourd'hui, ne peut avoir de première cause que dans ce que souffrit cette ville de la part de Chosroès, roi de Perse, qui la prit en 614. Ce serait donc à tort qu'on prendrait à la lettre ce qu'a dit Abulpharage (*Dynast.* 7), que l'Ælia d'Adrien était auprès de la Jérusalem détruite. Cela ne doit signifier autre chose, sinon que l'emplacement de cette ville, conforme à son état présent du temps de cet historien, et depuis l'établissement du mahométisme, ne répond pas exactement à celui d'un âge plus reculé. Il ne faut pas imaginer que l'usage du nom d'*Ælia*, employé par Abulpharage, se renferme étroitement dans la durée de la puissance romaine, puisque les écrivains orientaux emploient quelquefois la dénomination d'*Ilia* pour désigner Jérusalem.

Mais, pour reprendre la trace du mur à la suite de Siloé, ce mur était prolongé au travers d'Ophla, venant aboutir et se terminer à la face orientale du temple, ce qui nous conduit, en effet, à son angle entre l'orient et le midi. Il est mention d'Olph'l ou Ophel en plusieurs endroits de l'Écriture. Ce terme est même employé métaphoriquement, mais sans qu'on puisse décider par le sens de la phrase du texte original, s'il signifie plutôt présomption ou orgueil qu'aveuglement. Les commentateurs sont partagés, les uns voulant qu'Ophel désigne un lieu élevé, les autres un lieu profond. La contrariété de cette interprétation n'a, au reste, rien de plus extraordinaire que ce qu'on observera dans l'usage du mot latin *altus*, qui s'emploie quelquefois pour profondeur comme pour élévation. La version grecque (*Reg.* IV, v. 24) a traduit Ophel σκοτεινήν, lieu couvert, et pour ainsi dire ténébreux; et, en effet, si l'on remarque qu'Ophla, dans Josèphe, se rencontre précisément au passage de la muraille dans ce terrain si profond, sur lequel il a été dit, en parlant du mont Moria, que dominait la face méridionale du temple, on ne pourra disconvenir que l'interprétation du nom *Ophel* comme d'un lieu enfoncé, ne soit justifiée par une circonstance de cette nature, et hors de toute équivoque.

L'emplacement que prend Ophel paraîtra convenable à ce que dit Josèphe (liv. VI *de la Guerre des Juifs*, chap. VII) parlant des factions ou partis qui tenaient Jérusalem divisée; savoir que l'un de ces partis occupait le temple, et Ophla et la la vallée de Cédron. Dans *les Paralipomènes* II, XXXIII, 14), le roi Manassé est dit avoir renfermé Ophel dans l'enceinte de la ville; ce qui est d'autant plus remarquable qu'il s'ensuivrait que la cité de David n'avait point jusque-là excédé les limites naturelles de la montagne de Sion, qui est réellement bornée par la ravine de Siloé. Voici la traduction littérale du texte : *Ædificavit murum exteriorem civitati David, ab occidente Gihon, in torrente, procedendo usque ad portam Piscium, et circuivit Ophel, et munivit eum.* Ces paroles *Murum exteriorem civitati David*, feraient allusion à la conséquence que l'on vient de tirer de l'accroissement d'Ophel, *circuivit. Gihon*, selon les commentateurs, est la même chose que Siloé; et, en ce cas, *ab occidente* doit s'entendre depuis ce qui est au couchant de Siloé, c'est-à-dire depuis Sion dont la position est véritablement occidentale à l'égard de cette fontaine, jusqu'au bord du torrent, *in torrente*, lequel il est naturel de prendre pour celui de Cédron. Je ne vois rien que la disposition du lieu même puisse approuver davantage que cette interprétation, laquelle nous apprend à mettre une distinction entre ce qui était proprement Cité de David et ce qui a depuis été compris dans le même quartier de Sion. Nous avons donc suivi la trace de l'enceinte qui renfermait ce quartier tout entier, et avec ce qui en dépendait jusqu'au pied du temple.

Le second mur dont parle Josèphe n'intéresse point notre sujet, par la raison qu'il était renfermé dans la ville même. Il commençait à la porte appelée *Genath*, ou *des Jardins*, comme ce mot peut s'interpréter; laquelle porte était ouverte dans le premier des murs, ou celui qui séparait Sion d'avec Acra. Et ce second mur, s'avançant vers la partie septentrionale de la ville, se repliait sur la tour Antonia, où il venait aboutir. Donc ce mur n'était qu'une coupure dans l'étendue d'Acra, appuyée d'un côté sur le mur de Sion, de l'autre sur la tour qui couvrait l'angle nord-ouest du temple. La trace de ce mur pourrait répondre à une ligne ponctuée que l'on trouvera tracée sur le plan, dans l'espace qu'Acra occupe. Il est naturel de croire qu'il n'existait que parce qu'il avait précédé un mur ultérieur, ou tel que celui qui donne plus de grandeur au quartier d'Acra, et dont il nous reste à parler. J'ajoute seulement que c'est à ce mur moins reculé qu'il convient de s'attacher par préférence, si l'on veut suivre le détail de la réédification de l'enceinte de Jérusalem par Néhémie; étant plus vraisemblable d'attribuer aux princes Hasmonéens, et au temps même de la plus grande prospérité de leurs affaires, l'ouvrage d'un nouveau mur qui double celui-là, et qui embrasse plus d'espace.

Le troisième mur, qui, joint au premier, achèvera la circonscription de l'enceinte de Jérusalem, se prend, en suivant Josèphe, à la tour Hippicos. La description de la première muraille nous a déjà servi à connaître le lieu de cette tour. Ce que le même historien dit de la muraille dont il s'agit à présent confirme cet emplacement. Commençant donc à la tour Hippicos, cette muraille s'étendait en droiture vers le septentrion jusqu'à une autre tour fort considérable, nommée *Psephina*. Or, nous voyons encore que l'enceinte actuelle de Jérusalem, conservant l'avantage d'être élevée sur la pente de la colline qui servait d'assiette à la Basse-Ville ancienne, s'étend du midi au septentrion, depuis l'angle boréal de Sion, où il convient de placer l'Hippicos, jusqu'au château qu'on nomme *des Pisans*. La tour Psephina, selon que Josèphe en parle ailleurs, ne cédait à aucune de celles qui entraient dans les fortifications de Jérusalem. Le Castel-Pisano est encore aujourd'hui une espèce de citadelle à l'égard de cette ville. C'est là que logent l'aga et la garnison qu'il commande. Le Grec Phocas, qui visita les saints lieux de la Palestine l'an 1185, et dont le Voyage a été mis au jour par Allatius, *in Symmictis sive Opusculis*, dit que cette tour, ou plutôt ce château, pour répondre aux termes dont il se sert, πύργος μαμμεγεθέστατος (*turris insigni admodum magnitudine*) était appelée par ceux de Jérusalem *la tour de David*. Il la place au nord de la ville; Épiphane l'hagiopolite, près de la porte qui regarde le couchant, ce qui est plus exact, eu égard surtout à la ville moderne de Jérusalem. Selon la relation du moine Brocard, que j'ai cité précédemment, la tour de David aurait été comprise dans l'étendue de Sion, et élevée vers l'encoignure que le vallon qui séparait ce mont d'avec Acra faisait avec l'escarpement occidental de Sion, situation plus convenable à l'Hippicos qu'à Psephina. Mais cela n'empêche pas que, dans cette même relation, on ne trouve une mention particulière du lieu qui se rapporte au Castel-Pisano. On le reconnaît distinctement dans ces paroles : *Rupes illa, super quam ex parte occidentis erat exstructus murus civitatis, erat valde eminens, præsertim in angulo, ubi occidentalis muri pars connectebatur aquilonari; ubi et turris* Neblosa *dicta, et propugnaculum valde firmum, cujus ruinæ adhuc visuntur, unde tota Arabia, Jordanis, mare Mortuum, et alia plurima loca, sereno cœlo videri possint.* Cette dernière circonstance, qui fait voir tout l'avantage de la situation du lieu, est bien propre à déterminer notre opinion sur l'emplacement qui peut mieux convenir à l'ancienne tour Psephina, comme au Castel-Pisano d'aujourd'hui. Disons plus : ce que Brocard nous rapporte ici est conforme à ce qu'on lit dans Josèphe (liv. VI *de la Guerre des Juifs*, chap. VI), qu'au lever du soleil, la tour Psephina découvrait l'Arabie, la mer, et le pays le plus reculé de la Judée. Et quoiqu'il n'y ait point de vraisemblance que le château, de la manière dont il existe, soit encore le même que celui dont il tient la place, et qu'on eût tort, comme Phocas l'a bien remarqué, de le rapporter à David même, cependant il ne s'ensuit pas qu'il fût différent quant au lieu et à l'assiette. Benjamin de Tudèle prétend même que les murailles construites par les Juifs, ses ancêtres, subsistaient encore de son temps, c'est-à-dire dans le douzième siècle, à la hauteur de dix coudées.

S'il paraît tant de convenance entre Castel-Pisano et la tour Psephina, voici ce qui en décide d'une manière indubitable. Josèphe dit formellement que cette tour flanquait l'angle de la ville tourné vers le nord et le couchant, et comme on vient de voir que Brocard s'explique sur le lieu que nous y faisons correspondre, *ubi occidentalis muri pars connectebatur aquilonari*. Or, vous remarquerez qu'à la hauteur de la face septentrionale de Castel-Pisano, ou de la porte du couchant qui joint cette face, on ne peut exclure de l'ancienne ville le lieu du Calvaire, sans se replier du côté du levant. Donc le Castel-Pisano, auquel nous avons été conduits par le cours de la muraille depuis la tour Hippicos, où par une ligne tendante vers le nord, prend précisément cet angle de l'ancienne enceinte. Il faut ensuite tomber d'accord que, si le lieu de l'Hippicos avait besoin de confirmation, il la trouverait dans une détermination aussi précise de Psephina, en conséquence du rapport de situation.

Quant au nom de *Castel-Pisano* (car on peut vouloir savoir la raison de cette dénomination), j'avoue n'avoir point rencontré dans l'histoire de fait particulier qui y ait un rapport direct. Il est constant néanmoins, qu'en vertu de la part que les Pisans, très-puissants autrefois, prirent aux guerres saintes, ils eurent des établissements et concessions à Acre, Tyr, et autres lieux de la Palestine. L'auteur des *Annales de Pise*, Paolo Tronci (page 35), attribue même à deux de ses compatriotes l'honneur d'avoir escaladé les premiers la muraille de Jérusalem, lors de la prise de cette ville par Godefroy de Bouillon. On peut encore remarquer que le premier prélat latin qui fut installé dans la chaire patriarcale de Jérusalem, après cette conquête, fut un évêque de Pise nommé *Daibert*. Je pense, au reste, qu'il a pu suffire de trouver quelques écussons aux armes de Pise en quelque endroit du château, pour lui faire donner dans les derniers temps le nom qu'il porte. Du temps que Brocard était en Palestine, c'est-à-dire vers la fin du treizième siècle, nous voyons que ce château se nommait *Neblosa*, qui est la forme que le nom de *Neapolis* prend communément dans le langage des Levantins. Il n'est pas surprenant que ce religieux en parle comme d'un lieu ruiné ou fort délabré, puisqu'il est vrai qu'environ trente-trois ans après la prise de Jérusalem par Saladin, et en l'an de l'hégire 616, de Jésus-Christ 1219, Isa, neveu de ce prince, régnant à Damas, fit démolir les fortifications de Jérusalem, et que David, fils de celui-ci, détruisit, vingt ans après, une forteresse que les Français avaient rétablie en cette ville.

A la suite de Psephina, Josèphe achève de tracer l'enceinte de Jérusalem dans sa partie septentrionale. Avant que Bezetha fît un agrandissement à la ville, il n'eût été question, pour terminer l'enceinte de ce côté-là, que de se rendre à la tour Antonia, près de l'angle nord-ouest du temple. Aussi n'est-il fait aucune mention de cette tour dans ce qui regarde la troisième muraille. Josèphe y indique un angle pour revenir à la ligne de circonférence sur le bord du Cédron ; et nous voyons en effet que l'enceinte moderne, dans laquelle le terrain de Bezetha est conservé, donne cet angle, et même à une assez grande distance de l'angle nord-est du temple, où il convient d'aboutir. L'enceinte actuelle de Jérusalem, par son reculement à l'égard de la face septentrionale du temple, fournit à Bezetha une étendue qui ne le cède guère à celle de la Basse-Ville, ce qui a tout lieu de paraître convenable et bien suffisant. Josèphe nous indique les Grottes Royales comme un lieu situé vis-à-vis du passage de l'enceinte, dans cette partie qui regarde le septentrion. Ces grottes se retrouvent dans le voisinage de celle que l'on nomme *de Jérémie*; et on ne peut serrer de plus près cette grotte qu'en prenant la trace de l'enceinte actuelle, comme il s'ensuit du plan de Jérusalem. Josèphe prétend que le nom de *Bezetha* revient à la dénomination grecque de $\kappa\alpha\iota\nu\acute{\eta}$-$\pi\acute{o}\lambda\iota\varsigma$, la Nouvelle-Ville, ce qui lui est contesté par Villalpando et par Lamy, qui produisent d'autres interprétations. Agrippa, le premier qui régna sous ce nom, commença sous l'empire de Claude l'enceinte qui renfermait ce quartier ; et ce qu'il n'avait osé achever, qui était d'élever ce nouveau mur à une hauteur suffisante pour la défense, fut exécuté dans la suite par les Juifs.

C'est ainsi que non-seulement les différents quartiers qui composaient la ville de Jérusalem dans le plus grand espace qu'elle ait occupé, mais encore que les endroits mêmes par lesquels passait son enceinte se font reconnaître. Avant que toutes ces circonstances eussent été déduites et réunies sous un point de vue, qu'elles fussent vérifiées par leur application à la disposition même du local, un préjugé d'incertitude sur les moyens de fixer ses idées, touchant l'état de l'ancienne Jérusalem, pouvait induire à croire qu'il était difficile de conclure son étendue, d'une comparaison avec l'état actuel et moderne. Bien loin que cette incertitude puisse avoir lieu, on verra, par la suite de cet écrit, que les mesures du circuit de l'ancienne Jérusalem, qui s'empruntent de l'antiquité même, ne prennent point d'autre évaluation que celle qui résulte d'une exacte combinaison avec la mesure actuelle et fournie par le local. Il est clair qu'une convenance de cette nature suppose nécessairement qu'on ne se soit point mépris en ce qui regarde l'ancienne Jérusalem.

III.

MESURE ACTUELLE DU PLAN DE JÉRUSALEM.

L'échelle du plan de M. Deshayes demandant quelques éclaircissements, je rendrai un fidèle compte de ce qu'un examen scrupuleux m'y a fait remarquer. On y voit une petite verge, définie *cent pas*, et nous en donnons la répétition sur le plan ci-joint. À côté de cette verge en est une plus longue, avec le nombre de *cent*, et dont la moitié est subdivisée en parties de dix en dix. Par la combinaison de longueur entre ces deux verges, il est aisé de reconnaître en gros que l'une indique des pas communs, l'autre des toises. Mais je ne dissimulerai point qu'il n'y a pourtant pas une exacte proportion entre ces mesures. L'échelle des pas communs m'a paru donner, en suivant le pourtour de la ville, environ cinq mille cent pas, lesquels à deux pieds et demi, selon la définition du pas commun, fournissent douze mille sept cent cinquante pieds, ou deux mille deux cent vingt-cinq toises. Or, par l'échelle en toises, on n'en compte qu'environ deux mille, savoir: dans la partie septentrionale, et de l'angle nord-est à l'angle nord-ouest, six cent soixante-dix-sept; dans la partie occidentale, jusqu'à l'angle sud-ouest, trois cent cinquante-cinq; dans la partie méridionale, cinq cent quarante-quatre; et de l'angle sud-est, en regagnant le premier par la partie orientale, quatre cent vingt-huit. Total, deux mille quatre. Dans ces mesures, on a cru devoir négliger la saillie des tours et quelques petits redans que fait l'enceinte en divers endroits; mais tous les changements de direction et autres détours marqués ont été suivis. Et ce qu'on ne fait point ici, par rapport à la mesure prise selon l'échelle des pas, qui est d'entrer dans le détail des quatre principaux aspects suivant lesquels l'emplacement de Jérusalem se trouve disposé, a paru devoir être déduit préférablement selon l'échelle des toises, par la raison que cette échelle semble beaucoup moins équivoque que l'autre. Nonobstant cette préférence, qui trouvera sa justification dans ce qui doit suivre, il faut, pour tout dire, accuser la verge de cette échelle des toises d'être subdivisée peu correctement dans l'espace pris pour cinquante toises, ou pour la moitié de cette verge; car cette partie se trouve trop courte, eu égard au total de la verge; et j'ai étendu l'examen jusqu'à m'instruire que par cette portion de verge le circuit de Jérusalem monterait à deux mille deux cents toises.

Quoiqu'on ne puisse disconvenir que ces variétés ne donnent quelque atteinte à la précision de l'échelle du plan de Jérusalem, il ne conviendrait pas néanmoins de s'en autoriser pour rejeter totalement cette échelle. Je dis que la verge des cent toises me paraît moins équivoque que le reste. La mesure du tour de Jérusalem dans son état moderne, et tel que le plan de M. Deshayes le représente, est donnée par Maundrell, Anglais, dans son *Voyage d'Alep à Jérusalem*, un des meilleurs morceaux sans contredit qu'on ait en ce genre. Cet habile et très-exact voyageur a compté quatre mille six cent trente de ses pas dans le circuit extérieur des murailles de Jérusalem; et il remarque que la défalcation d'un dixième sur ce nombre donne la mesure de ce circuit à quatre mille cent soixante-sept verges anglaises, c'est-à-dire que dix pas font l'équivalent de neuf verges. En composant une toise anglaise de deux verges, puisque la verge est de trois pieds, cette toise revient à huit cent onze lignes de la mesure du pied français, selon la plus scrupuleuse évaluation, ce qui ajoute même quelque chose aux comparaisons précédemment faites entre le pied français et le pied anglais, comme je l'ai remarqué dans le *Traité des Mesures itinéraires*. Conséquemment, les quatre mille cent soixante-sept verges, ou deux mille quatre-vingt-trois et demie toises anglaises fourniront un million six cent quatre-vingt-neuf mille sept cent dix-huit lignes, qui produisent cent quarante mille huit cent dix pouces, ou onze mille sept cent trente-quatre pieds deux pouces, ou mille neuf cent cinquante-cinq toises quatre pieds deux pouces. Or, si nous mettons cette mesure à mille neuf cent soixante toises de compte rond, et que nous prenions de la même manière celle du plan de M. Deshayes à deux mille, la moyenne proportionnelle ne sera qu'à vingt toises de distance des points extrêmes, ou à un centième du tout. Et que peut-on désirer de plus convenable sur le sujet dont il est question? On ne trouverait peut-être pas de moindres contrariétés entre les divers plans de nos places et villes frontières. Il convient de regarder comme une preuve du choix et de la préférence que demande la verge des cent toises, que, quoique son écart des autres indications de l'échelle du plan consiste à donner moins de valeur de mesure, toutefois elle pèche plutôt en abondance qu'autrement, par comparaison à la mesure prise sur le terrain par Maundrell.

IV.

MESURE DE L'ENCEINTE DE L'ANCIENNE JÉRUSALEM.

Après avoir discuté et reconnu la mesure positive de l'espace sur le plan actuel de Jérusalem, voyons les mesures que plusieurs écrivains de l'antiquité nous ont laissées du circuit de Jérusalem. On peut conclure, tant de l'exposition ci-dessus faite de son état ancien que de la disposition même du terrain, et des circonstances locales qui n'ont pu éprouver de changement, qu'il n'y a point à craindre de méprise sur les anciennes limites de cette ville. Elles se circonscrivent sur le lieu, non-seulement en conséquence des points de fait qui s'y rapportent, mais encore par ce qui convient au lieu même. Ce qui a fait dire à Brocard : *Quum, ob locorum munitionem, transferri non possit (Jerusalem) a pristino situ.* De sorte qu'on juge assez positivement de son circuit par le plan du local, pour pouvoir se permettre de tracer sur ce plan une ligne de circonférence ou d'enceinte qui soit censée représenter la véritable. C'est ce dont on a pu se convaincre en suivant sur le plan ce qui a été exposé en détail sur l'ancienne Jérusalem. Il doit donc être maintenant question des mesures qu'on vient d'annoncer.

Eusèbe, dans sa *Préparation évangélique* (liv. IX, chap. XXXVI), nous apprend, d'après un arpenteur syrien, τοῦ τῆς Συρίας σχοινομέτρου, que la mesure de l'enceinte de Jérusalem est de vingt-sept stades. D'un autre côté, Josèphe (liv. VI *de la Guerre des Juifs*, chap. VI) compte trente-trois stades dans le même pourtour de la ville. Selon le témoignage du même Eusèbe, Timocharès avait écrit, dans une histoire du roi Antiochus Épiphanes, que Jérusalem avait quarante stades de circuit. Aristéas, auteur d'une histoire des septante interprètes qui travaillèrent sous Ptolémée Philadelphe, convient sur cette mesure avec Timocharès. Enfin, Hécatée, cité par Josèphe dans son livre Ier contre Appion, donnait à Jérusalem cinquante stades de circonférence. Les nombres des stades ici rapportés roulent de vingt-sept à cinquante. Quelle diversité! Comment reconnaître de la convenance dans des indications qui varient jusqu'à ce point? Je ne sache pas que cette convenance ait encore été développée. Elle a jusqu'à présent fort embarrassé les savants; témoin Réland, un des plus judicieux entre tous ceux qui ont traité ce sujet, et qui, après avoir déféré à la mesure de Josèphe, de trente-trois stades, s'explique ainsi, page 837 : *Non confirmabo sententiam nostram testimonio τοῦ τῆς Συρίας σχοινομέτρου, qui ambitum Hierosolymæ viginti et septem stadii definivit apud Eusebium*, etc.

Cette mesure de vingt-sept stades, la première que nous alléguions, semble néanmoins mériter une déférence particulière, puisque c'est l'ouvrage d'un arpenteur qui a mesuré au cordeau, σχοινομέτρου. Un plus petit nombre de stades que dans les autres mesures indiquées doit naturellement exiger la plus grande portée du stade, qui est sans difficulté celle du stade le plus connu, et que l'on nomme olympique. Son étendue se définit à quatre-vingt-quatorze toises deux pieds huit pouces, en vertu des six cents pieds grecs dont il est composé, et de l'évaluation du pied grec à mille trois cent soixante parties du pied de Paris divisé en mille quatre cent quarante, ou onze pouces quatre lignes. Les vingt-sept stades reviennent donc à deux mille cinq cent cinquante toises. Or, la trace de l'ancienne enceinte de Jérusalem, dans le plus grand espace qu'elle puisse embrasser, paraîtra consumer environ deux mille six cents toises de l'échelle prise sur le plan de M. Deshayes. On s'en éclaircira si l'on veut, par soi-même en prenant le compas. Mais remarquez au surplus que, par la mesure de Maundrell, qui ne donne que mille neuf cent soixante au lieu de deux mille, dans le circuit actuel de Jérusalem, ou un cinquantième de moins, l'enceinte dont il s'agit se réduit à deux mille cinq cent cinquante toises, conformément au produit de vingt-sept stades. Ainsi, ayant divisé, pour la commodité du lecteur, la trace d'enceinte de l'ancienne Jérusalem en parties égales et au nombre de cinquante et une, chacune de ces parties prend à la lettre l'espace de cinquante toises, selon la mesure de Maundrell; et le pis-aller sera que quarante-neuf en valent cinquante, selon l'échelle du plan.

Mais, dira-t-on, ce nombre de stades étant aussi convenable à la mesure de l'enceinte de Jérusalem, il faut donc n'avoir aucun égard à toute autre indication? Je répondrai que les anciens ont usé de différentes mesures de stade dans des temps différents, et quelquefois même dans un seul et même temps. Ils les ont souvent employées indistinctement, et sans y faire observer aucune diversité d'étendue. Ils nous ont laissés dans la nécessité de démêler, par de l'application et de la critique, les espèces plus convenables aux circonstances des temps et des lieux. On ne peut mieux faire que de calculer les trente-trois stades de la mesure de Josèphe sur le pied d'un stade plus court d'un cinquième que le stade olympique, et dont la connaissance est développée dans le petit *Traité* que j'ai publié *sur les Mesures itiné-*

raires. Il semble que le raccourcissement de ce stade le rendit même plus propre aux espaces renfermés dans l'enceinte des villes, qu'aux plus grands qui se répandent dans l'étendue d'une région ou contrée. La mesure que Diodore de Sicile et Pline ont donnée de la longueur du grand cirque de Rome ne convient qu'à ce stade, et non au stade olympique. Ce stade s'évaluant sur le pied de soixante-quinze toises trois pieds quatre pouces, le nombre de trente-trois stades de cette mesure produit deux mille quatre cent quatre-vingt-treize toises deux pieds. Or, que s'en faut-il que ce calcul ne tombe dans celui des vingt-sept stades précédents ? cinquante et quelques toises. Une fraction de stade, une toise de plus, si l'on veut, sur l'évaluation du stade, ne laisseraient, à la rigueur, aucune diversité dans le montant d'un pareil calcul.

On exigera peut-être que, indépendamment d'une convenance de calcul, il y ait encore des raisons pour croire que l'espèce de mesure soit par elle-même applicable à la circonstance en question. Comme le sujet qu'on s'est proposé de traiter dans cet écrit doit conduire à la discussion des mesures hébraïques, on trouvera ci-après que le mille des Juifs se compare à sept stades et demi, selon ce que les Juifs eux-mêmes en ont écrit; et que ce mille étant composé de deux mille coudées hébraïques, l'évaluation qui en résulte est de cinq cent soixante-neuf toises deux pieds huit pouces. Conséquemment le stade employé par les Juifs revient à soixante-treize toises moins quelques pouces, et ne peut être censé différent de celui qu'on a fait servir au calcul ci-dessus. L'évaluation actuelle ayant même quelque chose de plus que celle qui m'était donnée précédemment de cette espèce de stade, les trente-trois stades du circuit de Jérusalem passeront deux mille cinq cents toises, et ne seront qu'à quarante et quelques toises au-dessous du premier montant de ce circuit. Mais on peut aller plus loin, et vérifier l'emploi que Josèphe personnellement fait de la mesure du stade dont il s'agit, par l'exemple que voici : au livre xx de ses *Antiquités*, chap. vi, il dit que la montagne des Oliviers est éloignée de Jérusalem de cinq stades. Or, en mesurant sur le plan de M. Deshayes, qui s'étend jusqu'au sommet de cette montagne, la trace de deux voies qui en descendent, et cette mesure étant continuée jusqu'à l'angle le plus voisin du temple, on trouve dix-neuf parties de vingt toises, selon que la verge des cent toises, divisée en cinq parties, les fournit; donc, trois cent quatre-vingts toises; par conséquent cinq stades de l'espèce qui a été produite, puisque la division de trois cent quatre-vingts par cinq donne soixante-seize. Il n'est point ambigu que, pour prendre la distance dans le sens le plus étendu, on ne peut porter le terme plus loin que le sommet de la montagne. Ce n'est donc point l'effet du hasard, ou un emploi arbitraire, c'est une raison d'usage qui donne lieu à la convenance du calcul des trente-trois stades sur le pied qu'on vient de voir.

Je passe à l'indication de l'enceinte de Jérusalem à quarante stades. L'évaluation qu'on en doit faire demande deux observations préalables : la première, que les auteurs de qui nous la tenons ont écrit sous les princes macédoniens qui succédèrent à Alexandre dans l'Orient; la seconde, que la ville de Jérusalem, dans le temps de ces princes, ne comprenait point encore le quartier nommé *Bezetha*, situé au nord du temple et de la tour Antonia, puisque Josèphe nous apprend que ce fut seulement sous l'empire de Claude que ce quartier commença à être renfermé dans les murs de la ville. Il paraîtra singulier que, pour appliquer à l'enceinte de Jérusalem un plus grand nombre de stades que les calculs précédents n'en admettent, il convienne néanmoins de prendre cette ville dans un état plus resserré. En conséquence du plan qui nous est donné, j'ai reconnu que l'exclusion de Bezetha apportait une déduction d'environ trois cent soixante-dix toises sur le circuit de l'enceinte, par la raison que la ligne qui exclut Bezetha ne valant qu'environ trois cents toises, celle qui renferme le même quartier en emporte six cent soixante-dix. Si l'enceinte de Jérusalem, y compris Bezetha, se monte à deux mille cinq cent cinquante toises, selon le calcul des vingt-sept stades ordinaires, auquel la mesure de Maundrell se rapporte précisément, ou à deux mille six cents pour le plus, selon l'échelle du plan de M. Deshayes : donc, en excluant Bezetha, cette enceinte se réduit à environ deux mille cent quatre-vingts toises ou deux mille deux cent vingt quatre au plus.

A ces observations j'ajouterai qu'il est indubitable qu'un stade particulier n'ait été employé dans la mesure des marches d'Alexandre, stade tellement abrégé par comparaison aux autres stades, qu'à en juger sur l'évaluation de la circonférence du globe donnée par Aristote, précepteur d'Alexandre, il entrera mille cent onze stades dans l'étendue d'un degré de grand cercle. On trouvera quelques recherches sur le stade qui se peut appeler *macédonien*, dans le *Traité des Mesures itineraires*. L'évaluation qui résulterait de la mesure d'Aristote n'y a point été adoptée à la lettre et sans examen ; mais, en conséquence d'une mesure particulière de pied, qui paraît avoir été propre et spéciale à ce stade, l'étendue du stade s'établit de manière que mille cinquante sont suffisants pour remplir l'espace d'un degré. Ce stade, par une suite de la connaissance de son élément, ayant sa définition avec quelque précision à cinquante-quatre toises deux pieds cinq pouces, les quarante stades fournissent ainsi deux mille cent soixante-seize toises. Or, n'est-ce pas là positivement le résultat de ce qui précède? Et en rétablissant les trois cent soixante-dix toises que l'exclusion de Bezetha fait soustraire, ne retrouve-t-on pas le montant du calcul qui résulte de la première mesure des vingt-sept stades?

Qu'il me soit néanmoins permis de remarquer, en passant, que l'on ne saurait supposer qu'il pût être question en aucune manière de ménager des convenances par rapport à l'enceinte de Jérusalem, dans les définitions qui ont paru propres à chacune des mesures qu'on y voit entrer. Si toutefois ces convenances sont d'autant plus frappantes qu'elles sont fortuites, n'est-on pas en droit d'en conclure que les définitions mêmes acquièrent par là l'avantage d'une vérification?

Il reste une mesure de cinquante stades, attribuée à Hécatée. On n'aurait pas lieu de s'étonner que cet auteur, en faisant monter le nombre des habitants de Jérusalem à plus de deux millions, environ deux millions cent mille, eût donné plus que moins à son étendue, qu'il y eût compris des faubourgs ou habitations extérieures à l'égard de l'enceinte. Mais ce qui pouvait être vrai du nombre des Juifs qui affluaient à Jérusalem dans le temps pascal ne convient point du tout à l'état ordinaire de cette ville. D'ailleurs, si nous calculons ces cinquante stades, sur le pied du dernier stade, selon ce qui paraît plus à propos, la supputation n'ira guère qu'à deux mille sept cents toises ; ainsi l'évaluation ne passera que d'environ cent toises, ce qui résulte de l'échelle du plan de M. Deshayes.

En s'attachant à ce qu'il y a de plus positif dans tout ce corps de combinaison, il est évident que la plus grande enceinte de Jérusalem n'allait qu'à environ deux mille cinq cent cinquante toises. Outre que la mesure actuelle et positive le veut ainsi, le témoignage de l'antiquité y est formel. Par une suite de cette mesure, nous connaîtrons que le plus grand espace qu'occupait cette ville, ou sa longueur, n'allait qu'à environ neuf cent cinquante toises, sa largeur à la moitié. On ne peut comparer son étendue qu'à la sixième partie de Paris, en n'admettant même dans cette étendue aucun des faubourgs qui sont au dehors des portes. Au reste, il ne conviendrait peut-être pas de tirer de cette comparaison une réduction proportionnelle du nombre ordinaire des habitants de Jérusalem. A l'exception de l'espace du temple, qui même avait ses habitants, la ville de Jérusalem pouvait être plus également serrée partout que ne l'est une ville comme Paris, qui contient des maisons plus spacieuses et des jardins plus vastes qu'il n'est convenable de les supposer dans l'ancienne Jérusalem, et dont on composerait l'étendue d'une grande ville.

V.

OPINIONS PRÉCÉDENTES SUR L'ÉTENDUE DE JÉRUSALEM.

La mesure de l'enceinte de Jérusalem ayant tiré sa détermination de la comparaison du local même, avec toutes et chacune des anciennes mesures qui sont données, il n'est pas hors de propos de considérer jusqu'à quel point on s'était écarté du vrai sur ce sujet. Villalpando a prétendu que les trente-trois stades marqués par Josèphe se rapportaient à l'étendue seule de Sion, indépendamment du reste de la ville. J'ai combiné qu'il s'ensuivrait d'une pareille hypothèse que le circuit de Jérusalem consumerait par proportion soixante-quinze stades. Et sans prendre d'autres mesures de stade que celle qui paraît propre aux trente-trois stades en question, la supputation donnera cinq mille sept cents toises. Ce sera pis encore, si l'on ne fait point la distinction des stades, et qu'on y emploie le stade ordinaire, d'autant que les autres ont été peu connus jusqu'à présent. La mesure de ce stade fera monter le calcul à près de sept mille deux cents toises, ce qui triple presque la vraie mesure. Or, je demande si la disposition du local, et la mesure d'espace qui y est propre, peuvent admettre une étendue analogue à de pareils décomptes? Pouvons-nous déborder l'emplacement de Sion? Ne sommes-nous pas arrêtés d'un côté par la vallée de Cédron, de l'autre par le lieu du Calvaire? D'ailleurs, Josèphe ne détruit-il pas cette opinion, comme le docte et judicieux Réland l'a bien remarqué, en disant que le circuit des lignes dont Tite investit Jérusalem entière, était de trente-neuf stades? Dans un juste calcul de l'ancienne enceinte de cette cité, on ne se trouve point dans le besoin de recourir au moyen d'oppositions, qui s'emploie d'ordinaire, lorsque les mesures données par les anciens démentent une hypothèse, qui est de vouloir qu'il y ait erreur de chiffres dans le texte.

Le père Lamy, dans son grand ouvrage *De sancta Civitate et Templo*, conclut la mesure du circuit de Jérusalem à soixante stades; se fondant sur la supposition que cette enceinte contenait cent vingt tours, dont chacune avec sa courtine fournirait deux cents coudées, ou un demi-stade. Il est vrai que ce nombre de coudées d'une tour à l'autre se tire de Josèphe. Mais, comme le même historien parle de cent soixante-quatre tours, distribuées en trois murailles différentes; que dans l'étendue de ces murailles est comprise une séparation de Sion d'avec Acra; qu'Acra était divisée par un mur intérieur, et avait sa séparation d'avec Bezetha, il est difficile de statuer quelque chose de positif sur un pareil fondement; et il resterait toujours beaucoup d'incertitude sur ce point, quand même la mesure actuelle des espaces n'y ferait aucun obstacle. On peut encore observer que le savant auteur que nous citons ne se trouve point d'accord avec lui-même, quand on compare avec son calcul le plan qu'il a donné de Jérusalem. Car il y a toute apparence que les stades qu'il emploie sont les stades ordinaires, puisque, dans le *Traité des Mesures*, qui sert de préliminaire à son ouvrage, il ne donne point de définition de plus d'une espèce de stade. Sur ce pied, l'enceinte de Jérusalem, dans le calcul du père Lamy, s'évalue cinq mille six cent soixante et quelques toises. Or, selon le plan dont je viens de parler, le circuit de Jérusalem est aux côtés du carré du temple comme quarante et un est à deux; et l'échelle qui manque à ce plan se supplée par celle que l'auteur a appliquée à son Ichnographie particulière du temple, dont les côtés sont évalués environ mille cent vingt pieds français. Conséquemment le circuit de la ville, dans le plan, ne peut aller qu'à environ vingt-trois mille pieds, ou trois mille huit cent trente et quelques toises, qui n'équivalent qu'à quarante et un stades au plus. Si même on a égard à ce que le plan du père Lamy semble conforme à une sorte de perspective, et que la partie du temple s'y trouve dans le reculement, il doit s'ensuivre que ce qui est sur le devant prend moins d'espace; ce qui réduit encore par conséquent le calcul de l'enceinte. Le plan de M. Deshayes était donné au père Lamy; la mesure prise sur le lieu par Maundrell avait été publiée. Serait-ce que les savants veulent devoir tout à leurs recherches, et ne rien admettre que ce qui entre dans un genre d'érudition qui leur est réservé?

Ce qu'on vient d'observer dans deux célèbres auteurs, qui sont précisément ceux qui ont employé le plus de savoir et de recherches sur ce qui concerne l'ancienne Jérusalem, justifie, ce semble, ce qu'on a avancé dans le préambule de ce Mémoire, que l'étendue de cette ville n'avait point été déterminée jusqu'à présent avec une sorte de précision, et qu'on avait surtout exagéré beaucoup en ce point.

VI.

MESURE DE L'ÉTENDUE DU TEMPLE.

Maundrell, qui a donné la longueur et la largeur du terrain compris dans l'enceinte de la fameuse mosquée qui occupe l'emplacement du temple, ne paraît pas avoir fait une juste distinction entre ces deux espaces, à en juger par le plan de M. Deshayes. Il donne à la longueur cinq cent soixante-dix de ses pas, qui, selon l'estimation par lui appliquée à la mesure de l'enceinte, reviendrait à cinq cent treize verges anglaises, dont on déduit deux cent quarante toises. Cependant on n'en trouve qu'environ deux cent quinze sur le plan. L'erreur pourrait procéder, du moins en partie, de ce que Maundrell aurait jugé l'encoignure de cet emplacement plus voisine de la porte dite de *Saint-Étienne*, mais ce qu'il y a d'essentiel, cette erreur ne tire point du tout à conséquence pour ce qui regarde l'enceinte de la ville; car, dans la mesure de Maundrell, la partie de cette enceinte comprise entre la porte dont on vient de parler et l'angle sud-est de la ville, qui est en même temps celui du terrain de la mosquée, se trouve employé pour six cent vingt des pas de ce voyageur; et, selon son estimation, ce sont cinq cent cinquante-huit verges anglaises, dont le calcul produit deux cent soixante-deux toises, à quelques pouces près. Or, l'échelle du plan paraît fournir deux cent soixante-cinq toises, qui en valent environ deux cent soixante, en se servant à la rigueur de la proportion reconnue entre cette échelle et la mesure de Maundrell.

Dans les extraits tirés des *Géographes orientaux*, par l'abbé Renaudot, et qui sont manuscrits entre mes mains, la longueur du terrain de la mosquée de Jérusalem est marquée de sept cent quatre-vingt-quatorze coudées. C'est de la coudée arabique qu'il est ici question. Pour ne nous point distraire de notre objet actuel par la discussion particulière que cette coudée exigerait, je m'en tiendrai, quant à présent, à ce qui en ferait le résumé; et ce que j'aurais à exposer en détail pour y conduire et lui servir de preuve peut faire la matière d'un article séparé à la suite des mesures hébraïques. Qu'il suffise ici qu'un moyen non équivoque de connaître la coudée d'usage chez les Arabes est de la déduire du mille arabique. Il était composé de quatre mille coudées : et, vu que, par la mesure de la terre prise sous le calife Al-Mamoun, le mille ainsi composé s'évalue sur le pied de cinquante-six deux tiers dans l'espace d'un degré, il s'ensuit que ce mille revient à environ mille six toises, à raison de cinquante-sept mille toises par degré, pour ne point entrer dans une délicatesse de distinction sur la mesure des degrés. Donc mille coudées arabiques sont égales à deux cent cinquante toises, et de plus neuf pieds qui se peuvent négliger ici. Et, en supposant huit cents coudées de compte rond au lieu de sept cent quatre-vingt-quatorze, il en résulte deux cents toises de bonne mesure. Ainsi le compte de deux cents quinze toises, qui se tire du plan de Jérusalem figuré dans toutes ces circonstances, est préférable à une plus forte supputation.

La largeur du terrain de la mosquée est, selon Maundrell, de trois cent soixante-dix pas, dont on déduit cent cinquante-six toises quatre pieds et demi. Or, la mesure du plan revient à environ cent soixante-douze. Et ce qu'on observe ici est que la mesure de Maundrell perd en largeur la plus grande partie de ce qu'elle avait de trop sur sa longueur. D'où l'on peut conclure que le défaut de précision en ces mesures consiste moins dans leur produit en général que dans leur distribution. Il y a toute apparence que les édifices adhérents à l'enceinte de la mosquée, dans l'intérieur de la ville, ont rendu la mesure de cette enceinte plus difficile à bien prendre que celle de la ville. Maundrell avoue même que c'est d'une supputation faite sur les dehors qu'il a tiré sa mesure. Et le détail dans lequel nous n'avons point évité d'entrer sur cet article fera voir que, notre examen s'étant porté sur toutes les circonstances qui se trouvaient données, il n'y a rien de dissimulé ni d'ajusté dans le compte qu'on en rend.

La mosquée qui remplace le temple est singulièrement respectée dans l'islamisme. Omar, ayant pris Jérusalem, la quinzième année de l'hégire (de J.-C. 637), jeta les fondements de cette mosquée, qui reçut de grands embellissements de la part du calife Abd-el-Melik, fils de Mervan. Les mahométans ont porté la vénération pour ce lieu jusqu'au point de le mettre en parallèle avec leur sanctuaire de la Mecque, le nommant *Alacsa*, ce qui signifie *extremum* sive *ulterius*, par opposition à ce sanctuaire; et il y a toute apparence qu'ils se sont fait un objet capital de renfermer dans son enceinte tout l'emplacement du temple judaïque, *totum antiqui Sacri fundum*, dit Golius dans ses notes savantes sur l'*Astronomie* de l'Alfergane, page 136. Phocas, que j'ai déjà cité, et qui écrivait dans le douzième siècle, est précisément de cette opinion, que tout le terrain qui environne la mosquée est l'ancienne aire du temple, παλαιὸν τοῦ μηγάλου νηοῦ δάπεδον. Quoique ce temple eût été détruit, il n'était pas possible qu'on ne retrouvât des vestiges, qu'on ne reconnût pour le moins la trace de ces bâtisses prodigieuses qui avaient été faites pour égaler les côtés du temple et son aire entière, au terrain du temple même, placé sur le sommet du mont Moria. Les quatre côtés qui partageaient le circuit du temple étaient tournés vers les points cardinaux du monde; et on avait eu en vue que l'ouverture du temple fût exposée au soleil levant, en tournant le *Sancta Sanctorum* vers le côté opposé. En cela on s'était conformé à la disposition du tabernacle; et ces circonstances ne souffrent point de difficultés. Or, la disposition des quatre faces se remarque encore dans l'enceinte de la mosquée de Jérusalem, dont les côtés sont, à treize ou quatorze degrés près, orientés conformément à la boussole placée sur le plan de M. Deshayes. Supposé même que la disposition de cette boussole dépende du nord de l'aimant, et qu'elle doive souffrir une déclinaison occidentale; que de plus cette position ne soit pas de la plus grande justesse, il peut s'ensuivre encore plus de précision dans l'orientement dont il s'agit. On trouve dans Sandys, voyageur anglais, un petit plan de Jérusalem qui, ne pouvant être mis en parallèle pour le mérite avec celui de M. Deshayes, tire néanmoins beaucoup d'avantage d'une conformité assez générale avec ce plan; et, selon les aires de vent marquées sur le plan de Sandys, chaque face du carré du temple répond exactement à ce qui est indiqué N. S. E. W.

Mais il semble qu'il y ait une égalité établie entre les côtés du temple judaïque, ce qui forme un carré plus régulier que le terrain actuel de la mosquée mahométane. On convient généralement que la mesure d'Ézéchiel donne à chacun des côtés cinq cents coudées. Quoique dans l'hébreu on lise des verges pour des coudées, et dans *la Vulgate*, *calamos* pour *cubitos*, la méprise saute aux yeux, d'autant que le *calamus* ne comprenait pas moins de six coudées; et d'ailleurs la version grecque, faite apparemment sur un texte plus correct, dit précisément, πήχεις πεντακοσίους. Rabbi-Jehuda, auteur de la *Misna*, et qui a ramassé les traditions des Juifs sur le temple, dans un temps peu éloigné de sa destruction (il vivait sous Antonin-Pie), s'accorde sur le même point, dans le traité particulier intitulé *Middoth* ou *la Mesure*. On ne peut donc révoquer en doute que telle était en effet l'étendue du temple.

Nous avons une seconde observation à faire, qui est que cette mesure ne remplira point non-seulement la longueur, mais même la largeur ou plus courte dimension du terrain de la mosquée, quelque disposé que l'on puisse être à ne point épargner sur la longueur de la coudée. Ézéchiel doit nous porter en effet à supposer cette mesure de coudée plutôt forte que faible, disant aux Juifs captifs en Babylone (XL, 5, et XLIII, 13) que, dans la construction d'un nouveau temple, dans le rétablissement de l'autel, ils doivent employer la coudée sur une mesure plus forte d'un travers de main, ou d'une palme, que la coudée, ἐν πήχει τοῦ πήχεως καὶ παλαιστῆς, dit la version grecque, *in cubito cubiti et palmi*. Plusieurs savants, entre autres le père Lamy, ont pensé que la coudée hébraïque pouvait être la même mesure, ou à peu près, que le *dérah* ou la coudée égyptienne, dont l'emploi dans la mesure du débordement du Nil a dû maintenir dans tous les temps la longueur sans altération (vu les conséquences), et la rendre invariable, malgré les changements de dominations. Greaves, mathématicien anglais, et Cumberland, évêque de Peterborough, trouvent dans l'application du dérah à divers espaces renfermés dans la grande Pyramide, où cette mesure s'emploie complète et convient sans fraction, une preuve de sa haute antiquité. Il est fort probable, au surplus, que les Israélites, qui ne devinrent un peuple, par la multiplication d'une seule famille, que pendant leur demeure en Égypte, et qui furent même employés aux ouvrages publics dans ce pays, en durent tirer les mesures dont on se servait dans ces ouvrages. Auparavant cela, les patriarches de cette nation ne bâtissant point, n'étant même point attachés à des possessions d'héritages, il n'y a pas d'apparence qu'ils eussent en partage, et pour leur usage propre, des mesures particulières assujetties à des étalons arrêtés et fixés avec grande précision, puisque les choses de cette espèce n'ont pris naissance qu'avec le besoin qu'on s'en est fait. Moïse, élevé dans les sciences des Égyptiens, a dû naturellement tirer de leur mathématique ce qui pouvait y avoir du rapport dans les connaissances qu'il avait acquises. Quoi qu'il en soit, une circonstance hors de toute équivoque dans l'emploi du dérah, est qu'on ne peut donner plus d'étendue à ce qui prend le nom de *coudée*. Greaves, ayant pris sur le nilomètre du Caire la mesure du dérah, en a fait la comparaison au pied anglais; et, en supposant ce pied divisé en mille parties, le dérah prend mille huit cent vingt-quatre des mêmes parties. Par la comparaison du pied anglais au pied français, dans laquelle le pied anglais est d'un sixième de ligne plus fort qu'on ne l'avait estimé par le passé, le dérah équivaut à vingt pouces et demi de bonne mesure du pied français. Partant, les cinq cents coudées, sur la mesure du dérah, font dix mille deux cent cinquante pouces, qui fournissent huit cent cinquante-quatre pieds, ou cent quarante-deux toises deux pieds. Ainsi, on a été bien fondé à dire que la mesure du temple est inférieure à l'espace du terrain de la mosquée, puisque cette mesure n'atteint pas même celle des dimensions de ce terrain, qui prend moins d'étendue, ou sa largeur. Que serait-ce si on refusait à la coudée hébraïque, considérée étroitement comme coudée, autant de longueur que le dérah en contient?

Cependant, quand on fait réflexion que le sommet du mont Moria n'a pris l'étendue de son aire que par la force de l'art, on a peine à se persuader qu'on ait ajouté à cet égard aux travaux du peuple juif; travaux qui, à diverses reprises, ont coûté plusieurs siècles, comme Josèphe l'a remarqué. L'édifice octogone de la mosquée étant contenu dans l'espace d'environ quarante-cinq toises, selon l'échelle du plan; l'espèce de cloître intérieur qui renferme cette mosquée n'ayant qu'environ cent toises en carré, on ne présume pas que les mahométans eussent quelque motif pour étendre l'enceinte extérieure au delà des bornes que les Juifs n'avaient prises qu'en surmontant la nature. Ces considérations donnent tout lieu de croire que le terrain que l'on voit dépendant de la mosquée appartenait en entier au temple, duquel terrain la superstition mahométane a bien pu ne vouloir rien perdre, sans vouloir s'étendre plus loin. Le père Lamy, dans la distribution des parties du temple, distinguant et séparant l'*Atrium Gentium* d'avec celui des Israélites, en quoi il diffère de Villalpando, a jugé que cet *Atrium* des Gentils était extérieur au lieu mesuré par Ézéchiel. Or, il semble que la discussion dans laquelle nous venons d'entrer favorise cette opinion, et que cette même opinion fournisse l'emploi convenable du terrain qui se trouve surabondant. Lighfoot, dans ce qu'il a écrit sur le temple, cite un endroit du *Talmud* ajouté au *Middoth*, qui dit que le mont Moria surpassait la mesure de cinq cents coudées; mais ce qui sortait de cette mesure n'était pas réputé saint comme ce qui y était renfermé. Cette tradition juive prouverait deux choses : l'une que l'aire du mont Moria avait été accrue au delà même de ce qui se renferme dans la mesure d'Ézéchiel, ainsi qu'en effet nous remarquons que l'espace actuel est plus grand; l'autre que l'excédant de cette mesure ne peut mieux s'entendre que du lieu destiné ou permis aux Gentils qu'un motif de vénération pour le Dieu d'Israël conduisait à son temple, mais qui n'étaient pas regardés comme de véritables adorateurs. Ces circonstances ont une singulière convenance à ce qui est dit au chap. XI de l'*Apocalypse*, où saint Jean, ayant reçu ordre de mesurer le temple de Dieu, *datus est mihi calamus similis virgæ, et dictum est mihi : Metire Templum Dei, altare, et adorantes in eo*, ajoute : *Atrium vero quod est foris Templum... ne metiaris illud, quoniam datum est Gentibus*. Cet article, *ne metiaris*, nous donne à entendre que, dans la mesure du temple, on a pu et dû même se renfermer dans un espace plus étroit que l'aire entière du temple; et ce qui précède, savoir *Atrium quod est foris*, nous fait néanmoins connaître un supplément d'espace à cette mesure, et nous apprend en même temps sa destination, *quoniam datum est Gentibus*. Cet endroit de l'*Apocalypse* peut avoir un fondement absolu et de comparaison, indépendamment de tout sens mystique ou figuré, sur la connaissance que saint Jean avait conservée du temple même de Jérusalem. Josèphe, qui attribue au temple une triple enceinte, désigne indubitablement par là trois espaces différents. De manière qu'outre l'*Atrium Sacerdotum* et l'*Atrium Israelitarum*, desquels on ne peut disputer, il faut de nécessité admettre un troisième espace, tel en effet qu'il se manifeste ici.

Le père Lamy, que l'habileté en architecture a beaucoup servi dans sa description du temple, appliquant la mesure des cinq cents coudées à l'enceinte de l'*Atrium* des Israélites, et pratiquant un *Atrium* extérieur avec une sorte de combinaison dans les proportions des parties du temple, se trouve conduit par là à attribuer environ deux mille six cent vingt coudées hébraïques au pourtour de son *Ichnographie du Temple*. Ce nombre de coudées, sur le même pied que ci-dessus, revient à sept cent quarante-six toises. Or, rappelons-nous que la longueur du terrain de la mosquée de Jérusalem, déduite du plan de cette ville, a été donnée d'environ deux cent quinze toises; la largeur d'environ cent soixante-douze. Multipliez chacune de ces sommes par deux, vous aurez au total sept cent soixante-quatorze toises. Sur quoi on peut vouloir rabattre un cinquantième, ou quinze à seize toises pour mettre l'échelle du plan au niveau de ce qui a paru plus convenable dans la mesure totale de l'enceinte de Jérusalem. Et sur ce pied il n'y aura que treize ou quatorze toises de plus ou de moins dans la supputation du circuit du terrain qui appartient au temple. Il est vrai que le père Lamy a employé en quatre côtés égaux la quantité de mesure qui a quelque inégalité de partage dans ce que fournit le local. Mais qui ne voit que la parfaite égalité dans le père Lamy n'a d'autre fondement qu'une imitation ou répétition de ce qui était propre au corps du temple, isolé de l'*Atrium* extérieur des Gentils? Et, vu qu'aucune circonstance de fait ne sert de preuve à une semblable répétition, plus aisée vraisemblablement à imaginer que propre au terrain, elle ne peut être regardée comme positive.

Après avoir reconnu quelle était l'étendue du temple, on ne peut s'empêcher d'être extrêmement surpris que ce qu'on trouve dans Josèphe sur ce sujet soit peu conforme au vrai. On ne comprend pas que cet historien, qui, dans les autres circonstances, cherche avec raison à donner une haute idée de cet édifice, ait pu se tenir fort au-dessous de ce qu'il convient d'attribuer à son étendue. Les côtés du carré du temple sont comparés à la longueur d'un stade, en quoi il paraît s'être mépris comme du rayon au diamètre; et, dans un autre endroit, le circuit du terrain entier, y compris même la tour Antonia, qui tenait à l'angle nord-ouest de l'enceinte du temple, est estimé six stades. Il aurait pu écrire δέκα au lieu d'ἕξ en usant du stade qui lui paraît propre dans la mesure de l'enceinte de Jérusalem, et dont les dix fournissent sept cent soixante toises, ce qui prend le juste milieu des supputations qu'on vient de voir.

VII.

DES MESURES HÉBRAÏQUES DE LONGUEUR.

Je terminerai cet écrit par quelque discussion des mesures hébraïques propres aux espaces. Cette discussion se lie d'autant mieux à ce qui précède, qu'elle fournit des preuves sur plusieurs points. Il ne paraît pas équivoque que la coudée, dite en hébreu *ameh* (*per aleph, mem, he*) en langue chaldaïque *ametha*, appelée par les Grecs πῆχυς, d'où est venu le mot de *pic*, et autrement ὠλένη, d'où les Latins ont pris le mot d'*ulna*, ne soit un élément de mesure qu'il soit très-essentiel de vérifier. La mesure que cette coudée a prise ci-dessus par rapport à l'étendue du temple paraît assez convenable pour qu'elle en tire déjà grand avantage. Voyons si elle se peut répéter d'ailleurs, ou déduire de quelque autre moyen.

Si l'on s'en rapporte au rabbin Godolias sur l'opinion de Maïmonides, la coudée hébraïque se compare à l'aune de Bologne ; et de cette comparaison, le docteur Cumberland, évêque de Peterborough, a conclu la coudée de vingt et un pouces anglais et sept cent trente-cinq millièmes de pouce, comme je l'apprends d'Arbuthnot (*Traité des poids, monnaies et mesures*), ce qui revient à vingt pouces et environ cinq lignes du pied de Paris, et ne diffère par conséquent que d'une ligne en déduction de l'évaluation propre au dérah ou à la coudée égyptienne.

Mais un moyen de déterminer la mesure de la coudée hébraïque, duquel je ne sache point qu'on ait fait usage, tout décisif qu'il puisse paraître, est celui-ci : les Juifs conviennent à définir l'*iter sabbaticum*, ou l'étendue de chemin qu'ils se permettaient le jour du sabbat, en dérogeant au précepte du xvie chapitre de l'*Exode*, v. 30 : *Nullus egrediatur de loco suo die septimo;* ils conviennent, dis-je, sur le pied de deux mille coudées. L'auteur de la *Paraphrase Chaldaïque* s'en explique positivement, à l'occasion du v. 6 du chap. 1er du livre de *Ruth*. Œcumenius confirme cette mesure par le témoignage d'Origène, lorsqu'il dit que le mille, étant égal au chemin sabbatique, comprend δισχιλίων πηχῶν. Le *Traité des mesures judaïques* composé par saint Épiphane, qui, étant né Juif et dans la Palestine, devait être bien instruit du fait dont il s'agit, nous apprend que l'espace du chemin sabbatique revient à la mesure de six stades. Pour donner à la coudée en question plus que moins d'étendue, on ne peut mieux faire que d'employer ici le stade ordinaire, dont huit remplissent l'espace d'un mille romain, et qui semble même avoir prévalu sur tout autre stade dans les bas temps. La mesure de ce stade, définie à quatre-vingt-quatorze toises deux pieds huit pouces, étant multipliée par six, fournit cinq cent soixante-six toises quatre pieds. En décomposant ce calcul en pieds, on y trouve trois mille quatre cents pieds, qui renferment quarante mille huit cents pouces. Et, en divisant cette somme de pouces en deux mille parties, chacune de ces parties se trouve de vingt pouces et deux cinquièmes de pouce. Or, le produit de ce calcul semblerait en quelque sorte fait exprès pour servir de vérification à la mesure déduite ci-dessus. Que s'en faut-il même que l'évaluation qui vient d'être conclue ne soit précisément la même que celle que nous avons employée précédemment pour la coudée hébraïque, en la croyant une même mesure avec le dérah ou la coudée égyptienne ? La diversité d'une ligne et un cinquième ne doit-elle pas être censée de petite considération dans une combinaison de cette espèce ? Outre que la diversité ne va pas à un deux-centième sur le contenu, il faudrait, pour que cette diversité pût être regardée à la rigueur comme un défaut de précision dans l'emploi du dérah pour la coudée hébraïque, qu'on fût bien assuré que les six stades faisaient étroitement et sans aucun déficit le juste équivalent des deux mille coudées. Il ne conviendrait pas aussi de trouver à redire à la compensation que saint Épiphane donne de six stades pour deux mille coudées, sur ce qu'il peut avoir négligé d'y ajouter un trente-quatrième de stade, ou la valeur de seize à dix-sept pieds.

Les Juifs ont eu une mesure d'espace à laquelle, outre le terme de *berath*, que quelques commentateurs croient lui être propre, ils ont adapté celui de *mil* (*mem, jod, lamed*) au pluriel *milin*. Quoiqu'on ne puisse douter que cette dénomination ne soit empruntée des Romains, cela n'empêche pas que, chez les Juifs, le mille n'ait sa définition distincte et particulière, laquelle est donnée sur le pied de deux mille coudées; ce qui se rapporte précisément à ce que dit Œcumenius, que l'on vient de citer. Plusieurs endroits de la *Gémare*, indiqués par Réland (*Palœstina*, vol. 1er, pag. 400), nous apprennent que les Juifs compensent la mesure du mille par sept stades et demi. Le terme dont ils se servent pour exprimer le stade est *ris* (*resch, jod, samech*), au pluriel *risin*. Il peut s'interpréter par le latin *curriculum*, qui est propre à la carrière du stade, *curriculum stadii*, dans Aulu-Gelle (*Noct. Attic.*, lib. I, cap. I). La jonction de quatre *milin* compose chez les Juifs une espèce de lieue nommée *parseh* (*pe, resch, samech, he*). Dans la langue syriaque, *paras* signifie étendre, et *parseh*, étendue. Et il est d'autant plus naturel que ce terme paraisse emprunté de cette langue, qu'elle était devenue propre aux Juifs dans les temps qui ont suivi la captivité. On trouvera dans Réland (pag. 97) un endroit du *Talmud* qui donne positivement la définition du mille judaïque à deux mille coudées, et la composition de la parseh de quatre mille. Les deux mille coudées assujetties à la mesure précise du dérah font cinq cent soixante-neuf toises deux pieds huit pouces. En multipliant cette somme par quatre, la parseh se trouve de deux mille deux cent soixante-dix-sept toises quatre pieds huit pouces. Cette mesure ne diffère presque en rien de notre lieue française, composée de deux lieues gauloises, et dont vingt-cinq font presque le juste équivalent d'un degré.

Le docte Réland, partant de la supposition que le mille judaïque n'est point différent du mille romain, et comparant le nombre de deux mille coudées dans l'un, à celui de cinq mille pieds dans l'autre, conclut la coudée à deux pieds et demi. Mais, quoiqu'on ne puisse disconvenir que l'étendue de la domination romaine n'ait rendu le mille romain presque universel, toutefois il est bien certain que la mesure de ce mille ne peut être confondue avec celle qui nous est donnée du mille judaïque. Et outre que l'évaluation de la coudée qui résulterait de l'équivoque est naturellement difficile à admettre, excédant la vraisemblance en qualité de coudée, une simple comparaison de nombres destituée des rapports essentiels ne peut se soutenir contre une définition positive, et qui éprouve des vérifications. Il y a un endroit de la *Gémare* qui définit le chemin d'une journée ordinaire à dix *parsaut* (tel est le pluriel de *parseh*). Si la parseh équivalait à quatre milles romains, il en résulterait quarante milles. Mais les anciens ne vont point jusque-là dans cette estimation : ils s'en tiennent communément à vingt-cinq milles, ou deux cents stades; et si Hérodote (liv. v) y emploie deux cent cinquante stades, il faut avoir égard à ce que l'usage des stades à dix au mille est propre à cet historien en beaucoup d'endroits. Les géographes orientaux conviennent aussi sur ce nombre de vingt-cinq milles pour l'espace d'une journée commune, ce que les maronites qui ont traduit la *Géographie* d'El-Édrisi dans l'état où nous l'avons, ou plutôt son extrait, ont noté dans la préface de leur traduction. Et quand les Orientaux ont paru varier sur le nombre des milles, en marquant quelquefois trente au lieu de vingt-cinq, c'est à raison de la différence des milles, qu'ils n'ont pas toujours employés à la rigueur sur le pied du mille arabique, dont les vingt-cinq peuvent équivaloir trente ou trente et un d'une espèce plus ordinaire. Par l'évaluation qui est propre à la parseh, les dix faisant la compensation de trente milles romains, il est évident qu'une mesure sensiblement supérieure sort des bornes de ce dont il s'agit. Le père

Lamy a objecté à Villalpando, sur une pareille opinion, que la coudée hébraïque égalait deux pieds et demi romains; que la hauteur de l'autel des parfums étant indiquée de deux coudées, il aurait fallu que la taille du prêtre qui faisait le service et répandait l'encens sur cet autel eût été gigantesque. Il est constant que les convenances que nous avons rencontrées sur le local, à l'égard du temple, n'auraient point eu lieu avec une mesure de la coudée plus forte d'environ un quart que celle qui est ici donnée. Le pied romain s'évaluant mille trois cent six dixièmes de ligne du pied de Paris, les deux pieds et demi renferment trois cent vingt-six lignes et demie, ou vingt-sept pouces deux lignes et demie. On remarquera même, au surplus, que Villalpando attribuait encore au pied romain quelque excédant sur cette définition.

Je n'ai observé ci-dessus la convenance fortuite qui se rencontrait entre la parseh et notre lieue française, que pour communiquer à cette parseh l'idée de ce qui nous est propre et familier. Mais la même convenance entre la parseh et une ancienne mesure orientale ne doit pas être également regardée comme l'effet du hasard. Cette extrême convenance sera plutôt la vérification d'une seule et même mesure. J'ai fait voir, dans le *Traité des Mesures itinéraires*, que le stade, qui revient à un dixième du mille romain, convenait précisément à la mesure des marches de Xénophon, et qu'en conséquence de l'évaluation faite par Xénophon lui-même du nombre de stades en parasanges, il paraissait constant que trente stades répondaient à une parasange. Cette compensation n'a même rien que de conforme à la définition précise qu'Hérodote, Hésychius, Suidas, ont donnée de la parasange. En multipliant par trente la mesure de soixante-quinze toises trois pieds quatre pouces, à laquelle le stade de dix au mille est défini, on aura par ce calcul deux mille deux cent soixante-six toises quatre pieds. Or, cette évaluation de la parasange n'est qu'à onze toises de la parseh; de manière que deux pieds deux pouces de plus sur la définition du stade qui sert à composer la parasange mettraient le calcul rigidement au pair. Si même on veut donner par préférence dans la supputation qui résulte de la comparaison que saint Épiphane a faite du mille judaïque ou chemin sabbatique avec six stades ordinaires, savoir, cinq cent soixante-six toises quatre pieds, et qu'on multiplie cette valeur par quatre pour avoir la parseh, on rencontrera précisément les deux mille deux cent soixante-six toises quatre pieds qui sont le produit de nos trente stades. Qui ne conclura de là que la parseh n'est autre chose que la parasange persane, babylonienne, comme on voudra l'appeler ? La parseh ne renferme-t-elle pas en elle-même la composition des trente stades, puisque le mille judaïque, la quatrième partie de la parseh, est comparé par les Juifs à sept stades et demi ? Ajoutons que les noms de *parseh* et de *parasange* ont assez d'affinité pour concourir avec l'identité de mesure; et que, comme les termes de *parseh* et de *para* trouvent dans l'ancien langage oriental, chaldaïque, de même que syriaque, une interprétation propre et littérale qui ne peut renfermer de sens plus convenable à l'égard de la chose même, c'est acquérir indubitablement la signification propre du mot de *parasange*. La parseh n'étant point mentionnée dans les livres saints, il y a tout lieu de croire que les Juifs ne l'auront adoptée que depuis leur captivité dans le pays de Babylone.

Mais remarquez quel enchaînement de convenances! La définition de la parasange a son existence, indépendamment de ce qui constitue la parseh ; car cette parasange dépend d'un stade particulier, lequel se produit par des moyens tout à fait étrangers à ce qui paraît concerner ou intéresser la parasange même, comme on peut s'en éclaircir par le Traité que j'ai donné des Mesures. La parseh, d'un autre côté, sort d'éléments absolument différents, et prend ici son principe de ce que la coudée égyptienne paraît une mesure de la plus haute antiquité, et dont il semble vraisemblable que le peuple hébreu ait adopté l'usage. Sur ces présomptions (car jusque-là il n'y a, ce semble, rien de plus), l'application de cette coudée à la parseh trouve une vérification plus précise qu'on ne pourrait oser l'espérer, dans ce qui se doit conclure de la mesure que saint Épiphane donne de la quatrième partie de la parseh. Toutes ces voies différentes, dont aucune n'a de vue sur l'autre, conduisent néanmoins aux mêmes conséquences, se réunissent dans des points communs. On ne pourrait se procurer plus d'accord par des moyens concertés. Qu'en doit-il résulter? Une garantie mutuelle, si l'on peut employer cette expression, de toutes les parties et circonstances qui entrent dans la combinaison.

La connaissance positive de la coudée hébraïque est un des principaux avantages d'une pareille discussion. Il est bien vrai que le père Lamy, ainsi que quelques autres savants, avait déjà proposé la mesure du dérah pour cette coudée, mais sans en démontrer positivement la propriété, ou la vérifier par des applications de la nature de celles qui viennent d'êtres produites. Il semble même que la précision de cette mesure ait en quelque manière échappé au père Lamy, puisque, nonobstant sa conjecture sur le dérah, il conclut la coudée hébraïque à vingt pouces (liv. I, chap. IX, sect. I) *Nos*, dit-il, *cubitum Hebræum facimus viginti pollicum*.

La coudée hébraïque était composée de six palmes mineurs, et ce palme est appelé en hébreu *tophath* (*teth, phe, teth*.) La version des Septante a rendu ce mot par celui de παλαιστή qui est propre au palme dont il s'agit, et que les définitions données par Hésychius et par Julius Pollux fixent à quatre doigts. Par conséquent la coudée contenait vingt-quatre doigts : et c'est en effet le nombre de divisions que porte la coudée égyptienne ou dérah, sur la colonne de *Mihias*, qui est le nilomètre près de Fostat ou du Vieux-Caire. Abulféda est cité par Kircher, pour dire que la coudée légale des Juifs, la même que l'égyptienne, contient vingt-quatre doigts. Dans Diodore de Sicile (liv. I) lorsqu'il parle du nilomètre qui existait à Memphis, et qu'il appelle Νειλοσκοπός, on trouve mention non-seulement des coudées qui en faisaient la division, mais encore des doigts, δακτύλους, qui étaient de subdivision par rapport à la coudée.

En conséquence de la mesure qui est propre à cette coudée, le tophath ou palme revient à trois pouces cinq lignes de notre pied; et j'observe que cette mesure particulière a l'avantage de paraître prise dans la nature. Car, étant censée relative à la largeur qu'ont les quatre doigts d'une main fermée, comme Pollux s'en explique, l'étude des proportions entre les parties du corps peut faire voir que cette mesure conviendra à une statue d'environ cinq pieds huit pouces français; et cette hauteur de stature, qui fait le juste équivalent de six pieds grecs, passe plutôt la taille commune des hommes qu'elle ne s'y confond. Mais si le palme, qui fait la sixième partie de la coudée hébraïque, prend cette convenance avec une belle et haute stature, et qu'on ne saurait passer sensiblement sans donner dans le gigantesque, il s'ensuivra que la mesure de cette coudée ne peut, en tant que coudée, participer à la même convenance. Le père Lamy, en fixant la coudée hébraïque à vingt pouces, en a conclu la hauteur des patriarches à quatre-vingts pouces, ou six pieds huit pouces, ce qui est conforme en proportion à ce principe de Vitruve : *Pes altitudinis corporis sextæ, cubitus quartæ*. Sur cette proportion, la mesure prise du dérah produirait sept pieds moins deux pouces. Si une telle hauteur de taille devient admissible, au moyen d'une distinction particulière entre la race des premiers hommes et l'état actuel de la nature, toujours est-il bien constant que la mesure de la coudée en question excède les bornes que les hommes ont reconnues depuis longtemps dans leur stature ordinaire. De manière que, relativement à la hauteur de la taille à laquelle la mesure du palme paraît s'assortir en particulier, ou cinq pieds et environ huit pouces, la coudée proportionnelle n'irait qu'à environ dix-sept pouces. Or, les rabbins paraissent persuadés que l'on distinguait la coudée commune de la coudée légale et sacrée, dont l'étalon était déposé dans le sanctuaire ; et cette coudée commune différait de l'autre par la suppression d'un tophach. Ainsi, se réduisant à cinq *tiphuchim* (pluriel de tophath) ou à vingt doigts, et perdant la valeur de trois pouces cinq lignes, sa longueur revenait à dix-sept pouces et une ligne. Quoique le père Lamy ait combattu la tradition judaïque sur cette coudée commune, toutefois la grande analogie de proportion qui s'y rencontre lui peut servir d'appui. Le témoignage des rabbins trouve même une confirmation positive dans la comparaison que Josèphe a faite de la coudée d'usage chez les Juifs avec la coudée attique. Car, cette coudée se déduisant de la proportion qui lui est naturelle avec le pied grec, lequel se compare à mille trois cent soixante parties ou dixièmes de ligne du pied de Paris, revient à deux mille quarante des mêmes parties, ou deux cent quatre lignes, qui font dix-sept pouces. Rappelons-nous, au surplus, ce qui a été ci-dessus rapporté d'Ézéchiel, en traitant de la mesure du temple, lorsqu'il prescrit aux Juifs de Babylone d'employer, dans la réédification du temple, une coudée plus forte d'un travers de main que l'ordinaire. Ce travers de main n'étant autre chose que le palme mineur, ou tophath, n'est-ce pas là cette distinction formelle de plus ou de moins entre deux coudées, dont la plus faible mesure paraît même prévaloir par l'usage ? Mais, en tombant d'accord que la coudée inférieure était admise durant le second temple, on pourrait, par délicatesse, et pour ne porter aucune atteinte au précepte divin, qui ne souffre qu'un seul poids, qu'une seule mesure, vouloir rejeter la coudée en question pour les temps qui ont précédé la captivité : en quoi toutefois on ne serait point autorisé absolument par le silence de l'Écriture, puisque, dans le *Deutéronome* (chap. III, v. 11), la mesure du lit d'Og, roi de Basan, est donnée en coudées prises de la proportion naturelle de l'homme, *in cubito viri;* ou, selon la Vulgate, *ad mensuram cubiti virilis manus.* Bien qu'un nombre infini de mesures, qui enchérissent sur leurs principes naturels, par exemple, tout ce que nous appelons pied, sans entrer dans un plus grand détail, autorise suffisamment la dénomination de coudée dans une mesure aussi forte que celle qui paraît propre à la coudée égyptienne et hébraïque ; toutefois, la considération de ces principes devient souvent essentielle dans la discussion des mesures, et il ne faut pas la perdre de vue. C'est à elle que j'ai dû la découverte du pied naturel, dont la mesure et l'emploi ont trouvé leur discussion dans le *Traité des Mesures itinéraires* que j'ai donné.

Nous avons donc dans cet écrit une analyse des mesures hébraïques qui, bien qu'indépendante de toute application particulière, se concilie néanmoins à la mesure d'enceinte de Jérusalem et de l'étendue du temple, selon que cette mesure se déduit des diverses indications de l'antiquité conférées avec le local même. Il paraît une telle liaison entre ces différents objets ici réunis, qu'ils semblent dépendants les uns des autres, et se prêter, sur ce qui les regarde, une mutuelle confirmation.

DISCUSSION

DE LA COUDÉE ARABIQUE.

J'ai pris engagement, au sujet d'un article qui intéresse la mesure du temple, d'entrer en discussion sur la coudée arabique, à la suite des mesures hébraïques.

Cette coudée, *deraga* ou *derah*, est de trois sortes : l'ancienne, la commune et la noire. La première, qui tire sa dénomination de ce qu'on prétend qu'elle existait du temps des Persans, est composée de trente-deux doigts; la seconde, de vingt-quatre, selon la définition plus ordinaire et naturelle; la troisième tient le milieu, et est estimée vingt-sept doigts. On distingue la première par l'addition de deux palmes aux six palmes, qui sont l'élément de la seconde, et qui lui ont été communs avec la coudée égyptienne et hébraïque. Ces définitions se tirent ainsi de l'extrait d'un arpenteur oriental, dont on est redevable à Golius, dans les notes dont il a illustré les *Éléments d'Astronomie* de l'Alfergane.

De ces trois coudées, celle à laquelle il semble qu'on doive avoir plus d'égard, surtout par rapport à l'usage et à une plus grande convenance avec ce qui est de l'espèce de coudée en général, est la commune. Et ce qui devient essentiel pour parvenir à en fixer la mesure, je dis que celle qui se déduit de l'analyse de la mesure de la terre, faite par ordre du calife Al-Mamoun, dans les plaines de Sinjar, en Mésopotamie, ne peut se rapporter mieux qu'à la coudée qualifiée de *commune* ou *ordinaire*. Selon la narration d'Abulféda sur la mesure d'Al-Mamoun, le degré terrestre sur le méridien fut évalué cinquante-six milles arabiques et deux tiers; et l'Alfergane (chap. VIII) dit que le mille en cette mesure était composé de quatre mille coudées. En prenant le degré de cinquante sept mille toises de compte rond (par la raison dont nous avons cru devoir le faire en parlant de la mesure du temple), le mille arabique revient à mille six au plus près. Les mille toises font la coudée de dix-huit pouces; et si l'on veut avoir égard à l'excédant de six toises, il en résultera une ligne et à peu près trois dixièmes de ligne par delà.

Le docte Golius a cru qu'il était question de la coudée noire dans la mesure d'Al-Mamoun, sur ce que l'Alfergane s'est servi du terme de *coudée royale* pour désigner celle qu'il a pensé être propre à cette mesure. Il faut convenir d'ailleurs que l'opinion veut que cette coudée doive son établissement à Al-Mamoun, et qu'elle fût ainsi appelée pour avoir été prise sur le travers de main ou palme naturel d'un esclave éthiopien au service de ce prince, et qui s'était trouvé fournir plus d'étendue qu'aucun autre. Mais, outre que l'arpenteur cité par Golius applique l'usage de la coudée noire à la mesure des étoffes de prix dans Bagdad, la proportion établie entre les différentes coudées arabiques est d'un grand inconvénient pour l'application de la coudée noire à la mesure de la terre sous Al-Mamoun. Remarquez : 1° que la coudée noire, avec l'avantage de trois doigts sur la coudée commune, n'aurait point toutefois l'excédant trop marqué sur la portée ordinaire, si son évaluation n'allait qu'à dix-huit pouces; 2° que la coudée commune, qui serait à deux pouces au-dessous, pourrait conséquemment paraître faible, puisque nous voyons que la coudée d'usage chez les Juifs, malgré son infériorité à l'égard de la coudée légale, s'évalue au moins dix-sept pouces; 3° que la coudée ancienne, qui est appelée *hashémide*, ne monterait par proportion qu'à vingt et un pouces et quelques lignes, quoiqu'il y ait des raisons pour la vouloir plus forte. Car, selon le Marufide, la hauteur de la basilique de Sainte-Sophie, qui, du pavé au dôme, est de soixante-dix-huit coudées hashémides, s'évalue par Évagrius à cent quatre-vingts pieds grecs; et, par une suite de la proportion qui est entre le pied grec et le nôtre, la coudée dont il s'agit montera à vingt-six pouces et près de deux lignes. Ce n'est pas même assez, si l'on s'en rapporte au module de la coudée hashémienne du Marufide, qu'Edward Bernard dit être marqué sur un manuscrit de la bibliothèque d'Oxford, et qu'il évalue vingt-huit pouces neuf lignes du pied anglais, ce qui égale à peu de chose près vingt-sept pouces du pied de Paris. Les mesures données par le Marufide de la longueur et largeur de Sainte-Sophie, savoir : cent une coudées d'une part, et quatre-vingt-treize et demie de l'autre, feront la coudée plus forte, si on les compare aux dimensions de Grelot, quarante-deux toises et trente-huit. La comparaison n'étant point en parfaite analogie, il résultera de la longueur près de trente pouces dans la coudée, et de la largeur vingt-neuf pouces trois lignes de bonne mesure.

Je sens bien que l'on pourrait se croire en droit de prétendre que l'évaluation quelconque de la coudée ancienne ou hashémide ait une influence de proportion sur les autres coudées et qu'elle fasse monter la commune à vingt pouces trois lignes, en se conformant à l'étalon même de la coudée hashémide, puisque la comparaison apparente entre ces coudées est comme de quatre à trois. Mais un tel raisonnement ne suffisant pas pour supprimer et rendre nulle l'analyse de coudée résultante de la mesure positive du degré terrestre sous Al-Mamoun, quand même cette mesure ne serait pas jugée de la plus grande précision, il sera toujours naturel de présumer qu'il n'y a point de proportion entre les différentes coudées arabiques qui soit plus propre à cadrer à cette analyse de coudée que la coudée commune. Et la coudée noire y sera d'autant moins convenable, qu'en conséquence de la mesure hashémide, elle devait monter à vingt-deux pouces et neuf lignes.

Thévenot, dont l'exactitude et l'habileté au-dessus du commun des voyageurs sont assez connues, ayant remarqué, dans une géographie écrite en persan, que le doigt, la quatrième partie du palme, la vingt-quatrième de la coudée, était défini à six grains d'orge mis à côté l'un de l'autre, définition qui est en effet universelle chez tous les auteurs orientaux, dit avoir trouvé que la mesure de six grains d'orge, multipliée huit fois, revenait à six pouces de notre pied ; d'où il conclut que la coudée composée de cent quarante-quatre grains doit valoir un pied et demi (*Voyez* liv. II du second Voyage, chap. VII). Or, n'est-ce pas là ce qui résulte non-seulement de la mesure du degré terrestre par ordre d'Al-Mamoun, mais encore de l'application spéciale que nous faisons de la coudée commune à cette mesure ? Je remarque que la coudée noire, par proportion avec la mesure analysée de la commune, sera de vingt pouces et quatre à cinq lignes par delà ; ce qui, pour le dire en passant, prend beaucoup de convenance avec la coudée égyptienne et hébraïque. Or, cette coudée noire n'ayant excédé la commune que parce que le travers de main de l'Éthiopien, ou le palme qu'on prenait pour étalon, surpassait la mesure plus ordinaire, non parce qu'il fût question de déroger à la définition de la coudée sur le pied de six palmes : n'est-ce pas en effet charger très-sensiblement la proportion naturelle que d'aller à vingt pouces et près de demi, tandis que les six palmes grecs, quoique proportionnés à une stature d'homme de cinq pieds huit pouces, comme il a été remarqué précédemment, ne s'évaluent que dix-sept pouces ? Si ces convenances et probabilités ne s'étendent point à la comparaison qui est faite de la coudée ancienne ou hashémide avec les autres coudées, disons que cette comparaison n'est vraisemblablement que numéraire à l'égard des palmes et des doigts, sans être proportionnelle quant à la longueur effective. Ne voit-on pas une pareille diversité entre des mesures de pieds, bien qu'ils soient également de douze pouces? Et pour trouver un exemple dans notre sujet même, quoique la coudée noire excédât la commune de la valeur de trois doigts des vingt-quatre de cette commune, avait-on pris plus de six palmes pour la composer ?

Cette discussion de la coudée arabique, qui ne regarde qu'un point particulier dans ce qui a fait l'objet de notre Dissertation, m'a occupé d'autant plus volontiers, que je n'ai point connu que ce qui en résulte eût été développé jusqu'à présent.

N° III

MÉMOIRE SUR TUNIS

QUESTION Ire.

Les beys qui gouvernent Tunis sont-ils Turcs ou Arabes? A quelle époque précisément se sont-ils emparés de l'autorité que les deys avaient auparavant?

SOLUTION Ire.

Il y a à peu près cent cinquante ans que les beys de Tunis ont enlevé l'autorité aux deys ; mais ils n'ont pas gardé sans révolutions la puissance qu'ils avaient usurpée. Le parti des deys l'emporta sur eux à plusieurs reprises, et ne fut entièrement abattu qu'en 1684 par la fuite du dey Mahmed-Icheleby, dépossédé par Mahmed et Ali-Bey, son frère. Une monarchie héréditaire s'établit alors, et Mahmed-Bey, auteur de la révolution, en fut la première tige. Ce nouvel ordre de choses fut aussitôt interrompu qu'établi : le dey d'Alger, ayant à se plaindre des Tunisiens, vint expliquer ses prétentions à la tête de son armée, mit le siége devant Tunis (13 octobre 1689), s'en empara par la fuite du bey, et fit reconnaître à sa place Ahmed-ben-Chouques. Mahmed-Bey, ayant réussi à mettre dans son parti les Arabes des frontières, s'avança contre Ahmed-ben-Chouques, lui livra bataille, la gagna, et vint mettre le siége devant Tunis (13 juillet 1695). Son compétiteur s'étant retiré à Alger après l'issue de la bataille, Mahmed-Bey parvint sans peine à s'emparer de la capitale ; il y établit de nouveau son autorité, et la conserva jusqu'à sa mort. Ramadan-Bey, son frère, lui succéda : la bonté de son caractère annonça aux Tunisiens un règne tranquille : elle ne les trompa pas, mais elle causa sa perte. Son neveu, Mourat, fils d'Ali-Bey, impatient de jouir du trône auquel il était appelé, profita de l'indolence de son oncle, se révolta, le fit prisonnier, et le fit mourir. Le règne de Mourat, trop long pour le bonheur du peuple, fut signalé par des cruautés excessives. Le Turc Ibrahim-Chérif en arrêta heureusement le cours en l'assassinant (10 juin 1702). La branche de Mahmed-Bey se trouvant éteinte par ce meurtre, Ibrahim pouvait sans peine se faire reconnaître bey par le divan et par la milice. Dans la suite, ayant été fait prisonnier dans une bataille qu'il perdit contre les Algériens, l'armée élut, pour le remplacer, Hassan-ben-Aly, petit-fils d'un renégat grec. Une nouvelle dynastie commença avec lui, et elle s'est soutenue jusqu'à ce jour sans interruption. Le nouveau bey sentit bien qu'il ne serait pas sûr de son pouvoir tant qu'Ibrahim serait vivant. Cette considération le porta à tenter divers moyens pour l'attirer auprès de lui. Il y réussit en publiant qu'il n'était que dépositaire de l'autorité d'Ibrahim, et qu'il n'attendait que sa présence pour abdiquer. Ibrahim, trompé par cette soumission apparente, se rendit à Porto-Farina, où on lui trancha la tête (10 janvier 1706).

Hassan-ben-Aly régnait paisiblement ; il ne manquait à son bonheur que de se voir un héritier ; mais ne pouvant avoir d'enfant d'aucune des femmes qu'il avait prises, il se décida à désigner pour son successeur Aly-Bey, son neveu, qui commandait les camps. Plusieurs années se passèrent ainsi, lorsqu'il se trouva, dans une prise faite par les corsaires de la Régence, une femme génoise qui fut mise dans le harem d'Hassan-ben-Aly. Cette femme, qui lui plut, devint enceinte ; lorsque sa grossesse fut constatée, il assembla son divan, et lui demanda si, en cas que cette femme qu'il avait en vain sollicitée de se faire Turque vînt à lui donner un prince, il pouvait être reconnu et lui succéder : le divan opina que cela ne pouvait être, à moins que l'esclave chrétienne n'embrassât la loi de Mahomet. Hassan-ben-Aly fit de nouvelles instances auprès de son odalisque, qui se décida enfin à se renier. Elle accoucha d'un prince qui fut nommé *Mahmed-Bey*, et en eut ensuite deux autres, Mahmoud et Aly-Bey. Hassan-ben-Aly, se voyant trois héritiers, fit connaître à son neveu Aly-Bey que, le ciel ayant changé l'ordre des choses, il ne pouvait plus lui laisser le trône après lui ; mais que, voulant lui donner une preuve constante de son amitié, il allait acheter pour lui la place de pacha que la Porte nommait encore à Tunis. Le jeune bey se soumit à la volonté de son oncle, accepta la place promise, et prit le titre d'*Aly-Pacha*. Son ambition parut satisfaite ; mais il affectait un contentement qu'il n'éprouvait pas, pour couvrir les grands desseins qu'il avait conçus : il souffrait impatiemment de voir passer le sceptre en d'autres mains que les siennes ; et, pour s'épargner cette honte, il s'enfuit de Tunis à la montagne des Osseletis, se mit à la tête d'un parti qu'il s'était fait secrètement, et vint attaquer son oncle, Hassan-ben-Aly. Le succès ne répondit pas à son attente. Il fut défait, et, se voyant obligé de quitter son asile, il se réfugia à Alger ; pendant son exil il intrigua, et, à force de promesses, il engagea les Algériens à lui donner des secours (1735). Ils s'y décidèrent, marchèrent à Tunis, et, après une victoire complète, ils obligèrent Hassan-ben-Aly à quitter sa capitale et à se réfugier au Kairouan. A la suite de la guerre civile, qui amena la famine, ce prince fugitif quitta le Kairouan pour aller à Sousse.

Un capitaine français de la Ciotat, nommé *Mareilbier*, qui lui était attaché depuis longtemps, lui donna des preuves de son dévouement en allant continuellement lui chercher des blés et des vivres : le prince lui en faisait ses obligations, qu'il devait remplir en cas que la fortune le remît sur le trône, mais elle lui devint de plus en plus contraire ; et, privé de toute ressource, il se décida à envoyer ses enfants à Alger, qui semble être le refuge de tous les princes fugitifs de Tunis, espérant pouvoir les y rejoindre : mais lorsqu'il s'y disposait, Younnes-Bey, fils aîné d'Aly-Pacha, le surprit dans sa fuite, et lui trancha lui-même la tête. Aly-Pacha, défait de son plus dangereux ennemi, paraissait devoir jouir d'un sort paisible; mais sa tranquillité fut troublée par la division qui se mit entre ses enfants. Mahmed-Bey, l'un d'eux, et pour lequel il avait de la prédilection, forma le projet d'enlever à Younnes-Bey, son aîné, le trône qui lui était dévolu. Il tâcha en conséquence d'indisposer son père contre son frère, et y réussit. Aly-Pacha, séduit par ses raisons, voulut le faire arrêter; Younnes l'apprit, se révolta, et s'empara du château de la Gaspe et de la ville de Tunis : il y fut forcé par Aly-Pacha et obligé de se réfugier à Alger. Mahmed-Bey, débarrassé d'un concurrent dangereux, songea aussi à se défaire de son cadet, et il lui fit donner du poison. Il se fit reconnaître héritier présomptif, et paraissait devoir jouir un jour du sort que ses crimes lui avaient préparé, lorsque les choses changèrent de face. La ville d'Alger éprouva une de ces révolutions si fréquentes dans les gouvernements militaires; un nouveau dey fut nommé, et le choix de la milice tomba sur le Turc Aly-Tchaouy. Il avait été précédemment en ambassade à Tunis, et y avait reçu un affront de ce même Younnes-Bey, qui se voyait réduit à implorer sa protection. Loin d'avoir égard à ses prières, il prit, pour se venger, le parti des enfants d'Hassan-ben-Aly, en leur donnant des troupes, commandées par le bey de Constantine, pour le replacer sur le trône.

Le succès couronna leur entreprise; ils saccagèrent la ville de Tunis, et firent prisonnier Aly-Pacha, qui fut immédiatement étranglé. Mahmed-Bey, fils aîné d'Hassan-ben-Aly, fut mis sur le trône. Ce bon prince ne régna que deux ans et demi, et laissa deux enfants en bas âge, Mahmoud et Ismaïl-Bey.

Aly-Bey, son frère, lui succéda, avec promesse, dit-on, de remettre le trône aux enfants de son frère, lorsque l'aîné serait en état de l'occuper. Le désir de le perpétuer dans sa propre race l'empêcha de la tenir. Il chercha peu à peu à éloigner ses neveux du gouvernement et à y élever son fils. Il montra le jeune Hamoud au peuple, lui donna le commandement des camps, et enfin sollicita pour lui, à la Porte, le titre de pacha : il assura par là le suffrage du peuple à son fils, et, à force d'égards, il se rendit si bien maître de l'esprit de ses neveux, qu'à sa mort, arrivée en 1782 (26 mai), ils se désistèrent eux-mêmes de leurs prétentions, et furent les premiers à saluer Hamoud-Pacha, leur cousin, unique bey de Tunis.

Depuis cette époque, l'État n'a été troublé par aucune révolution, et ceux qui pouvaient en exciter paraissaient trop bien unis au bey pour leur en supposer l'envie.

Le souvenir des malheurs passés, le spectacle des troubles d'Alger, ont trop appris aux Tunisiens à quel point il faut se méfier de l'esprit inquiet et remuant des Turcs, pour les admettre dans le gouvernement. Aussi les beys ont-ils peu à peu cherché à abolir l'autorité que les Turcs avaient usurpée : ils se sont attachés à les éloigner des places importantes de l'administration réservées aux indigènes et aux Géorgiens, et à ne leur laisser absolument que celles qui n'ont plus qu'une ombre d'autorité. Ainsi donc, quoique la famille régnante soit regardée comme turque, puisque Hassan-ben-Aly descend d'un renégat grec, le gouvernement doit être considéré comme maure.

QUESTIONS

II°, XVII°, XVIII°.

11°. — Quelles sont les nations de l'Europe auxquelles Tunis a accordé des capitulations? A quelle époque et à quelles conditions ont-elles été accordées? Existent-elles encore?

XVIIe. — Quelles sont les nations qui ont des consuls à Tunis? Y a-t-il des nations qui permettent à leurs consuls de faire le commerce?

XVIIIe. — Combien y a-t-il de maisons étrangères établies à Tunis pour leur commerce, et de quelles nations ces maisons sont-elles? Sont-elles toutes dans la capitale[1]?

SOLUTIONS

IIe, XVIIe, XVIIIe.

La France, l'Angleterre, la Hollande, la Suède, le Danemark et l'Espagne, sont les nations européennes auxquelles Tunis a accordé des traités; on peut même comprendre dans ce nombre Venise, malgré la guerre actuelle qu'elle a avec cette régence, et l'empereur dont le pavillon n'a été abattu qu'en raison de sa rupture avec la Porte. Les Ragusais, comme tributaires du Grand Seigneur, ont aussi leur traité, mais sans pavillon et sans commerce, et seulement pour la franchise de leurs navigations.

Les capitulations de la France avec Tunis sont les plus anciennes; elles datent de 1685, quoiqu'il y en ait d'antécédentes et qui n'existent plus, et qui ne sont pas rappelées dans ce traité. Celui de l'Angleterre a été fait cinq ou six mois après, et celui de la Hollande, peu d'années ensuite. La paix des autres nations nommées ci-dessus n'a pas une époque plus reculée que celle de quarante à cinquante ans. En donnant ici un résumé des capitulations de la France, on peut juger de celles des autres nations, puisque c'est sur ces capitulations qu'on a à peu près calqué les leurs. Par un article des traités, et relativement à ce qui se pratique à la Porte envers les ambassadeurs, le consul de France à Tunis a le pas sur les autres consuls. Sa Majesté lui accorde le titre de *consul général* et de *chargé des affaires*, parce que, d'un côté, il est dans le cas d'administrer la justice aux maisons établies sur l'Échelle et aux navigateurs qui y abordent; et que, d'un autre, il traite des intérêts des deux puissances. Tous les consuls ont le droit de faire le commerce, à l'exception de celui de France, auquel cela est défendu, sous peine de destitution. Cette sage défense est fondée sur ce qu'il pourrait se trouver juge et partie en même temps, et de plus un concurrent trop puissant pour les marchands, puisque la considération attachée à sa place lui ferait aisément obtenir la préférence dans les affaires.

Les autres nations n'ayant aucun négociant établi sur l'Échelle, par une conséquence contraire, permettent à leurs consuls de faire le commerce.

Il y a (en 1787) huit maisons de commerce établies à Tunis, toutes françaises, et fixées dans la capitale.

QUESTION

IIIe.

A combien fait-on monter la population de l'empire? Sont-ce les Maures ou les Arabes qui sont les plus nombreux? Payent-ils l'impôt par tribu ou par individu? Y a-t-il quelques proportions dans es impositions? Y a-t-il des Arabes fixés dans la ville?

SOLUTION

IIIe.

On faisait monter à quatre ou cinq millions d'âmes la population de l'empire

---

[1] On a réuni ces questions, ainsi que quelques autres suivantes, à cause du rapprochement qu'elles ont entre elles.

avant la peste ; mais on peut dire qu'elle en a enlevé environ un huitième : le nombre des Arabes surpasse celui des Maures.

Il est des impôts qui se payent par tribus et d'autres par individus : il n'y a absolument aucune règle pour mettre quelque proportion dans les impôts, et rien en général ne dépend plus de l'arbitraire. Il y a des Arabes fixés dans la ville, mais ce ne sont pas les citadins les plus nombreux.

QUESTION
IV°.

Y a-t-il dans le cœur du royaume, ou sur les frontières, beaucoup de tribus qui se refusent aux impositions? Sont-ce les Maures ou les Arabes qui sont le plus indociles? Quels sont les plus riches, des Maures ou des Arabes? Les hordes errantes afferment-elles quelquefois les terres des habitants des villes pour les cultiver ou pour y faire paître leurs troupeaux? En quoi consistent ces troupeaux?

SOLUTION
IV°.

Il y a quelques tribus sur les frontières qui se refusent parfois aux impositions, mais les camps qu'on envoie pour les prélever les contraignent bientôt à payer. Ce sont en général les Arabes qui sont le plus indociles. Il est à présumer que les Maures sont plus riches, en ce qu'ils se livrent en même temps à l'agriculture, au commerce, aux manufactures et aux emplois, tandis que les premiers se bornent à l'agriculture. Les hordes errantes afferment souvent des terres des habitants des villes, soit pour les cultiver, soit pour y faire paître leurs troupeaux, qui consistent en gros et en menu bétail, en chameaux, qui leur servent pour le transport, dont ils filent le poil, et dont le lait leur sert de nourriture : ils se nourrissent souvent de l'animal lui-même.

Les beaux chevaux sont devenus très-rares, les Arabes s'étant dégoûtés d'en élever, fatigués de voir le gouvernement ou ses employés leur enlever à vil prix le moindre cheval passable.

QUESTION
V°.

Y a-t-il beaucoup de propriétaires de terres? Ces propriétaires sont-ils tous dans les villes, ou y en a-t-il encore dans des maisons isolées ou dans des villages? Ces derniers ne sont-ils pas exposés aux brigandages des hordes errantes?

SOLUTION
V°.

Quoique le bey possède beaucoup de terres, quoiqu'il y en ait beaucoup dont les revenus appartiennent à la Mecque, il ne laisse cependant pas d'y avoir quantité de propriétaires; ils sont dans les villes, dans les villages, et même dans des habitations isolées, et, dans cette position, peu exposés aux brigandages des hordes errantes.

QUESTION
VI°.

A combien peut s'élever le revenu de l'État? Quels sont les objets qui le forment? Les dépenses ordinaires le consomment-elles en entier, ou peut-on en mettre une partie en réserve? Croit-on que le bey ait un trésor, et un trésor considérable?

SOLUTION

VIe.

Autant qu'il est possible d'évaluer les finances d'un État dont la plupart des revenus sont annuellement aux enchères, et dont une grande partie consiste en vexations, on peut faire monter à vingt-quatre millions les revenus du bey de Tunis. Les objets qui les forment sont les douanes, les permissions de sortie pour les denrées, le bail des différentes sommes d'argent que donne chaque nouveau gouverneur, et dont la somme est toujours plus considérable par les enchères annuelles ; le revenu de son domaine, la dîme qu'il prend sur les terres, le produit des prises, la vente des esclaves, etc, etc. Il s'en faut que les dépenses consomment annuellement le revenu, dont une partie est mise en réserve chaque année.

Il n'y a point de doute que le bey n'ait un trésor considérable et qu'il augmente sans cesse, la plus sordide avarice étant un de ses défauts. La paix de l'Espagne vient d'enfler ce trésor de quelques millions, et Venise ne tardera pas à en faire de même.

Alger et Constantine font parfois de fortes saignées à ce trésor, que le gouvernement de Tunis pourrait garantir de leurs atteintes, s'il en employait une partie à l'entretien de ses places, à celui de sa marine et de quelques troupes disciplinées.

QUESTION

VIIe.

Y a-t-il beaucoup d'esclaves chrétiens à Tunis ? En a-t-il été racheté dans les dernières années, et à quel prix ? De quelle nation étaient-ils ?

Nota. Depuis l'époque du prince Paterno le rachat ordinaire a été fixé à trois cents sequins vénitiens, et six cents piastres les rachats doubles.

SOLUTION

VIIe.

Le nombre des esclaves chrétiens à Tunis est assez considérable et s'est beaucoup accru depuis quelques années, en raison de la jeunesse et de l'esprit militaire du bey, qui encourage la course en faisant sortir lui-même beaucoup de corsaires. On ne peut précisément savoir le nombre de ces esclaves, parce qu'on en prend et qu'on en rachète fréquemment : ils sont en général napolitains, vénitiens, russes et impériaux. Dans ce moment-ci Naples fait racheter les siens le plus qu'elle peut, Gênes parfois, Malte presque jamais ; mais la religion fait quelquefois des échanges, dans lesquels Tunis gagne toujours, ne relâchant jamais qu'un Maltais pour deux, trois et quatre musulmans.

Le rachat des esclaves appartenants au bey, qui sont le plus grand nombre, est fixé à deux cent trente sequins vénitiens pour les matelots, et à quatre cent soixante pour les capitaines et les femmes, de quelque âge qu'elles soient ; les particuliers suivent assez ce prix, dont ils se relâchent cependant quelquefois, soit à raison de la vieillesse de l'esclave, soit à cause de son peu de talent. Quel mensonge ! pour ne pas dire plus. On peut assurer que le sort des esclaves à Tunis est en général fort doux ; plusieurs y restent ou y reviennent après avoir été rachetés ; quelques-uns obtiennent leur liberté à la mort de leur maître ou de son vivant.

QUESTION

VIIIe.

Quel est le nombre des troupes qu'entretient le bey, et de quelle nation sont-elles? Combien lui coûtent-elles? Sont-elles un peu disciplinées et aguerries? Où sont-elles placées?

Nota. Il n'y a aujourd'hui que deux compagnies de Mamelucks, seulement d'environ vingt-cinq chacune. A l'expédition de Tripoli, le bey a fait une augmentation considérable dans les troupes. Il a enrôlé quasi tous les jeunes Krougoulis du royaume, au nombre de plus de douze cents; ce qui fait qu'aujourd'hui les troupes réglées coûtent au gouvernement environ sept cent mille piastres par an.

SOLUTION

VIIIe.

Le bey entretient environ vingt mille hommes, cinq mille Turcs, Mamelucks ou Krougoulis : ces derniers sont naturels du pays, mais fils de Turcs ou de Mamelucks, ou de leur race; deux mille Spahis maures, sous le commandement de quatre agas, savoir : l'aga de Tunis, du Kairouan, du Ref et de Bejea; quatre cents Ambas maures, sous le commandement du bachitemba leur chef; deux mille ou deux mille cinq cents Zouaves maures de tous les pays, sous les ordres de leur hodgia. Il existe environ vingt mille hommes enrôlés dans le corps de Zouaves, mais le gouvernement n'en paye que deux mille cinq cents au plus : les autres ne jouissent que de quelques franchises, et servent dans les occasions extraordinaires.

Onze à douze mille Arabes de la campagne, des races des Berbers, Auledt-Seïds, Auledt-Hassan, etc., compris tous collectivement sous le nom de *Mazerguis*: ceux-ci servent pour accompagner les camps et les troupes réglées, pour veiller sur les mouvements des Arabes tributaires, et particulièrement sur quelques chefs d'Arabes indépendants qui sont campés sur les confins de Tunis et de Constantine.

Les Turcs, Mamelucks et Krougoulis, qui représentent l'ancienne milice, coûtent aujourd'hui au gouvernement sept cent mille piastres de Tunis et plus par an.

La plus grande partie des Mamelucks est destinée à la garde du bey, divisée en quatre compagnies, chacune de vingt-cinq Mamelucks. Ceux-ci, outre leur paye, ont tous les six mois vingt piastres de gratification et quelques petites rétributions en étoffes et en denrées. Ils sont aussi porteurs des ordres que le gouvernement fait passer aux gouverneurs et cheiks. Lorsque ces ordres ont pour objet des contestations de particuliers, c'est à ceux-ci à les entretenir pendant leur mission.

Quelques Turcs et Krougoulis sont aussi employés à la garde du bey, et on leur fait à peu près les mêmes avantages qu'aux Mamelucks : le gouvernement ne les emploie que dans les affaires qui ont rapport à la milice. Il en est de même des Ambas maures et des Spahis.

Près de la moitié des soldats est à Tunis. Elle est destinée à la garnison de la ville et au camp : le reste est réparti sur les frontières;

SAVOIR :

A Tabarque	600		850
Gafsa	75	Hamamet	50
Gerbis	75	Bizerte	150
Mehdia	50	Porto-Farina	100
Galipia	50	La Goulette	300
	850	Total	1450

On compte environ huit cents Zouaves employés dans les garnisons;

SAVOIR :

A Gerbis	100		325
Zarsis	25	Sidi-Daoud	25
Beben	25	Dans les châteaux de Tunis	150
Gouvanes	25		
Guèbes	25	Total	500
Hamma	25		
Haxe	25	A Aubarde	200
Sousse	25	La Goulette	50
Taburda	50		
	325	Total	750

Le gouvernement emploie le reste des Zouaves qu'il soudoie au camp qu'il envoie tous les ans sur les frontières de Tripoli.

QUESTION

IXe.

Y a-t-il quelques caravanes dans le royaume? Où vont-elles? Font-elles un commerce considérable? Quels sont les objets d'échanges? Rendent-elles quelque chose au gouvernement?

SOLUTION

IXe.

Deux caravanes font chaque année des voyages réglés à Tunis : l'une vient de Constantine et l'autre de Godemes. Celle de Constantine se renouvelle huit à dix fois l'année, achète de la mercerie, de la quincaillerie, des drogues, des épiceries, du drap, des toiles, de l'argenterie, des bijoux et des bonnets de la fabrique de Tunis, qu'elle paye avec du bétail, des bernus et des piastres fortes coupées. Celle de Godemes fait rarement plus de trois voyages; elle apporte des nègres, achète de la mercerie, de la quincaillerie, des toiles, d'autres articles détaillés ci-dessus, et généralement tout ce qui peut servir à alimenter le commerce qu'elle fait dans l'intérieur de l'Afrique : le gouvernement ne retire aucun droit direct sur ces caravanes.

QUESTION

X^e.

Le gouvernement s'est-il réservé quelque branche de commerce?

SOLUTION

X^e.

Les branches de commerce que le gouvernement s'est réservées sont les cuirs, les cires, qu'il abandonne annuellement à une compagnie de Juifs ou de Maures, moyennant une rétribution de draps, d'étoffes ou d'argent; les soudes ou barils qu'il vend au plus offrant; la pêche du thon, dont le privilége se paye annuellement vingt mille francs; celle du corail, pour laquelle la compagnie d'Afrique paye annuellement à peu près la même somme.

QUESTION
XIe.

A quelles sommes se sont montées, l'année dernière (1787), les exportations de Tunis pour le Levant, et les importations du Levant à Tunis ?

SOLUTION
XIe.

Il est de toute impossibilité de calculer, même d'une manière approximative, les exportations de Tunis pour le Levant. Les douanes, dispersées dans les différents ports du royaume, ne tiennent que des registres informes : il se fait d'ailleurs beaucoup de contrebande, que les gouverneurs et les douaniers facilitent, parce que le premier profit leur en revient.

QUESTIONS
XIIe ET XIIIe.

XIIe. — A quelles sommes se sont montées, à la même époque, les exportations de Tunis pour l'Europe, et les importations de l'Europe à Tunis ?

XIIIe. — Dans quels ports ont été faits les chargements, et par les vaisseaux de quelle nation de l'Europe ou du Levant a eu lieu ce commerce ?

SOLUTIONS.
XIIe ET XIIIe

Le tableau succinct, et aussi fidèle qu'il est possible, que l'on va donner ci-après, répondra pleinement à ces deux questions.

RÉSULTAT DES ÉTATS DE COMMERCE DE L'ANNÉE 1787.

Les marchandises que nous avons importées de Tunis montent à	5,225,844
Celles que nous avons extraites, à	4,634,531
Reste donc en excédant de p	591,313
En résumant ces deux premières sommes, qui font	9,860,375
En comparant ce total à celui du commerce actif et passif de toutes les nations étrangères, qui monte à	5,208,477
Il résulte que la balance est en notre faveur	4,651,898
Il en est de même des tonnages respectifs ; le nôtre monte à T.	12,606
Celui des étrangers, à T.	6,870
Le nôtre l'emporte de T.	5,936

Les étrangers eux-mêmes ont mis en activité une partie de nos bâtiments. Les chargements ont été faits à Tunis, Bizerte, Porto-Farina, Sousse et Gerbis ; quant aux marchandises d'entrées, elles entrent toutes dans le royaume par le port de la Goulette.

Selon la note mise au bas des Questions de M. l'abbé Raynal, il se trouve que l'importation de Marseille à Tunis ne s'est élevée, en 1787, qu'à 1,009,963 l., tandis que, d'après l'état ci-dessus, elle monte à 5,225,844 l. La différence étonnante qui se trouve entre ces deux calculs provient de ce qu'on n'a compté dans les premiers que les marchandises proprement dites, tandis qu'on y a ajouté l'argent reçu de Marseille, et les traites tirées directement sur cette place ou par la voie de Livourne : ces deux objets se montent à 4,215,881 l.; et c'est effectivement, à peu de chose près, l'excédant qui se trouve en espèces de ce calcul à celui qui a été remis d'ailleurs à M. l'abbé Raynal.

QUESTION

XIVe.

Y a-t-il beaucoup de propriétaires de terres? Ces propriétés sont-elles considérables et assurées? Le gouvernement n'hérite-t-il point de ceux qui ne laissent pas d'enfants, comme il hérite de tous ses agents?

SOLUTION

XIVe.

Il est impossible de savoir l'évaluation des propriétés en fonds de terres, ainsi que la proportion qu'il peut y avoir entre les domaines, les propriétés particulières, et la masse générale. Le gouvernement possède en propre une grande partie de terres, mais il n'a aucun cadastre des propriétés particulières. Il perçoit la dîme sur les récoltes, et rien sur les fonds de terre; de manière que tant que les champs d'un particulier restent en friche, ils ne rapportent absolument rien au gouvernement. On ne voit point ici de grands propriétaires de terres comme en Europe. Toute propriété est sous la sauvegarde de la loi et n'éprouve que très-rarement l'avidité du fisc. Le gouvernement, depuis quelque temps, et particulièrement sur la fin du règne d'Ali-Bey, s'est assez respecté lui-même pour ne pas toucher aux biens de ses sujets et même à ceux de ses agents qui, après avoir fait des fortunes assez considérables et en avoir joui paisiblement, en ont laissé la propriété à leurs héritiers.

Les Hanefis (ce terme générique désigne les Turcs et les Mamelucks), qui meurent sans enfants ou autres héritiers légitimes, peuvent disposer, selon la loi, du tiers de leurs biens, et le fisc hérite du reste.

Il hérite aussi de tous les Melckis (ce sont des Maures) qui ne laissent point d'enfants mâles; et si les héritiers sont des filles, le fisc entre en partage avec elles selon la loi. On appelle *ben elmengi* l'agent du fisc chargé du recouvrement; il fait vendre les biens-fonds ou mobiliers, et en verse le produit dans la caisse du domaine.

QUESTION

XVe.

Quel est le nombre des bâtiments corsaires qu'entretient le gouvernement? De quelle espèce sont ces bâtiments? Quel est le port où ils se tiennent?

Nota. On l'a augmenté dernièrement de deux kerlanglisches, d'un gros bâtiment suédois qu'on a percé pour vingt-quatre pièces de canon, et d'un chebeck dont la France lui a fait présent.

SOLUTION

XVe.

Le gouvernement entretient ordinairement quinze à vingt corsaires; ils consistent en trois grosses barques de vingt pièces de canon et de cent trente hommes d'équipage, quelques chebecks de moindre force, des galiotes et des felouques. Porto-Farina est le seul port qui serve aux armements du prince. Les corsaires des particuliers ne sont pas plus nombreux et à peu près dans la même proportion de forces; ils arment et ils désarment dans tous les ports du royaume, et s'attribuent la dîme sur toutes les prises que font les corsaires particuliers.

QUESTION

XVI°.

Quel est le droit que paye chaque bâtiment? Quel est le droit que paye chaque marchandise d'exportation ou d'importation? Le droit est-il le même pour toutes les nations de l'Europe et pour les gens du pays? A-t-il varié depuis quelques années?

1802.

Blés de huit à dix mabouds et plus; orge de vingt à vingt-cinq piastres et plus; huile, deux et demie à trois piastres; et pour ces autres échelles plus, à proportion de la mesure qui est plus grande.

SOLUTION

XVI°.

Tout bâtiment en lest ne paye rien; tout bâtiment qui décharge paye dix-sept piastres et demie, et autant s'il charge. Les Français, pour les marchandises venant de France et sous le pavillon français, ne payent que trois pour cent; sur les marchandises venant d'Italie ou du Levant, les Anglais, huit pour cent; sur toutes les marchandises, de quelque endroit qu'elles viennent, les autres nations européennes, un peu plus ou un peu moins que ces derniers. Les indigènes quelconques payent onze pour cent sur les marchandises venant de chrétienté, et quatre pour cent sur celles venant du Levant.

Quant aux bonnets, la principale fabrique du pays, le gouvernement, pour exciter l'industrie, n'exige aucun droit de sortie.

Quant aux marchandises d'exportation qui consistent en denrées, le gouvernement n'en accorde la sortie que selon les circonstances, et perçoit un droit plus ou moins fort, selon la quantité des demandes. Ce droit est, sur le blé, de douze à quinze piastres le caffis; de cinq à neuf sur l'orge; de quatre et demie sur tous les légumes et autres menus grains; d'une trois quarts sur le métal d'huile.

N. B. On peut calculer à une livre douze sous la piastre de Tunis, le caffis à trois charges un quart de Marseille; il faut trois métaux environ pour faire la millerolle. La rotte ayant environ un quart de plus que la livre, il ne faut que quatre-vingts rottes pour faire un quintal, poids de table.

FIN DE L'ITINÉRAIRE DE PARIS A JÉRUSALEM.

MÉLANGES LITTÉRAIRES

PRÉFACE

Lorsque je rentrai en France, en 1800, après une émigration pénible, mon ami, M. de Fontanes, rédigeait le *Mercure de France;* il m'invita à écrire avec lui dans ce journal, pour le rétablissement des saines doctrines religieuses et monarchiques.

J'acceptai cette invitation : je donnai quelques articles au *Mercure,* avant même d'avoir publié *Atala,* avant d'être connu, car mon *Essai historique* était resté enseveli en Angleterre. Ces combats n'étaient pas sans quelques périls : on ne pouvait alors arriver à la politique que par la littérature; la police de Buonaparte entendait à demi mot; le donjon de Vincennes, les déserts de la Guiane et la plaine de Grenelle attendaient encore, si besoin était, les écrivains royalistes. Mon premier article sur le *Voyage en Espagne* de M. de Laborde faillit de me coûter cher : Buonaparte menaça de me *faire sabrer sur les marches de son palais;* ce furent ses expressions. Il ordonna la suppression du *Mercure,* et sa réunion à la *Décade.* Le *Journal des Débats,* qui avait osé répéter l'article, fut bientôt après ravi à ses propriétaires.

Au retour du roi, je réclamai auprès du gouvernement la propriété du *Mercure,* que j'avais acheté de M. de Fontanes pour une somme de 20,000 francs. Je m'étais imaginé que la cause qui avait fait supprimer cet ouvrage ferait un peu valoir mon bon droit : je me trompai. C'est ainsi qu'ayant eu à répéter une part de mes appointements de ministre, je n'ai pu l'obtenir, par la raison qu'ayant fait le voyage de Gand, je ne m'étais pas rendu à mon poste à Stockholm; c'est ainsi qu'en sortant du ministère, non-seulement on ne m'a pas alloué le traitement de retraite accoutumé, mais encore on m'a supprimé ma pension de ministre d'État. Je rappelle ceci, non pour me plaindre, mais afin qu'on ne fasse pas à l'avenir porter sur d'autres que moi ces misérables vengeances et ces ignobles économies, si peu d'accord avec la générosité naturelle de nos monarques et la dignité de la couronne.

Un choix des articles du *Mercure* a été fait par moi : ces articles, réunis à quelques autres articles littéraires tirés du *Conservateur* et du *Journal des Débats,* forment la collection renfermée ici sous le titre de *Mélanges littéraires.* Les lettres n'ont jamais été si honorables que lorsque, dans le silence du monde subjugué, elles proclamaient des vérités courageuses, et faisaient entendre les accents de la liberté au milieu des cris de la victoire.

Puisque le nom de M. de Fontanes est venu se placer naturellement sous ma plume, qu'il me soit permis de payer ici un nouveau tribut de regrets et de douleur à la mémoire de l'excelient homme que la France littéraire pleurera longtemps. Si la Providence me laisse encore quelques jours sur la terre, j'écrirai la vie de mon illustre et généreux ami. Il annonça au monde ce que, selon lui, je devais devenir; moi je dirai ce qu'il a été : ses droits auprès de la postérité seront plus sûrs que les miens.

DE L'ANGLETERRE ET DES ANGLAIS.

Juin 1800.

Si un instinct sublime n'attachait pas l'homme à sa patrie, sa condition la plus naturelle sur la terre serait celle de voyageur. Une certaine inquiétude le pousse sans cesse hors de lui ; il veut tout voir, et puis il se plaint quand il a tout vu. J'ai parcouru quelques régions du globe ; mais j'avoue que j'ai mieux observé le désert que les hommes, parmi lesquels, après tout, on trouve souvent la solitude.

J'ai peu séjourné chez les Allemands, les Portugais et les Espagnols ; mais j'ai vécu assez longtemps avec les Anglais. Comme c'est aujourd'hui le seul peuple qui dispute l'empire aux Français, les moindres détails sur lui deviennent intéressants.

Érasme est le plus ancien des voyageurs que je connaisse qui nous ait parlé des Anglais. Il n'a vu à Londres, sous Henri III, que des Barbares et des huttes enfumées. Longtemps après, Voltaire, qui avait besoin d'un parfait philosophe, le plaça parmi les quakers, sur les bords de la Tamise. Les tavernes de la Grande-Bretagne devinrent le séjour des esprits forts, de la vraie liberté, etc., etc., quoiqu'il soit bien connu que le pays du monde où l'on parle le moins de religion, où on la respecte le plus, où l'on agite le moins de ces questions oiseuses qui troublent les empires, soit l'Angleterre.

Il me semble qu'on doit chercher le secret des mœurs des Anglais dans l'origine de ce peuple. Mélange du sang français et du sang allemand, il forme la nuance entre ces deux nations. Leur politique, leur religion, leur militaire, leur littérature, leurs arts, leur caractère national, me paraissent placés dans ce milieu; ils me semblent réunir, en partie, à la simplicité, au calme, au bon sens, au mauvais goût germanique, l'éclat, la grandeur, l'audace et la vivacité de l'esprit français.

Inférieurs à nous sous plusieurs rapports, ils nous sont supérieurs en quelques autres, particulièrement en tout ce qui tient au commerce et aux richesses. Ils nous surpassent encore en propreté ; et c'est une chose remarquable que ce peuple qui paraît si pesant a, dans ses meubles, ses vêtements, ses manufactures, une élégance qui nous manque. On dirait que l'Anglais met dans le travail des mains la délicatesse que nous mettons dans celui de l'esprit.

Le principal défaut de la nation anglaise, c'est l'orgueil, et c'est le défaut de tous les hommes. Il domine à Paris comme à Londres, mais modifié par le caractère français, et transformé en amour-propre. L'orgueil pur appartient à l'homme solitaire, qui ne déguise rien, et qui n'est obligé à aucun sacrifice; mais l'homme qui vit beaucoup avec ses semblables est forcé de dissimuler son orgueil, et de le cacher sous les formes plus douces et plus variées de l'amour-propre. En général, les passions sont plus dures et plus soudaines chez l'Anglais, plus actives et plus raffinées chez le Français. L'orgueil du premier veut tout écraser de force en un instant ; l'amour-propre du second mine tout avec lenteur. En Angleterre, on hait un homme pour un vice, pour une offense ; en France, un pareil motif n'est pas nécessaire. Les avantages de la figure ou de la fortune, un succès, un bon mot, suffisent. Cette haine, qui se forme de mille détails honteux, n'est pas moins implacable que la haine qui naît d'une plus noble cause. Il n'y a point de si dangereuses passions que celles qui sont d'une basse origine ; car elles sentent cette bassesse, et cela les rend furieuses. Elles cherchent à la couvrir sous des crimes, et à se donner, par les effets, une sorte d'épouvantable grandeur qui leur manque par le principe. C'est ce qu'a prouvé la révolution.

L'éducation commence de bonne heure en Angleterre. Les filles sont envoyées à l'école dès leur plus tendre jeunesse. Vous voyez quelquefois des groupes de ces petites Anglaises, toutes en grands mantelets blancs, un chapeau de paille noué sous le menton avec un ruban, une corbeille passée au bras, et dans laquelle sont des fruits et un livre, toutes tenant les yeux baissés, toutes rougissant lorsqu'on les regarde. Quand j'ai revu nos petites Françaises coiffées à *l'huile antique*, relevant la queue de leur robe, regardant avec effronterie, fredonnant des airs d'amour et prenant des leçons de déclamation, j'ai regretté la gaucherie et la pudeur des petites Anglaises : un enfant sans innocence est une fleur sans parfum.

Les garçons passent aussi leur première jeunesse à l'école, où ils apprennent le grec et le latin. Ceux qui se destinent à l'Église, ou à la carrière politique, vont de là aux universités de Cambridge ou d'Oxford. La première est particulièrement consacrée aux mathématiques, en mémoire de Newton ; mais en général les Anglais estiment peu cette étude, qu'ils croient très-dangereuse aux bonnes mœurs quand elle est portée trop loin. Ils pensent que les sciences dessèchent le cœur, désenchantent la vie, mènent les esprits faibles à l'athéisme, et de l'athéisme à tous les crimes. Les belles-lettres au contraire, disent-ils, rendent nos jours merveilleux, attendrissent nos âmes, nous font pleins de foi envers la Divinité, et conduisent ainsi, par la religion, à la pratique de toutes les vertus [1].

L'agriculture, le commerce, le militaire, la religion, la politique, telles sont les carrières ouvertes à l'Anglais devenu homme. Est-on ce qu'on appelle un *gentleman farmer* (*un gentilhomme cultivateur*), on vend son blé, on fait des expériences sur l'agriculture ; on chasse le renard ou la perdrix en automne ; on mange l'oie grasse à Noël ; on chante le *roast-beef of old England* ; on se plaint du présent, on vante le passé, qui ne valait pas mieux, et le tout en maudissant Pitt et la guerre, qui augmente le prix du vin de Porto ; on se couche ivre, pour recommencer le lendemain la même vie.

L'état militaire, quoique si brillant sous la reine Anne, était tombé dans un discrédit dont la guerre actuelle l'a relevé. Les Anglais ont été longtemps sans songer à tourner leurs forces vers la marine. Ils ne voulaient se distinguer que comme puissance continentale. C'était un reste des vieilles opinions, qui tenaient le commerce à déshonneur. Les Anglais ont toujours eu comme nous une physionomie historique qui les distingue dans tous les siècles. Aussi c'est la seule nation qui, avec la française, mérite proprement ce nom en Europe. Quand nous avions notre Charlemagne, ils avaient leur Alfred. Leurs archers balançaient la renommée de notre infanterie gauloise ; leur prince Noir le disputait à notre Du Guesclin, et leur

---

[1] Vid. GIBBON, *Litt.*, etc.

Marlborough, à notre Turenne. Leurs révolutions et les nôtres se suivent ; nous pouvons nous vanter de la même gloire, et déplorer les mêmes crimes et les mêmes malheurs.

Depuis que l'Angleterre est devenue puissance maritime, elle a déployé son génie particulier dans cette nouvelle carrière ; ses marins sont distingués de tous les marins du monde. La discipline de ses vaisseaux est singulière ; le matelot anglais est absolument esclave. Mis à bord de force, obligé de servir malgré lui, cet homme, si indépendant tandis qu'il est laboureur, semble perdre tous ses droits à la liberté aussitôt qu'il devient matelot. Ses supérieurs appesantissent sur lui le joug le plus dur et le plus humiliant. Comment des hommes si orgueilleux et si maltraités se soumettent-ils à une pareille tyrannie ? C'est là le miracle d'un gouvernement libre ; c'est que le nom de la loi est tout-puissant dans ce pays ; et quand elle a parlé, nul ne résiste.

Je ne crois pas que nous puissions ni même que nous devions jamais transporter la discipline anglaise sur nos vaisseaux. Le Français, spirituel, franc, généreux, veut approcher de son chef ; il le regarde comme son camarade encore plus que comme son capitaine. D'ailleurs, une servitude aussi absolue que celle du matelot anglais ne peut émaner que d'une autorité civile : or, il serait à craindre qu'elle ne fût méprisée de nos marins ; car malheureusement le Français obéit plutôt à l'homme qu'à la loi, et ses vertus sont plus des vertus privées que des vertus publiques.

Nos officiers de mer étaient plus instruits que les officiers anglais. Ceux-ci ne savent que leurs manœuvres ; ceux-là étaient des mathématiciens et des hommes savants dans tous les genres. En général, nous avons déployé dans notre marine notre véritable caractère : nous y paraissons comme guerriers et comme artistes. Aussitôt que nous aurons des vaisseaux, nous reprendrons notre droit d'aînesse sur l'Océan comme sur la terre ; nous pourrons faire aussi des observations astronomiques et des voyages autour du monde : mais pour devenir jamais un peuple de marchands, je crois que nous pouvons y renoncer d'avance. Nous faisons tout par génie et par inspiration, mais nous mettons peu de suite à nos projets. Un grand homme en finance, un homme hardi en entreprises commerciales, s'élèvera peut-être parmi nous ; mais son fils poursuivra-t-il la même carrière, et ne pensera-t-il pas à jouir de la fortune de son père, au lieu de songer à l'augmenter ? Avec un tel esprit, une nation ne devient point mercantile ; le commerce a toujours eu chez nous je ne sais quoi de poétique et de fabuleux, comme le reste de nos mœurs. Nos manufactures ont été créées par enchantement ; elles ont jeté un grand éclat, et puis elles se sont éteintes. Tant que Rome fut prudente, elle se contenta des Muses et de Jupiter, et laissa Neptune à Carthage. Ce dieu n'avait après tout que le second empire, et Jupiter lançait aussi la foudre sur l'Océan.

Le clergé anglican est instruit, hospitalier et généreux. Il aime sa patrie, et sert puissamment au maintien des lois. Malgré les différences d'opinion, il a reçu le clergé français avec une charité vraiment chrétienne. L'université d'Oxford a fait imprimer à ses frais et distribuer *gratis* aux pauvres curés un Nouveau Testament latin, selon la version romaine, avec ces mots : *A l'usage du clergé catholique, exilé pour la religion.* Rien n'est plus délicat et plus touchant. C'est sans doute un beau spectacle pour la philosophie que de voir, à la fin du dix-huitième siècle, un clergé *anglican* donner l'hospitalité à des prêtres *papistes,* souffrir l'exercice public de leur culte et même l'établissement de quelques communautés. Étranges vicissitudes des opinions et des affaires humaines ! Le cri *un pape! un pape!* a fait la révolution sous Charles Ier, et Jacques II perdit sa couronne pour avoir protégé la religion catholique.

Ceux qui s'effrayent au seul mot de religion ne connaissent guère l'esprit humain : ils voient toujours cette religion telle qu'elle était dans les âges de fanatisme et de barbarie, sans songer qu'elle prend, comme toute autre institution, le caractère des siècles où elle passe.

Toutefois le clergé anglais n'est pas sans défaut. Il néglige trop ses devoirs, il aime trop le plaisir, il donne trop de bals, il se mêle trop aux fêtes du monde. Rien n'est plus choquant pour un étranger que de voir un jeune *ministre* promener lourdement une jolie femme entre les deux files d'une contredanse anglaise. Il faut qu'un prêtre soit un personnage tout divin : il faut qu'autour de lui règnent la vertu et le mystère, qu'il vive retiré dans les ténèbres du temple, et que ses apparitions soient rares parmi les hommes ; qu'il ne se montre enfin au milieu du siècle que pour faire du bien aux malheureux. C'est à ce prix qu'on accorde au prêtre le respect et la confiance : il perdra bientôt l'un et l'autre s'il est assis au festin à nos côtés, si on se familiarise avec lui, s'il a tous les vices du temps, et qu'on puisse un moment le soupçonner faible et fragile comme les autres hommes.

Les Anglais déploient une grande pompe dans leurs fêtes religieuses ; ils commencent même à orner leurs temples de tableaux. Ils ont à la fin senti qu'une religion sans culte n'est que le songe d'un froid enthousiasme, et que l'imagination de l'homme est une faculté qu'il faut nourrir comme la raison.

L'émigration du clergé français a beaucoup servi à répandre ces idées. On peut remarquer que, par un retour naturel vers les institutions de leurs pères, les Anglais se plaisaient depuis longtemps à mettre en scène, sur leur théâtre et dans leurs livres, la religion romaine.

Dans ces derniers temps, le catholicisme, apporté à Londres par les prêtres exilés de France, se montre aux Anglais précisément comme dans leurs romans, à travers le charme des ruines et la puissance des souvenirs. Tout le monde a voulu entendre l'oraison funèbre d'une Fille de France, prononcée à Londres, dans une écurie, par un évêque émigré.

L'Église anglicane a surtout conservé pour les morts la plus grande partie des honneurs que leur rend l'Église romaine.

Dans toutes les grandes villes d'Angleterre il y a des hommes appelés *undertakers* (entrepreneurs) qui se chargent des pompes funèbres. On lit souvent sur leurs boutiques *King's coffinmaker :* Faiseur de cercueils du roi ; ou bien *Funerals performed here ;* mot à mot : *Ici on représente des funérailles.* Il y a longtemps qu'on ne voit plus parmi nous que des représentations de la douleur, et il faut acheter des larmes quand personne n'en donne à nos cendres. Les derniers devoirs qu'on rend aux hommes seraient bien tristes s'ils étaient dépouillés des signes de la religion. La religion a pris naissance aux tombeaux, et les tombeaux ne peuvent se passer d'elle. Il est beau que le cri de l'espérance s'élève du fond d'un cercueil ; il est beau que le prêtre du Dieu vivant escorte la cendre de l'homme à son dernier asile : c'est en quelque sorte l'immortalité qui marche à la tête de la mort.

La vie politique d'un Anglais est bien connue en France ; mais ce qu'on ignore assez généralement, ce sont les partis qui divisent le parlement aujourd'hui. Outre le parti de l'opposition et le parti du ministère, il y en a un troisième qu'on peut appeler des *anglicans*, et à la tête duquel se trouve M. Wilberforce.

C'est une centaine de membres qui tiennent fortement aux mœurs antiques, et surtout à la religion. Leurs femmes sont vêtues comme des quakeresses; ils affectent eux-mêmes une rigoureuse simplicité, et donnent une grande partie de leur revenu aux pauvres : M. Pitt est de leur secte. Ce sont eux qui l'avaient porté et qui l'ont soutenu au ministère; car en se jetant d'un côté ou de l'autre, ils sont à peu près sûrs de déterminer la majorité. Dans la dernière affaire d'Irlande, ils ont été alarmés des promesses que M. Pitt avait faites aux catholiques; ils l'ont menacé de passer à l'opposition. Alors le ministre a donné habilement sa retraite, pour conserver ses amis, dont l'opinion est intérieurement la sienne, et pour se tirer du pas difficile où les circonstances l'avaient engagé. Si le bill passe en faveur des catholiques, il n'en aura pas l'odieux vis-à-vis des anglicans; si au contraire il est rejeté, les catholiques irlandais ne pourront l'accuser de manquer à sa parole... On a demandé, en France, si M. Pitt avait perdu son crédit en perdant sa place; un seul fait aurait dû répondre à cette question : *M. Pitt est encore membre de la chambre des communes.* Quand on le verra devenir pair et passer à la chambre haute, sa carrière sera finie.

C'est à tort que l'on croit ici quelque influence à la pure opposition. Elle est absolument tombée dans l'opinion publique; elle n'a ni grands talents, ni véritable patriotisme. M. Fox lui-même ne peut plus rien pour elle; il a perdu presque toute son éloquence : l'âge et les excès de table la lui ont enlevée. On sait que c'est son amour-propre blessé, plus encore qu'aucune autre raison, qui l'a tenu si longtemps éloigné du parlement.

Le bill qui exclut de la chambre des communes tout membre engagé dans les ordres sacrés a été aussi mal interprété à Paris. On ne savait pas que ce bill n'a d'autre but que d'éloigner M. Horn Tooke, homme d'esprit, violent ennemi du gouvernement; jadis dans les ordres, ensuite réfractaire; autrefois ami de la puissance, jusqu'au point d'avoir été attaqué dans les *Lettres de Junius;* ensuite devenu l'apôtre de la liberté, comme tant d'autres.

Le parlement a perdu, dans M. Burke, un de ses membres les plus distingués. Il détestait la révolution; mais il faut lui rendre cette justice, qu'aucun Anglais n'a plus aimé les Français en particulier, et plus applaudi à leur valeur et à leur génie. Quoiqu'il fût peu riche, il avait fondé une école pour les petits Français expatriés, et il y passait des journées entières à admirer l'esprit et la vivacité de ces enfants. Il racontait souvent, à ce sujet, une anecdote. Ayant mené le fils d'un lord à cette école, les pauvres orphelins lui proposèrent de jouer avec eux. Le lord ne le voulut pas : « *Je n'aime pas les Français, moi,* » répondit-il avec humeur. Un petit garçon n'en pouvant tirer que cette réponse, lui dit : « Cela n'est pas possible, vous « avez un trop bon cœur pour nous haïr : votre seigneurie ne prendrait-elle pas sa « crainte pour sa haine? »

Il faudrait maintenant parler de la littérature et des gens de lettres, mais cela nous mènerait trop loin, et demande un article à part. Je me contenterai de rapporter quelques jugements littéraires qui m'ont fort étonné, parce qu'ils sont en contradiction directe avec nos opinions reçues.

Richardson est peu lu; on lui reproche d'insupportables longueurs et de la bassesse de style. Hume et Gibbon ont, dit-on, perdu le génie de la langue anglaise, en remplissant leurs écrits d'une foule de gallicismes; on accuse le premier d'être lourd et immoral. Pope ne passe que pour un versificateur exact et élégant; Johnson prétend que son *Essai sur l'homme* n'est qu'un recueil de lieux communs, mis en beaux vers. C'est à Dryden et à Milton qu'on donne exclusivement le titre de poëtes. Le *Spectateur* est presque oublié. On entend rarement parler de Locke, qui est regardé comme un assez faible idéologue. Il n'y a que les savants de profession qui lisent Bacon. Shakspeare seul conserve son empire. On en sentira aisément la raison par le trait suivant.

J'étais au théâtre de Covent-Garden, qui tire son nom, comme on sait, du jardin d'un ancien couvent où il est bâti. Un homme fort bien mis était assis auprès de moi ; il me demande *quelle est la salle* où il se trouve. Je le regarde avec étonnement, et je lui réponds : « Mais vous êtes à Covent-Garden. » — *Pretty garden indeed!* « Joli jardin en vérité ! » s'écria-t-il en éclatant de rire, et me présentant une bouteille de rhum. C'était un matelot de la Cité, qui, passant par hasard dans la rue à l'heure du spectacle, et voyant la foule se presser à une porte, était entré là pour son argent, sans savoir de quoi il s'agissait.

Comment les Anglais auraient-ils un théâtre supportable, quand leurs parterres sont composés de juges arrivant du Bengale ou de la côte de Guinée, qui ne savent seulement pas où ils sont ? Shakspeare doit régner éternellement chez un pareil peuple. On croit tout justifier en disant que les folies du tragique anglais sont dans la nature. Quand cela serait vrai, ce ne sont pas toujours les choses naturelles qui touchent. Il est naturel de craindre la mort, et cependant une victime qui se lamente sèche les pleurs qu'on versait pour elle. Le cœur humain veut plus qu'il ne peut ; il veut surtout admirer : il a en soi un élan vers je ne sais quelle beauté inconnue, pour laquelle il fut peut-être créé dans son origine.

Il y a même quelque chose de plus grave. Un peuple qui a toujours été à peu près barbare dans les arts peut continuer à admirer des productions barbares, sans que cela tire à conséquence ; mais je ne sais jusqu'à quel point une nation qui a des chefs-d'œuvre en tous genres peut revenir à l'amour des monstres sans exposer ses mœurs. C'est en cela que le penchant pour Shakspeare est bien plus dangereux en France qu'en Angleterre. Chez les Anglais il n'y a qu'ignorance ; chez nous il y a dépravation. Dans un siècle de lumières, les bonnes mœurs d'un peuple très-poli tiennent plus au bon goût qu'on ne pense. Le mauvais goût alors, qui a tant de moyens de se redresser, ne peut dépendre que d'une fausseté ou d'un biais naturel dans les idées : or, comme l'esprit agit incessamment sur le cœur, il est difficile que les voies du cœur soient droites quand celles de l'esprit sont tortueuses. Celui qui aime la laideur n'est pas fort loin d'aimer le vice : quiconque est insensible à la beauté peut bien méconnaître la vertu. Le mauvais goût et le vice marchent presque toujours ensemble ; le premier n'est que l'expression du second, comme la parole rend la pensée.

Je terminerai cette notice par quelques mots sur le sol, le ciel et les monuments de l'Angleterre.

Les campagnes de cette île sont presque sans oiseaux, les rivières, petites ; cependant leurs bords ont quelque chose d'agréable par leur solitude. La verdure est très-animée ; il y a peu où point de bois ; mais chaque propriété étant fermée d'un fossé planté, quand vous regardez du haut d'une éminence, vous croyez être au milieu d'une forêt. L'Angleterre ressemble assez, au premier coup d'œil, à la Bretagne : des bruyères et des champs entourés d'arbres.

Le ciel de ce pays est moins élevé que le nôtre ; son azur est plus vif, mais moins transparent. Les accidents de lumière y sont beaux, à cause de la multitude des nuages. En été, quand le soleil se couche, à Londres, par delà les bois de Kensington, on jouit quelquefois d'un spectacle fort pittoresque. L'immense colonne de fumée de charbon qui flotte sur la Cité représente ces gros rochers, enluminés de pourpre, qu'on voit dans nos décorations du Tartare, tandis que les vieilles tours de Westminster, couronnées de nuages et rougies par les derniers feux du soleil, s'élèvent au-dessus de la ville, du palais et du parc de Saint-James, comme un grand monument de la mort, qui semble dominer tous les monuments des hommes.

Saint-Paul est le plus bel édifice moderne, et Westminster, le plus bel édifice gothique de l'Angleterre. Je parlerai peut-être un jour de ce dernier. Souvent, en rêvant de mes courses autour de Londres, j'ai passé derrière White-Hall, dans l'endroit où Charles fut décapité. Ce n'est plus qu'une cour abandonnée, où l'herbe croît entre les pierres. Je m'y suis quelquefois arrêté pour entendre le vent gémir autour de la statue de Charles II, qui montre du doigt la place où périt son père. Je n'ai jamais vu dans ces lieux que des ouvriers qui taillaient des pierres en sifflant. Leur ayant demandé un jour ce que signifiait cette statue, les uns purent à peine me le dire, et les autres n'en savaient pas un mot : rien ne m'a plus donné la juste mesure des événements de la vie humaine, et du peu que nous sommes. Que sont devenus ces personnages qui firent tant de bruit ? Le temps a fait un pas, et la face de la terre a été renouvelée. A ces générations, divisées par les haines politiques, ont succédé des générations indifférentes au passé, mais qui remplissent le présent de nouvelles inimitiés qu'oublieront encore les générations qui doivent suivre.

ESSAI SUR LA LITTÉRATURE ANGLAISE.

YOUNG.

Mars 1801.

Lorsqu'un écrivain a formé une école nouvelle, et qu'après un demi-siècle de critique on le trouve encore en possession d'une grande renommée, il importe aux lettres de rechercher la cause de ce succès, surtout quand il n'est dû ni à la grandeur du génie, ni à la perfection du goût et de l'art.

Quelques situations tragiques, quelques mots sortis des entrailles de l'homme, je ne sais quoi de vague et de fantastique dans les scènes, des bois, des bruyères, des vents, des spectres, des tempêtes, expliquent la célébrité de Shakspeare.

Young, qui n'a rien de tout cela, doit peut-être une grande partie de sa réputation au beau tableau que présente l'ouverture de ses *Nuits* ou *Complaintes*. Un ministre du Tout-Puissant, un vieux père, qui a perdu sa fille unique, s'éveille au milieu des nuits pour gémir sur des tombeaux ; il associe à la mort, au temps et à l'éternité, la seule chose que l'homme ait de grand en soi-même, je veux dire la douleur. Ce tableau frappe d'abord, et l'impression en est durable.

Mais avancez un peu dans ces *Nuits*, quand l'imagination, éveillée par le début du poète, a déjà créé tout un monde de pleurs et de rêveries, vous ne trouvez plus rien de ce que l'on vous a promis. Vous voyez un homme qui tourmente son esprit dans tous les sens pour enfanter des idées tendres et tristes, et qui n'arrive qu'à une philosophie morose. Young, que le fantôme du monde poursuivait jusqu'au milieu des tombeaux, ne décèle dans toutes ses déclamations sur la mort qu'une ambition trompée; il a pris son humeur pour de la mélancolie. Point de naturel dans sa sensibilité, point d'idéal dans sa douleur. C'est toujours une main pesante qui se traîne sur la lyre.

Young a surtout cherché à donner à ses méditations le caractère de la tristesse. Or, ce caractère se tire de trois sources: les scènes de la nature, le vague des souvenirs, et les pensées de la religion.

Quant aux scènes de la nature, Young a voulu les faire servir à ses plaintes : mais je ne sais s'il a réussi. Il apostrophe la lune, il parle à la nuit et aux étoiles, et l'on ne se sent point ému. Je ne pourrais dire où gît cette tristesse qu'un poëte fait sortir des tableaux de la nature; mais il est certain qu'il la retrouve à chaque pas. Il unit son âme au bruit des vents, qui lui rappelle des idées de solitude : une onde qui fuit, c'est la vie; une feuille qui tombe, c'est l'homme. Cette tristesse est cachée pour le poëte dans tous les déserts; c'est l'Écho de la Fable, desséchée par la douleur, et habitante invisible de la montagne.

La réflexion dans le chagrin doit toujours prendre la forme du sentiment et de l'image; et dans Young, au contraire, le sentiment se change en réflexion et en raisonnement. Si j'ouvre la première complainte, je lis :

> From short (as usual) and disturb'd repose.
> I wake : how happy they who wake no more!
> Yet that were vain, if dreams infest the grave.
> I wake, emerging from a sea of dreams
> Tumultuous, where my wreck'd desponding thought
> From wave to wave of fancied misery
> At random drove, her helm of reason lost.
>
> . . . .
> The day too short for my distress, and night,
> Ev'n in the zenith of her dark domain,
> Is sunshine to the colour of my fate.

« D'un repos court et troublé je m'éveille. O heureux ceux qui ne se réveillent plus! encore cela même est-il vain, si les rêves habitent au tombeau! Je sors d'une mer troublée de songes, où ma pensée, triste et submergée, privée du gouvernail de sa raison, flotte au gré des vagues d'une misère imaginaire... Le jour est trop court pour ma tristesse; et la nuit, même au zénith de son noir domaine, est un soleil auprès de la couleur de mon sort. »

Est-ce là le langage de la douleur? Je sais que la traduction mot à mot ne rend ni la nuance de l'expression, ni l'harmonie du style; mais une traduction littérale n'est jamais ridicule quand le texte ne l'est pas. Qu'est-ce que c'est qu'une *pensée sans gouvernail*, *flottant de vague en vague sur une mer de malheur imaginaire*? Qu'est-ce qu'une *nuit qui est un soleil* auprès de la *couleur d'un sort*? Le seul trait remarquable de ce morceau, c'est le sommeil du tombeau, *peut-être aussi troublé par des songes*. Mais cela rappelle trop le mot d'Hamlet : *To sleep? — to dream?* Dormir ? — rêver ?

Ossian se lève aussi au milieu de la nuit pour pleurer; mais Ossian pleure :

> Lead, son of Alpin, lead the aged to his woods. The winds begin to rise. The dark wave of the lake resounds. Bends there not a tree from Mora, with its branches bare? It beats, son of Alpin; in the rustling blast. My harp hangs on a blasted branch. The sound of its strings is mournful. Dogs the wind touch thee, o harp! or is it some passing ghost? It is the hand of Malvina! But bring me

the harp, son of Alpin; another song shall arise. My soul shall depart in the sound; my fathers shall hear it in their airy hall. Their dim faces shall hang, with joy, from their cloud; and their hands receive their son.

« Conduis-moi, fils d'Alpin, conduis le vieillard à ses bois. Les vents se lèvent, les flots noircis du lac murmurent. Ne vois-tu pas sur le sommet de *Mora* un arbre qui s'incline avec toutes ses branches dépouillées? Il s'incline, ô fils d'Alpin, sous le bruyant tourbillon. Ma harpe est suspendue à l'une de ses branches desséchées. Le son de ses cordes est triste. O harpe! le vent t'a-t-il touchée, ou bien est-ce un léger fantôme? C'est la main de Malvina! Donne-moi la harpe, fils d'Alpin. Il faut qu'un autre chant s'élève! Mon âme s'envolera au milieu des sons. Mes pères entendront ces soupirs dans leur salle aérienne. Du fond de leurs nuages ils pencheront avec joie leurs visages obscurs, et leurs bras recevront leur fils. »

Voilà des images tristes, voilà de la rêverie.

Les Anglais conviennent que la prose d'Ossian est aussi poétique que les vers, et qu'elle en a toutes les inversions. Or, on voit que la traduction littérale est ici très-supportable. Ce qui est beau, simple et naturel, l'est dans toutes les langues.

On croit généralement que ces images mélancoliques, empruntées des vents, de la lune, des nuages, ont été inconnues des anciens; il y en a pourtant quelques exemples dans Homère, et surtout un charmant dans Virgile. Énée aperçoit l'ombre de Didon dans l'épaisseur d'une forêt, *comme on voit, ou comme on croit voir, la lune nouvelle se lever au milieu des nuages* :

> . . . . . Qualem primo qui surgere mense
> Aut videt aut vidisse putat per nubila lunam.

Remarquez toutes les circonstances. C'est la lune qu'*on voit* ou qu'*on croit voir* se lever à travers les nuages : l'ombre de Didon est déjà réduite à bien peu de chose. Mais cette lune est dans sa première phase. Qu'est-ce donc que cet astre lui-même? — L'ombre de Didon ne semble-t-elle pas s'évanouir? On retrouve ici Ossian dans Virgile; mais c'est Ossian sous le ciel de Naples, sous un ciel où la lumière est plus pure et les vapeurs plus transparentes.

Young a donc premièrement ignoré, ou plutôt mal exprimé cette tristesse qui se nourrit du spectacle de la nature, et qui, douce ou majestueuse, suit le cours naturel des sentiments. Combien Milton est supérieur au chantre des *Nuits*, dans la noblesse de la douleur! Rien n'est beau comme ces quatre vers qui terminent le *Paradis perdu* :

> The world was all before them, where to choose
> Their place of rest, and Providence their guide!
> They, hand in hand, with wandering steps and slow,
> Through Eden took their solitary way.

« Le monde entier s'ouvrait devant eux. Ils pouvaient y choisir un lieu de repos; la Providence était leur seul guide : Ève et Adam, se tenant par la main et marchant à pas lents et indécis, prirent à travers Éden leur chemin solitaire. »

On voit toutes les solitudes du monde ouvertes devant notre premier père, toutes ces mers qui baignent des côtes inconnues, toutes ces forêts qui se balancent sur un globe habité, et l'homme laissé seul avec son péché au milieu des déserts de la création.

Hervey, dans ses *Méditations* (quoique d'un génie moins élevé que l'auteur des

Nuits), a quelquefois montré une sensibilité plus douce et plus vraie. On connaît ses vers sur l'enfant qui *goûte à la coupe de la vie :*

> Mais, sentant sa liqueur d'amertume suivie,
> Il détourna la tête, et, regardant les cieux,
> Pour jamais au soleil il referma les yeux.

Le docteur Beattie, poëte écossais, qui vit encore [1], a répandu dans son *Minstrel* la rêverie la plus aimable. C'est la peinture des premiers effets de la Muse sur un jeune barde de la montagne, qui ignore encore le génie dont il est tourmenté. Tantôt le poëte futur va s'asseoir au bord des mers pendant une tempête ; tantôt il quitte les jeux du village, pour aller entendre à l'écart et dans le lointain le son des musettes. Young était peut-être appelé par la nature à traiter de plus hauts sujets ; mais alors ce n'était pas le poëte complet. Milton, qui a chanté les douleurs du premier homme, a aussi soupiré le *Penseroso*.

Ceux de nos bons écrivains qui ont connu le charme de la rêverie ont prodigieusement surpassé le docteur anglais. Chaulieu a mêlé, comme Horace, les pensées de la mort aux illusions de la vie. Ces vers si connus valent, pour la mélancolie, toutes les exagérations du poëte d'Albion :

> Grotte d'où sort ce clair ruisseau,
> De mousse et de fleurs tapissée,
> N'entretiens jamais ma pensée
> Que du murmure de ton eau.

> Fontenay, lieu délicieux
> Où je vis d'abord la lumière,
> Bientôt au bout de ma carrière,
> Chez toi je joindrai mes aïeux.

> Muses, qui dans ce lieu champêtre
> Avec soin me fîtes nourrir,
> Beaux arbres qui m'avez vu naître,
> Bientôt vous me verrez mourir !

Et l'inimitable La Fontaine, comme il sait rêver aussi !

> Que je peigne en mes vers quelque rive fleurie !
> La Parque à filets d'or n'ourdira point ma vie,
> Je ne dormirai point sous de riches lambris ;
> Mais voit-on que la somme en perde de son prix ?
> En est-il moins profond et moins plein de délices ?
> Je lui voue au désert de nouveaux sacrifices !

C'est un grand poëte que celui-là qui a fait de pareils vers !

La page la plus rêveuse d'Young ne peut être comparée à ce passage de J.-J. Rousseau :

« Quand le soir approchait, je descendais des cimes de l'île et j'allais volontiers m'asseoir au bord du lac, sur la grève, dans quelque asile caché : là le bruit des vagues et l'agitation de l'eau fixant mes sens, et chassant de mon âme toute autre agitation, la plongeaient dans une rêverie délicieuse, où la nuit me surprenait souvent sans que je m'en fusse aperçu. Le flux et le reflux de

---

[1] *Voyez* la note, page 185.

cette eau, son bruit continu, mais renflé par intervalles, frappant sans relâche mon oreille et mes yeux, suppléaient aux mouvements internes que la rêverie éteignait en moi, et suffisaient pour me faire sentir avec plaisir mon existence, sans prendre la peine de penser. De temps à autre naissait quelque faible et courte réflexion sur l'instabilité des choses de ce monde, dont la surface des eaux m'offrait l'image ; mais bientôt ces impressions légères s'effaçaient dans l'uniformité du mouvement continu qui me berçait, et qui, sans aucun concours actif de mon âme, ne laissait pas de m'attacher, au point qu'appelé par l'heure et le signal convenu, je ne pouvais m'arracher de là sans effort. »

Ce passage de Rousseau me rappelle qu'une nuit, étant couché dans une cabane en Amérique, j'entendis un murmure extraordinaire qui venait d'un lac voisin. Prenant ce murmure pour l'avant-coureur d'un orage, je sortis de la hutte pour regarder le ciel. Jamais je n'ai vu de nuit plus belle et plus pure. Le lac s'étendait tranquille, et répétait la lumière de la lune, qui brillait sur les pointes des montagnes et sur les forêts du désert. Un canot indien traversait les flots en silence. Le bruit que j'avais entendu provenait du flux du lac, qui commençait à s'élever, et qui imitait une sorte de gémissement sous les rochers du rivage. J'étais sorti de la hutte avec l'idée d'une tempête : qu'on juge de l'impression que fit sur moi le calme et la sérénité de ce tableau ! ce fut comme un enchantement.

Young a mal profité, ce me semble, des rêveries qu'inspirent de pareilles scènes, parce que son génie manquait éminemment de tendresse. Par la même raison, il a échoué dans cette seconde sorte de tristesse que j'ai appelée tristesse des souvenirs.

Jamais le chantre des tombeaux n'a de ces retours attendrissants vers le premier âge de la vie, alors que tout est innocence et bonheur. Il ignore les souvenirs de la famille et du toit paternel ; il ne connaît point les regrets pour les plaisirs et les jeux de l'enfance ; il ne s'écrie point, comme le chantre des *Saisons* :

> Welcome, kindred glooms!
> Congenial horrors, hail! with frequent foot,
> Pleas'd have I, in my cheerful morn of life.
> When nurs'd by careless solitude I liv'd,
> And sung of Nature with unceasing joy,
> Pleas'd have I wander'd thro' your rough domain ;
> Trod the pure virgin-snows, myself pure, etc.

« Ombres propices des hivers, agréables horreurs, je vous salue! combien de fois, au matin de ma vie, lorsque, rempli d'insouciance et nourri par la solitude, je chantais la nature dans une extase sans fin, combien de fois n'ai-je point erré avec ravissement dans les régions des tempêtes, foulant les neiges virginales, moi-même aussi pur qu'elles! »

Gray, dans son ode sur une vue lointaine du collége d'Éton, a répandu cette même douceur des souvenirs :

> Ah! happy hills, ah! pleasing shade,
> Ah! fields belov'd in vain,
> Where once my careless childhood stray'd
> A stranger yet to pain !
> I feel the gales that from yon blow
> . . . .
> My weary soul they seem to sooth,
> And redolent of joy and youth
> To breath a second spring.

« O heureuse colline! ô doux ombrage! ô champs aimés en vain, champs où se joua ma tranquille enfance, encore étrangère aux douleurs! je sens les vents qui soufflent de vos bocages.. .. Ils semblent ranimer mon âme fatiguée, et, parfumés de joie et de jeunesse, m'apporter un second printemps. »

Quant aux souvenirs du malheur, ils sont nombreux dans le poëte anglais. Mais pourquoi semblent-ils encore manquer de vérité comme tout le reste? Pourquoi le lecteur ne peut-il s'intéresser aux larmes du chantre des *Nuits?* Gilbert expirant à la fleur de son âge, dans un hôpital, et se rappelant l'abandon où ses amis l'ont laissé, attendrit tous les cœurs :

>Au banquet de la vie, infortuné convive,
>J'apparus un jour, et je meurs!
>Je meurs, et sur ma tombe, où lentement j'arrive,
>Nul ne viendra verser des pleurs.
>Adieu, champs fortunés ! adieu, douce verdure!
>Adieu, riant exil des bois !
>Ciel, pavillon de l'homme, admirable nature,
>Adieu, pour la dernière fois !
>Ah ! puissent voir longtemps votre beauté sacrée
>Tant d'amis sourds à mes adieux !
>Qu'ils meurent pleins de jours! que leur mort soit pleurée!
>Qu'un ami leur ferme les yeux !

Voyez dans Virgile les femmes troyennes assises au bord de la mer, et *qui regardent en pleurant l'immensité des flots :*

>Cunctæque profundum
>Pontum aspectabant flentes.

Quelle beauté d'harmonie! comme elle peint les vastes solitudes de l'Océan! Quel souvenir de la patrie perdue! Que de douleurs dans ce seul regard jeté sur la face des mers, et que le *flentes,* qui en est l'effet, est triste !

M. de Parny a su faire entrer dans une autre espèce de sentiment le charme attendrissant des souvenirs. Sa complainte sur le tombeau d'Emma est pleine de cette douce mélancolie qui caractérise les écrits du seul poëte élégiaque de la France :

>L'Amitié même, oui, l'Amitié volage
>A rappelé les ris et l'enjouement;
>D'Emma mourante elle a chassé l'image ;
>Son deuil trompeur n'a duré qu'un moment.
>Sensible Emma, douce et constante amie,
>Ton souvenir ne vit plus dans ces lieux ;
>De ce tombeau l'on détourne les yeux ;
>Ton nom s'efface, et le monde t'oublie !

La Muse du chantre d'Éléonore nourrissait ses rêveries sur les mêmes rochers où *Paul,* la tête appuyée sur sa main, regardait fuir le vaisseau qui emportait *Virginie.* Héloïse dans les cloîtres du Paraclet, ranimait toutes ses douleurs et tout son amour à la seule pensée d'Abeilard. Les souvenirs sont comme les échos des passions ; et les sons qu'ils répètent prennent par l'éloignement quelque chose de vague et de mélancolique, qui les rend plus séduisants que l'accent des passions mêmes.

Il me reste à parler de la tristesse religieuse.

En exceptant Gray et Hervey, je ne connais, parmi les écrivains protestants, que M. Necker qui ait répandu quelque tendresse sur les sentiments tirés de la religion. On sait que Pope était catholique, que Dryden le fut par intervalles, et l'on croit que Shakspeare appartenait aussi à l'Église romaine. Un père enterrant furtivement sa fille dans une terre étrangère, quel beau texte pour un ministre chrétien ! Et cependant, si vous ôtez la comparaison touchante du rossignol (comparaison prodigieusement embellie par le traducteur, comme on va le voir à l'instant), il reste à peine quelques traits touchants dans la Nuit intitulée *Narcisse*. Young verse moins de larmes sur la tombe de sa fille unique, que Bossuet sur le cercueil de madame Henriette :

> Sweet harmonist! and beautiful as sweet!
> And young as beautiful! and soft as young!
> And gay as soft! and innocent as gay!
> And happy (if aught happy here) as good,
> For fortune fond had built her nest on high.
> Like birds quite exquisite of note and plume
> Transfix'd by fate (who loves a lofty mark),
> How from the summit of the grove she fell,
> And left in unharmonious! All its charm
> Extinguish'd in the wonders of her song!
> Her song still vibrates in my ravish'd ear,
> Still melting there, and with voluptuous pain
> (O to forget her!) trilling thro' my heart.

« Fille de l'Harmonie, tu étais belle autant qu'aimable, jeune autant que belle, douce autant que jeune. Ta gaieté égalait ta douceur, et ton innocence, ta gaieté. Pour ton bonheur (s'il est quelque bonheur ici-bas), il était égal à ta bonté, car la fortune avait bâti ton nid sur des lieux élevés. Comme des oiseaux éclatants par le chant et le plumage sont frappés par le sort (qui aime un but élevé), tu es tombée du haut du bocage, et tu l'as laissé sans harmonie. Tous ses charmes ont disparu avec la merveille de tes concerts ! Ta voix raisonne encore à mon oreille ravie (oh! comment pourrais-je l'oublier !), elle attendrit encore mon âme ; elle fait encore frémir mon cœur d'une douceur voluptueuse. »

Ce morceau, sauf erreur, me semble tout à fait intolérable ; et c'est cependant un des plus beaux dans la traduction de M. Le Tourneur. Si j'avais suivi un rigoureux mot à mot, ce serait bien pis encore. Est-ce là le langage d'un père ? *Une fille de l'Harmonie* (sweet Harmonist, *douce musicienne*), *qui est belle autant qu'aimable, jeune autant que belle, douce autant que jeune, gaie autant que douce, innocente autant que gaie*. Est-ce ainsi que la mère d'Euryale déplore la perte de son fils, ou que Priam gémit sur les restes d'Hector ?

M. Le Tourneur a montré beaucoup de goût en transformant en un *rossignol atteint par le plomb du chasseur* ces oiseaux *frappés par le sort, qui aime un but élevé.* Il faut toujours proportionner le moyen à la chose, et ne pas prendre un levier pour soulever une paille. *Le sort* peut disposer d'un empire, changer un monde, élever ou précipiter un grand homme, mais il ne doit point frapper un oiseau. C'est le *durus arator*, c'est la *flèche empennée*, qui doit faire gémir les rossignols et les colombes.

Ce n'est pas de ce ton que Bossuet parle de madame Henriette :

« Madame cependant a passé du matin au soir, ainsi que l'herbe des champs. Le matin elle fleurissait, avec quelles grâces! vous le savez : le soir nous la vîmes séchée ; et ces fortes expressions par lesquelles l'Écriture sainte exagère l'inconstance des choses humaines devaient être pour cette princesse si précises et si littérales ! Hélas! nous composions son histoire de tout ce qu'on peut imaginer de plus glorieux : le passé et le présent nous garantissaient de l'avenir... Telle était l'agréable histoire que nous faisions; et, pour achever ces nobles projets, il n'y avait que la durée de sa vie dont nous ne croyions pas devoir être en peine : car qui eût pu seulement penser que les années eussent dû manquer à une jeunesse qui semblait si vive? Toutefois, c'est par cet endroit que tout se dissipe en un moment... La voilà, malgré ce grand cœur, cette princesse si admirée et si chérie ! la voilà telle que la mort nous l'a faite! encore ce reste, tel quel, va-t-il disparaître, etc. »

Je désirerais pouvoir citer de l'auteur des *Nuits* quelques pages d'une beauté soutenue. On les trouve, ces pages, dans le traducteur, mais non dans l'original. Les *Nuits* de M. Le Tourneur, et l'imitation de M. Colardeau, sont des ouvrages tout à fait différents de l'ouvrage anglais. Ce dernier n'offre que des traits épars: il fournit rarement de suite dix vers irréprochables.

On retrouve quelquefois dans Young Sénèque et Lucain, mais jamais Job ni Pascal. Il n'est point l'homme de la douleur; il ne plaît point aux cœurs véritablement malheureux.

Dans plusieurs endroits, Young déclame contre la solitude : l'habitude de son cœur n'était donc pas la rêverie. Les saints nourrissent leurs méditations au désert, et le Parnasse des poëtes est aussi une montagne solitaire. Bourdaloue suppliait le chef de son ordre de lui permettre de se retirer du monde. « Je sens que mon corps s'affaiblit et tend vers sa fin, écrivait-il. J'ai achevé ma course : et plût à Dieu que je pusse ajouter : J'ai été fidèle ! . . . . Qu'il me soit permis d'employer uniquement pour Dieu et pour moi-même ce qui me reste de vie. . . . . Là, oubliant les choses du monde, je passerai devant Dieu toutes les années de ma vie dans l'amertume de mon âme. » Si Bossuet, vivant au milieu des pompes de Versailles, a su pourtant répandre dans ses écrits une sainte et majestueuse tristesse, c'est qu'il avait trouvé dans la religion toute une solitude ; c'est que son corps était dans le monde, et son esprit dans le désert; c'est qu'il avait mis son cœur à l'abri sous les voiles secrets du tabernacle ; c'est, comme il l'a dit lui-même de Marie-Thérèse d'Autriche, « qu'on *le* voyait courir aux autels, pour y goûter avec David un humble repos, et s'enfoncer dans son oratoire, où, malgré le tumulte de la cour, *il* trouvait le Carmel d'Élie, le désert de Jean, et la montagne si souvent témoin des gémissements de Jésus. »

Le docteur Johnson, après avoir sévèrement critiqué les *Nuits* d'Young, finit par les comparer à un jardin chinois. Pour moi, tout ce que j'ai voulu dire, c'est que, si nous jugeons avec impartialité les ouvrages étrangers et les nôtres, nous trouverons toujours une immense supériorité du côté de la littérature française : au moins égaux par la force de la pensée, nous l'emportons toujours par le goût. Or, on ne doit jamais perdre de vue que si le génie enfante, c'est le goût qui conserve. Le goût est le bon sens du génie; sans le goût, le génie n'est qu'une sublime folie. Mais c'est une chose étrange que ce toucher sûr, par qui une chose ne rend jamais que le son qu'elle doit rendre, soit encore plus rare que la faculté qui crée. L'esprit et le génie sont répandus en portions assez égales dans les siècles; mais il n'y a dans ces siècles que de certaines nations, et chez ces nations qu'un certain moment, où le goût se montre dans toute sa pureté : avant ce moment, après ce moment, tout pèche par défaut ou par excès. Voilà pourquoi les ouvrages parfaits sont si rares; car il faut qu'ils soient produits dans ces heureux jours de l'union du goût et du génie. Or, cette grande rencontre, comme celle de certains astres, semble n'arriver qu'après la révolution de plusieurs siècles, et ne durer qu'un moment.

SHAKSPEARE OU SHAKESPEARE.

Avril 1801.

Après avoir parlé d'Young dans notre premier extrait, je viens à un homme qui a fait schisme en littérature, à un homme divinisé par le pays qui l'a vu naître, admiré dans tout le nord de l'Europe, et mis par quelques Français au-dessus de Corneille et de Racine.

C'est Voltaire qui a fait connaître Shakspeare à la France. Le jugement qu'il porta d'abord du tragique anglais fut, comme la plupart de ses premiers jugements, plein de mesure, de goût et d'impartialité. Il écrivait à mylord Bolingbroke vers 1730 :

« Avec quel plaisir n'ai-je pas vu à Londres votre tragédie de *Jules César*, qui, depuis cent cinquante années, fait les délices de votre nation! »

Il dit ailleurs :

« Shakspeare créa le théâtre anglais. Il avait un génie plein de force et de fécondité, de naturel et de sublime, sans la moindre étincelle de bon goût, et sans la moindre connaissance des règles. Je vais vous dire une chose hasardée, mais vraie : c'est que le mérite de cet auteur a perdu le théâtre anglais. Il y a de si belles scènes, des morceaux si grands et si terribles répandus dans ces farces monstrueuses qu'on appelle *tragédies*, que ces pièces ont toujours été jouées avec un grand succès. »

Telles furent les premières opinions de Voltaire sur Shakspeare. Mais lorsqu'on eut voulu faire passer ce grand génie pour un modèle de perfection, lorsqu'on ne rougit point d'abaisser devant lui les chefs-d'œuvre de la scène grecque et française, alors l'auteur de *Mérope* sentit le danger. Il vit qu'en relevant les beautés des Barbares, il avait séduit des hommes qui, comme lui, ne sauraient pas séparer l'alliage de l'or. Il voulut revenir sur ses pas; il attaqua l'idole qu'il avait encensée : mais il était déjà trop tard, et en vain il se repentit d'avoir *ouvert la porte à la médiocrité, d'avoir aidé*, comme il le disait lui-même, *à placer le monstre sur l'autel*. Voltaire avait fait de l'Angleterre, alors assez peu connue, une espèce de pays merveilleux, où il plaçait les héros, les opinions et les idées dont il pouvait avoir besoin. Sur la fin de sa vie il se reprochait ses fausses admirations, dont il ne s'était servi que pour appuyer ses systèmes. Il commençait à en découvrir les funestes conséquences; malheureusement il pouvait se dire : *Et quorum pars magna fui.*

Un excellent critique, M. de La Harpe, en analysant *la Tempête* dans la traduction de Le Tourneur, présenta dans tout leur jour les grossières irrégularités de Shakspeare, et vengea la scène française. Deux auteurs modernes, madame de Staël et M. de Rivarol, ont aussi jugé le tragique anglais. Mais il me semble que, malgré tout ce qu'on a écrit sur ce sujet, on peut encore faire quelques remarques intéressantes.

Quant aux critiques anglais, ils ont rarement dit la vérité sur leur poëte favori. Ben-Johnson, qui fut le disciple et ensuite le rival de Shakspeare, partagea d'abord les suffrages. On vantait le savoir du premier pour ravaler le génie du second, et on élevait au ciel le génie du second pour déprécier le savoir du premier. Ben-Johnson n'est plus connu aujourd'hui que par sa comédie du *Fox* et par celle de l'*Alchimiste*.

Pope montra plus d'impartialité dans sa critique.

Of all English poets, dit-il, *Shakspeare must be confessed to be the fairest and fullest subject for criticism, and to afford the most numerous instances, both of beauties and faults of all sorts.*

« Il faut avouer que, de tous les poëtes anglais, Shakspeare présente à la critique le sujet le plus agréable et le plus dégoûtant, et qu'il fournit d'innombrables exemples de beautés et de défauts de toute espèce. »

Si Pope s'en était tenu à ce jugement, il faudrait louer sa modération. Mais bientôt, emporté par les préjugés de son pays, il place Shakspeare au-dessus de tous les génies antiques et modernes. Il va jusqu'à excuser la bassesse de quelques-uns des *caractères* du tragique anglais, par cette ingénieuse comparaison :

« Dans ces cas-là, dit-il, son génie est comme un héros de roman déguisé sous l'habit d'un berger : une certaine grandeur perce de temps en temps, et révèle une plus haute extraction et de plus puissantes destinées. »

MM. Théobald et Hanmer viennent ensuite. Leur admiration est sans bornes. Ils attaquent Pope, qui s'était permis de corriger quelques trivialités du grand homme. Le célèbre docteur Warburton, prenant la défense de son ami, nous apprend que M. Théobald était un *pauvre homme*, et M. Hanmer un *pauvre critique ;* qu'au premier il donna de l'argent, et au second des notes.

Le bon sens et l'esprit du docteur Johnson semblent l'abandonner à son tour quand il parle de Shakspeare. Il reproche à Rymer et à Voltaire d'avoir dit que le tragique anglais ne conserve pas assez *la vraisemblance des mœurs.*

« Ce sont là, dit-il, les petites chicanes de petits esprits : un poëte néglige la distinction accidentelle du pays et de la condition, comme un peintre, satisfait de la figure, s'occupe peu de la draperie. »

Il est inutile de relever le mauvais ton et la fausseté de cette critique. La *vraisemblance des mœurs,* loin d'être la *draperie*, est le *fond* même du tableau. Tous ces critiques qui s'appuient sans cesse sur la *nature*, et qui regardent comme des préjugés de l'art *la distinction accidentelle du pays et de la condition*, sont comme ces politiques qui replongent les États dans la barbarie en voulant anéantir les distinctions sociales.

Je ne citerai point les opinions de MM. Rowe, Steevens, Gildon, Dennis, Peck, Garrick, etc. Madame de Montague les a tous surpassés en enthousiasme. Hume et le docteur Blair ont seuls gardé quelque mesure. Sherlock a osé dire (et c'est avoir du courage pour un Anglais), il a osé dire : *Qu'il n'y a rien de médiocre dans Shakspeare ; que tout ce qu'il a écrit est excellent ou détestable ; que jamais il ne suivit ni même ne conçut un plan, excepté peut-être celui des* Merry wives of Windsor; *mais qu'il fait souvent fort bien une scène.* Cela approche beaucoup de la vérité. M. Masson, dans son *Elfrida* et dans son *Caractacus*, a essayé, mais sans succès, de donner la tragédie grecque à l'Angleterre. On ne joue presque plus le *Caton* d'Addison. On ne se délasse au théâtre anglais des monstruosités de Shakspeare que par les horreurs d'Otway.

Si l'on se contente de parler vaguement de Shakspeare sans poser les bases de la question, et sans réduire toute la critique à quelques points principaux, on ne parviendra jamais à s'entendre ; parce que, confondant le siècle, le génie et l'art, chacun peut louer et blâmer à volonté le père du théâtre anglais. Il nous semble donc que Shakspeare doit être considéré sous trois rapports :

1° Par rapport à son siècle ;
2° Par rapport à ses talents naturels ou à son génie ;
3° Par rapport à l'art dramatique.

Sous le premier point de vue, on ne peut jamais trop admirer Shakspeare. Peut-être supérieur à Lopez de Vega, son contemporain, on ne le peut comparer en aucune manière aux Garnier et aux Hardy, qui balbutiaient alors parmi nous les premiers accents de la Melpomène française. Il est vrai que le prélat Trissino, dans sa *Sophonisbe*, avait déjà fait renaître en Italie la tragédie régulière. On a recherché curieusement les traductions des auteurs anciens qui pouvaient exister du temps de Shakspeare. Je ne remarque comme pièces dramatiques, dans le catalogue, qu'une *Jocaste*, tirée des *Phéniciennes* d'Euripide, l'*Andria* et l'*Eunuque* de Térence, les *Ménechmes* de Plaute et les tragédies de Sénèque. Il est douteux que Shakspeare ait eu connaissance de ces traductions ; car il n'a pas emprunté le fonds de ses pièces d'invention des originaux mêmes traduits en anglais, mais de quelques imitations anglaises de ces originaux. C'est ce qu'on voit par *Roméo et Juliette*, dont il n'a pris l'histoire ni dans *Girolamo de la Corte*, ni dans la nouvelle de *Bandello* ; mais dans un petit poëme anglais intitulé *la tragique histoire de Roméo et Juliette*. Il en est ainsi du sujet d'*Hamlet*, qu'il n'a pu tirer immédiatement de *Saxo Grammaticus*, puisqu'il ne savait pas le latin [1]. En général, on sait que Shakspeare fut un homme sans éducation et sans lettres. Obligé de fuir de sa province pour avoir chassé sur les terres d'un seigneur avant d'être acteur à Londres, il gardait pour quelque argent les chevaux des *gentlemen* à la porte du spectacle. C'est une chose mémorable que Shakspeare et Molière aient été comédiens. Ces rares génies se sont vus forcés de monter sur des tréteaux pour gagner leur vie. L'un a trouvé l'art dramatique, l'autre l'a porté à sa perfection : semblables à deux philosophes anciens, ils s'étaient partagé l'empire des ris et des larmes, et tous les deux se consolaient peut-être des injustices de la fortune, l'un en peignant les travers, et l'autre les douleurs des hommes.

Sous le second rapport, c'est-à-dire sous le rapport des talents naturels ou du grand écrivain, Shakspeare n'est pas moins prodigieux. Je ne sais si jamais homme a jeté des regards plus profonds sur la nature humaine. Soit qu'il traite des passions, soit qu'il parle de morale ou de politique, soit qu'il déplore ou qu'il prévoie les malheurs des États, il a mille sentiments à citer, mille pensées à recueillir, mille sentences à appliquer dans toutes les circonstances de la vie. C'est *sous le rapport du génie* qu'il faut considérer les belles scènes isolées dans Shakspeare, et non *sous le rapport de l'art dramatique*. Et c'est ici que se trouve la prin-

---

[1] *Voyez* SAXO GRAMMATICUS, depuis la page 48 jusqu'à la page 59. « Amlethus, ne prudentius « agendo patruo suspectus redderetur, stoliditatis simulationem amplexus, extremum mentis vitium « finxit. » (SAX. GRAMM., *Hist. Dan.*, in-folio, edit. Steph., 1544.)

cipale erreur des admirateurs du poëte anglais; car si l'on considère ces scènes relativement à l'*art*, il faudra savoir si elles sont *nécessaires*, si elles sont bien liées au sujet, bien motivées, si elles forment partie du tout, et conservent les unités. Or, le *non erat hic locus* se présente à toutes les pages de Shakspeare.

Mais, à ne parler que du grand écrivain, combien elle est belle cette troisième scène du quatrième acte de *Macbeth!*

MACDUFF.

Qui s'avance ici?

MALCOLM.

C'est un Écossais, et cependant je ne le connais pas.

MACDUFF.

Cousin, soyez le bienvenu.

MALCOLM.

Je le reconnais à présent. Grand Dieu! renverse les obstacles qui nous rendent étrangers les uns aux autres.

ROSSE.

Puisse votre souhait s'accomplir!

MACDUFF.

L'Écosse est-elle toujours aussi malheureuse?

ROSSE.

Hélas! déplorable patrie! elle est presque effrayée de connaître ses propres maux. Ne l'appelons plus notre mère, mais notre tombe. On n'y voit plus sourire personne, hors l'enfant qui ignore ses malheurs. Les soupirs, les gémissements, les cris frappent les airs, et ne sont point remarqués. Le plus violent chagrin semble un mal ordinaire : quand la cloche de la mort sonne, on demande à peine pour qui.

MACDUFF.

O récit trop véritable!

MALCOLM.

Quel est le dernier malheur?

ROSSE, *à Macduff.*

. . . . Votre château est surpris, votre femme et vos enfants sont inhumainement massacrés...

MACDUFF.

Mes enfants aussi?

ROSSE.

Femmes, enfants, serviteurs, tout ce qu'on a trouvé!

MACDUFF.

Et ma femme aussi?

ROSSE.

Je vous l'ai dit.

MALCOLM.

Prenez courage; la vengeance offre un remède à vos maux. Courons, punissons le tyran!

MACDUFF.

Il n'a point d'enfants!

Quelle vérité et quelle énergie dans la description des malheurs de l'Écosse! Ce sourire qui n'est plus que sur la bouche des enfants, ces cris qu'on n'ose pas remarquer, ces trépas si fréquents qu'on ne daigne plus demander *pour qui sonne* la cloche funèbre, ne croit-on pas voir la France sous Robespierre? Xénophon a fait à peu près la même peinture d'Athènes sous le règne des trente tyrans :

« Athènes, dit-il, n'était qu'un vaste tombeau, habité par la terreur et le silence; le geste et le coup d'œil, la pensée même, devenaient funestes aux malheureux citoyens. On étudiait le front de la victime, et les scélérats y cherchaient la candeur et la vertu, comme un juge lâche d'y découvrir le crime caché du coupable [1]. »

Le dialogue de *Rosse* et de *Macduff* rappelle celui de Flavian et de Curiace dans Corneille, lorsque Flavian vient annoncer à l'amant de Camille qu'il a été choisi pour combattre les Horaces :

CURIACE.
Albe de trois guerriers a-t-elle fait le choix?

FLAVIAN.
Je viens pour vous l'apprendre.

CURIACE.
Eh bien! qui sont les trois?

FLAVIAN.
Vos deux frères et vous.

CURIACE.
Qui?

FLAVIAN.
Vous et vos deux frères.

Les interrogations de *Macduff* et de *Curiace* sont des beautés du même ordre. *Mes enfants aussi? — Femmes, enfants. — Et ma femme aussi? — Je vous l'ai dit.* — EH BIEN! QUI SONT LES TROIS? — VOS DEUX FRÈRES ET VOUS. — QUI? — VOUS ET VOS DEUX FRÈRES. Mais le mot de Shakspeare : *Il n'a point d'enfants!* resté sans parallèle.

Le même homme qui a tracé ce tableau a écrit la scène charmante des adieux de *Roméo* et *Juliette*. Roméo, condamné à l'exil, est surpris par le jour naissant chez Juliette, à laquelle il est marié secrètement :

Wilt thou be gone? It is not yet near day :
It was the nightingale, and not the lark
That pierc'd the fearful hollow of thine ear, et

JULIETTE.
Veux-tu déjà partir? Le jour ne paraît point encore. C'était le rossignol, et non l'alouette, dont la voix a frappé ton oreille alarmée : il chante toute la nuit sur cet oranger lointain. Crois-moi, mon jeune époux, c'était le rossignol.

ROMÉO.
C'était l'alouette, qui annonce l'aurore; ce n'était pas le rossignol. Regarde, ô mon amour! regarde les traits de lumière qui pénètrent les nuages dans l'orient. Les flambeaux de la nuit s'éteignent, et le jour se lève sur le sommet vaporeux des montagnes. Il faut ou partir et vivre, ou rester et mourir.

JULIETTE.
La lumière que tu vois là-bas n'est pas celle du jour; c'est quelque météore qui te servira de flambeau, et t'éclairera sur la route de Mantoue. Reste encore ; il n'est pas encore nécessaire que tu me quittes.

ROMÉO.
Eh bien! que je sois arrêté, que je sois conduit à la mort, si tu le désires, je suis satisfait. Je dirai : « Cette blancheur lointaine n'est pas celle du matin, ce n'est que le pâle reflet de la lune ; ce n'est « pas l'alouette, dont les chants retentissent si haut au-dessus de nos têtes, dans la voûte du « ciel. » Ah! je crains moins de rester que de partir. Viens, ô mort! viens, je te reçois avec joie! J'obéis à Juliette..... Mais que regardes-tu, ma bien-aimée? Parlons, parlons encore ensemble, il n'est pas encore jour!

---

[1] XENOPH., *Hist. Græc.*, lib. II.

JULIETTE.

Il est jour! il est jour! Fuis, pars, éloigne-toi! C'est l'alouette qui chante, je reconnais sa voix aiguë. Ah! dérobe-toi à la mort : la lumière croît de plus en plus.

Qu'il est touchant ce contraste des charmes du matin et des derniers plaisirs des deux jeunes époux, avec la catastrophe horrible qui va suivre! C'est encore plus naïf que les Grecs, et moins pastoral que l'*Aminte* et le *Pastor fido*. Je ne connais qu'une scène d'un drame indien, en langue *sanscrite*, qui ait quelque rapport avec les adieux de Roméo et Juliette; encore n'est-ce que par la fraîcheur des images, et point du tout par l'intérêt de la situation. *Sacontala*, prête à quitter le séjour paternel, se sent arrêtée par son voile.

SACONTALA.

Qui saisit ainsi les plis de mon voile?

UN VIEILLARD.

C'est le chevreau que tu as tant de fois nourri des graines du *synmaka*. Il ne veut pas quitter les pas de sa bienfaitrice.

SACONTALA.

Pourquoi pleures-tu, tendre chevreau? Je suis forcée d'abandonner notre commune demeure. Lorsque tu perdis ta mère, peu de temps après ta naissance, je te pris sous ma garde. Retourne à ta crèche, pauvre jeune chevreau; il faut à présent nous séparer!

La scène des adieux de Roméo et Juliette n'est point indiquée dans Bandello, et elle appartient tout entière à Shakspeare. Les cinquante-deux commentateurs de Shakspeare, au lieu de nous apprendre beaucoup de choses inutiles, auraient dû s'attacher à découvrir les beautés qui appartiennent à cet homme extraordinaire, et celles qu'il n'a fait qu'emprunter. Bandello raconte en peu de mots la séparation des deux amants :

A la fine, cominciando l' aurora a voler uscire, si basciarono, estrettamente abbracciarono gli amanti, e pieni di lagrime e sospiri si dissero adio [1].

« Enfin, l'aurore commençant à paraître, les deux amants se baisèrent, s'embrassèrent étroitement, et, pleins de larmes et de soupirs, ils se dirent adieu. »

On peut remarquer en général que Shakspeare fait un grand usage des contrastes. Il aime à placer la gaieté auprès de la tristesse, à mêler les divertissements et les cris de joie à des pompes funèbres et à des cris de douleur. Que des musiciens appelés aux noces de Juliette arrivent précisément pour accompagner son cercueil; qu'indifférents au deuil de la maison, ils se livrent à d'indécentes plaisanteries, et s'entretiennent des choses les plus étrangères à la catastrophe; qui ne reconnaît là toute la vie? qui ne sent toute l'amertume de ce tableau? qui n'a pas été témoin de pareilles scènes? Ces effets ne furent point inconnus des Grecs, et l'on retrouve dans Euripide plusieurs traces de ces naïvetés que Shakspeare mêle au plus haut ton tragique. Phèdre vient d'expirer; le chœur ne sait s'il doit entrer dans l'appartement de la princesse :

PREMIER DEMI-CHOEUR.

Φίλαι, τί δρῶμεν; ἢ δοκεῖ περᾶν δόμους,
Λῦσαί τ' ἄνασσαν ἐξ ἐπισπαστῶν βρόχων;

---

[1] *Novelle del* BANDELLO, sec. parte, pag. 52; Luc. edit. in-4°, 1554.

SECOND DEMI-CHOEUR.

Τί δ'; οὐ πάρεισι πρόσπολοι νεανίαι;
Τὸ πολλὰ πράσσειν οὐκ ἐν ἀσφαλεῖ βίου.

PREMIER DEMI-CHOEUR.

« Compagnes, que ferons-nous? Devons-nous entrer dans le palais pour aider à dégager la reine de ses liens *étroits*?

SECOND DEMI-CHOEUR.

« Ce soin appartient à ses esclaves. Pourquoi ne sont-ils pas présents? Quand on se mêle de beaucoup d'affaires, il n'y a pas de sûreté dans la vie [1]. »

Dans *Alceste*, la Mort et Apollon se font des plaisanteries. La Mort veut saisir Alceste tandis qu'elle est jeune, parce qu'elle ne se soucie pas d'une vieille proie, et, comme traduit le père Brumoy, d'une proie ridée. Il ne faut pas rejeter entièrement ces contrastes, qui touchent de près au terrible, mais qu'une seule nuance ou trop forte ou trop faible dans l'expression rend à l'instant ou bas ou ridicule.

Shakspeare, comme tous les poëtes tragiques, a trouvé quelquefois le véritable comique, tandis que les poëtes comiques n'ont jamais pu s'élever à la bonne tragédie; ce qui prouve qu'il y a peut-être quelque chose de plus vaste dans le génie de Melpomène que dans celui de Thalie. Quiconque peint savamment le côté douloureux de l'homme peut aussi représenter le côté ridicule, parce que celui qui saisit *le plus* peut, à la rigueur, saisir *le moins*. Mais l'esprit qui s'attache particulièrement aux détails plaisants laisse échapper les rapports sévères, parce que la faculté de distinguer les objets infiniment petits suppose presque toujours l'impossibilité d'embrasser les objets infiniment grands : d'où il faudrait conclure que le sérieux est le véritable génie de l'homme. *Homo natus de muliere, brevi vivens tempore, repletur multis miseriis!* Un seul poëte comique marche l'égal des Sophocle et des Corneille : c'est Molière. Mais il est remarquable que le comique du *Tartufe* et du *Misanthrope*, par son extrême profondeur, et, si j'osais le dire, par sa *tristesse*, se rapproche beaucoup de la gravité tragique.

Les Anglais ont en grande estime le caractère comique de Falstaff dans les *Merry wives of Windsor*. En effet, ce caractère est bien dessiné, quoiqu'il soit souvent d'un comique peu naturel, bas et outré. Il y a deux manières de faire rire des défauts des hommes : l'une est de présenter d'abord les ridicules, et d'offrir ensuite les qualités, c'est la manière de l'Anglais, c'est le comique de Sterne et de Fielding, qui finit quelquefois par faire verser des larmes; l'autre consiste à donner d'abord quelques louanges, et à ajouter successivement tant de ridicules, qu'on oublie les meilleures qualités, et qu'on perd enfin toute estime pour les plus nobles talents et les plus hautes vertus : c'est la manière du Français, c'est le comique de Voltaire, c'est le *Nihil mirari* qui flétrit tout parmi nous. Mais les partisans du génie tragique et comique du poëte anglais me semblent beaucoup se tromper lorsqu'ils vantent le *naturel de son style*. Shakspeare est naturel dans les sentiments

---

[1] Brumoy traduit ainsi, en tronquant un couplet et paraphrasant l'autre :

UNE FEMME DU CHOEUR.

Qu'en pensez-vous, mes compagnes? est-il à propos que nous entrions?

UNE AUTRE FEMME.

Où sont donc ses officiers? C'est à eux de lui prêter du secours. On est souvent dupe de son trop d'empressement dans les affaires d'autrui.

et dans la pensée, jamais dans l'expression, excepté dans les belles scènes où son génie s'élève à sa plus grande hauteur; encore, dans ces scènes mêmes, son langage est-il souvent affecté; il a tous les défauts des écrivains italiens de son siècle; il manque éminemment de simplicité. Ses descriptions sont enflées, contournées; on y sent souvent l'homme de mauvaise éducation, qui, ne connaissant ni les genres, ni les tons, ni les sujets, ni la valeur exacte des mots, va plaçant au hasard des expressions poétiques au milieu des choses les plus triviales. Comment, par exemple, ne pas gémir de voir une nation éclairée, et qui compte parmi ses critiques les Pope et les Addison, de la voir s'extasier sur le portrait de l'*apothicaire* dans *Roméo et Juliette?* C'est le burlesque le plus hideux et le plus dégoûtant. Il est vrai qu'un éclair y brille comme dans toutes les ombres de Shakspeare. *Roméo* fait une réflexion sur ce malheureux qui tient si fortement à la vie, bien qu'il soit accablé de toutes les misères. C'est le sentiment qu'Homère met avec tant de naïveté dans la bouche d'Achille aux enfers :

« J'aimerais mieux être sur la terre l'esclave d'un laboureur indigent, où la vie serait peu abondante, que de régner en souverain dans l'empire des mânes. »

Il reste à considérer Shakspeare sous le *rapport de l'art dramatique.* Après avoir fait la part de l'éloge, on me permettra de faire la part de la critique.

Tout ce qu'on a dit à la louange de Shakspeare, comme auteur dramatique, se trouve dans ce passage du docteur Johnson :

Shakspeare has no heroes, etc. « Shakspeare n'a point de héros. Sa scène est seulement occupée par des hommes qui agissent et parlent comme le spectateur eût agi et parlé lui-même dans la même occasion. Les drames de Shakspeare ne sont point (dans le sens d'une critique rigoureuse) des comédies ou des tragédies, mais des compositions particulières, qui peignent l'état réel de ce monde sublunaire. Elles offrent, sous des formes innombrables, le bien et le mal, la joie et la douleur, combinés dans une variété sans fin; elles représentent le train du monde, où la perte de l'un est le gain de l'autre; où le voluptueux s'abandonne à la débauche, au moment même où l'affligé ensevelit son ami; où la méchanceté de celui-ci est quelquefois déjouée par la légèreté de celui-là, et où mille biens et mille maux arrivent ou sont prévenus sans dessein. »

Voilà le grand paradoxe littéraire des partisans de Shakspeare. Tout ce raisonnement tend à prouver *qu'il n'y a point de règles dramatiques* ou que *l'art* n'est pas un *art.*

Lorsque Voltaire s'est reproché d'avoir ouvert la porte à la médiocrité, en louant trop Shakspeare, il a voulu dire sans doute qu'en bannissant toute règle, et retournant à la *pure nature,* rien n'était plus aisé que d'égaler les *chefs-d'œuvre* du théâtre anglais. Si, pour atteindre à la hauteur de l'art tragique, il suffit d'entasser des scènes disparates, sans suite et sans liaison; de mêler le bas et le noble, le burlesque et le pathétique; de placer le porteur d'eau auprès du monarque, et la marchande d'herbes auprès de la reine, qui ne peut raisonnablement se flatter d'être le rival de Sophocle et de Racine? Quiconque se trouve placé dans la société de manière à voir beaucoup d'hommes et beaucoup de choses, s'il veut seulement se donner la peine de retracer tous les accidents d'une de ses journées, ses conversations avec l'artisan ou le ministre, avec le soldat ou le prince; s'il veut rappeler les objets qui ont passé sous ses yeux, le bal ou le convoi funèbre, le festin du riche et la misère du pauvre; celui-là, dis-je, aura fait un drame à la manière du poète anglais. Les scènes de génie pourront y manquer; mais si l'on n'y trouve pas Shakspeare *écrivain*, on y trouvera Shakspeare *dramatiste*.

Il faut donc se persuader d'abord qu'écrire est un art; que cet art a nécessairement des genres, et que chaque genre a des règles. Et qu'on ne dise pas que les genres et les règles sont arbitraires; ils sont nés de la nature même : l'art a seulement séparé ce que la nature a confondu; il a choisi les plus beaux traits, sans s'écarter de la ressemblance du grand modèle. La perfection ne détruit point la vérité; et l'on peut dire que Racine, dans toute l'excellence de son art, est plus naturel que Shakspeare; comme l'*Apollon*, dans toute sa divinité, a plus les formes humaines qu'une statue grossière de l'Égypte.

Mais si Shakspeare, dit-on, a péché contre toutes les règles, mêlé tous les genres, blessé toutes les vraisemblances, il a du moins mis plus de mouvement sur la scène et porté plus loin la terreur que les tragiques français.

Je n'examinerai point jusqu'à quel degré cette assertion est véritable; si la liberté que l'on se donne de tout dire et de tout représenter ne mène pas naturellement à ce fracas de scène, à cette multitude de personnages qui en imposent : je n'examinerai pas si, dans les pièces de Shakspeare, tout marche rapidement à la catastrophe; si l'intrigue se noue et se dénoue avec art, en prolongeant et précipitant sans cesse l'intérêt pour le spectateur : je dirai seulement que, s'il est vrai que nos tragiques manquent de mouvement (ce que je suis fort loin d'accorder), il est bon qu'ils en mettent davantage dans leurs sujets. Mais cela ne prouve pas qu'on doive introduire sur notre théâtre les monstruosités de cet homme que Voltaire appelait un *Sauvage ivre*. Une beauté dans Shakspeare n'excuse pas ses innombrables défauts : un monument gothique peut plaire par son obscurité et la difformité même de ses proportions, mais personne ne songe à bâtir un palais sur son modèle.

On prétend surtout que Shakspeare est un grand maître dans l'art de faire verser des larmes. Je ne sais s'il est vrai que le premier des arts *soit celui de faire pleurer*, dans le sens où l'on entend ce mot aujourd'hui. Les *vraies larmes* sont celles que fait couler une belle poésie; il faut qu'il s'y mêle autant d'admiration que de douleur. Si Sophocle me présente *Œdipe tout sanglant*, mon cœur est prêt à se briser; mais mon oreille est frappée d'une douce mélodie, mes yeux sont enchantés par un spectacle souverainement beau; j'éprouve à la fois du plaisir et de la peine; j'ai devant moi une affreuse vérité, et cependant je sens que ce n'est qu'une ingénieuse imitation d'une action qui n'est plus, qui peut-être n'a jamais été : alors mes larmes coulent avec délices; je pleure, mais c'est au son de la lyre d'Orphée; je pleure, mais c'est aux accents des Muses : ces filles célestes pleurent aussi, mais elles ne défigurent point leurs traits divins par des grimaces. Les anciens donnaient aux Furies même un beau visage, apparemment parce qu'il y a une beauté morale dans les remords.

Et, puisque nous sommes sur ce sujet important, on me permettra de dire un mot de la querelle qui divise aujourd'hui le monde littéraire. Une partie de nos gens de lettres n'admire plus que les ouvrages étrangers, tandis que l'autre tient fortement à notre ancienne école. Selon les premiers, les écrivains du siècle de Louis le Grand n'ont eu ni assez de mouvement dans le style, ni surtout assez de pensées; selon les seconds, tout ce prétendu mouvement, tous les efforts du jour vers des pensées nouvelles, ne sont que décadence et corruption : ceux-là rejettent toutes règles; ceux-ci les rappellent toutes.

On pourrait dire aux premiers qu'on se perd sans retour aussitôt que l'on abandonne les grands modèles, qui peuvent seuls nous retenir dans les bornes délicates du goût; qu'on se trompe lorsqu'on prend pour de véritables mouvements une manière qui procède sans fin par exclamations et par interrogations. Le second siècle de la littérature latine eut les mêmes prétentions que notre siècle. Il est certain que Tacite, Sénèque et Lucain ont plus d'agitation dans le style et plus de variété dans les couleurs que Tite-Live, Cicéron et Virgile. Ils affectent cette concision d'idées, et ces effets brillants d'expression, que nous recherchons à présent; ils chargent leurs descriptions, se plaisent à faire des tableaux, à prononcer des sentences : car c'est toujours dans les temps de corruption qu'on parle le plus de morale. Cependant les siècles sont venus; et, sans s'embarrasser des *penseurs* de l'âge de Trajan, ils ont donné la palme à l'âge de l'imagination et des arts, à l'âge d'Auguste.

Si les exemples instruisaient, je pourrais ajouter qu'une autre cause de la chute des lettres latines fut la confusion des dialectes dans l'empire romain. Lorsqu'on vit des Gaulois dans le sénat, lorsque Rome, devenue la capitale du monde, entendit ses murs retentir de tous les jargons, depuis le Goth jusqu'au Parthe, on put juger que c'en était fait du goût d'Horace et de la langue de Cicéron. La ressemblance est frappante : pour peu que l'on continue en France à étudier les idiomes étrangers, et à nous inonder de traductions, notre langue perdra bientôt cette fleur native et ces gallicismes qui faisaient son génie et sa grâce.

Une des sources de l'erreur où sont tombés les gens de lettres qui cherchent des routes inconnues vient de l'incertitude qu'ils ont cru remarquer dans les principes du goût. On est un grand homme dans un journal et un misérable écrivain dans un autre; ici un génie brillant, là un pur déclamateur. Les nations entières varient : tous les étrangers refusent du génie à Racine, et de l'harmonie à nos vers; nous, nous jugeons des auteurs anglais tout différemment que les Anglais eux-mêmes; on serait étonné de savoir quels sont les grands hommes de France en Allemagne, et quels sont les auteurs français qu'on méprise dans ce pays.

Mais tout cela ne saurait jeter l'esprit dans l'incertitude, et faire abandonner les principes, sous prétexte qu'on ne sait pas ce que c'est que le goût. Il y a une base sûre où l'on peut se reposer : c'est la littérature ancienne; elle est là pour modèle invariable.

C'est donc autour de ceux qui nous rappellent à ces grands exemples, qu'il faut nous hâter de nous rallier, si nous voulons échapper à la barbarie. Quand les partisans de l'ancienne école iraient un peu trop loin dans leur haine des littératures étrangères, on devrait encore leur en savoir gré : c'est ainsi que Boileau s'éleva contre le Tasse, par la raison, comme il le dit lui-même, que son siècle avait trop de penchant à tomber dans les défauts de cet auteur.

Cependant, en accordant quelque chose à un adversaire, ne le ramènerait-on pas plus aisément aux bons modèles? Est-ce qu'on ne pourrait pas convenir que les arts d'imagination ont peut-être un peu trop dominé dans le siècle de Louis XIV? que ce qu'on appelle aujourd'hui *peindre la nature* était alors une chose presque inconnue? Pourquoi n'admettrait-on pas que le style du jour connaît réellement plus de formes, que la liberté que l'on a de traiter tous les sujets a mis en circulation un plus grand nombre de vérités; que les sciences ont donné plus de fermeté aux esprits et de précision aux idées? Je sais qu'il y a des dangers à convenir de tout cela, et que si l'on cède sur un point, on ne saura bientôt plus où s'arrêter; mais enfin ne serait-il pas possible qu'un homme, marchant avec précaution entre les deux lignes, et se tenant toutefois beaucoup plus près de l'antique que du moderne, parvint à marier les deux écoles, et à en faire sortir le génie d'un nouveau siècle ? Quoi qu'il en soit, tout effort pour obtenir cette grande révolution sera inutile, si nous demeurons irréligieux. L'imagination et le sentiment tiennent essentiellement à la religion : or, une littérature d'où les enchantements et la tendresse sont bannis ne peut jamais être que sèche, froide et médiocre.

BEATTIE.

Juin 1801.

Le génie écossais a soutenu avec honneur, dans ce dernier siècle, une littérature que les Pope, les Addison, les Steele, les Rowe, avaient élevée à un haut degré de gloire. L'Angleterre ne compte point d'historiens supérieurs à Hume et à Robertson, ni de poëtes plus riches et plus aimables que Thomson et Beattie. Celui-ci, qui n'est jamais descendu de son désert, simple ministre, et professeur de philosophie dans une petite ville du nord de l'Écosse, a fait entendre des chansons d'un caractère tout nouveau, et touché une lyre qui rappelle un peu la harpe du barde. Son principal et pour ainsi dire son seul ouvrage est un petit poëme intitulé *le Minstrel*, ou *les Progrès du Génie*. Beattie a voulu peindre les effets de la Muse sur un jeune berger de la montagne, et retracer des inspirations qu'il avait sans doute éprouvées lui-même. L'idée primitive du *Minstrel* est charmante, et la plupart des détails en sont très-agréables. Le poëme est écrit en stances rimées comme les vieilles ballades écossaises, ce qui ajoute encore à sa singularité. On y trouve à la vérité, comme dans tous les auteurs étrangers, des longueurs et des traits de mauvais goût. Le docteur Beattie aime à s'étendre sur des lieux communs de morale, qu'il n'a pas toujours l'art de rajeunir. En général, les hommes d'une imagination brillante et tendre ont peu de profondeur dans la pensée, ou de force dans le raisonnement. Il faut des passions brûlantes ou un grand génie pour enfanter de grandes idées. Il y a un certain calme du cœur et une certaine douceur d'esprit qui semblent exclure le sublime.

Un ouvrage tel que le *Minstrel* n'est pas susceptible d'analyse. Pour le faire connaître, il faut le traduire. Je donnerai donc ici le premier chant de cette aimable production, en en retranchant toutefois ce que la délicatesse française ne pourrait supporter. Je préfère m'attacher à montrer les beautés plutôt qu'à compter curieusement les défauts d'un livre. J'aime mieux agrandir l'homme devant l'homme, que de le rapetisser à ses yeux. D'ailleurs, on s'instruit mieux par l'admiration que par le dégoût ; l'une vous révèle la présence du génie, l'autre se borne à vous découvrir des taches que tous les regards peuvent apercevoir ; c'est dans la belle ordonnance des cieux que l'on sent la Divinité, et non pas dans quelques irrégularités de la nature.

LE MINSTREL,

OU LES PROGRÈS DU GÉNIE.

« Ah ! qui peut dire combien il est difficile de gravir le sommet où brille au loin le temple de la gloire ? qui peut dire combien de génies sublimes ont senti l'influence d'un astre funeste? Repoussés par les outrages de l'orgueil et par les dédains de l'envie, arrêtés par l'insurmontable barrière de l'indigence, ils ont langui quelque temps dans les obscurs sentiers de la vie, puis ils ont disparu dans la tombe, inconnus, et sans être pleurés.

Et cependant les langueurs d'une vie sans gloire ne sont pas également accablantes pour tous! Celui qui ne prêta jamais l'oreille à la voix de la louange ne se plaindra point du silence de l'oubli. Il en est qui, sourds aux cris de l'ambition, frémiraient d'entendre la trompette de la Renommée. Heureux de n'avoir en partage que la santé, l'aisance et la paix, il ne portait pas plus haut ses désirs celui dont la simple histoire est retracée dans des vers sans art.

Si je voulais invoquer une Muse savante, mes doctes accords diraient ici quelle fut la destinée du *barde* dans les jours du vieux temps ; je le peindrais portant un cœur content sous de simples habits : on verrait ses cheveux flottants et sa barbe blanchie ; sa harpe modeste, seule compagne de son chemin, répondant aux soupirs des brises, serait suspendue à ses épaules voûtées ; le vieillard, en marchant, chanterait à demi voix quelque refrain joyeux.

Mais un pauvre *minstrel* inspire aujourd'hui mes vers. Ne vous étonnez point, mortels superbes, si je lui consacre mes accents. Les Muses méprisent le sourire insultant de la fortune, et ne fléchissent point le genou devant l'idole des grandeurs. . . . .

Si les montagnes du Potosé brillent de l'éclat du diamant et de l'or, si les montagnes de l'Écosse s'élèvent froides et stériles, dans le sein des premières germent la cupidité et la corruption ; paisibles sont les vallées des secondes, et purs les cieux qui les éclairent.

Dans les siècles gothiques (comme les vieilles ballades le racontent) vivait autrefois un berger. Ses ancêtres avaient peut-être habité une terre aimée des Muses, les grottes de la Sicile ou les vallées de l'Arcadie ; mais lui, il était né dans les contrées du nord, chez une nation fameuse par ses chansons et par la beauté de ses vierges ; nation fière quoique modeste, innocente quoique libre, patiente dans le travail, ferme dans les périls, inébranlable dans sa foi, invincible sous les armes.

Ce berger paissait son petit troupeau sur les montagnes d'Écosse ; jamais il ne mania la faux ou ne guida la charrue. Un cœur honnête était son trésor. Il buvait l'eau du rocher ; ses brebis fournissaient le lait à ses repas, et lui prêtaient leurs molles toisons pour le défendre des injures de l'hiver ; il suivait leurs pas errants partout où elles voulaient s'égarer.

Du travail naît la santé ; de la santé, la paix, source de toute joie. Il n'enviait point les rois, il ne pensait point à eux : il n'était point troublé par ces désirs que trompe la fortune, qu'éteint la jouissance. Un père vertueux, une mère pudique, suffisaient au besoin de son cœur : il n'aimait qu'eux, et il les aimait depuis son enfance.

Il était toute la postérité de ce couple innocent. Aucun oracle ne l'avait annoncé au monde ; aucun prodige n'éclata sur son berceau. Vous devinez toutes les circonstances de la naissance d'Edwin, les transports du père et les soins maternels, les prières offertes par la matrone pour le bonheur, l'esprit et la vertu de l'enfant, et tout un long jour d'été passé dans le repos et la joie.

Edwin n'était pas un enfant vulgaire. Son œil semblait souvent chargé d'une grave pensée ; il dédaignait les hochets de son âge, hors un petit chalumeau grossièrement façonné ; il était sensible, quoique sauvage, et gardait le silence quand il était content : il se montrait tour à tour plein de joie ou de tristesse, sans qu'on en devinât la cause. Les voisins tressaillaient et soupiraient à sa vue, et cependant le bénissaient. Aux uns il semblait d'une intelligence merveilleuse ; aux autres il paraissait insensé.

Mais pourquoi dirais-je les jeux de son enfance ? Il ne se mêlait point à la foule bruyante de ses jeunes compagnons ; il aimait à s'enfoncer dans la forêt, ou à s'égarer sur le sommet solitaire de la montagne. Souvent les détours d'un ruisseau sauvage conduisaient ses pas à des bocages ignorés. Tantôt il descend au fond des précipices, du sommet desquels se penchent de vieux pins ; tantôt il gravit des cimes escarpées, où le torrent brille de rochers en rochers ; où les eaux, les forêts, les vents forment un concert immense, que l'écho grossit et porte jusqu'aux cieux.

Quand l'aube commence à blanchir les airs, Edwin, assis au sommet de la colline, contemple au loin les nuages de pourpre, l'océan d'azur, les montagnes grisâtres, le lac qui brille faiblement parmi les bruyères vaporeuses, et la longue vallée étendue vers l'occident, où le jour lutte encore avec les ombres.

Quelquefois, pendant les brouillards de l'automne, vous le verriez escalader le sommet des monts. O plaisir effrayant ! debout sur la pointe d'un roc, comme un matelot sauvé du naufrage sur une côte déserte, il aime à voir les vapeurs se rouler en vagues énormes, s'allonger sur les horizons, là se creuser un golfe, ici s'arrondir autour des montagnes. Du fond du gouffre, au-dessous de lui, la voix de la bergère et le bêlement des troupeaux remontent jusqu'à son oreille, à travers la brume épaisse.

Cet étrange enfant aimait d'un amour égal les scènes agréables et les scènes terribles. Il trouvait autant de délices dans les ombres et les tempêtes que dans le rayon du midi, lorsqu'il brille sur l'Océan calmé. Ce penchant à la tristesse l'intéressait aux malheurs des hommes. Si quelquefois un soupir s'échappait de son cœur, si une larme de pitié coulait le long de ses joues, il ne cherchait point à retenir un soupir tendre, une larme si douce.

« Bois sauvages, qu'est devenue votre verdure ? » (C'est ainsi que la Muse interprète ses jeunes pensées.) « Vallons, où sont allés vos fleurs et vos parfums, naguère si délicieux aux heures brûlantes du jour ? Pourquoi les oiseaux, qui apportaient l'harmonie à vos bocages, ont-ils abandonné leurs demeures ? Le vent siffle tristement dans les herbes jaunes, et chasse devant lui les feuilles séchées.

« Tout passe ainsi sur la terre ! Ainsi fleurit et se fane l'homme majestueux.

Portés sur l'aile rapide et silencieuse du temps, la vieillesse et l'hiver ont bientôt flétri les fleurs et nos jeunes années.

« Eh bien ! déplorez vos destinées, vous dont les grossières espérances rampent dans cet obscur séjour ! Mais l'âme sublime qui porte ses regards au delà du tombeau sourit aux misères humaines, et s'étonne de vos larmes. Le printemps ne viendra-t-il plus ranimer ces scènes décolorées ? Le soleil a-t-il trouvé une couche éternelle dans le vague de l'occident ? Non ; bientôt l'orient s'enflammera de nouveaux feux ; bientôt le printemps rendra la verdure et l'harmonie aux bocages.

« Et je resterais abandonné dans la poussière, quand une Providence bienfaisante fera revivre les fleurs ! Quoi ! la voix de la nature, à l'homme seul injuste, le condamnerait à périr, lorsqu'elle lui commande d'espérer! Loin de moi ces pensées. Il viendra, l'immortel printemps des cieux! la mâle beauté de l'homme fleurira de nouveau. »

C'était de son père religieux qu'Edwin avait appris ces vérités sublimes... Mais voilà le romanesque enfant qui sort de l'asile où il s'était mis à couvert des tièdes ondées du midi. Elle est passée, la pluie de l'orage; maintenant l'air est frais et parfumé. Dans l'orient obscur, déployant un arc immense, l'iris brille au soleil couchant. Jeune insensé, qui crois pouvoir saisir le glorieux météore! combien vaine est la course que ton ardeur a commencée! La brillante apparition s'éloigne à mesure que tu la poursuis. Ah! puisses-tu savoir qu'il en est ainsi dans la jeunesse, lorsque nous poursuivons les chimères de la vie! que cet emblème d'une espérance trompée serve un jour à modérer tes passions, et à te consoler quand tes vœux seront déçus! Mais pourquoi une triste prévoyance alarmerait-elle ton cœur! Périsse cette vaine sagesse qui étouffe les jeunes désirs! Poursuis, aimable enfant, poursuis ton radieux fantôme; livre-toi aux illusions et à l'espérance: trop tôt, hélas! l'espérance et les illusions s'évanouiront elles-mêmes.

Quand la cloche du soir, balancée dans les airs, chargeait de ses gémissements la brise solitaire, le jeune Edwin, marchant avec lenteur, et prêtant une oreille attentive, se plongeait dans le fond des vallées; tout autour de lui il croyait voir errer des convois funèbres, de pâles ombres, des fantômes traînant des chaînes ou de longs voiles: mais bientôt ces bruits de la mort se perdaient dans le cri lugubre du hibou, ou dans les murmures du vent des nuits, qui ébranlait par intervalles les vieux dômes d'une église.

Si la lune rougeâtre se penchait à son couchant sur la mer mélancolique et sombre, Edwin allait chercher les bords de ces sources inconnues où s'assemblaient sur des bruyères les magiciennes des temps passés. Là souvent le sommeil venait le surprendre, et lui apportait ses visions. D'abord une brise sauvage commençait à siffler à son oreille, puis des lampes allumées tout à coup par une flamme magique illuminaient la voûte de la nuit.

Soudain, dans son rêve, s'élève devant lui un château dont le portique est chargé de blasons. La trompette sonne, le pont-levis s'abaisse; bientôt sortent du manoir gothique des guerriers aux casques verts, tenant à la main des boucliers d'or et des lances de diamant. Leur regard est affable, leur démarche hardie; au milieu d'eux, de vénérables troubadours, vêtus de longues robes, animent d'un souffle harmonieux le chalumeau guerrier.

Au bruit des chansons et des timbales, une troupe de belles dames s'avance du fond d'un bocage de myrte. Les guerriers déposent la lance et le bouclier, et les danses commencent au son d'une musique vive et joyeuse. On se mêle, on se quitte; on fuit, on revient; on confond les détours du dédale mobile; les forêts resplendissent au loin de l'éclat des flambeaux, de l'or et des pierreries.

Le songe a fui... Edwin, réveillé avec l'aurore, ouvre ses yeux enchantés sur les scènes du matin; chaque zéphyr lui apporte mille sons délicieux; on entend le bêlement du troupeau, le tintement de la cloche de la brebis, le bourdonnement de l'abeille; la cornemuse fait retentir les rochers, et se mêle au bruit sourd de l'Océan lointain qui bat ses rivages.

Le chien de la cabane aboie en voyant passer le pèlerin matinal; la laitière, couronnée de son vase, chante en descendant la colline; le laboureur traverse les guérets en sifflant; le lourd chariot crie en gravissant le sentier de la montagne; le lièvre étonné sort des épis vacillants ; la perdrix s'élève sur son aile bruyante ; le ramier gémit dans son arbre solitaire, et l'alouette gazouille au haut des airs.

O nature ! que tes beautés sont ravissantes ! tu donnes à tes amants des plaisirs toujours nouveaux. Que n'ai-je la voix et l'ardeur du séraphin pour chanter ta gloire avec un amour religieux ! . . . .
. . . .

Salut, savants maîtres de la lyre, poëtes, enfants de la nature, amis de l'homme et de la vérité ! salut, vous dont les vers, pleins d'une douceur sublime, charmèrent mon enfance et instruisirent ma jeunesse ! . . . . :
. . . .

Hélas ! caché dans des retraites ignorées, le pauvre Edwin n'a jamais connu votre art. Quand les pluies de l'hiver et les neiges entassées ont fermé la porte de la cabane, seulement alors il entend quelques troubadours voyageurs chanter les faits de la chevalerie . . . . ou redire cette ballade touchante des deux enfants abandonnés dans le bois. En versant des pleurs sur l'attendrissante histoire, Edwin admire les prodiges de la Muse.

Quand la tempête a cessé de rugir, il parcourt l'uniforme désert des neiges ; il contemple les nuages qui se balancent comme de gros vaisseaux sur les vagues de l'Océan, et cinglent vers l'horizon bleuâtre. Parmi ces décorations changeantes et toujours nouvelles, Edwin découvre des fleuves, des gouffres, des géants, des rochers entassés sur des rochers, et des tours penchées sur des tours. Alors, descendant au rivage, l'enthousiaste solitaire marche le long des grèves, en écoutant avec un plaisir mêlé de terreur le mugissement des vagues roulantes. C'est encore ainsi que, pendant l'été, lorsque les nuages de l'orage allongent leur colonne ténébreuse sur le sommet des collines, Edwin se hâte de quitter la demeure de l'homme ; c'est encore ainsi qu'il s'enfonce dans la noire solitude, pour jouir des premiers feux de l'éclair et des premiers bruits du tonnerre, sous la voûte retentissante des cieux.

Quand la jeunesse du village danse au son du chalumeau, Edwin, assis à l'écart, se plaît à rêver au bruit de la musique. Oh ! comme alors tous les jeux bruyants semblent vains et tumultueux à son âme ! Céleste mélancolie, que sont près de toi les profanes plaisirs du vulgaire ?

Est-il un cœur que la musique ne peut toucher ? Ah ! que ce cœur doit être insensible et farouche ! Est-il un cœur qui ne sentit jamais ces transports mystérieux, enfants de la solitude et de la rêverie ? qu'il ne s'adresse point aux Muses ; les Muses repoussent ses vœux. . . . .

Tel ne fut point Edwin. Le chant fut son premier amour ; souvent la harpe de la montagne soupira sous sa main aventureuse, et la flûte plaintive gémit suspendue à son souffle. Sa muse, encore enfant, ignorait l'art du poëte, fruit du travail et du temps. Edwin atteignit pourtant cette perfection si rare, ainsi que mes vers le diront quelque jour.

On voit par ce dernier vers que Beattie se proposait de continuer son poëme. En effet, on trouve un second chant, écrit quelque temps après ; mais il est bien inférieur au premier. Edwin, en errant dans le désert, entend un jour une voix grave qui s'élève du fond d'une vallée : c'est celle d'un vieux solitaire qui, après avoir connu les illusions du monde, s'est enseveli dans cette retraite pour y recueillir son âme et chanter les merveilles du Créateur. Cet ermite instruit le jeune *mins-*

trel, et lui révèle le secret de son propre génie. On voit combien cette idée était heureuse ; mais l'exécution n'a pas répondu au premier dessein de l'auteur : le solitaire parle trop longtemps, et dit des choses trop communes sur les grandeurs et les misères de la vie. Toutefois on trouve encore dans ce second chant quelques passages qui rappellent le charme et le talent du premier. Les dernières strophes en sont consacrées au souvenir d'un ami que le poëte venait de perdre. Il paraît que Beattie était destiné à verser souvent des pleurs. La mort de son fils unique l'a profondément affecté, et l'a enlevé totalement aux Muses. Il vit encore sur les rochers de Morwen ; mais ces rochers n'inspirent plus ses chants : comme Ossian qui a perdu son Oscar, il a suspendu sa harpe aux branches d'un chêne. On dit que son fils annonçait un grand talent pour la poésie ; peut-être était-il ce jeune *minstrel* qu'un père sensible avait peint, et dont il ne voit plus les pas sur le sommet de la montagne [1].

ALEX. MACKENZIE.

Juillet 1801.

Il faut peut-être chercher dans l'inconstance et les dégoûts du cœur humain le motif de l'intérêt général qu'inspire la lecture des *Voyages*. Fatigués de la société où nous vivons, et des chagrins qui nous environnent, nous aimons à nous égarer en pensée dans des pays lointains et chez des peuples inconnus. Si les hommes que l'on nous peint sont plus heureux que nous, leur bonheur nous délasse ; s'ils sont plus infortunés, leurs maux nous consolent.

Mais l'intérêt attaché au récit des voyages diminue chaque jour, à mesure que le nombre des voyageurs augmente ; l'esprit philosophique a fait cesser les merveilles du désert :

Les bois désenchantés ont perdu leurs miracles [2].

Quand les premiers Français qui descendirent sur les rivages du Canada parlent de lacs semblables à des mers, de cataractes qui tombent du ciel, de forêts dont on ne peut sonder la profondeur, l'esprit est bien plus fortement ému que lorsqu'un marchand anglais ou un savant moderne vous apprend qu'il a pénétré jusqu'à l'océan Pacifique, et que la chute du Niagara n'a que cent quarante-quatre pieds de hauteur.

Ce que nous gagnons en connaissance, nous le perdons en sentiment. Les vérités géométriques ont tué certaines vérités de l'imagination bien plus importantes à la morale qu'on ne pense. Quels étaient les premiers voyageurs dans la belle antiquité ? C'étaient les législateurs, les poëtes et les héros ; c'étaient Jacob, Lycurgue, Pythagore, Homère, Hercule, Alexandre : *dies peregrinationis* [3]. Alors tout était prodige sans cesser d'être réalité, et les espérances de ces grandes âmes aimaient à

---

[1] Le poëte Beattie n'a pas survécu longtemps à la perte de son fils. Il traîna quelque temps sa douleur dans les montagnes d'Écosse, et mourut le 18 août 1803, à l'âge de soixante-huit ans. Beattie a publié, outre son poëme du *Minstrel*, d'autres poésies très-remarquables par le sentiment mélancolique dont elles sont empreintes. (*Note de l'Éditeur.*) — [2] FONTANES. — [3] *Genèse*.

dire : « Là-bas la terre inconnue ! la terre immense ! » *Terra ignota! terra immensa!* Nous avons naturellement la haine des bornes ; je dirais presque que le globe est trop petit pour l'homme, depuis qu'il en a fait le tour. Si la nuit est plus favorable que le jour à l'inspiration et aux vastes pensées, c'est qu'en cachant toutes les limites, elle prend l'air de l'immensité.

Les voyageurs français et les voyageurs anglais semblent, comme les guerriers de ces deux nations, s'être partagé l'empire de la terre et de l'onde. Les derniers n'ont rien à opposer aux Tavernier, aux Chardin, aux Parennin, aux Charlevoix ; ils n'ont point de monument tel que les *Lettres édifiantes ;* mais les premiers, à leur tour, n'ont point d'Anson, de Byron, de Cook, de Vancouver. Les voyageurs français ont plus fait pour la connaissance des mœurs et des coutumes des peuples : νόον ἔγνω, *mores cognovit ;* les voyageurs anglais ont été plus utiles aux progrès de la géographie universelle : ἐν πόντῳ πάθεν, *in mari passus est*[1]. Ils partagent, avec les Espagnols et les Portugais, la gloire d'avoir ajouté de nouvelles mers et de nouveaux continents au globe, et d'avoir fixé les limites de la terre.

Les prodiges de la navigation sont peut-être ce qui donne une plus haute idée du génie de l'homme. On frissonne et on admire lorsqu'on voit Colomb s'enfonçant dans les solitudes d'un océan inconnu, Vasco de Gama doublant le cap des Tempêtes, Magellan sortant d'une vaste mer pour entrer dans une mer plus vaste encore, Cook volant d'un pôle à l'autre, et, resserré de toutes parts par les rivages du globe, ne trouvant plus de mers pour ses vaisseaux !

Quel beau spectacle n'offre point cet illustre navigateur cherchant de nouvelles terres, non pour en opprimer les habitants, mais pour les secourir et les éclairer ; portant à de pauvres Sauvages les nécessités de la vie ; jurant concorde et amitié, sur leurs rives charmantes, à ces simples enfants de la nature ; semant, parmi les glaces australes, les fruits d'un plus doux climat, en imitant ainsi la Providence, qui prévoit les naufrages et les besoins des hommes !

La mort n'ayant pas permis au capitaine Cook d'achever ses importantes découvertes, le capitaine Vancouver fut chargé, par le gouvernement anglais, de visiter toute la côte américaine depuis la Californie jusqu'à la rivière de Cook, et de lever les doutes qui pouvaient rester encore sur un passage au nord-ouest du Nouveau Monde. Tandis que cet habile marin remplissait sa mission avec autant d'intelligence que de courage, un autre voyageur anglais, parti du Haut-Canada, s'avançait à travers les déserts et les forêts jusqu'à la mer Boréale et l'océan Pacifique.

M. Mackenzie, dont je vais faire connaître les travaux, ne prétend ni à la gloire du savant ni à celle de l'écrivain. Simple trafiquant de pelleteries parmi les Indiens, il ne donne modestement son Voyage que pour le journal de sa route.

Le 15, le vent soufflait de l'ouest ; nous fîmes quatre milles au sud, deux milles au sud-ouest, etc. Le fleuve était rapide : nous eûmes un portage, nous vîmes des huttes abandonnées ; le pays était fertile ou aride ; nous traversâmes des plaines ou des montagnes ; il tomba de la neige ; mes gens étaient fatigués ; ils voulurent me quitter ; je fis une observation astronomique, etc., etc.

Tel est à peu près le style de M. Makenzie. Quelquefois cependant il interrompt son journal pour décrire une scène de la nature ou les mœurs des Sauvages ; mais il n'a pas toujours l'art de faire valoir ces petites circonstances si intéressantes dans les récits de nos missionnaires. On connaît à peine les compagnons de ses fatigues ;

---

[1] *Odyss.*

point de transports en découvrant la mer, but si désiré de l'entreprise; point de scènes attendrissantes lors du retour. En un mot, le lecteur n'est point embarqué dans le canot d'écorce avec le voyageur, et ne partage point avec lui ses craintes, ses espérances et ses périls.

Un plus grand défaut encore se fait sentir dans l'ouvrage; il est malheureux qu'un simple journal de voyage manque de méthode et de clarté. M. Mackenzie expose confusément son sujet. Il n'apprend point au lecteur quel est ce fort *Chipiowyan* d'où il part; où en étaient les découvertes lorsqu'il a commencé les siennes; si l'endroit où il s'arrête à l'entrée de la mer Glaciale était une baie, ou simplement une expansion du fleuve, comme on est tenté de le soupçonner; comment le voyageur est certain que cette grande rivière de l'ouest, qu'il appelle *Tacoutché-Tessé*, est la rivière de *Colombia*, puisqu'il ne l'a pas descendue jusqu'à son embouchure; comment il se fait que la partie du cours de ce fleuve qu'il n'a pas visitée soit cependant marquée sur sa carte, etc., etc.

Malgré ces nombreux défauts, le mérite du journal de M. Mackenzie est fort grand; mais il a besoin de commentaires, soit pour donner une idée des déserts que le voyageur traverse, et colorer un peu la maigreur et la sécheresse de son récit, soit pour éclaircir quelques points de géographie. Je vais essayer de remplir cette tâche auprès du lecteur.

L'Espagne, l'Angleterre et la France doivent leurs possessions américaines à trois Italiens: *Colomb*, *Gabot* et *Verazani*. Le génie de l'Italie, enseveli sous des ruines, comme les géants sous les monts qu'ils avaient entassés, semble se réveiller quelquefois pour étonner le monde. Ce fut vers l'an 1523 que François Ier donna ordre à *Jean Verazani* d'aller découvrir de nouvelles terres. Ce navigateur reconnut plus de six cents lieues de côtes le long de l'Amérique septentrionale, mais il ne fonda point de colonie.

Jacques Cartier, son successeur, visita tout le pays appelé *Kannata* par les Sauvages, c'est-à-dire *amas de cabanes* [1]. Il remonta le grand fleuve qui reçut de lui le nom de *Saint-Laurent*, et s'avança jusqu'à l'île de *Montréal*, qu'on nommait alors *Hochelaga*.

M. de Roberval obtint, en 1540, la vice-royauté du Canada. Il y transporta plusieurs familles avec son frère, que François Ier avait surnommé *le gendarme d'Annibal*, à cause de sa bravoure; mais ayant fait naufrage en 1540, « avec eux tombèrent, dit Charlevoix, toutes les espérances qu'on avait conçues de faire un établissement en Amérique, personne n'osant se flatter d'être plus habile ou plus heureux que ces deux braves hommes. »

Les troubles qui peu de temps après éclatèrent en France, et qui durèrent cinquante années, empêchèrent le gouvernement de porter ses regards au dehors. Le génie de Henri IV ayant étouffé les discordes civiles, on reprit avec ardeur le projet d'un établissement au Canada. Le marquis de La Roche s'embarqua en 1598, pour tenter de nouveau la fortune; mais son expédition eut une fin désastreuse. M. Chauvin succéda à ses projets et à ses malheurs. Enfin, le commandeur de Chatte s'étant chargé, vers l'an 1603, de la même entreprise, en donna la direction à Samuel de Champelain, dont le nom rappelle le fondateur de Québec, et le père des colonies françaises dans l'Amérique septentrionale.

---

[1] Les Espagnols avaient certainement découvert le Canada avant Jacques Cartier et Verazani, et quelques auteurs prétendent que le nom CANADA vient des deux mots espagnols ACA, NADA.

Depuis ce moment les jésuites furent chargés du soin de continuer les découvertes dans l'intérieur des forêts canadiennes. Alors commencèrent ces fameuses missions qui étendirent l'empire français des bords de l'Atlantique et des glaces de la baie d'Hudson aux rivages du golfe Mexicain. Le père *Biart* et le père *Enemond-Masse* parcoururent toute l'Acadie; le père *Joseph* s'avança jusqu'au lac Nipissing, dans le nord du Canada; les pères *de Brébeuf* et *Daniel* visitèrent les magnifiques déserts des Hurons, entre le lac de ce nom, le lac Michigan et le lac Érié; le père *de Lamberville* fit connaître le lac Ontario et les cinq cantons iroquois. Attirés par l'espoir du martyre et par le récit des souffrances qu'enduraient leurs compagnons, d'autres ouvriers évangéliques arrivèrent de toutes parts et se répandirent dans toutes les solitudes. « On les envoyait, dit l'historien de la Nouvelle-France, et ils allaient avec joie...; ils accomplissaient la promesse du Sauveur du monde, de faire annoncer son Évangile par toute la terre. »

La découverte de l'*Ohio* et du *Meschacebé*, à l'occident; du lac *Supérieur* et du lac *des Bois*, au nord-ouest; du fleuve *Bourbon* et de la côte intérieure de la baie de *James*, au nord, fut le résultat de ces courses apostoliques. Les missionnaires eurent même connaissance de ces montagnes *Rocheuses* [1], que M. Mackenzie a franchies pour se rendre à l'océan Pacifique, et du grand fleuve qui devait couler à l'ouest : c'est le fleuve Colombia. Il suffit de jeter les yeux sur les anciennes cartes des jésuites pour se convaincre que je n'avance ici que la vérité.

Toutes les grandes découvertes étaient donc faites ou indiquées dans l'intérieur de l'Amérique septentrionale, lorsque les Anglais sont devenus les maîtres du Canada. En imposant de nouveaux noms aux lacs, aux montagnes, aux fleuves et aux rivières, ou en corrompant les anciens noms français, ils n'ont fait que jeter du désordre dans la géographie. Il n'est pas même bien prouvé que les latitudes et les longitudes qu'ils ont données à certains lieux soient plus exactes que les latitudes et les longitudes fixées par nos savants missionnaires [2]. Pour se faire une idée nette du point de départ et des voyages de M. Mackenzie, voici donc peut-être ce qu'il est essentiel d'observer.

Les missionnaires français et les coureurs canadiens avaient poussé les découvertes jusqu'au lac *Ouinipic* ou *Ouinipigon* [3], à l'ouest, et jusqu'au lac des *Assiniboïsl* ou *Cristinaux*, au nord. Le premier semble être le lac de *l'Esclave* de M. Mackenzie.

La société anglo-canadienne, qui fait le commerce des pelleteries, a établi une factorerie au Chipiouyan [4], sur un lac appelé le lac *des Montagnes*, et qui communique au lac de l'Esclave par une rivière.

Du lac de l'Esclave sort un fleuve qui coule au nord, et que M. Mackenzie a nommé de son nom. Le fleuve Mackenzie se jette dans la mer du pôle par le 69° 14' de latitude septentrionale, et les 135° de longitude ouest, méridien de Greenwich.

La découverte de ce fleuve et sa navigation jusqu'à l'océan Boréal sont l'objet du

---

[1] Ils les appellent les montagnes des Pierres brillantes. — [2] M. Arrowsmith est à présent le géographe le plus célèbre en Angleterre : si l'on prend sa grande carte des États-Unis, et qu'on la compare aux dernières cartes d'Imley, on y trouvera une prodigieuse différence, surtout dans la partie qui s'étend entre les lacs du Canada et l'Ohio ; les cartes des missionnaires, au contraire, se rapprochent beaucoup des cartes d'Imley. — [3] Les cartes françaises le placent au 50° degré de latitude nord, et les cartes anglaises au 53°. — [4] 58° 40' latitude nord, et 10° 30' longitude ouest, méridien de Greenwich.

LES DEUX MÈRES
(Gênu)

premier voyage de M. Mackenzie. Parti du fort Chipiouyan le 3 de juin 1789, il est de retour à ce fort le 12 de septembre de la même année.

Le 10 d'octobre 1792, il part une seconde fois du fort Chipiouyan pour faire un nouveau voyage. Dirigeant sa course à l'ouest, il traverse le lac des Montagnes, et remonte une rivière appelée *Oungigah*, ou la rivière de la Paix. Cette rivière prend sa source dans les montagnes Rocheuses. Un grand fleuve, descendant du revers de ces montagnes, coule à l'ouest, et va se perdre dans l'océan Pacifique. Ce fleuve s'appelle *Tacoutché-Tessé*, ou la rivière de Colombia.

La connaissance du passage de la rivière de la Paix dans celle de Colombia, la facilité de la navigation de cette dernière, du moins jusqu'à l'endroit où M. Mackenzie abandonna son canot pour se rendre par terre à l'océan Pacifique : telles sont les découvertes qui résultent de la seconde expédition du voyageur. Après une absence de onze mois, il revint au lieu de son départ.

Il faut observer que la rivière de la Paix, sortant des montagnes Rocheuses pour se jeter dans un bras du lac des Montagnes ; que le lac des Montagnes communiquant au lac de l'Esclave par une rivière qui porte ce dernier nom ; que le lac de l'Esclave, à son tour, versant ses eaux dans l'océan Boréal par le fleuve Mackenzie, il en résulte que la rivière de la Paix, la rivière de l'Esclave et le fleuve Mackenzie, ne sont réellement qu'un seul fleuve qui sort des montagnes Rocheuses à l'ouest, et se précipite au nord dans la mer du pôle. Partons maintenant avec le voyageur, et descendons avec lui le fleuve Mackenzie jusqu'à cette mer hyperborée.

« Le mercredi 3 juin 1789, à neuf heures du matin, je partis du fort Chipiouyan, situé sur la côte méridionale du lac des Montagnes. J'étais embarqué dans un canot d'écorce de bouleau, et j'avais pour conducteur un Allemand et quatre Canadiens, dont deux étaient accompagnés de leurs femmes.

« Un Indien, qui portait le titre de chef anglais, me suivait dans un petit canot, avec ses deux femmes ; et deux autres jeunes Indiens, ses compagnons, étaient dans un autre petit canot. Les Sauvages s'étaient engagés à me servir d'interprètes et de chasseurs. Le premier avait autrefois accompagné le chef qui conduisit M. Hearne à la rivière des Mines de cuivre. »

M. Mackenzie traverse le lac des Montagnes, entre dans la rivière de l'Esclave, qui le conduit au lac du même nom, côtoie le rivage septentrional de ce lac, et découvre enfin le fleuve Mackenzie.

« Le cours du fleuve prend une direction à l'ouest, et dans un espace de vingt-quatre milles ; son lit se rétrécit graduellement, et finit par n'avoir qu'un demi-mille de large.

« Depuis le lac jusque-là, les terres du côté du nord sont basses et couvertes d'arbres ; le côté du sud est plus élevé, mais il y a aussi beaucoup de bois …. Nous y vîmes beaucoup d'arbres renversés et noircis par le feu, au milieu desquels s'élevaient de jeunes peupliers qui avaient poussé depuis l'incendie. Une chose très-digne de remarque, c'est que lorsque le feu dévore une forêt de sapins et de bouleaux, il y croît des peupliers, quoique auparavant il n'y eût dans le même endroit aucun arbre de cette espèce. »

Les naturalistes pourront contester l'exactitude de cette observation à M. Mackenzie, car en Europe tout ce qui dérange nos systèmes est traité d'ignorance ou de rêve de l'imagination ; mais ce que les savants ne peuvent nier, et ce que tout l'art ne saurait peindre, c'est la beauté du cours des eaux dans les solitudes du Nouveau Monde. Qu'on se représente un fleuve immense, coulant au travers des plus épaisses forêts ; qu'on se figure tous les accidents des arbres qui accompagnent ses rives : des chênes-saules, tombés de vieillesse, baignent dans les flots leur tête chenue ;

des planes d'occident se mirent dans l'onde avec les écureuils noirs et les hermines blanches, qui grimpent sur leurs troncs, ou se jouent dans leurs lianes; des sycomores du Canada se réunissent en groupe; des peupliers de la Virginie croissent solitaires, ou s'allongent en mobile avenue. Tantôt une rivière, accourant du fond du désert, vient former avec le fleuve, au carrefour d'une pompeuse futaie, un confluent magnifique; tantôt une cataracte bruyante tapisse le flanc des monts de ses voiles d'azur. Les rivages fuient, serpentent, s'élargissent, se resserrent : ici ce sont des rochers qui surplombent; là de jeunes ombrages dont la cime est nivelée, comme la plaine qui les nourrit. De toutes parts règnent des murmures indéfinissables : il y a des grenouilles qui mugissent comme des taureaux [1]; il y en a d'autres qui vivent dans le tronc des vieux saules [2], et dont le cri répété ressemble tour à tour au tintement de la sonnette d'une brebis et à l'aboiement d'un chien [3]; le voyageur, agréablement trompé dans ces lieux sauvages, croit approcher de la chaumière d'un laboureur, et entendre les murmures et la marche d'un troupeau. Enfin de vastes harmonies, élevées tout à coup par les vents, remplissent la profondeur des bois, comme le chœur universel des Hamadryades; mais bientôt ces concerts s'affaiblissent et meurent graduellement dans la cime de tous les cèdres et de tous les roseaux, de sorte que vous ne sauriez dire le moment même où les bruits se perdent dans le silence, s'ils durent encore, ou s'ils ne sont plus que dans votre imagination.

M. Mackenzie, continuant à descendre le fleuve, rencontre bientôt des Sauvages de la tribu des Indiens-Esclaves. Ceux-ci lui apprennent qu'il trouvera plus bas, sur le cours des eaux, d'autres Indiens appelés Indiens-Lièvres; et enfin plus bas encore, en approchant de la mer, la nation des Esquimaux.

« Pendant le peu de temps que nous restâmes avec cette petite peuplade, les naturels cherchèrent à nous amuser en dansant au son de leurs voix... Ils sautaient et prenaient diverses postures... Les femmes laissaient pendre leurs bras, comme si elles n'avaient pas eu la force de les remuer. »

Les chants et les danses des Sauvages ont toujours quelque chose de mélancolique ou de voluptueux. « Les uns jouent de la flûte, dit le père Du Tertre, les autres « chantent, et forment une espèce de musique qui a bien de la douceur, à leur goût. » Selon Lucrèce, on cherchait à rendre avec la voix le gazouillement des oiseaux, longtemps avant que de doux vers, accompagnés de la lyre, charmassent l'oreille des hommes.

> Atque liquidas avium voces imitatore
> Ante fuit multo quam lævia carmina cantu
> Concelebrare homines possent, auresque juvare.

Quelquefois vous voyez une pauvre Indienne dont le corps est tout courbé par l'excès du travail et de la fatigue, et un chasseur qui ne respire que la gaieté. S'ils viennent à danser ensemble, vous êtes frappé d'un contraste étonnant : la première se redresse et se balance avec une mollesse inattendue; le second fait entendre les chants les plus tristes. La jeune femme semble vouloir imiter les ondulations gracieuses des bouleaux de son désert, et le jeune homme, les murmures plaintifs qui s'échappent de leurs cimes.

---

[1] Bull-Frog. — [2] Tree-Frog. — [3] « Elles font leurs petits dans les souches d'arbres à moitié pourris... elles ne coassent pas comme celles d'Europe, mais pendant la nuit elles aboient comme des chiens. » (Le père DU TERTRE, *Hist. naturelle des Antilles*, tom. III.)

Lorsque les danses sont exécutées au bord d'un fleuve, dans la profondeur des bois ; que des échos inconnus répètent pour la première fois les soupirs d'une voix humaine ; que l'ours des déserts regarde du haut de son rocher ces jeux de l'homme sauvage, on ne peut s'empêcher de trouver quelque chose de grand dans la rudesse même du tableau, de s'attendrir sur la destinée de cet enfant de la nature, qui naît inconnu du monde, danse un moment dans des vallées où il ne repassera jamais, et bientôt cache sa tombe sous la mousse de ces déserts, qui n'a pas même gardé l'empreinte de ses pas : *Fuissem quasi non essem* [1] !

En passant sous des montagnes stériles, le voyageur aborde au rivage, et gravit des roches escarpées avec un de ses chasseurs indiens.

« Mais, dit-il, nous n'étions pas à moitié chemin du sommet, que nous fûmes assaillis par une si grande quantité de maringouins, que nous ne pûmes pas aller plus loin. Je remarquai que la chaîne des monts se terminait en cet endroit. »

Quatre chaînes de montagnes forment les quatre grandes divisions de l'Amérique septentrionale.

La première, partant du Mexique, et n'étant que le prolongement de la chaîne des Andes, qui traverse l'isthme de Panama, s'étend du midi au nord, le long de la grande mer du Sud, en s'abaissant toujours jusqu'à la rivière de Cook : M. Mackenzie l'a franchie, sous le nom de *montagnes Rocheuses*, entre la source de la rivière de la Paix et de la rivière Colombia, en se rendant à l'océan Pacifique.

La seconde chaîne commence aux Apalaches, sur le bord oriental du Meschacebé, se prolonge au nord-est, sous les divers noms d'*Alleganys*, de *montagnes Bleues*, de *montagnes des Lauriers*, derrière les Florides, la Virginie, la Nouvelle-Angleterre, et va par l'intérieur de l'Acadie aboutir au golfe Saint-Laurent. Elle divise les eaux qui tombent dans l'Atlantique de celles qui grossissent le Meschacebé, l'Ohio et les lacs du Canada inférieur.

Il est à croire que cette chaîne bordait autrefois l'Atlantique, et lui servait de barrière, comme la première chaîne borde encore l'océan Indien. Vraisemblablement l'ancien continent de l'Amérique ne commençait que derrière ces montagnes. Du moins les trois différents niveaux de terrain, marqués si régulièrement depuis les plaines de la Pensylvanie jusqu'aux savanes des Florides, semblent indiquer que ce sol fut à différentes époques couvert et puis abandonné par les eaux.

Vis-à-vis le rivage du golfe Saint-Laurent (où, comme je l'ai dit, cette seconde chaîne vient se terminer), s'élève, sur la côte du Labrador, une troisième chaîne presque aussi longue que les deux premières. Elle court d'abord au sud-ouest jusqu'à l'Outaonas, en formant la double source des fleuves qui se précipitent dans la baie d'Hudson, et de ceux qui portent le tribut de leurs ondes au golfe Saint-Laurent. De là, tournant au nord-ouest, et longeant la côte septentrionale du lac Supérieur, elle arrive au lac Saint-Anne, où elle forme une fourche sud-ouest et nord-ouest.

Son bras méridional passe au sud du grand lac Ouinipic, entre les marais qui fournissent la rivière d'Albaine, à la baie de James, et les fontaines d'où sort le Meschacebé, pour se rendre au golfe Mexicain.

Son bras septentrional rasant le lac du Cygne, la factorerie d'Onasburgh, et traversant la rivière de Severn, atteint le fleuve du port Nelson en passant au nord du lac Ouinipic, et vient se nouer enfin à la quatrième chaîne des montagnes.

[1] Job.

Celle-ci, moins étendue que toutes les autres, prend naissance vers les bords de la rivière Susfçatchiouayne, se déploie au nord-est entre la rivière de l'Élan et la rivière Churchill, s'allonge au nord jusque vers le 57° degré de latitude, se partage en deux branches, dont l'une, continuant à remonter au septentrion, atteint les côtes de la mer Glaciale, tandis que l'autre, courant à l'ouest, rencontre le fleuve Mackenzie. Les neiges éternelles dont ces montagnes sont couronnées nourrissent d'un côté les rivières qui descendent dans le nord de la baie d'Hudson, et de l'autre celles qui s'engloutissent dans l'océan Boréal.

Ce fut une des cimes de cette dernière chaîne que M. Mackenzie voulut gravir avec son chasseur. Ceux qui n'ont vu que les Alpes et les Pyrénées ne peuvent se former une idée de l'aspect de ces solitudes hyperboréennes, de ces régions désolées, où l'on voit, comme après le déluge, « *de rares animaux errer sur des mon-*
« *tagnes inconnues :* »

> Rara per ignotos errant animalia montes.

Des nuages, ou plutôt des brouillards humides, fument sans cesse autour des sommets de ces monts déserts. Quelques rochers battus par des pluies éternelles percent de leurs flancs noircis ces vapeurs blanchâtres, et ressemblent par leurs formes et leur immobilité à des fantômes qui se regardent dans un affreux silence.

Entre les gorges de ces montagnes on aperçoit de profondes vallées de granit, revêtues de mousse où coule quelque torrent. Des pins rachitiques, de l'espèce appelée *spruce* par les Anglais, et de petits étangs d'eau saumâtre, loin de varier la monotonie du tableau, en augmentent l'uniformité et la tristesse. Ces lieux ne retentissent que du cri extraordinaire de l'oiseau des terres boréales. De beaux cygnes qui nagent sur ces eaux sauvages, des bouquets de framboisiers qui croissent à l'abri d'un roc, sont là comme pour consoler le voyageur, et l'empêcher d'oublier cette Providence qui sait répandre des grâces et des parfums jusque sur ces affreuses contrées.

Mais la scène ne se montre dans toute son horreur qu'au bord même de l'Océan. D'un côté s'étendent de vastes champs de glaces contre lesquels se brise une mer décolorée, où jamais n'apparut une voile; de l'autre s'élève une terre bordée de mornes stériles. Le long des grèves on ne voit qu'une triste succession de baies dévastées et de promontoires orageux. Le soir, le voyageur se réfugie dans quelque trou de rocher, dont il chasse l'aigle marin, qui s'envole avec de grands cris. Toute la nuit il écoute avec effroi le bruit des vents que répètent les échos de sa caverne, et les gémissements des glaces qui se fendent sur la rive.

M. Mackenzie arriva au bord de l'océan Boréal le 12 juillet 1789, ou plutôt dans une baie glacée, où il aperçut des baleines, et où le flux et le reflux se faisaient sentir. Il débarqua sur une île, dont il détermina la latitude au 69° 14' nord; ce fut le terme de son premier voyage. Les glaces, le manque de vivres, et le découragement de ses gens ne lui permirent pas de descendre jusqu'à la mer, dont il était sans doute peu éloigné. Depuis longtemps le soleil ne se couchait plus pour le voyageur, et il voyait cet astre pâle et élargi tourner tristement autour d'un ciel glacé.

> Miserable they
> Who, he entangled in the gath'ring ice
> Take their last look of the descending sun!

> While, full of death, and fierce with tenfold frost,
> The long, long night, in cumbent o'er their head,
> Falls horrible[1].

« Malheureux celui qui, embarrassé dans les glaces croissantes, suit de ses derniers regards le soleil qui s'enfonce sous l'horizon, tandis que, pleine de frimas et pleine de mort, la longue, longue nuit, qui pendait sur sa tête, descend horrible ! »

En quittant la baie pour remonter le fleuve et retourner au fort Chipiouyan, M. Mackenzie dépasse quatre établissements indiens, qui semblaient avoir été récemment habités.

« Nous abordâmes, dit le voyageur, une petite île ronde, très-rapprochée de la rive orientale, et qui, sans doute, avait quelque chose de sacré pour les Indiens, puisque l'endroit le plus élevé contenait un grand nombre de tombeaux. Nous y vîmes un petit canot, des gamelles, des baquets, et d'autres ustensiles qui avaient appartenu à ceux qui ne pouvaient plus s'en servir ; car, dans ces contrées, ce sont les offrandes accoutumées que reçoivent les morts. »

M. Mackenzie parle souvent de la religion de ces peuples, et de leur vénération pour les tombeaux. Donc un malheureux Sauvage bénit Dieu sur les glaces du pôle, et tire de sa propre misère des espérances d'une autre vie, tandis que l'homme civilisé renie son âme et son Créateur sous un ciel clément, et au milieu de tous les dons de la Providence.

Ainsi, nous avons vu les habitants de ces contrées danser à la source du fleuve dont le voyageur nous a tracé le cours, et nous trouvons maintenant leurs tombeaux près de la mer, à l'embouchure de ce même fleuve, emblème frappant du cours de nos années, depuis ces fontaines de joie où se plonge notre enfance, jusqu'à cet océan de l'éternité qui nous engloutit. Ces cimetières indiens, répandus dans les forêts américaines, sont des espèces de clairières, ou de petits enclos dépouillés de leurs bois. Le sol en est tout hérissé de monticules de forme conique ; et des carcasses de buffles et d'orignaux, ensevelies sous l'herbe, s'y mêlent çà et là à des squelettes humains. J'ai quelquefois vu dans ces lieux un pélican solitaire perché sur un ossement blanchi et à moitié rongé de mousse, semblable, par son silence et son attitude pensive, à un vieux Sauvage pleurant et méditant sur ces débris. Les coureurs de bois, qui font le commerce de pelleteries, profitent de ces terrains à demi défrichés par la mort, pour y semer en passant différentes sortes de graines. Le voyageur rencontre tout à coup ces colonies de végétaux européens, avec leur port, leur costume étranger, leurs mœurs domestiques, au milieu des plantes natives et sauvages de ce climat lointain. Elles émigrent souvent le long des collines, et se répandent à travers les bois, selon les habitudes et les amours qu'elles ont apportées de leur sol natal ; c'est ainsi que des familles exilées choisissent de préférence dans le désert les sites qui leur rappellent la patrie.

Le 12 de septembre 1789, après une absence de cent deux jours, M. Mackenzie se trouve enfin au fort Chipiouyan. Je vais maintenant rendre compte de son voyage à l'océan Pacifique, montrer ce que les sciences et le commerce ont gagné aux découvertes de ce courageux voyageur, et ce qui reste à faire pour compléter la géographie de l'Amérique septentrionale.

---

[1] Thoms. *Winter*.

J'ai déjà fait observer que la rivière de la Paix, la rivière de l'Esclave et le fleuve Mackenzie ne sont qu'un seul et même fleuve qui prend sa source dans les montagnes Rocheuses, à l'ouest, et se jette, au nord, dans les mers du pôle. C'est en descendant ce fleuve que M. Mackenzie a découvert l'océan Boréal, et c'est en le remontant qu'il est arrivé à l'océan Pacifique.

Le 10 d'octobre 1792, trois ans après son premier voyage, M. Mackenzie part une seconde fois du fort Chipiouyan, traverse le lac des Montagnes, et gagne la rivière de la Paix. Il en refoule les eaux pendant vingt journées, et arrive le 1er de novembre dans un endroit où il se propose de bâtir une maison et de passer l'hiver. Il emploie toute la saison des glaces à faire le commerce avec les Indiens, et à prendre des renseignements sur son voyage.

« Parmi les Sauvages qui vinrent me visiter, étaient deux Indiens des montagnes Rocheuses... ..... Ils prétendirent qu'ils étaient les vrais et seuls indigènes du pays qu'ils habitaient, ajoutant que celui qui s'étendait de là jusqu'aux montagnes offrait partout, ainsi que le haut de la rivière de la Paix, le même aspect que les environs de ma résidence; que le pays était rempli d'animaux, mais que la navigation de la rivière était interrompue, près des montagnes et dans les montagnes même, par des écueils multipliés et de grandes cascades..

« Ces Indiens m'apprirent aussi qu'on trouvait du côté du midi une autre grande rivière qui courait vers le sud, et sur les bords de laquelle on pouvait se rendre en peu de temps, en traversant les montagnes.

« Le 20 avril (1793), la rivière était encore couverte de glaces. Sur l'autre rive, on voyait des plaines charmantes; les arbres bourgeonnaient, et plusieurs plantes commençaient à fleurir. »

Ce qu'on appelle le *grand dégel*, dans l'Amérique septentrionale, offre aux yeux d'un Européen un spectacle non moins pompeux qu'extraordinaire... Dans les premiers quinze jours du mois d'avril, les nuages, qui jusque-là venaient rapidement du nord-ouest, s'arrêtent peu à peu dans les cieux, et flottent quelque temps incertains de leur course. Le colon sort de sa cabane et va sur ses défrichements examiner le désert. Bientôt on entend un cri : *Voilà la brise du sud-est!* A l'instant un vent tiède tombe sur vos mains et sur votre visage, et les nuages commencent à refluer lentement vers le septentrion. Alors tout change dans les bois et dans les vallées. Les angles moussus des rochers se montrent les premiers sur l'uniforme blancheur des frimas; les flèches rougeâtres des sapins apparaissent ensuite, et de précoces arbrisseaux remplacent, par des festons de fleurs, les cristaux glacés qui pendent à leur cime.

La nature, aux approches du soleil, entr'ouvre par degrés son voile de neige. Les poëtes américains pourront un jour la comparer à une épouse nouvelle, qui dépouille timidement et comme à regret sa robe virginale, décelant en partie et essayant encore de cacher ses charmes à son époux.

C'est alors que les Sauvages dont M. Mackenzie allait visiter les déserts sortent avec joie de leurs cavernes. Comme les oiseaux de leurs climats, l'hiver les rassemble en troupe, et le printemps les disperse : chaque couple retourne à son bois solitaire, pour bâtir son nouveau nid et chanter ses nouvelles amours.

Cette saison, qui met tout en mouvement dans les forêts américaines, donne le signal du départ à notre voyageur. Le jeudi 9 mai 1793, M. Mackenzie s'embarque dans un canot d'écorce avec sept Canadiens et deux chasseurs sauvages. Si des bords de la rivière de la Paix il avait pu voir alors ce qui se passait en Europe chez une grande nation civilisée, la hutte de l'Esquimau lui eût semblé préférable au palais des rois, et la solitude au commerce des hommes.

Le traducteur du voyage de M. Mackenzie observe que les compagnons du marchand anglais, un seul excepté, étaient tous d'origine française. Les Français s'habituent facilement à la vie sauvage, et sont fort aimés des Indiens.

Lorsqu'en 1729 le Canada tomba entre les mains des Anglais, les naturels s'aperçurent bientôt du changement de leurs hôtes.

« Les Anglais, dit le père Charlevoix, dans le peu de temps qu'ils furent maîtres du pays, ne surent pas gagner l'affection des Sauvages : les Hurons ne parurent point à Québec; les autres, plus voisins de cette capitale, et dont plusieurs, pour des mécontentements particuliers, s'étaient ouvertement déclarés contre nous à l'approche de l'escadre anglaise, s'y montrèrent même assez rarement. Tous s'étaient trouvés assez déconcertés, lorsque, ayant voulu prendre avec ces nouveaux venus les mêmes libertés que les Français ne faisaient aucune difficulté de leur permettre, ils s'aperçurent que ces manières ne leur plaisaient pas.

« Ce fut bien pis encore au bout de quelque temps, lorsqu'ils se virent chassés à coups de bâton des maisons, où jusque-là ils étaient entrés aussi librement que dans leurs cabanes. Ils prirent donc le parti de s'éloigner; et rien ne les a, dans la suite, attachés plus fortement à nos intérêts que cette différence de manières et de caractère des deux peuples qu'ils ont vus s'établir dans leur voisinage. Les missionnaires, qui furent bientôt instruits de l'impression qu'elle avait déjà faite sur eux, surent bien en profiter pour les gagner à Jésus-Christ, et pour les affectionner à la nation française. »

Les Français ne cherchent point à civiliser les Sauvages, cela coûte trop de soins; ils aiment mieux se faire Sauvages eux-mêmes. Les forêts n'ont point de chasseurs plus adroits, de guerriers plus intrépides. On les a vus supporter les tourments du bûcher avec une constance qui étonnait jusqu'aux Iroquois, et malheureusement devenir quelquefois aussi barbares que leurs bourreaux. Serait-ce que les extrémités du cercle se rapprochent, et que le dernier degré de la civilisation, comme la perfection de l'art, touche de près la nature? ou plutôt est-ce une sorte de talent universel ou de mobilité de mœurs qui rend le Français propre à tous les climats et à tous les genres de vie? Quoi qu'il en soit, le Français et le Sauvage ont la même bravoure, la même indifférence pour la vie, la même imprévoyance du lendemain, la même haine du travail, la même facilité à se dégoûter des biens qu'ils possèdent, la même constance en amitié, la même légèreté en amour, le même goût pour la danse et pour la guerre, pour les fatigues de la chasse et les loisirs du festin. Ces rapports d'humeur entre le Français et le Sauvage leur donnent un grand penchant l'un pour l'autre, et font aisément de l'habitant de Paris *un coureur de bois canadien*.

M. Mackenzie remonte la rivière de la Paix avec ces Français-Sauvages, et décrit la beauté de la nature autour de lui :

« De l'endroit d'où nous étions partis le matin, jusque-là, la rive occidentale présente le plus beau paysage que j'aie vu. Le terrain s'élève par gradins à une hauteur considérable, et s'étend à une très-grande distance. A chaque gradin on voit de petits espaces doucement inclinés, et ces espaces sont entrecoupés de rochers perpendiculaires qui s'élèvent jusqu'au dernier sommet, ou du moins aussi loin que l'œil peut le distinguer. Ce spectacle magnifique est décoré de toutes les espèces d'arbres, et peuplé de tous les genres d'animaux que puisse produire le pays. Des bouquets de peupliers varient la scène, et dans les intervalles paissent de nombreux troupeaux de buffles et d'élans. Ces derniers cherchent toujours les hauteurs et les sites escarpés, tandis que les autres préfèrent les plaines.

« Lorsque je traversai ce canton, les femelles des buffles étaient suivies par leurs petits, qui bondissaient autour d'elles, et les femelles d'élans ne devaient pas tarder à avoir des faons. Toute la campagne se parait de la plus riche verdure; les arbres qui fleurissent étaient prêts à s'épanouir, et le velouté de leurs branches, réfléchissant le soir et le matin les rayons obliques de l'astre du jour, ajoutait à ce spectacle une magnificence que nos expressions ne peuvent rendre. »

Ces paysages en amphithéâtre sont assez communs en Amérique. Aux environs d'Apalachucla, dans les Florides, le terrain, à partir du fleuve Chata-Uche, s'élève graduellement, et monte dans les airs en se retirant à l'horizon; mais ce n'est pas par une inclinaison ordinaire, comme celle d'une vallée; c'est par des terrasses posées régulièrement les unes au-dessus des autres, comme les jardins artificiels de quelque puissant potentat. Ces terrasses sont plantées d'arbres divers et arrosées d'une multitude de fontaines dont les eaux, exposées au soleil levant, brillent parmi les gazons, ou ruissellent en filets d'or le long des roches moussues. Des blocs de granit surmontent cette vaste structure, et sont eux-mêmes dominés par de grands sapins. Lorsque du bord de la rivière vous découvrez cette superbe échelle et la cime des rochers qui la couronnent au-dessus des nuages, vous croiriez voir le sommet des colonnes du temple de la nature, et le magnifique perron qui y conduit.

Le voyageur arrive au pied des montagnes Rocheuses, et s'engage dans leurs détours. Les obstacles et les périls se multiplient : là on est obligé de porter les bagages par terre, pour éviter des cataractes et des *rapides;* ici on refoule l'impétuosité du courant, en halant péniblement le canot avec une cordelle.

Il faut entendre M. Mackenzie lui-même :

« Quand le canot fut rechargé, moi et ceux de mes gens qui n'avaient pas besoin d'y rester, nous suivîmes le bord de la rivière.... J'étais si élevé au-dessus de l'eau, que les hommes qui conduisaient le canot et doublaient une pointe ne purent pas m'entendre lorsque je leur criai de toute ma force de mettre à terre une partie de la cargaison, pour alléger le canot.

Je ne pus alors m'empêcher d'éprouver beaucoup d'anxiété en voyant combien mon entreprise était hasardeuse. La rupture de la cordelle, ou un faux pas de ceux qui la tiraient, aurait fait perdre le canot et tout ce qui était dedans. Il franchit l'écueil sans accident; mais il fut bientôt exposé à de nouveaux périls. Des pierres, les unes grosses, les autres petites, roulaient sans cesse du haut des rochers, de sorte que ceux qui halaient le canot au-dessous couraient le plus grand risque d'être écrasés; en outre, la pente du terrain les exposait à tomber dans l'eau à chaque pas. En les voyant, je tremblais; et quand je les perdais de vue, mon inquiétude ne me quittait pas. »

Tout le passage de M. Mackenzie à travers les montagnes Rocheuses est d'un grand intérêt. Tantôt, pour se frayer un chemin, il est forcé d'abattre des forêts, et de tailler des marches dans les hautes falaises; tantôt il saute de rochers en rochers au péril de ses jours, et reçoit l'un après l'autre ses compagnons sur ses épaules. La cordelle se rompt, le canot heurte des écueils; les Canadiens se découragent, et refusent d'aller plus loin. En vain M. Mackenzie s'égare dans le désert pour découvrir le passage au fleuve de l'Ouest; quelques coups de fusil, qu'il entend avec effroi retentir dans ces lieux solitaires, lui font supposer l'approche des Sauvages ennemis. Il monte sur un grand arbre; mais il n'aperçoit que des monts couronnés de neige, au milieu de laquelle on distingue quelques bouleaux flétris, et au-dessous des bois qui se prolongent sans fin.

Rien n'est triste comme l'aspect de ces bois, vus du sommet des montagnes, dans le Nouveau Monde. Les vallées que vous avez traversées, et que vous dominez de toutes parts, apparaissent au-dessous de vous régulièrement ondées, comme les houles de la mer après une tempête. Elles semblent diminuer de largeur à mesure qu'elles s'éloignent. Les plus voisines de votre œil sont d'un vert rougeâtre; celles qui suivent prennent une légère teinte d'azur, et les dernières forment des zones parallèles d'un bleu céleste.

M. Mackenzie descend de son arbre, et cherche à rejoindre ses compagnons. Il ne voit point le canot au bord de la rivière : il tire des coups de fusil, mais on ne répond point à son signal. Il va, revient, monte et descend le long du fleuve. Il retrouve enfin ses amis ; mais ce n'est qu'après vingt-quatre heures d'angoisses et de mortelles inquiétudes. Il ne tarde pas à rencontrer quelques Sauvages. Interrogés par le voyageur, ils feignent d'abord d'ignorer l'existence du fleuve de l'ouest ; mais un vieillard, bientôt gagné par les caresses et les présents de M. Mackenzie, lui dit, en montrant de la main le haut de la rivière de la Paix :

« Il ne faut traverser que trois petits lacs et autant de portages pour atteindre à une petite rivière qui se jette dans la grande. »

Qu'on juge des transports du voyageur à cette heureuse nouvelle ! Il se hâte de se rembarquer avec un Indien, qui consent à lui servir de guide jusqu'au fleuve inconnu. Bientôt il quitte la rivière de la Paix, entre dans une autre petite rivière qui sort d'un lac voisin, traverse ce lac, et de lacs en lacs, de rivières en rivières, après un naufrage et divers accidents, il se trouve enfin, le 18 de juin 1793, sur le Tacoutché-Tessé, ou le fleuve Colombia, qui porte ses eaux à l'océan Pacifique.

Entre deux chaînes de montagnes s'étend une superbe vallée qu'ombragent des forêts de peupliers, de cèdres et de bouleaux. Au-dessus de ces forêts montent des colonnes de fumée qui décèlent au voyageur les invisibles habitants de ces déserts. Des argiles rouges et blanches, placées dans l'escarpement des montagnes, imitent çà et là des ruines d'anciens châteaux. Le fleuve Colombia serpente au milieu de ces belles retraites ; et, sur les îles nombreuses qui divisent son cours, on voit de grandes cabanes à moitié cachées dans des bocages de pins, où les naturels viennent passer les jours de l'été.

Quelques Sauvages s'étant montrés sur la rive, le voyageur s'en approcha, et parvint à tirer d'eux quelques renseignements utiles.

« La rivière, dont le cours est très-étendu, lui dirent les indigènes, va vers le soleil du midi ; et, selon ce que nous avons appris, des hommes blancs bâtissent des maisons à son embouchure. Les eaux coulent avec une force toujours égale ; mais il y a trois endroits où les cascades et des courants extrêmement rapides en interceptent la navigation. Dans les trois endroits, les eaux se précipitent par-dessus des rochers perpendiculaires, beaucoup plus hauts et plus escarpés que dans le haut de la rivière ; mais, indépendamment des difficultés et des dangers de la navigation, il faut combattre les divers habitants de ces contrées, qui sont très-nombreux. »

Ces détails jetèrent M. Mackenzie dans une grande perplexité, et découragèrent de nouveau ses compagnons. Il cacha le mieux qu'il put son inquiétude, et suivit encore pendant quelque temps le cours des eaux. Il rencontra d'autres indigènes qui lui confirmèrent le récit des premiers, mais qui lui dirent que s'il voulait quitter le fleuve, et marcher droit au couchant à travers les bois, il arriverait en peu de jours à la mer par un chemin fort aisé, et fort connu des Sauvages.

M. Mackenzie se détermine à prendre aussitôt cette nouvelle route. Il remonte le fleuve jusqu'à l'embouchure d'une petite rivière qu'on lui avait indiquée, et, laissant là son canot, il s'enfonce dans les bois, sur la foi d'un Sauvage qui lui servait de guide, et qui, au moindre caprice, pouvait le livrer à des hordes ennemies, ou l'abandonner au milieu des déserts.

Chaque Canadien portait sur ses épaules une charge de quatre-vingt-dix livres, indépendamment de son fusil, d'un peu de poudre et de quelques balles. M. Mackenzie, outre ses armes et son télescope, portait lui-même un fardeau de vivres et de quincailleries, du poids de soixante-dix livres.

La nécessité, la fatigue, et je ne sais quelle confiance qu'on acquiert par l'accoutumance des périls, ôtèrent bientôt à nos voyageurs toute inquiétude. Après de longues journées de marche au travers des buissons et des halliers, tantôt exposés à un soleil brûlant, tantôt inondés par de grandes pluies, le soir ils s'endormaient paisiblement au chant des Indiens.

« Il consistait, dit M. Mackenzie, en sons doux, mélancoliques, d'une mélodie ssez agréable, et ayant quelque rapport avec le chant de l'Église. » Lorsqu'un voyageur se réveille sous un arbre, au milieu de la nuit, dans les déserts de l'Amérique ; qu'il entend le concert lointain de quelques Sauvages, entrecoupé par de longs silences et par le murmure des vents dans la forêt, rien ne lui donne plus l'idée de cette musique aérienne dont parle Ossian, et que les bardes décédés font entendre, aux rayons de la lune, sur les sommets du *Slimora*.

Bientôt nos voyageurs arrivèrent chez des tribus indiennes, dont M. Mackenzie cite des traits de mœurs fort touchants. Il vit une femme presque aveugle, et accablée de vieillesse, que ses parents portaient tour à tour, parce que l'âge l'empêchait de marcher. Dans un autre endroit, une jeune femme avec son enfant lui présenta un vase plein d'eau, au passage d'une rivière, comme Rébecca pencha son vase pour le serviteur d'Abraham au puis de Nachor, et lui dit : *Bibe, quin et camelis tuis dabo potum*. « Buvez, je donnerai ensuite à boire à vos chameaux. »

J'ai passé moi-même chez une peuplade indienne qui se prenait à pleurer à la vue d'un voyageur, parce qu'il lui rappelait des amis partis pour la *Contrée des Ames*, et depuis longtemps en *voyage*.

« Nos guides, dit M. Mackenzie, ayant aperçu des Indiens... hâtèrent le pas pour les rejoindre. A leur approche, l'un des étrangers s'avança avec une hache à la main. C'était le seul homme de la troupe. Il avait avec lui deux femmes et deux enfants. Quand nous les joignîmes, la plus âgée des femmes, qui probablement était la mère de l'homme, s'occupait à arracher les mauvaises herbes dans un espace circulaire d'environ cinq pieds de diamètre, et notre présence n'interrompit point ce travail, prescrit par le respect dû aux morts. C'est dans ce lieu, objet des tendres soins de cette femme, qu'étaient les restes d'un époux et d'un fils ; et toutes les fois qu'elle y passait, elle s'arrêtait pour leur payer ce pieux tribut. »

Tout est important pour le voyageur des déserts. La trace des pas d'un homme, nouvellement imprimée dans un lieu sauvage, est plus intéressante pour lui que les vestiges de l'antiquité dans les champs de la Grèce. Conduit par les indices d'une peuplade voisine, M. Mackenzie traverse le village d'une nation hospitalière, où chaque cabane est accompagnée d'un tombeau. De là, après avoir franchi des montagnes, il atteint les bords de la rivière du *Saumon*, qui se décharge dans l'océan Pacifique. Un peuple nombreux, plus propre, mieux vêtu et mieux logé que les autres Sauvages, le reçoit avec cordialité. Un vieillard perce la foule et vient le presser dans ses bras ; on lui sert un grand festin, on lui fournit des vivres en abondance. Un jeune homme détache un beau manteau de ses épaules, pour le suspendre aux siennes. C'est presque une scène d'Homère.

M. Mackenzie passa plusieurs jours chez cette nation. Il examina le cimetière, qui n'était qu'un grand bois de cèdres où l'on brûlait les morts ; et le temple où l'on célébrait deux fêtes chaque année, l'une au printemps, l'autre en automne. Tandis qu'il parcourait le village, on lui amena des malades pour les guérir : naïveté touchante d'un peuple chez qui l'homme est encore cher à l'homme, et qui ne voit qu'un avantage dans la supériorité des lumières, celui de soulager des malheureux.

Enfin le chef de la nation donne au voyageur son propre fils pour l'accompagner, et un canot de cèdre pour le conduire à la mer. Ce chef raconta à M. Mackenzie que, dix hivers auparavant, s'étant embarqué dans le même canot avec quarante Indiens, il avait rencontré sur la côte deux vaisseaux remplis d'hommes blancs ; c'était le bon *Toolec* [1], dont le souvenir sera longtemps cher aux peuples qui habitent les bords de l'océan Pacifique.

Le samedi 20 de juillet 1793, à huit heures du matin, M. Mackenzie sortit de la rivière du Saumon, pour entrer dans le bras de mer où cette rivière se jette par plusieurs embouchures. Il serait inutile de le suivre dans la navigation de cette baie, où il trouva partout des traces du capitaine Vancouver. Il observa la latitude à 52° 21′ 33″, et il écrivit avec du vermillon sur un rocher : *Alexandre Mackenzie est venu du Canada ici par terre, le 22 juillet 1793.*

Les découvertes de ce voyageur offrent deux résultats très-importants, l'un pour le commerce, l'autre pour la géographie. Quant au premier, M. Mackenzie s'en explique lui-même.

« En ouvrant cette communication entre les deux océans, et en formant des établissements réguliers dans l'intérieur du pays et aux deux extrémités de la route, ainsi que tout le long des côtes et des îles voisines, on serait entièrement maître de tout le commerce des pelleteries de l'Amérique septentrionale, depuis le quarante-huitième degré de latitude jusqu'au pôle, excepté la partie de la côte qui appartient aux Russes, dans l'océan Pacifique.

« On peut ajouter à cet avantage celui de la pêche dans les deux mers, et la facilité d'aller vendre les pelleteries dans les quatre parties du globe. Tel est le champ ouvert à une entreprise commerciale. Les produits de cette entreprise seraient incalculables, si elle était soutenue par une partie du crédit et des capitaux dont la Grande-Bretagne possède une si grande accumulation. »

Ainsi l'Angleterre voit, par les découvertes de ses voyageurs, s'ouvrir devant elle une nouvelle source de trésors, et une nouvelle route à ses comptoirs des Indes et de la Chine.

Quant aux progrès de la géographie, qui, en dernier résultat, tournent également au profit du commerce, le voyage de M. Mackenzie à l'ouest est, sous ce point de vue, moins important que son voyage au nord. Le capitaine Vancouver avait suffisamment prouvé qu'il n'y a point de passage sur la côte occidentale de l'Amérique, depuis Nooatka-Sund jusqu'à la rivière de Cook. Grâce aux travaux de M. Makenzie, ce qui reste maintenant à faire au nord est très-peu de chose.

Le fond de la baie du Refus se trouve à peu près par les 68° de latitude nord, et les 85° de longitude occidentale, méridien de Greenwich.

En 1771, Hearne, parti de la baie d'Hudson, vit la mer à l'embouchure de la rivière des Mines de Cuivre, à peu près par les 69° de latitude, et par les 110° et quelques minutes de longitude.

Il n'y a donc que cinq ou six degrés de longitude entre la mer vue par Hearne et la mer du fond de la baie d'Hudson.

A une latitude si élevée, les degrés de longitude sont fort petits. Supposez-les de douze lieues, vous n'aurez guère plus de soixante-douze lieues à découvrir entre les deux points indiqués.

A cinq degrés de longitude, à l'ouest de l'embouchure de la rivière des Mines de Cuivre, M. Mackenzie vient de découvrir la mer par les 69° 7′ nord.

En suivant notre premier calcul, nous n'aurons que soixante lieues de côtes inconnues entre la mer de Hearne et celle de M. Mackenzie [2].

---

[1] Le capitaine Cook. — [2] Tous ces calculs ne sont pas exacts, et les découvertes du capitaine Franklin et du capitaine Parry ont répandu une grande clarté sur la géographie de ces régions polaires.

Continuant de toucher à l'occident, nous trouvons enfin le détroit de Behring. Le capitaine Cook s'est avancé au delà de ce détroit jusqu'au 69ᵉ ou 70ᵉ degré de latitude nord, et au 275ᵉ de longitude occidentale. Soixante-douze lieues, ou tout au plus six degrés de longitude, séparent l'océan Boréal de Cook de l'océan Boréal de M. Mackenzie.

Voilà donc une chaîne de points connus, où l'on a vu la mer autour du pôle, sur le côté septentrional de l'Amérique, depuis le fond du détroit de Behring jusqu'au fond de la baie d'Hudson. Il ne s'agit plus que de franchir par terre les trois intervalles qui divisent ces points (et qui ne peuvent pas composer entre eux plus de 250 lieues d'étendue), pour s'assurer que le continent de l'Amérique est borné de toutes parts par l'Océan, et qu'il règne à son extrémité septentrionale une mer peut-être accessible aux vaisseaux.

Me permettra-t-on une réflexion ? M. Mackenzie a fait, au profit de l'Angleterre, des découvertes que j'avais entreprises et proposées jadis au gouvernement, pour l'avantage de la France. Du moins le projet de ce voyage, qui vient d'être achevé par un étranger, ne paraîtra plus chimérique. Comme d'autres sollicitent la fortune et le repos, j'avais sollicité l'honneur de porter, au péril de mes jours, des noms français à des mers inconnues, de donner à mon pays une colonie sur l'océan Pacifique, d'enlever les trésors d'un riche commerce à une puissance rivale, et de l'empêcher de s'ouvrir de nouveaux chemins aux Indes.

En rendant compte des travaux de M. Mackenzie, j'ai donc pu mêler mes observations aux siennes, puisque nous nous sommes rencontrés dans les mêmes desseins, et qu'au moment où il exécutait son premier voyage, je parcourais aussi les déserts de l'Amérique ; mais il a été secondé dans son entreprise ; il avait derrière lui des amis heureux et une patrie tranquille : je n'ai pas eu le même bonheur.

SUR LA LÉGISLATION PRIMITIVE

DE M. LE VICOMTE DE BONALD.

Novembre 1802.

« Peu d'hommes naissent avec une disposition particulière et déterminée à un seul objet, qu'on appelle talent ; bienfait de la nature, si des circonstances favorables en secondent le développement, en permettent l'emploi ; malheur réel, tourment de l'homme, si elles le contrarient. »

Ce passage est tiré du livre même que nous annonçons aujourd'hui au public. Rien n'est plus touchant et en même temps plus triste que les plaintes involontaires qui échappent quelquefois au *véritable* talent. L'auteur de la *Législation primitive*, comme tant d'écrivains célèbres, semble n'avoir reçu les dons de la nature que pour en sentir les dégoûts. Comme Épictète, il a pu réduire la philosophie à ces deux maximes : « souffrir et s'abstenir, » ἀνέχου καὶ ἀπέχου. C'est dans l'obscure chaumière d'un paysan d'Allemagne, au fond d'une terre étrangère, qu'il a composé sa *Théorie du pouvoir politique et religieux*[1] ; c'est au milieu de toutes les priva-

---

[1] Cet ouvrage, qui parut en 1796, fut supprimé par le Directoire, et n'a pas été réimprimé.

tions de la vie, et encore sous la menace d'une loi de proscription, qu'il a publié ses observations sur le *divorce;* traité admirable, dont les dernières pages surtout sont un modèle de cette éloquence de pensées, bien supérieure à l'éloquence de mots, et qui soumet tout, comme le dit Pascal, par *droit de puissance;* enfin c'est au moment où il va abandonner Paris, les lettres, et pour ainsi dire son génie, qu'il nous donne sa *Législation primitive :* Platon couronna ses ouvrages par ses *Lois,* et Lycurgue s'exila de Lacédémone après avoir établi les siennes. Malheureusement nous n'avons pas, comme les Spartiates, juré d'observer les *saintes* lois de notre nouveau législateur. Mais que M. de Bonald se rassure : quand on joint comme lui l'autorité des bonnes mœurs à l'autorité du génie ; quand on n'a aucune de ces faiblesses qui prêtent des armes à la calomnie et consolent la médiocrité, les obstacles tôt ou tard s'évanouissent, et l'on arrive à cette position où le talent n'est plus un *malheur,* mais un *bienfait.*

Les jugements que l'on porte sur notre littérature moderne nous semblent un peu exagérés. Les uns prennent notre jargon scientifique et nos phrases ampoulées pour les progrès des lumières et du génie ; selon eux, la langue et la raison ont fait un pas depuis Bossuet et Racine : quel pas ! Les autres, au contraire, ne trouvent plus rien de passable ; et, si l'on veut les en croire, nous n'avons pas un seul bon écrivain. Cependant n'est-il pas à peu près certain qu'il y a eu des époques en France où les lettres ont été au-dessous de ce qu'elles sont aujourd'hui ? Sommes-nous juges compétents dans cette cause, et pouvons-nous bien apprécier les écrivains qui vivent avec nous? Tel auteur contemporain dont nous sentons à peine la valeur sera peut-être un jour la gloire de notre siècle. Combien y a-t-il d'années que les grands hommes du siècle de Louis XIV sont mis à leur véritable place? Racine et La Bruyère furent presque méconnus de leur vivant. Nous voyons Rollin, cet homme plein de goût et de savoir, balancer le mérite de Fléchier et de Bossuet, et faire assez comprendre qu'on donnait généralement la préférence au premier. La manie de tous les âges a été de se plaindre de la rareté des bons écrivains et des bons livres. Que n'a-t-on point écrit contre le *Télémaque,* contre les *Caractères* de La Bruyère, contre les chefs-d'œuvre de Racine ! Qui ne connaît l'épigramme sur *Athalie?* D'un autre côté, qu'on lise les journaux du dernier siècle; il y a plus, qu'on lise ce que La Bruyère et Voltaire ont dit eux-mêmes de la littérature de leur temps : pourrait-on croire qu'ils parlent de ces temps où vécurent Fénelon, Bossuet, Pascal, Boileau, Racine, Molière, La Fontaine, J.-J. Rousseau, Buffon et Montesquieu ?

La littérature française va changer de face; avec la révolution vont naître d'autres pensées, d'autres vues des choses et des hommes. Il est aisé de prévoir que les écrivains se diviseront. Les uns s'efforceront de sortir des anciennes routes ; les autres tâcheront de suivre les antiques modèles, mais toutefois en les présentant sous un jour nouveau. Il est assez probable que les derniers finiront par l'emporter sur leurs adversaires, parce qu'en s'appuyant sur les grandes traditions et sur les grands hommes, ils auront des guides bien plus sûrs et des documents bien plus féconds.

M. de Bonald ne contribuera pas peu à cette victoire : déjà ses idées commencent à se répandre; on les retrouve par lambeaux dans la plupart des journaux et des livres du jour. Il y a de certains sentiments et de certains styles qui sont pour ainsi dire contagieux, et qui (si l'on nous pardonne l'expression) teignent de leurs couleurs tous les esprits. C'est à la fois un bien et un mal : un mal, en ce que cela dégoûte l'écrivain dont on fane la fraîcheur, et dont on rend l'originalité vulgaire; un bien, quand cela sert à répandre des vérités utiles.

Le nouvel ouvrage de M. de Bonald est divisé en quatre parties.

La première (comprise dans le discours préliminaire) traite du rapport des êtres et des principes fondamentaux de la législation ;

La seconde considère l'état ancien du *ministère public* en France ;

La troisième regarde *l'éducation publique* ;

Et la quatrième examine l'état de l'Europe chrétienne et mahométane.

Si dans l'extrait que l'on va donner de la *Législation primitive* on se permet quelquefois de n'être pas de l'opinion de l'auteur, il voudra bien le pardonner. Combattre un homme tel que lui, c'est lui préparer de nouveaux triomphes.

Pour remonter aux principes de la législation, M. de Bonald commence par remonter aux principes des êtres, afin de trouver la loi primitive, exemplaire éternel des lois humaines, qui ne sont bonnes ou mauvaises qu'autant qu'elles se rapprochent ou s'éloignent de cette loi, qui n'est qu'un écoulement de la sagesse divine... *Lex... rerum omnium principem expressa naturam, ad quam leges hominum diriguntur, quæ supplicio improbos afficiunt, et defendunt et tuentur bonos* [1]. M. de Bonald trace rapidement l'histoire de la *philosophie*, qui, selon lui, voulait dire chez les anciens *amour de la sagesse*, et parmi nous *recherche de la vérité*. Ainsi les Grecs faisaient consister la sagesse dans la *pratique* des mœurs, et nous dans la *théorie*. « Notre philosophie, dit l'auteur, est vaine dans ses pensées, superbe dans ses discours. Elle a pris des stoïciens l'orgueil, et des épicuriens la licence. Elle a ses sceptiques, ses pyrrhoniens, ses éclectiques ; et la seule doctrine qu'elle n'ait pas embrassée est celle des privations. »

Sur la cause de nos erreurs, M. de Bonald fait cette observation profonde :

« On peut préjuger en physique des erreurs particulières ; on doit préjuger en morale des vérités générales ; et c'est pour avoir fait le contraire, pour avoir préjugé la vérité en physique, que le genre humain a cru si longtemps aux absurdités de la physique ancienne ; comme c'est pour avoir préjugé l'erreur dans la morale générale des nations, que plusieurs ont, de nos jours, fait naufrage. »

L'auteur est bientôt conduit à l'examen du problème des idées *innées*. Sans embrasser l'opinion qui les rejette, ni se ranger au parti qui les adopte, il croit que Dieu a donné aux hommes en *général*, et non à l'homme en *particulier*, une certaine quantité de principes ou de sentiments innés (tels que révélation de l'Être suprême, de l'immortalité de l'âme, des premières notions de la morale, etc.), absolument nécessaires à l'établissement de l'ordre social. D'où il arrive qu'on peut trouver à la rigueur un homme isolé qui n'ait aucune connaissance de ces principes, mais qu'on n'a jamais rencontré une société d'hommes qui les ait totalement ignorés. Si ce n'est pas là la vérité, convenons du moins qu'un esprit qui sait produire de pareilles raisons n'est pas un esprit ordinaire.

De là M. de Bonald passe à l'examen d'un autre principe sur lequel il a élevé toute sa législation, savoir : *Que la parole a été enseignée à l'homme, et qu'il n'a pu l'inventer lui-même.*

Il reconnaît trois sortes de paroles, le geste, la parole et l'écriture.

Il fonde son opinion sur des raisons qui paraissent d'un très-grand poids :

1° Parce qu'il est nécessaire de penser sa parole, avant de parler sa pensée ;

---

[1] Cic., *de Leg.*, lib. II.

2° Parce que le sourd de naissance qui *n'entend* pas la parole est muet, preuve que la parole est une chose apprise et non inventée ;

3° Parce que si la parole est d'invention humaine, il n'y a plus de vérités nécessaires, etc.

M. de Bonald revient souvent à cette idée, d'où dépend, selon lui, toute la controverse des théistes et des athées, des chrétiens et des philosophes. On peut dire en effet que, s'il était prouvé que la parole est révélée et non inventée, on aurait une preuve physique de l'existence de Dieu, et Dieu n'aurait pu donner le verbe à l'homme sans lui donner aussi des règles et des lois. Tout deviendrait positif dans la société ; et c'était déjà, ce nous semble, l'opinion de Platon et du philosophe romain : *Legem neque hominum ingeniis excogitatam, neque scitum aliquod esse populorum, sed œternum quiddam*, etc.

Il devenait nécessaire à M. de Bonald de développer son idée, et c'est ce qu'il a fait dans une excellente dissertation qui se trouve au second volume de son ouvrage. On y remarque cette comparaison, que l'on croirait traduite du *Phédon* ou de la *République* :

« Cette correspondance naturelle et nécessaire des pensées et des mots qui les expriment, et cette nécessité de la parole pour rendre présentes à l'esprit ses propres pensées et les pensées des autres, peuvent être rendues sensibles par une comparaison. . . . . . dont l'extrême exactitude prouverait toute seule une analogie parfaite entre les lois de notre être intelligent et celles de notre être physique.

« Si je suis dans un lieu obscur, je n'ai pas la vision oculaire, ou la connaissance par la vue de l'existence des corps qui sont près de moi, pas même de mon propre corps ; et, sous ce rapport, ces êtres sont à mon égard comme s'ils n'étaient pas. Mais si la lumière vient tout à coup à paraître, tous les objets en reçoivent une couleur relative, pour chacun, à la contexture particulière de sa surface ; chaque corps se produit à mes yeux, je les vois tous ; et je juge les rapports de forme, d'étendue, de distance que ces corps ont entre eux et avec le mien.

« Notre entendement est ce lieu obscur où nous n'apercevons aucune idée, pas même celle de notre propre intelligence, jusqu'à ce que la parole, pénétrant par le sens de l'ouïe ou de la vue, porte la lumière dans les ténèbres, et appelle, pour ainsi dire, chaque idée, qui répond comme les étoiles dans Job : *Me voilà!* Alors seulement nos idées sont *exprimées* ; nous avons la conscience ou la connaissance de nos pensées, et nous pouvons la donner aux autres ; alors seulement nous nous *idéons* nous-mêmes, nous *idéons* les autres êtres et les rapports qu'ils ont entre eux et avec nous ; et de même que l'œil distingue chaque corps à sa couleur, l'esprit distingue chaque idée à son expression. »

Trouve-t-on souvent une aussi puissante métaphysique unie à une si vive expression ? Chaque idée *qui répond à la parole comme les étoiles dans Job :* ME VOILA, n'est-ce pas là un ordre de pensées bien élevé, un caractère de style bien rare ? J'en appelle à des hommes plus habiles que moi : *Quantum eloquentia valeat, pluribus credere potest.*

Cependant nous oserons proposer quelques doutes à l'auteur, et soumettre nos observations à ses lumières. Nous reconnaissons, comme lui, le principe de la transmission ou de l'enseignement de la parole. Mais ne pose-t-il pas trop rigoureusement le principe ? En en faisant la seule preuve positive de l'existence de Dieu et des lois fondamentales de la société, ne met-il pas en péril les plus grandes vérités, si l'on vient à lui contester sa preuve unique ? La raison qu'il tire des sourds-muets, en faveur de l'enseignement de la parole, n'est peut-être pas assez convaincante ; car on peut lui dire : Vous prenez un exemple dans une exception, et vous allez chercher une preuve dans une imperfection de la nature. Supposons un homme sauvage, ayant tous ses sens, mais point encore la parole. Cet homme, pressé par la faim, rencontre dans les forêts un objet propre à la satisfaire ; il pousse un cri de joie en le voyant, ou en le portant à sa bouche. N'est-il pas possible qu'ayant *entendu* le cri, le son tel quel, il le retienne et le répète ensuite toutes les fois qu'il apercevra le même objet, ou sera pressé du même besoin ? Le cri deviendra le premier mot de son vocabulaire, et ainsi de suite, jusqu'à l'expression des idées purement intellectuelles.

Il est certain que l'idée ne peut sortir de l'entendement sans la parole, mais on pourrait peut-être admettre que l'homme, avec la permission de Dieu, allume lui-même *ce flambeau du verbe*, qui doit éclairer son âme ; que le sentiment ou l'idée fait naître d'abord l'expression, et que l'expression à son tour rentre dans l'intelligence, pour y porter la lumière. Si l'auteur disait que, pour former une langue de cette sorte, il faudrait des millions d'années, et que J.-J. Rousseau lui-même *a cru que la parole est bien nécessaire pour inventer la parole*, nous convenons aussi de la difficulté ; mais M. de Bonald ne doit pas oublier qu'il a affaire à des hommes qui nient toutes les traditions, et qui disposent à leur gré de l'*éternité* du monde.

Il y a d'ailleurs une objection plus sérieuse. Si la parole est nécessaire à la manifestation de l'idée, et que la parole entre par les sens, l'âme dans une autre vie, dépouillée des organes du corps, n'a donc pas la conscience de ses pensées ? Il n'y aurait plus qu'une ressource, qui serait de dire que Dieu l'éclaire alors de son propre verbe, et qu'elle voit ses idées dans la Divinité : c'est retomber dans le système de Malebranche.

Les esprits profonds aimeront à voir comment M. de Bonald déroule le vaste tableau de l'ordre social ; comment il suit et définit l'administration civile, politique et religieuse. Il prouve évidemment que la religion chrétienne a achevé l'homme, comme le suprême législateur le dit lui-même en expirant :

Tout est consommé.

M. de Bonald donne une singulière élévation et une profondeur immense au christianisme ; il suit les rapports mystiques du *Verbe* et du *Fils*, et montre que le véritable Dieu ne pouvait être connu que par la révélation ou l'*Incarnation* de son *Verbe*, comme la pensée de l'homme n'a été manifestée que par la parole ou l'*incarnation de la pensée*. Hobbes, dans sa *Cité chrétienne*, avait expliqué le Verbe comme l'auteur de la législation : *In Testamento Novo græce scripto*, Verbum Dei *sæpe ponitur, non pro eo quod loquutus est Deus, sed pro eo quod de Deo et de regno ejus... In hoc autem sensu idem significant* λόγος Θεοῦ.

M. de Bonald distingue essentiellement la constitution de la société domestique, ou l'ordre de famille, de la constitution politique, rapports qu'on a trop confondus dans ces derniers temps. Dans l'examen de l'ancien *ministère public* en France, il montre une connaissance approfondie de notre histoire. Il examine le principe de la souveraineté du peuple, que Bossuet avait attaqué dans son *cinquième avertissement*, en réponse à M. Jurieu. « Où tout est indépendant, dit l'évêque de Meaux, il n'y a rien de souverain. » Axiome foudroyant, manière d'argumenter précisément telle que l'exigeaient les ministres protestants, qui se piquaient surtout de raison et de logique. Ils s'étaient plaints d'être écrasés par l'éloquence de Bossuet ; l'orateur s'était aussitôt dépouillé de son éloquence, comme ces guerriers chrétiens qui, s'apercevant au milieu d'un combat que leurs adversaires étaient désarmés, jetaient à l'écart leurs armes, pour ne pas remporter une victoire trop aisée. Bossuet, passant ensuite aux preuves historiques, et montrant que le prétendu *pacte social* n'a jamais existé, fait voir, ainsi qu'il le dit lui-même, qu'il y a là *autant d'ignorance que de mots ;* que si le peuple est souverain, il a le droit incontestable de changer tous les jours sa constitution, etc. Ce grand homme (que M. de Bonald, digne d'être son admirateur, cite avec tant de complaisance) établit aussi l'excellence de la succession au pouvoir suprême. « C'est un bien pour le peuple, dit-il dans le même *avertissement,* que le gouvernement devienne aisé, qu'il se perpétue par les mêmes lois qui perpétuent le genre humain, et qu'il aille pour ainsi dire avec la nature. »

M. de Bonald nous reproduit cette force de bon sens, et quelquefois cette simple grandeur de style. C'est un sujet d'étonnement dont on a peine à revenir, que l'ignorance ou la mauvaise foi dans laquelle est tombée notre siècle relativement au siècle de Louis XIV. On croit que ces écrivains ont méconnu les principes de l'ordre social, et cependant il n'y a pas de question politique dont Bossuet n'ait parlé, soit dans son *Histoire universelle,* soit dans sa *Politique tirée de l'Écriture,* soit surtout dans ses controverses avec les protestants.

Au reste, si l'on peut faire quelques objections à M. de Bonald sur les deux premiers volumes de son ouvrage, il n'en est pas ainsi du troisième. L'auteur y parle de *l'éducation* avec une supériorité de lumière, une force de raisonnement, une netteté de vue, dignes des plus grands éloges. C'est véritablement dans les questions particulières de morale ou de politique que M. de Bonald excelle. Il y répand partout une *modération féconde,* pour employer la belle expression de Daguesseau. Je ne doute point que son *Traité d'éducation* n'attire les yeux des hommes d'État, comme sa question du divorce fixa l'attention des meilleurs esprits de la France. On reviendra incessamment sur ce troisième volume, qui mérite seul un extrait.

Le style de M. de Bonald pourrait être quelquefois plus harmonieux et moins négligé. Sa pensée est toujours éclatante et d'un heureux choix ; mais je ne sais si son expression n'est pas quelquefois un peu terne et commune ; légers défauts que le travail fera disparaître. On pourrait aussi désirer plus d'ordre dans les matières, et plus de clarté dans les idées : les génies forts et élevés ne compatissent pas assez à la faiblesse de leurs lecteurs ; c'est un abus naturel de la puissance. Quelquefois encore les distinctions de l'auteur paraissent trop ingénieuses, trop subtiles. Comme Montesquieu, il aime à appuyer une grande vérité sur une petite raison. La définition d'un mot, l'explication d'une étymologie, sont des choses trop curieuses et trop arbitraires pour qu'on puisse les avancer au soutien d'un principe important.

Au reste, on a voulu seulement, par ce peu de mots, sacrifier à la triste coutume, qui veut qu'on joigne toujours la critique à l'éloge. A Dieu ne plaise que nous observions misérablement quelque tache dans les écrits d'un homme aussi supérieur que M. de Bonald ! Comme nous ne sommes point une autorité, nous avons permission d'admirer avec le vulgaire, et nous en profitons amplement pour l'auteur de la *Législation primitive.*

Heureux les États qui possèdent encore des citoyens comme M. de Bonald ; hommes que les injustices de la fortune ne peuvent décourager, qui combattent pour le seul amour du bien, lors même qu'ils n'ont pas l'espérance de vaincre !

L'auteur de cet article ne peut se refuser une image qui lui est fournie par la position dans laquelle il se trouve. Au moment même où il écrit ces derniers mots, il descend un des plus grands fleuves de la France ; sur deux montagnes opposées s'élèvent deux tours en ruines ; au haut de ces tours sont attachées de petites cloches que les montagnards sonnent à notre passage. Ce fleuve, ces montagnes, ces sons, ces monuments gothiques, amusent un moment les yeux des spectateurs ; mais personne ne s'arrête pour aller où la cloche l'invite : ainsi les hommes qui prêchent aujourd'hui morale et religion donnent en vain le signal du haut de leurs ruines à ceux que le torrent du siècle entraîne ; le voyageur s'étonne de la grandeur des débris, de la douceur des bruits qui en sortent, de la majesté des souvenirs qui s'en élèvent ; mais il n'interrompt point sa course, et au premier détour du fleuve tout est oublié.

SUR LA LÉGISLATION PRIMITIVE.

Décembre 1802.

On peut remarquer dans l'histoire que la plupart des révolutions des peuples civilisés ont été précédées des mêmes opinions, et annoncées par les mêmes écrits : *Quid est quod fuit? ipsum quod futurum est.* Quintilien et Élien nous parlent de cet Archiloque qui osa le premier publier l'histoire honteuse de sa conscience à la face de l'univers, et qui florissait en Grèce avant la réforme de Solon. Au rapport d'Eschine, Dracon avait fait un traité de l'éducation, où, prenant l'homme à son berceau, il le conduisait pas à pas jusqu'à sa tombe. Cela rappelle l'éloquent sophiste dont M. de La Harpe a fait un portrait admirable.

La *Cyropédie* de Xénophon, une partie de la *République* de Platon, et les premiers livres de ses *Lois*, peuvent être aussi regardés comme de beaux traités plus ou moins propres à former le cœur de la jeunesse. Sénèque, et surtout le judicieux Quintilien, placés sur un autre théâtre et plus rapprochés de nos temps, ont laissé d'excellentes leçons aux maîtres et aux disciples. Malheureusement, de tant de bons écrits sur l'éducation, nous n'avons emprunté que la partie systématique, et précisément celle qui, tenant aux mœurs des anciens, ne peut s'appliquer à nos mœurs. Cette fatale imitation, que nous avons poussée en tout à l'excès, a causé bien des malheurs : en naturalisant chez nous les dévastations et les assassinats de Sparte et d'Athènes, sans atteindre à la grandeur de ces fameuses cités, nous avons imité ces tyrans qui, pour embellir leur patrie, y faisaient transporter les ruines et les tombeaux de la Grèce.

Si la fureur de tout détruire n'avait pas été le caractère dominant de ce siècle, qu'avions-nous besoin cependant d'aller chercher des systèmes d'éducation dans les débris de l'antiquité ? N'avions-nous pas les institutions du christianisme ? Cette religion si calomniée (et à qui nous devons toutefois jusqu'à l'art qui nous nourrit), cette religion arracha nos pères aux ténèbres de la barbarie. D'une main, les bénédictins guidaient les premières charrues dans les Gaules, de l'autre, ils transcrivaient les poëmes d'Homère ; et tandis que les *clercs de la vie commune* s'occupaient de la collation des anciens manuscrits, les *pauvres frères des écoles pieuses* enseignaient *gratis* aux enfants du peuple les premiers rudiments des lettres ; ils obéissaient à ce commandement du livre où tout se trouve : *Non des illi potestatem in juventute, et ne despicias cogitatus illius.*

Bientôt parut cette société fameuse qui donna le Tasse à l'Italie et Voltaire à la

France, et dont, pour ainsi dire, chaque membre fut un homme de lettres distingué. Le jésuite, mathématicien à la Chine, législateur au Paraguay, antiquaire en Égypte, martyr au Canada, était en Europe un maître savant et poli, dont l'urbanité ôtait à la science ce pédantisme qui dégoûte la jeunesse. Voltaire consultait sur ses tragédies les pères Porée et Brumoy : « On a lu *Jules César* devant dix jésuites, écrit-il à M. de Cideville; ils en pensent comme vous. » La rivalité qui s'établit un moment entre *Port-Royal* et la *Société* força cette dernière à veiller plus scrupuleusement sur sa morale, et les *Lettres provinciales* achevèrent de la corriger. Les jésuites étaient des hommes tolérants et doux qui cherchaient à rendre la religion aimable, par indulgence pour notre faiblesse, et qui s'égarèrent d'abord dans ce charitable dessein : Port-Royal était inflexible et sévère, et, comme le roi-prophète, il semblait vouloir égaler la rigueur de sa pénitence à la hauteur de son génie. Si le poëte le plus tendre fut élevé à l'école des *Solitaires*, le prédicateur le plus austère sortit du sein de la *Société*. Bossuet et Boileau penchaient pour les premiers, Fénelon et La Fontaine pour la seconde.

« Anacréon se tait devant les jansénistes. »

Port-Royal, sublime à sa naissance, changea et s'altéra tout à coup, comme ces emblèmes antiques qui n'ont que la tête d'aigle ; les jésuites au contraire se soutinrent et se perfectionnèrent jusqu'à leur dernier moment. La destruction de cet ordre a fait un mal irréparable à l'éducation et aux lettres ; on en convient aujourd'hui. Mais selon la réflexion touchante d'un historien : *Quis beneficorum servat memoriam ? aut quis ullam calamitosis deberi putat gratiam ? aut quando fortuna non mutat fidem ?*

Ce fut donc sous le siècle de Louis XIV (siècle qui enfanta toutes les grandeurs de la France) que le système d'éducation, pour les deux sexes, parvint à son plus haut point de perfection. On se rappelle avec admiration ces temps où l'on vit sortir des écoles chrétiennes Racine, Molière, Montfaucon, Sévigné, Lafayette, Dacier; ces temps où le chantre d'Antiope donnait des leçons aux épouses des hommes, où les pères Hardouin et Jouvency expliquaient la belle antiquité, tandis que les génies de Port-Royal écrivaient pour des écoliers de sixième, et que le grand Bossuet se chargeait du catéchisme des petits enfants.

Rollin parut bientôt à la tête de l'Université ; ce savant homme, que l'on prend aujourd'hui pour un pédant de collége plein de ridicules et de préjugés, est pourtant un des premiers écrivains français qui ait parlé d'un philosophe anglais avec éloge : « Je ferai grand usage de deux auteurs modernes (dit-il dans son *Traité des Études*); ces auteurs sont M. de Fénelon, archevêque de Cambrai, et M. Locke, Anglais, dont les écrits sur cette matière sont fort estimés, et avec raison. Le dernier a quelques sentiments particuliers que je ne voudrais pas toujours adopter. Je ne sais d'ailleurs s'il était bien versé dans la connaissance de la langue grecque et dans l'étude des belles-lettres ; il ne paraît pas au moins en faire assez de cas. »

C'est en effet à l'ouvrage de Locke sur l'éducation qu'on peut faire remonter la date de ces opinions systématiques qui tendent à faire de tous les enfants des héros de roman ou de philosophie. L'*Émile*, où ces opinions sont malheureusement consacrées par un grand talent, et quelquefois par une haute éloquence; l'*Émile* est jugé maintenant comme un livre pratique; sous ce rapport, il n'y a pas de livre élémentaire pour l'enfance qui ne lui soit bien préférable : on s'en est enfin aperçu, et une femme célèbre a publié de nos jours, sur l'éducation, des préceptes beaucoup plus sains et plus utiles. Un homme dont le génie a été mûri par les orages de la révolution achève maintenant de renverser les principes d'une fausse philosophie, et de rasseoir l'éducation sur ses bases morales et religieuses. Le troisième volume de la *Législation primitive* est consacré à cet important sujet : nous avons promis de le faire connaître à nos lecteurs.

M. de Bonald commence par poser en principe que l'homme naît ignorant et faible, mais capable d'apprendre : « Bien différent de la brute, l'homme naît, dit-il, *perfectible*, et l'animal naît *parfait*. »

Que faut-il enseigner à l'homme ? Tout ce qui est bon, c'est-à-dire tout ce qui est nécessaire à la *conservation* des êtres.

Et quel est le moyen général de cette conservation ? La *société*.

Comment la société exprime-t-elle ses rapports ? Elle les exprime par des *volontés* qui s'appellent *lois*.

Les lois sont donc des volontés, d'où résultent pour les membres de la société des *actions* appelées *devoirs*.

Donc l'*éducation* proprement dite est *l'enseignement des lois et des devoirs de la société*.

L'homme, sous le rapport religieux et politique, appartient à une *société domestique* et à une *société publique*. Il y a donc deux systèmes d'éducation, savoir :

L'éducation domestique, qui suit l'enfant dans la maison paternelle ; elle a pour but de former l'homme pour la famille, et de l'instruire des éléments de la religion ;

L'éducation publique, qui est celle que les enfants reçoivent de l'État dans des établissements publics ; son but est de former l'homme pour la société publique, et les devoirs religieux et politiques qu'elle commande.

L'éducation, dans son principe, doit être essentiellement religieuse. Ici M. de Bonald combat fortement l'auteur d'*Émile*. Dire qu'on ne doit donner à l'enfance aucun principe religieux, c'est une des erreurs les plus funestes que jamais ait avancées la philosophie. L'auteur de la *Législation primitive* cite l'exemple effrayant de soixante-quinze enfants au-dessous de seize ans jugés à la police correctionnelle, dans l'espace de cinq mois, pour *larcins, vols et atteintes aux mœurs*. M. Scipion Bexon, vice-président du tribunal de première instance du département de la Seine, à qui l'on doit la connaissance de ce fait, ajoute, dans son rapport, *que plus de la moitié des vols qui ont lieu dans Paris sont commis par des enfants*.

« Que des établissements publics, dit M. Necker dans son *Cours de morale religieuse*, assurent à tous les enfants des instructions élémentaires de morale et de religion. Votre indifférence vous rendrait un jour responsables des égarements que vous seriez forcés de punir ; votre conscience au moins serait effrayée du reproche que pourrait vous adresser un jeune homme traduit devant un tribunal criminel, un jeune homme prêt à subir une condamnation rigoureuse. Que pourriez-vous répondre en effet s'il disait : « Je n'ai jamais été formé à la vertu par aucune leçon ; j'ai été dévoué à « des travaux mercenaires ; j'ai été lancé dans le monde avant qu'on eût gravé dans mon cœur ou « mon souvenir un seul principe de conduite : on m'a parlé de liberté, d'égalité ; jamais de mes « devoirs envers les autres, jamais de l'autorité religieuse qui m'aurait soumis à ces devoirs : on m'a « laissé l'enfant de la nature, et l'on veut me juger par des lois que le *génie social* a composées : « ce n'était pas avec une sentence de mort qu'il fallait m'enseigner les obligations de la vie ! » Tel est le langage terrible que pourrait tenir un jeune homme en entendant sa condamnation.

En parlant d'abord de l'éducation domestique, M. de Bonald veut qu'on rejette toutes ces pratiques anglaises, américaines, philosophiques, inventées par l'esprit de système et soutenues par la mode.

« Des vêtements légers, dit-il, la tête découverte, un lit dur, sobriété et exercices, des privations plutôt que des jouissances, en un mot presque toujours ce qui coûte le moins, est en tout ce qui convient le mieux, et la nature n'emploie ni tant de frais, ni tant de soins, pour élever ce frêle édifice qui ne doit durer qu'un instant, et qu'un souffle peut renverser. »

Il conseille ensuite le rétablissement des *corporations,*

« Que le gouvernement doit, dit-il, regarder comme l'éducation domestique des enfants du peuple. Ces corporations, où la religion fortifiait par ses pratiques les règlements de l'autorité civile, avaient, entre autres avantages, celui de contenir par le devoir un peu dur des maîtres une jeunesse grossière, que le besoin de vivre soustrait de bonne heure au pouvoir paternel, et que son obscurité dérobe au pouvoir politique. »

C'est voir les choses de bien haut, et considérer en véritable législateur ce que tant d'écrivains n'ont aperçu qu'en économistes.

L'auteur, passant à l'éducation publique, prouve d'abord, comme Quintilien, l'insuffisance d'une éducation privée, et la nécessité d'une éducation commune. Après avoir parlé des lieux où l'on doit établir les colléges, et fixé le nombre des élèves que chaque collége doit à peu près contenir, il examine la grande question sur les *maîtres;* laissons-le parler lui-même :

« Il faut une éducation perpétuelle, universelle, uniforme, et par conséquent un instituteur perpétuel, universel, uniforme : il faut donc un corps, car hors d'un corps il ne peut y avoir ni perpétuité, ni généralité, ni uniformité.

« Ce corps (car il n'en faut qu'un), chargé de l'éducation publique, ne peut pas être un corps purement séculier; car où serait le lien qui en assurerait la perpétuité, et par conséquent l'uniformité? Serait-ce l'intérêt personnel? Mais des séculiers auront ou pourront avoir une famille. Ils appartiendront donc plus à leur famille qu'à l'État, à leurs enfants plus qu'aux enfants des autres, à leur intérêt personnel plus qu'à l'intérêt public; car l'amour de soi, dont on veut faire le lien universel, est et sera toujours le mortel ennemi de l'amour des autres. . . . .
. . . .

« Si les instituteurs publics sont célibataires, quoique séculiers, ils ne pourront faire corps entre eux, leur agrégation fortuite ne sera qu'une succession continuelle d'individus entrés pour vivre, et sortis pour s'établir; et quel père de famille osera confier ses enfants à des célibataires dont une discipline religieuse ne garantira pas les mœurs? S'ils sont mariés, comment l'État pourrait-il assurer à des hommes chargés de famille, animés d'une juste ambition de fortune, et plus capables que d'autres de s'y livrer avec succès, comment pourrait-il leur assurer un établissement qui puisse les détourner d'une spéculation plus lucrative? si, par des vues d'économie, on les réunit sous le même toit avec leurs femmes et leurs enfants, la concorde est impossible; si on leur permet de vivre séparément, les frais sont incalculables. Des hommes instruits ne voudront pas soumettre leur esprit à des règlements devenus routiniers, à des méthodes d'enseignement qui leur paraîtront défectueuses; des hommes avides et accablés de besoins voudront s'enrichir; des pères de famille oublieront les soins publics pour les affections domestiques. L'État peut être assuré de ne conserver dans les établissements d'éducation que les hommes qui ne seront propres à aucune autre profession, des mauvais sujets; et l'on peut s'en convaincre aisément en se rappelant que les instruments les plus actifs de nos désordres ont été, à Paris, cette classe d'instituteurs laïques attachés aux colléges, qui, dans leurs idées classiques, ont vu le *forum* de Rome à l'assemblée de leurs sections, se sont crus des orateurs chargés des destinées de la république, lorsqu'ils n'étaient que des brouillons bouffis d'orgueil, et impatients de sortir de leur état. Il faut donc un corps qui ne puisse se dissoudre; un corps où des hommes fassent à une règle commune le sacrifice de leurs opinions personnelles; à une richesse commune, le sacrifice de leur cupidité personnelle; à la famille commune de l'État, le sacrifice de leurs familles personnelles. Mais quelle autre force que celle de la religion, quels autres engagements que ceux qu'elle consacre, peuvent lier des hommes à des devoirs aussi austères, et leur commander des sacrifices aussi pénibles? »

La vigoureuse dialectique de ce morceau sera remarquée de tous les lecteurs. M. de Bonald presse l'argument de manière à ne laisser aucun refuge à ses adversaires. On pourrait seulement lui objecter les universités protestantes; mais il pourrait répondre que les professeurs de ces universités, bien qu'ils soient mariés, sont cependant des *ministres* ou *des prêtres*; que ces universités sont d'ailleurs des fondations *chrétiennes*, dont les revenus et les fonds sont indépendants du gouvernement; qu'après tout, les désordres sont tels dans ces universités, que des parents sages craignent souvent d'y envoyer leurs enfants. Tout cela change absolument l'état de la question, et sert même, en dernière analyse, à confirmer le raisonnement de l'auteur.

M. de Bonald, ne s'occupant qu'à poser les principes, néglige de donner des avis particuliers aux maîtres. On les trouve d'ailleurs, ces avis, dans les écrits du bon Rollin. Le seul titre de ces chapitres fait aimer cet excellent homme : *Prendre de l'autorité sur les enfants; se faire aimer et craindre; inconvénients et dangers des châtiments; parler raison aux enfants, les piquer d'honneur, faire usage des louanges, des récompenses, des caresses; rendre l'étude aimable; accorder du repos et de la récréation aux enfants; piété, religion, zèle pour le salut des enfants :* c'est sous ce dernier titre qu'on lit ces mots, qui font presque verser des larmes d'attendrissement :

« Qu'est-ce qu'un maître chrétien, chargé de l'éducation des jeunes gens? C'est un homme entre les mains de qui Jésus-Christ a remis un certain nombre d'enfants, qu'il a rachetés de son sang, et pour lesquels il a donné sa vie; en qui il habite comme dans sa maison et dans son temple; qu'il regarde comme ses membres, comme ses frères et des cohéritiers dont il veut faire autant de rois et de prêtres qui régneront et serviront Dieu avec lui et par lui pendant toute l'éternité; et il les leur a confiés pour conserver en eux le précieux et l'inestimable dépôt de l'innocence. Or, quelle grandeur, quelle noblesse une commission si honorable n'ajoute-t-elle point à toutes les fonctions des maîtres! . . . .

. . . . Un bon maître doit s'appliquer ces paroles que Dieu faisait continuellement retentir aux oreilles de Moïse, le conducteur de son peuple : Portez-les dans votre sein comme une nourrice a accoutumé de porter son petit enfant : *Porta eos in sinu tuo, sicut portare solet infantulum.* »

Des maîtres, M. de Bonald passe aux élèves. Il veut qu'on les occupe principalement de l'étude des langues anciennes, qui ouvrent aux enfants les trésors du passé, et promènent leur esprit et leur cœur sur de beaux souvenirs et de grands exemples. Il s'élève contre cette éducation philosophique « qui encombre, dit-il, la mémoire des enfants de vaines nomenclatures de minéraux, de plantes, qui rétrécissent leur intelligence, etc. »

On doit aimer à se rencontrer dans les mêmes sentiments et les mêmes opinions avec un homme tel que M. de Bonald. Nous avons eu le bonheur d'attaquer un des premiers cette dangereuse manie de notre siècle [1]. Personne, peut-être, ne sent plus que nous le charme de *l'histoire naturelle :* mais quel abus n'en fait-on pas aujourd'hui, et dans la manière dont on l'étudie, et dans les conséquences qu'on veut en tirer! L'histoire naturelle, proprement dite, ne peut être, ne doit être qu'une suite de tableaux, comme dans la nature. Buffon avait un souverain mépris pour les *classifications*, qu'il appelait *des échafaudages pour arriver à la science, et non pas la science elle-même* [2]. Indépendamment des autres dangers qu'entraîne l'étude exclusive des sciences, comme elles ont un rapport immédiat avec le

[1] Dans le *Génie du Christianisme.* — [2] *Hist. nat.*, tom. 1. Prem. disc.

vice originel de l'homme, elles nourrissent beaucoup plus l'orgueil que les lettres.

« Descartes croyait, dit le savant auteur de sa vie, qu'il était *dangereux* de s'appliquer trop sérieusement à ces démonstrations superficielles, que l'industrie et l'expérience fournissent moins souvent que le hasard. Sa maxime était[1] que cette application nous désaccoutume insensiblement de l'usage de notre raison, et nous expose à perdre la route que la lumière nous trace[2]. » Et l'on peut ajouter ces paroles de Locke : « *Entêtés de cette folle pensée que rien n'est au-dessus de notre* « *compréhension*[3]. »

Voulez-vous apprendre l'histoire naturelle aux enfants sans dessécher leur cœur et sans flétrir leur innocence, mettez entre leurs mains le commentaire de la *Genèse* par M. De Luc, ou l'ouvrage cité par Rollin dans le livre de ses *Études*, intitulé *de la Philosophie*. Quelle philosophie, et combien peu elle ressemble à la nôtre! Citons un morceau au hasard :

« Quel architecte a enseigné aux oiseaux à choisir un lieu ferme, et à bâtir sur un fondement solide? Quelle mère tendre leur a conseillé d'en couvrir le fond de matières molles et délicates, telles que le duvet et le coton? et, lorsque ces matières manquent, qui leur a suggéré cette ingénieuse charité qui les porte à s'arracher avec le bec autant de plumes de l'estomac qu'il en faut pour préparer un berceau commode à leurs petits?

« Est-ce pour les oiseaux, Seigneur, que vous avez uni ensemble tant de miracles qu'ils ne connaissent point? Est-ce pour les hommes qui n'y pensent pas? Est-ce pour des curieux qui se contentent de les admirer sans remonter jusqu'à vous? Et n'est-il pas visible que votre dessein a été de nous rappeler à vous par un tel spectacle, de nous rendre sensibles votre providence et votre sagesse infinie, et de nous remplir de confiance en votre bonté, si attentive et si tendre pour des oiseaux, dont une couple ne vaut qu'une obole[4]?

Il n'y a que les *Études de la Nature* de M. Bernardin de Saint-Pierre qui offrent des peintures aussi religieuses et aussi touchantes. La plus belle page de Buffon n'égale peut-être pas la tendre éloquence de ce mouvement chrétien : *Est-ce pour les oiseaux, Seigneur*, etc.

Un étranger se trouvait, il y a quelque temps, dans une société où l'on parlait du fils de la maison, enfant de sept ou huit ans, comme d'un prodige. Bientôt on entend un grand bruit, les portes s'ouvrent, et l'on voit paraître le petit docteur, les bras nus, la poitrine découverte, et habillé comme un singe qu'on va montrer à la foire. Il arrivait se roulant d'une jambe sur l'autre, d'un air assuré, regardant avec effronterie, importunant tout le monde de ses questions, et tutoyant également les femmes et les hommes âgés. On le place sur une table, au milieu de l'assemblée en extase; on l'interroge : « Qu'est-ce que l'homme? lui demande gravement un instituteur. — C'est un animal *mammifère*, qui a quatre extrémités, dont deux se terminent en mains. — Y a-t-il d'autres animaux de sa classe? — Oui : les chauves-souris et les singes. » L'assemblée poussa des cris d'admiration. L'étranger, se tournant vers nous, nous dit brusquement : « Si j'avais un enfant qui sût de pareilles choses, en dépit des larmes de sa mère, je lui donnerais le fouet jusqu'à ce qu'il les eût oubliées. Je me souviens des paroles de votre Henri IV : « *M'amie*, disait-il à sa femme, *vous pleurez quand je donne le fouet à notre fils,* « *mais c'est pour son bien, et la peine que je vous fais à présent vous épargnera un* « *jour bien des peines.* »

---

[1] Lettre de 1639, p. 112; Descartes, lib. de *Direct. ingen. regula*, n° 5. — [2] *OEuvres de Desc.*, tom. I, pag. 112. — [3] *Entend. hum.*, liv. I, chap. III, art. 4, trad. de M. Cotte. — [4] Matth., 10, 20.

Ces petits *naturalistes*, qui ne savent pas un mot de leur religion et de leurs devoirs, sont à quinze ans des personnages insupportables. Déjà hommes sans être hommes, vous les voyez traîner leur figure pâle et leur corps énervé dans les cercles de Paris, décidant de tout en maîtres, ayant une *opinion* en morale et en politique, prononçant sur ce qui est bon ou mauvais, jugeant de la beauté des femmes, de la bonté des livres, du jeu des acteurs, de la danse des danseurs; se regardant danser eux-mêmes avec admiration, se piquant d'être déjà *blasés* sur leurs *succès*, et, pour comble de ridicule et d'horreur, ayant quelquefois recours au suicide.

Ah! ce ne sont pas là ces enfants d'*autrefois*, que leurs parents envoyaient chercher tous les jeudis au collège. Ils arrivaient avec des habits simples et modestement fermés. Ils s'avançaient timidement au milieu du cercle de la famille, rougissant quand on leur parlait, baissant les yeux, saluant d'un air gauche et embarrassé, mais empruntant des grâces de leur simplicité même et de leur innocence; et cependant le cœur de ces pauvres enfants bondissait de joie. Quelles délices pour eux qu'une journée passée ainsi sous le toit paternel, au milieu des complaisances des domestiques, des embrassements des sœurs et des dons secrets de la mère! Si on les interrogeait sur leurs études, ils ne répondaient pas que l'homme est un animal *mammifère* placé entre les chauves-souris et les singes, car ils ignoraient ces importantes vérités; mais ils répétaient ce qu'ils avaient appris dans Bossuet ou dans Fénelon, que Dieu a créé l'homme pour l'aimer et le servir; qu'il a une âme immortelle; qu'il sera puni ou récompensé dans une autre vie, selon ses mauvaises ou bonnes actions; que les enfants doivent être respectueux envers leurs père et mère; enfin toutes ces vérités de catéchisme qui font pitié à la philosophie. Ils appuyaient cette *histoire naturelle* de l'homme de quelques passages fameux, en vers grecs ou latins, empruntés d'Homère ou de Virgile; et ces belles citations du génie de l'antiquité se mariaient assez bien aux génies non moins antiques de l'auteur de *Télémaque* et de celui de l'*Histoire universelle*.

Mais il est temps de passer au résumé général de *la Législation primitive;* tels sont les principes que M. de Bonald a posés :

« Il y a un Être suprême, ou une cause générale.

« Cet Être suprême est Dieu. Son existence est surtout prouvée par la parole, que l'homme n'a pas pu trouver, et qui lui a été enseignée.

« La cause générale, ou Dieu, a produit un effet également général dans le monde : c'est l'homme.

« Ces deux termes, cause et effet, Dieu et l'homme, ont un terme moyen nécessaire, sans quoi il n'y aurait point de rapport entre eux.

« Ce terme moyen nécessaire doit se proportionner à la perfection de la cause et à l'imperfection de l'effet.

« Quel est ce terme moyen? où était-il? » « C'était là, dit l'auteur, la grande énigme de l'uni-
« vers. »

« Il était annoncé à un peuple; il devait être connu d'un autre.

« Il est venu au terme marqué. Avant lui les véritables rapports de l'homme avec Dieu n'étaient point connus, parce que les êtres ne sont point connus par eux-mêmes; qu'ils ne le sont que par leurs rapports; et que tout terme moyen ou tout rapport manquait entre l'homme et Dieu.

« Ainsi il y aura véritable connaissance de Dieu et de l'homme partout où le médiateur sera connu, et ignorance de Dieu et de l'homme partout où le médiateur sera inconnu.

« Là où il y a connaissance de Dieu et de l'homme, et de leur rapport naturel, il y a nécessairement de bonnes lois, puisque les lois sont l'expression des rapports naturels; donc la civilisation suivra la connaissance du médiateur, et la barbarie, l'ignorance du médiateur.

« Donc il y a eu civilisation commencée chez les Juifs, et civilisation consommée chez les chrétiens. Les peuples païens ont été des *barbares*. »

Il faut entendre le mot *barbare* dans le sens de l'auteur. Les arts, pour lui, ne constituent pas un peuple *civilisé*, mais un peuple *policé*. Il n'attache le mot de civilisation qu'aux lois morales et politiques ; on sent que tout ceci, bien que supérieurement enchaîné, est sujet à de grandes objections. On aura toujours un peu de peine à admettre qu'un Turc d'aujourd'hui est plus *civilisé* qu'un Athénien d'autrefois, parce qu'il a une *connaissance confuse du médiateur*. Les systèmes exclusifs, qui mènent à de grandes choses et à de grandes découvertes, ont inévitablement des dangers et des parties faibles.

Les trois termes primitifs étant établis, M. de Bonald les applique au mode social ou moral, parce que ces trois termes renferment en effet l'ordre de l'univers. La *cause*, le *moyen* et l'*effet* deviennent alors pour la société le *pouvoir*, le *ministre* et le *sujet*.

« La société est religieuse ou politique, domestique ou publique.
« L'état purement domestique de la société religieuse s'appelle religion naturelle.
« L'état purement domestique de la société politique s'appelle famille.
« L'accomplissement de la société religieuse a été de faire passer le genre humain au *déisme* ou à la religion *nationale* des Juifs, et de là à la religion *générale* des chrétiens.
« Le perfectionnement de la société politique en Europe a été de faire passer les hommes de l'état domestique à l'état public et fixe des peuples civilisés qui composent la chrétienté. »

Le lecteur doit s'apercevoir ici qu'il a quitté la partie systématique de l'ouvrage de M. de Bonald, et qu'il entre dans une série de principes les plus féconds et les plus nouveaux.

« Dans tous les modes particuliers de la société, le pouvoir *veut* la société, c'est-à-dire sa conservation ; le ministre *agit* en exécution de la volonté du pouvoir. Le sujet est *l'objet de la volonté du pouvoir*, et *le terme de l'action* des ministres.
« Le pouvoir *veut* ; il doit être un : les ministres agissent ; ils doivent être plusieurs. »

Ainsi, M. de Bonald arrive à la base fondamentale de son système politique, base qu'il a été chercher, comme on le voit, jusque dans le sein de Dieu. La monarchie, selon lui, ou l'unité du pouvoir, est le seul gouvernement qui dérive de l'essence des choses et de la souveraineté du Tout-Puissant sur la nature. Toute forme politique qui s'en éloigne ramène plus ou moins l'homme à l'enfance des peuples, ou la barbarie de la société.

Dans le livre second de son ouvrage, M. de Bonald montre l'application aux états particuliers de la société. Il établit pour la famille, ou la société domestique, les divers rapports entre les maîtres et les domestiques, entre les pères et les enfants. Dans la société publique, il déclare que le pouvoir public doit être, comme le pouvoir domestique, commis à Dieu seul et indépendant des hommes, c'est-à-dire qu'il doit être un, masculin, propriétaire, perpétuel ; car, sans unité, sans masculinité, sans propriété, sans perpétuité, il n'y a pas de véritable indépendance. Les attributions du pouvoir, l'état de paix et de guerre, le code des lois, sont examinés par l'auteur. D'accord avec son titre, il se renferme pour tout cela dans les éléments de la législation. Il a senti la nécessité de rappeler les notions les plus simples, lorsque tous les principes ont été bouleversés dans la société.

Dans le traité du *ministère public*, qui suit les deux livres de principes, l'auteur cherche à prouver par l'histoire des temps modernes, et surtout par celle de France, la vérité des principes qu'il a avancés.

« La religion chrétienne, en paraissant au monde, dit-il, appela à son berceau des bergers et des rois ; et leurs hommages, les premiers qu'elle ait reçus, annoncèrent à l'univers qu'elle venait régler les familles et les États, l'homme privé et l'homme public.

« Le combat s'engage entre l'idolâtrie et le christianisme ; il fut sanglant. La religion perd ses plus généreux athlètes, mais elle triomphe. Jusqu'alors renfermée dans la famille ou la société domestique, elle passe dans l'État ; elle devient propriétaire. Aux petites Églises d'Éphèse et de Thessalonique succèdent les grandes Églises des Gaules et de la Germanie. L'État politique se forme avec l'État religieux, ou plutôt est constitué naturellement par lui. Les grandes monarchies de l'Europe se forment avec les grandes Églises : l'Église a son chef, ses ministres, ses fidèles ; l'État, son chef, ses ministres, ses féaux ou sujets. Division de juridiction, hiérarchie dans les fonctions, nature des propriétés, tout, jusqu'aux dénominations, devient peu à peu semblable dans le ministère religieux et le ministère politique. L'Église est divisée en métropoles, diocèses, etc. ; l'État, en gouvernements ou duchés, districts ou comtés, etc. L'Église a ses ordres religieux, chargés de l'éducation et du dépôt des sciences ; l'État a ses ordres militaires, voués à la défense de la religion : partout l'État s'élève avec l'Église, le donjon à côté du clocher, le seigneur ou le magistrat à côté du prêtre ; le noble ou le défenseur de l'État vit à la campagne, le religieux habite les déserts. Bientôt le premier ordre s'altère, et s'altère à la fois dans l'ordre politique et religieux. Le noble vient habiter les villes qui s'agrandissent ; le prêtre quitte en même temps la solitude. Les propriétés se dénaturent ; les invasions des Normands, les changements des races régnantes, les croisades, les guerres des rois contre les vassaux, font passer dans les mains du clergé un grand nombre de fiefs, propriété naturelle et exclusive de l'ordre politique ; et dans les mains des nobles, des dîmes ecclésiastiques, propriété naturelle et exclusive de l'ordre clérical : les devoirs suivirent naturellement les propriétés auxquelles ils étaient attachés. Le noble nomma des bénéfices, et quelquefois les rendit héréditaires dans sa famille. Le prêtre institua des juges et leva des soldats, ou même jugea et combattit lui-même ; et l'esprit de chaque ordre fut altéré, en même temps que les propriétés furent confondues.

« Enfin l'époque de la grande révolution religieuse arrive ; elle est d'abord préparée dans l'Église par l'imprudente institution des ordres mendiants, que la cour de Rome crut devoir opposer au clergé riche et corrompu ; mais ces corps deviennent bientôt en France, chez une nation élégante et spirituelle, l'objet des sarcasmes des savants [1]. En même temps que Rome avait établi ses milices, l'État avait fondé les siennes. Les croisades, les usurpations de la couronne, ayant appauvri l'ordre des nobles, il fallut avoir recours, pour la défense de l'État, aux troupes soldées. La force militaire, sous Charles VII, passe au *peuple armé* ou aux troupes soldées ; la force judiciaire, sous François Ier, passe au *peuple lettré*, par la vénalité des offices judiciaires. La réformation dans l'Église vient concourir avec les innovations dans l'État. Les simples citoyens avaient pris la place des magistrats, constitués dans les fonctions politiques ; les simples fidèles usurpèrent sur les prêtres les fonctions religieuses. Luther attenta au sacerdoce public ; Calvin le remplaça dans la famille.

« Le popularisme entra dans l'État, et le presbytérianisme, dans l'Église. Le ministère public passa au peuple en attendant qu'il s'arrogeât le souverain pouvoir, et alors furent proclamés les deux dogmes parallèles et correspondants de la démocratie religieuse et de la démocratie politique : l'un, que l'autorité religieuse est dans le corps des fidèles ; l'autre, que la souveraineté politique est dans l'assemblée des citoyens.

« Avec le changement dans les principes vient le changement dans les mœurs. Les nobles abandonnent les belles fonctions de juges, pour embrasser uniquement le métier des armes. La licence militaire vient relâcher les nœuds de la morale ; les femmes influent sur le ministère public ; le luxe s'introduit à la cour et dans les villes ; un peuple de citadins remplace une nation agricole ; au défaut de considération on veut obtenir des titres ; la noblesse est vendue, en même temps que les biens de l'Église sont mis à l'encan ; les grands noms s'éteignent, les premières familles de l'État

---

[1] Lorsque les ordres mendiants furent établis dans l'Église, peut-on dire que les Français fussent alors une nation ÉLÉGANTE ? D'ailleurs l'auteur n'oublie-t-il pas les services innombrables que ces ordres ont rendus à l'humanité ? Les premiers savants qui parurent à la renaissance des lettres étaient bien loin de tourner les ordres mendiants en ridicule, puisqu'un grand nombre de ces savants étaient eux-mêmes des religieux. Il nous semble donc que l'auteur confond ici les époques ; mais on peut lui accorder qu'il eût été bon de diminuer insensiblement les ordres mendiants, à mesure que l'élégance des mœurs françaises s'est développée.

tombent dans la pauvreté; le clergé perd son autorité et sa considération; enfin, le philosophisme, sortant du fond de ce chaos religieux et politique, achève de renverser la morale ébranlée. »

Ce morceau très-remarquable est tiré de la *Théorie du pouvoir politique et religieux*, ouvrage supprimé par le Directoire, et dont il n'est échappé qu'un très-petit nombre d'exemplaires. Il serait à désirer qu'on donnât un résumé de ce livre important, supérieur même à la *Législation primitive*, et dont celui-ci n'est, pour ainsi dire, qu'un extrait. On saurait alors d'où sortent toutes ces idées si neuves en politique, et que des écrivains mettent aujourd'hui en avant, sans indiquer la source où ils les ont puisées.

Au reste, nous avons trouvé partout (et nous nous en faisons gloire), dans l'ouvrage de M. de Bonald, la confirmation des principes littéraires et religieux que nous avons énoncés dans le *Génie du Christianisme*. Il va même plus loin que nous à quelques égards; car nous ne nous sentons pas assez d'autorité pour oser dire, comme lui, *qu'il faut prendre aujourd'hui les plus grandes précautions pour n'être pas ridicule en parlant de la mythologie*. Nous croyons qu'un heureux génie peut encore tirer bien des trésors de cette mine féconde; mais nous pensons aussi, et nous avons peut-être été le premier à l'avancer, qu'il y a plus de ressource pour la poésie dramatique dans la religion chrétienne que dans la religion des anciens; que les merveilles sans nombre qui résultent nécessairement pour le poëte de la lutte des passions et d'une religion chaste et inflexible, peuvent compenser amplement la perte des beautés mythologiques. Quand nous n'aurions fait naître qu'un doute sur cette importante question littéraire, sur cette question décidée, en faveur de la Fable, par les plus grandes autorités, ne serait-ce pas avoir obtenu une espèce de victoire [1]?

M. de Bonald s'élève aussi contre ces esprits timides qui, par *respect* pour la religion, laisseraient volontiers la religion périr. Il s'exprime presque dans les mêmes termes que nous :

« Lorsqu'on méconnaît d'un bout de l'Europe à l'autre ces vérités nécessaires à l'ordre social, serait-il besoin de se justifier devant des esprits timides et des âmes timorées, d'oser soulever un coin du voile qui dérobe ces vérités aux regards inattentifs? et y aurait-il des chrétiens d'une foi assez faible pour penser qu'elles seront moins respectées à mesure qu'elles seront plus connues? »

Au milieu des violentes critiques qui nous ont assailli dès nos premiers pas dans la littérature, nous avouerons qu'il est extrêmement flatteur et consolant pour nous de voir aujourd'hui notre faible travail sanctionné par une opinion aussi grave que celle de M. de Bonald. Cependant nous prendrons la liberté de lui dire que, dans l'ingénieuse comparaison qu'il fait de son ouvrage au nôtre, il prouve qu'il sait se servir mieux que nous des armes de l'imagination, et que s'il ne les

---

[1] Madame de Staël elle-même, dans la préface d'un roman, veut bien nous accorder quelque chose, et convenir que les idées religieuses sont favorables au développement du génie; cependant elle semble avoir écrit son livre pour combattre ces mêmes idées, et pour prouver qu'il n'y a rien de plus sec que le christianisme, et de plus tendre que la philosophie. A-t-elle atteint ou manqué son but? c'est au public à prononcer. Mais du moins elle a donné de nouvelles preuves d'un esprit distingué et d'une imagination brillante; et quoiqu'elle essaye de faire valoir des opinions qui glacent et dessèchent le cœur, on sent percer dans tout son ouvrage cette bonté que les systèmes philosophiques n'ont pu altérer, et cette générosité que les malheureux n'ont jamais réclamée en vain.

emploie pas plus souvent, c'est qu'il les dédaigne. Il est, quoi qu'il en puisse dire, le savant architecte du temple dont nous ne sommes que l'habile décorateur.

On doit beaucoup regretter que M. de Bonald n'ait pas eu le temps ni la fortune nécessaire pour ne faire qu'un seul ouvrage de sa *Théorie du pouvoir*, de son *Divorce*[1], de sa *Législation primitive* et de ses divers *Traités de politique*. Mais la Providence, qui dispose de nous, a marqué d'autres devoirs à M. de Bonald; elle a demandé à son cœur le sacrifice de son génie. Cet homme rare et modeste consacre aujourd'hui ses moments à une famille malheureuse, et les soucis paternels lui font oublier les soins de sa gloire. On fera de lui l'éloge que l'Écriture fait des patriarches : *Homines divites in virtute, pulchritudinis studium habentes, pacificantes in domibus suis.*

Le génie de M. de Bonald nous semble encore plus profond qu'il n'est haut; il creuse plus qu'il ne s'élève. Son esprit nous paraît à la fois solide et fin : son imagination n'est pas toujours, comme les imaginations éminemment poétiques, portée par un sentiment vif ou une grande image, mais aussi elle est spirituelle, ingénieuse; ce qui fait qu'elle a plus de calme que de mouvement, plus de lumière que de chaleur. Quant aux sentiments de M. de Bonald, ils respirent partout cet honneur français, cette probité, qui font le caractère dominant des écrivains du siècle de Louis XIV. On sent que ces écrivains ont découvert la vérité, moins encore par la force de leur esprit que par la droiture de leur cœur.

On a si rarement de pareils hommes et de pareils ouvrages à annoncer au public, qu'on nous pardonnera la longueur de cet extrait. Quand les clartés qui brillent encore sur notre horizon littéraire se cachent ou s'éteignent par degrés, on arrête complaisamment ses regards sur une nouvelle lumière qui se lève. Tous ces hommes vieillis glorieusement dans les lettres, ces écrivains depuis longtemps connus, auxquels nous succéderons, mais que nous ne remplacerons pas, ont vu des jours plus heureux. Ils ont vécu avec Buffon, Montesquieu et Voltaire; Voltaire avait connu Boileau; Boileau avait vu mourir le vieux Corneille; et Corneille enfant avait peut-être entendu les derniers accents de Malherbe. Cette belle chaîne du génie français s'est brisée. La révolution a creusé un abîme qui a séparé à jamais l'avenir et le passé. Une génération moyenne ne s'est point formée entre les écrivains qui finissent et les écrivains qui commencent. Un seul homme pourtant tient encore le fil de l'antique tradition, et s'élève dans cet intervalle désert. On reconnaîtra sans peine celui que l'amitié n'ose nommer, mais que l'auteur célèbre, oracle du goût et de la critique, a déjà désigné pour son successeur. Toutefois, si les écrivains de l'âge nouveau, dispersés par la tempête, n'ont pu s'instruire auprès des anciennes autorités, s'ils ont été obligés de tirer tout d'eux-mêmes, la solitude et l'adversité ne sont-elles pas aussi de grandes écoles? Compagnons des mêmes infortunes, amis avant d'être auteurs, puissent-ils ne voir jamais renaître parmi eux ces honteuses jalousies qui ont trop souvent déshonoré un art noble et consolateur! Ils ont encore besoin d'union et de courage; les lettres seront longtemps orageuses. Elles ont produit la révolution, et elles seront le dernier asile des haines révolutionnaires. Un demi-siècle suffira à peine pour calmer tant de vanités compromises, tant d'amours-propres blessés. Qui peut donc espérer de voir des jours plus sereins pour les Muses? La vie est trop courte; elle ressemble à ces carrières

---

[1] M. de Fontanes, dans un extrait de cet excellent ouvrage a placé le premier M. de Bonald au rang qu'il doit occuper dans les lettres.

où l'on célébrait les jeux funèbres chez les anciens, et au bout desquelles apparaissait un tombeau.

Ἑστηκεζύγον αὖον ὅσον, etc.

« De ce côté, dit Nestor à Antiloque, s'élève de terre le tronc dépouillé d'un chêne; deux pierres le soutiennent dans un chemin étroit ; c'est une tombe antique et la borne marquée à votre course. »

SUR LE PRINTEMPS D'UN PROSCRIT.

POEME

PAR M. J. MICHAUD.

Janvier 1803.

Voltaire a dit : « Ou chantez vos plaisirs, ou laissez vos chansons. » Ne pourrait-on pas dire, avec autant de vérité : « Ou chantez vos malheurs, ou laissez vos chansons? »

Condamné à mort pendant les jours de la Terreur, obligé de fuir une seconde fois après le 18 fructidor, l'auteur du *Printemps d'un proscrit* est reçu, par des cœurs hospitaliers, dans les montagnes du Jura, et trouve dans le tableau de la nature à la fois de quoi consoler et nourrir ses regrets.

Lorsque la main de la Providence nous éloigne du commerce des hommes, nos yeux moins distraits se fixent sur le spectacle de la création, et nous y découvrons des merveilles que nous n'aurions jamais soupçonnées. Du fond de la solitude on contemple les tempêtes du monde comme un homme jeté sur une île déserte se plaît, par une secrète mélancolie, à voir les flots se briser sur les côtes où il fit naufrage. Après la perte de nos amis, si nous ne succombons pas à la douleur, notre cœur se replie sur lui-même ; il forme le projet de se détacher de tout autre sentiment, et de vivre uniquement avec ses souvenirs. Nous sommes alors moins propres à la société, mais notre sensibilité se développe aussi davantage. Que celui qui est abattu par le chagrin s'enfonce dans l'épaisseur des forêts ; qu'il erre sous leur voûte mobile; qu'il gravisse la montagne d'où l'on découvre des pays immenses, ou le soleil se levant sur les mers, sa douleur ne tiendra point contre un tel spectacle : non qu'il oublie ceux qu'il aima (car alors qui ne craindrait d'être consolé?) ; mais le souvenir de ses amis se confondra avec le calme des bois et des cieux ; il gardera sa douceur, et ne perdra que son amertume. Heureux ceux qui aiment la nature! ils la trouveront, et ne trouveront qu'elle, au jour de l'adversité [1].

Ces réflexions nous ont été fournies par l'ouvrage aimable que nous annonçons. Ce n'est point un poëte qui cherche seulement la pompe et la perfection de l'art ; c'est un infortuné qui s'entretient avec lui-même, et qui touche la lyre pour rendre l'expression de sa douleur plus harmonieuse; c'est un proscrit qui dit à son livre, comme Ovide au sien :

---

[1] Ce paragraphe est emprunté de l'*Essai historique*.

« Mon livre, vous irez à Rome, et vous irez à Rome sans moi!..., Hélas! que n'est-il permis à votre maître d'y aller lui-même! Partez, mais sans appareil, comme il convient au livre d'un poëte exilé. »

L'ouvrage, divisé en trois chants, s'ouvre par une description des premiers beaux jours de l'année. L'auteur compare la tranquillité des campagnes à la terreur qui régnait alors dans les villes; il peint le laboureur donnant asile à des proscrits :

> Dans cet âge de fer, ami des malheureux,
> Il pleure sur leurs maux, console leur misère,
> Et comme à ses enfants leur ouvre sa chaumière.
> Les bois qu'il a plantés, sous leurs rameaux discrets,
> Dérobent aux méchants les heureux qu'il a faits.
> Le pâle fugitif y cache ses alarmes;
> Et, loin des factions, loin du fracas des armes,
> Pleure en paix sur les maux de l'État ébranlé.

La religion, persécutée dans les villes, trouve à son tour un asile dans les forêts, bien qu'elle y ait aussi perdu ses autels et ses temples.

> Quelquefois le hameau, que rassemble un saint zèle,
> Au Dieu dont il chérit la bonté paternelle
> Vient, au milieu des nuits, offrir, au lieu d'encens,
> Les vœux de l'innocence et les fleurs du printemps.
> L'écho redit aux bois leur timide prière.
>
> Hélas! qu'est devenu l'antique presbytère,
> Cette croix, ce clocher élancé dans les cieux,
> Et du temple sacré l'airain religieux;
> Et le saint du hameau, dont le vitreau gothique
> Montrait l'éclat pieux et l'image rustique?
> Ces murs, où de Dieu même on proclamait les lois,
> D'un pasteur révéré n'entendent plus la voix.

Ces vers sont naturels et faciles; quant aux sentiments du poëte, ils sont doux et pieux, et se mêlent bien aux objets dont il compose le fond de son tableau. Nos églises donnent à nos hameaux et à nos villes un caractère singulièrement moral. Les yeux du voyageur viennent d'abord s'attacher sur la flèche religieuse de nos clochers, dont l'aspect réveille dans son sein une foule de sentiments et de souvenirs. C'est là pyramide funèbre autour de laquelle dorment les aïeux; mais c'est aussi le monument de joie où la cloche annonce la vie du fidèle. C'est là que les époux s'unissent; c'est là que les chrétiens se prosternent au pied des autels : le faible pour prier le Dieu de force, le coupable pour implorer le Dieu de miséricorde, l'innocent pour chanter le Dieu de bonté. Un paysage paraît-il nu, triste et désert, placez-y un clocher champêtre; à l'instant tout va s'animer : les douces idées de *pasteur* et de *troupeau*, d'asile pour le voyageur, d'aumône pour le pèlerin, d'hospitalité et de fraternité chrétienne, vont naître de toutes parts.

Un curé de campagne frappé d'une loi de mort, ne voulant pas abandonner son troupeau, et allant la nuit consoler le laboureur, était un tableau qui devait naturellement s'offrir à un poëte proscrit :

> Il erre au sein des bois : ô nuit silencieuse!
> Prête ton ombre amie à sa course pieuse.

S'il doit souffrir encore, ô Dieu! sois son appui;
C'est la voix du hameau qui t'implore pour lui.
Et vous, qu'anime encore une rage cruelle,
Pardonnez aux vertus dont il est le modèle.
Aux cachots échappé, vingt fois chargé de fers,
Il prêche le pardon des maux qu'il a soufferts;
Et, chez l'infortuné qui se plaît à l'entendre,
Il va sécher les pleurs que vous faites répandre.
En fuyant à travers ces fertiles vallons,
Pauvre et sans espérance il bénit les sillons;
Seul au courroux céleste il s'offre pour victime;
Et dans ce siècle impie où règne en paix le crime,
Lorsqu'un destin cruel nous condamne à souffrir,
Il nous apprend à vivre, et nous aide à mourir.

Il nous semble que ces vers sont pleins de simplicité et d'onction. Nous sommes-nous donc beaucoup trompé lorsque nous avons soutenu que la religion est favorable à la poésie, et qu'en la repoussant on se prive d'un des plus grands moyens de remuer les cœurs?

L'auteur, caché dans son désert, se rappelle les amis qu'il ne verra plus :

Oh! que ne puis-je voir, dans mon humble retraite
Du poëte romain l'immortel interprète!
C'est lui qui m'inspira le goût si pur des champs;
Aux spectacles que j'aime il consacra ses chants;
Mariant son génie à celui de Virgile,
Il s'éleva, semblable à la vigne fertile,
Qui s'unit à l'ormeau devenu son appui,
Suit les mêmes penchants, et s'élève avec lui.
Il n'est plus avec nous, et sa Muse exilée
Erre sur d'autres bords, plaintive et désolée [1].

. . . .
O chantre du malheur, je ne t'entendrai plus!
Et vous dont j'admirais les talents, les vertus,
Près de vous aux leçons de l'austère sagesse
Je perds l'espoir heureux de former ma jeunesse :
Fontanes, dont la voix consola les tombeaux;
Saint-Lambert, qui chantas les vertus des hameaux,
Morellet, dont la plume éloquente et hardie
Plaida pour le malheur devant la tyrannie;
Suard, qui réunis, émule d'Addison,
Le savoir à l'esprit, la grâce à la raison;
La Harpe, qui du goût proclamas les oracles;
Sicard, dont les travaux sont presque des miracles;
Jussieu, Laplace et toi, vertueux Daubenton,
Qui m'appris des secrets inconnus à Buffon;
Je ne vous verrai plus!

Ces regrets sont touchants, et les éloges que l'auteur donne ici à ses amis ont le mérite bien rare d'être d'accord avec l'opinion publique : d'ailleurs, tout cela nous semble dans le goût de l'antiquité. N'est-ce pas ainsi que le poëte latin que nous avons déjà cité s'adresse aux amis qu'il a laissés à Rome? « Il y a, dit Ovide, dans

---

[1] M. Delille était alors en Angleterre.

le pays natal, je ne sais quoi de doux qui nous appelle, qui nous charme, et ne nous permet pas de l'oublier... Vous espérez, cher Rufin, que les chagrins qui me tuent céderont aux consolations que vous m'envoyez dans mon exil; commencez donc, ô mes amis! à être moins aimables, afin qu'on puisse vivre sans vous avec moins de peine. »

Hélas! en lisant le nom de M. de La Harpe dans les vers de M. Michaud, qui ne se sentirait attendri? A peine avons-nous retrouvé les personnes qui nous sont chères, qu'il faut encore, et pour toujours, nous séparer d'elles! Nul ne comprend mieux que nous toute l'étendue du malheur qui menace, en ce moment, les lettres et la religion. Nous avons vu M. de La Harpe abattu, comme Ézéchias, sous la main de Dieu; il n'y a qu'une foi vive et une sainte espérance qui puissent donner une résignation aussi parfaite, un courage aussi grand, des pensées aussi hautes et aussi touchantes, au milieu des douleurs d'une lente agonie et des épreuves de la mort.

Les poëtes aiment à peindre les malheurs de l'exil, si féconds en sentiments tendres et tristes. Ils ont chanté Patrocle réfugié aux foyers d'Achille, Cadmus abandonnant les murs de Sidon, Tydée retiré chez Adraste, et Teucer trouvant un abri dans l'île de Vénus. Le chœur, dans *Iphigénie en Tauride*, voudrait pouvoir traverser les airs : « J'arrêterais mon vol sur la maison paternelle; je reverrais ces lieux si chers à mon souvenir, où, sous les yeux d'une mère, je célébrais un innocent hymen. » Eh! qui ne connaît le *Dulces moriens reminiscitur Argos?* Qui ne se rappelle Ulysse errant loin de sa patrie, et désirant, pour tout bonheur, d'apercevoir seulement la fumée de son palais? Mercure le trouve assis tristement sur le rivage de l'île de Calypso : *il regardait, en versant des pleurs, cette mer éternellement agitée* (irrequietum),

Πόντον ἐπ' ἀτρύγετον δερκέσκετο, δάκρυα λείβων.

Vers admirable, que Virgile a traduit en l'appliquant aux Troyennes exilées :

. . . . . Cunctæque profundum
Pontum aspectabant flentes.

Ce *flentes* rejeté à la fin de la phrase est bien beau! Ossian a peint avec des couleurs différentes, mais qui ont aussi beaucoup de charmes, une jeune femme morte loin de son pays, dans une terre étrangère :

« There lovely Moina is often seen when thee sunbeam darts on the rock, and all around is dark. There she is seen, Malvina, but not like the daughters of the hill. Her robes are from the stranger's land, and she is still alone. »

« Quand un rayon du soleil frappe le rocher, et que tout est obscur alentour, c'est là (au tombeau de Carthon et de Clessamor) qu'on voit souvent l'ombre de la charmante Moïna : on l'y voit souvent, ô Malvina! mais non telle que les filles de la colline. Ses vêtements sont du pays de l'étranger, et elle est encore solitaire. »

On devine, par la douceur des plaintes de l'auteur du poëme du *Printemps*, qu'il avait ce *mal du pays*, ce mal qui attaque surtout les Français loin de leur patrie. Monime, au milieu des Barbares, ne pouvait oublier le *doux sein de la Grèce*. Les médecins ont appelé cette tristesse de l'âme *nostalgie*, de deux mots grecs, νόστος, retour, et ἄλγος, douleur, parce qu'on ne peut la guérir qu'en retournant aux foyers paternels. Eh! comment M. Michaud, qui sait faire soupirer sa lyre, n'eût-il pas mis de la sensibilité dans un sujet que Gresset lui-même n'a pu chanter sans attendrir? Dans son ode sur l'*Amour de la Patrie*, on trouve cette strophe touchante :

> Ah! dans sa course déplorée,
> S'il succombe au dernier sommeil
> Sans revoir la douce contrée
> Où brilla son premier soleil;
> Là son dernier soupir s'adresse,
> Là son expirante tendresse
> Veut que ses os soient ramenés :
> D'une région étrangère
> La terre serait moins légère
> A ses mânes abandonnés!

Au milieu des douces consolations que la retraite fournit à notre poëte exilé, il s'écrie :

> O beaux jours du printemps! ô vallons enchantés!
> Quel chef-d'œuvre des arts égale vos beautés?
> Tout Voltaire vaut-il un rayon de l'aurore,
> Ou la moindre des fleurs que Zéphyr fait éclore.

Mais Voltaire (dont nous détestons d'ailleurs les impiétés tout autant que M. Michaud) n'exprime-t-il pas quelquefois des sentiments aimables[1]? N'a-t-il pas connu jusqu'à ces doux regrets de la patrie? « Je vous écris à côté d'un poêle, dit-il à madame Denis, la tête pesante et le cœur triste, en jetant les yeux sur la rivière de la Sprée, parce que la Sprée tombe dans l'Elbe, l'Elbe dans la mer, et que la mer reçoit la Seine, et que notre maison de Paris est assez près de cette rivière. »

On dit qu'un Français, obligé de fuir pendant la Terreur, avait acheté de quelques deniers une barque sur le Rhin. Il s'y était logé avec sa femme et ses deux enfants. N'ayant point d'argent, il n'y avait point pour lui d'hospitalité. Quand on le chassait d'un rivage, il passait sans se plaindre à l'autre bord ; souvent poursuivi sur les deux rives, il était obligé de jeter l'ancre au milieu du fleuve. Il pêchait pour nourrir sa famille, mais les hommes lui disputaient encore les secours de la Providence, et lui enviaient quelques petits poissons qu'avaient mangés ses enfants. La nuit, il cueillait des herbes sèches, pour faire un peu de feu; et sa femme demeurait dans de mortelles angoisses jusqu'à son retour. Cette famille, à qui l'on ne pouvait reprocher que ses malheurs, n'avait pas sur le vaste globe un seul coin de terre où elle osât reposer sa tête. Obligée de se faire sauvage entre quatre grandes nations civilisées, toute sa consolation était qu'en errant dans le voisinage de la France, elle pouvait quelquefois respirer un air qui avait passé sur son pays[2].

M. Michaud errait ainsi sur les montagnes, d'où il pouvait du moins découvrir la cime des arbres de la patrie. Mais comment passer le temps sur un sol étranger? comment occuper ses journées? N'est-il pas tout naturel alors d'aller visiter ces tombeaux champêtres où, pleines de joie, des âmes chrétiennes ont terminé leur exil? C'est ce que fait l'auteur du poëme du *Printemps*; et, grâce à la saison qu'il a choisie, l'asile de la mort est un beau champ couvert de fleurs.

> Sous ces débris couverts d'une mousse légère,
> Sous cet antique ormeau dont l'abri solitaire

---

[1] M. Michaud a depuis corrigé ce passage. — [2] Ce morceau est emprunté du *Génie du Christianisme*.

> Répand sur l'horizon un deuil religieux,
> Reposent du hameau les rustiques aïeux.
> Bravant les vains mépris de la foule insensée,
> Jamais l'ambition ne troubla leur pensée.
> Peut-être en ce cercueil, d'humbles fleurs entouré,
> Dort un fils d'Apollon, d'Apollon ignoré,
> Un héros dont le bras eût fixé la victoire,
> Qui n'a point su combattre, et qui mourut sans gloire ;
> Un Cromwel, un Sylla, du hameau dédaigné,
> Qui respecta les lois et qui n'a point régné.
> Ainsi la fleur qui naît sur les monts solitaires
> Ne montre qu'au désert ses couleurs passagères ;
> Et l'or, roi des métaux, cache en des souterrains
> Son éclat trop funeste au repos des humains.

Peut-être l'auteur eût-il mieux fait de se rapprocher davantage du poëte anglais qu'il imite. Il a substitué l'image de l'or enfoui dans les entrailles de la terre, à celle de la *perle cachée dans le sein des mers ;* la fleur qui ne *montre qu'au désert ses couleurs passagères* n'est peut-être pas exactement *la fleur qui est née pour rougir sans être vue* (is born to blush unseen [1]).

> Full many a gem of purest ray serene,
> The dark unfathom'd caves of ocean bear;
> Full many a flower is born to blush unseen,
> And waste its sweetness in the desert air.

Nous avions essayé autrefois de rendre ainsi ces quatre vers, qu'on doit juger avec indulgence, car nous ne sommes pas poëte :

> Ainsi brille la perle au fond des vastes mers ;
> Ainsi passent aux champs des roses solitaires
> Qu'on ne voit point rougir, et, qui, loin des bergères,
> D'inutiles parfums embaument les déserts.

La vue de ces paisibles tombeaux rappelle au poëte ces sépulcres troublés où dormaient nos *princes anéantis* [2]. Leurs monuments ne devaient s'ouvrir qu'à la consommation des siècles ; mais un jugement particulier de la Providence a voulu les briser avant la fin des temps.

Une effroyable résurrection a dépeuplé les caveaux funèbres de Saint-Denis ; les fantômes des rois sont sortis de l'ombre éternelle ; mais, comme s'ils avaient été épouvantés de reparaître seuls à la lumière, de ne pas *se retrouver dans le monde avec tous les morts,* comme parle le prophète, ils se sont replongés dans le sépulcre :

> Et ces rois, exhumés par la main des bourreaux,
> Sont descendus deux fois dans la nuit des tombeaux.

On voit par ces beaux vers que M. Michaud sait prendre tous les tons.

C'est sans doute une chose bien remarquable que quelques-uns de ces spectres, noircis par le cercueil [3], eussent conservé une telle ressemblance avec la vie, qu'on

---

[1] M. Michaud a depuis rectifié ces deux vers de la manière suivante :

« Ainsi, vain ornement d'une rive inconnue,
La rose du désert rougit sans être vue, etc. »

[2] BOSSUET. — [3] Le visage de Louis XIV était d'un noir d'ébène.

les a facilement reconnus. On a pu distinguer sur leur front jusqu'aux caractères des passions, jusqu'aux nuances des idées qui les avaient jadis occupés. Qu'est-ce donc que cette *pensée* de l'homme, qui laisse des traces si profondes jusque dans la poudre du néant? Puisque nous parlons de poésie, qu'il nous soit permis d'emprunter une comparaison d'un poëte : Milton nous dit qu'après avoir achevé le monde, le Fils divin se rejoignit à son Principe éternel, et que sa route à travers la matière créée fut marquée longtemps après par un sillon de lumière : ainsi notre âme, en rentrant dans le sein de Dieu, laisse dans le corps mortel la trace glorieuse de son passage.

On doit louer M. Michaud d'avoir fait usage de ces contrastes qui réveillent l'imagination des lecteurs. Les anciens les employaient souvent, même dans la tragédie. Un chœur de soldats veille à la garde du camp des Troyens ; la nuit fatale à Rhésus vient à peine de finir sa course. Dans ce moment critique, croyez-vous que les gardes parlent de combats, de surprises ; qu'ils se retracent des images terribles? Voici ce que dit le demi-chœur :

« Écoutez! ces accents sont ceux de Philomèle qui, sur mille tons variés, déplore ses malheurs et sa propre vengeance. Les rives sanglantes du Simoïs répètent ses accents plaintifs. J'entends le son de la cornemuse ; c'est l'heure où les bergers de l'Ida sortent pour paître leurs troupeaux dans les riants vallons. Un nuage se répand sur mes paupières appesanties ; une douce langueur s'empare de mes sens : le sommeil versé par l'aurore est le plus délicieux. »

Avouons que nous n'avons pas assez de ces choses-là dans nos tragédies modernes, toutes parfaites qu'elles puissent être ; et soyons assez justes pour convenir que Shakspeare a quelquefois trouvé ce naturel de sentiment et cette naïveté d'images. Ce chœur d'Euripide rappellera facilement au lecteur le dialogue de Roméo et de Juliette : *Est-ce l'alouette qui chante,* etc.?

Mais si nous avons banni de la scène tragique ces peintures pastorales qui, en adoucissant la *terreur*, augmentaient la *pitié*, parce qu'elles faisaient *sourire sur un fond d'agonie*, comme s'exprime Fénelon, nous les avons transportées, ces peintures (et avec beaucoup de succès), dans des ouvrages d'un autre genre. Les modernes ont étendu et enrichi le domaine de la poésie descriptive. M. Michaud lui-même en fournit de beaux exemples :

> De la cime des monts, tout prêt à disparaître
> Le jour sourit encore aux fleurs qu'il a fait naître.
> Sur ces toits élevés, d'un ciel tranquille et pur
> L'ardoise fait au loin étinceler l'azur ;
> Et le vitreau qui brille à la rive lointaine,
> D'un vaste embrasement allumé dans la plaine
> Montre aux regards trompés les feux éblouissants,
> Et ranime du jour les rayons pâlissants.
>
> Le chantre du printemps, à ces vallons fidèle,
> Charme l'écho du soir de sa plainte nouvelle ;
> Et, caché dans les bois, dans les bosquets touffus,
> Il chante des malheurs aux Muses inconnus.
> Tandis que la forêt, à sa voix attentive,
> Redit ses doux accents et sa chanson plaintive,
> Au buisson épineux, au tronc des vieux ormeaux
> La muette Arachné suspend ses longs réseaux.
> Un reste de clarté perce encor le feuillage,

> Glisse sur l'eau du fleuve et meurt sur le rivage.
> L'insecte qu'un soleil voit naître et voit périr
> Aux derniers feux du jour vient briller et mourir.
> La caille, comme moi sur ces bords étrangers,
> Fait retentir les champs de sa voix printanière.
> Sorti de son terrier, le lapin imprudent
> Vient tomber sous les coups du chasseur qui l'attend ;
> Et, par l'ombre du soir la perdrix rassurée,
> Redemande aux échos sa compagne égarée.

C'est ici le lieu de parler d'un reproche que M. Michaud nous a fait dans sa dissertation préliminaire ; il combat avec autant de goût que de politesse notre opinion touchant la poésie descriptive. « L'auteur du *Génie du Christianisme*, dit-il, attribue *l'origine* de la poésie descriptive à la religion chrétienne... qui, en détruisant le charme attaché aux fables mythologiques, a réduit les poëtes à chercher la source de l'intérêt dans la vérité et l'exactitude de leurs tableaux, etc. »

L'auteur du poëme du *Printemps* pense que nous nous sommes trompé.

D'abord nous n'avons point attribué *l'origine* de la poésie descriptive au christianisme ; nous lui avons seulement attribué son *développement*, ce qui nous semble une chose fort différente. De plus, nous n'avons eu garde de dire que le christianisme détruit le *charme* des fables mythologiques ; nous avons cherché à prouver au contraire que tout ce qu'il y a de beau dans la mythologie, tel, par exemple, que les *allégories morales*, peut être encore employé par un poëte chrétien, et que la véritable religion n'a privé les Muses que des fictions médiocres ou dégoûtantes du paganisme. La perte des *allégories physiques* est-elle donc si regrettable ? qu'importe que Jupiter soit l'éther, que Junon soit l'air, etc. ? Mais puisqu'un critique [1] dont les jugements sont des lois a cru devoir combattre notre opinion sur l'emploi de la mythologie, qu'on nous permette de rappeler le chapitre qui fait l'objet de la discussion.

Après avoir montré que les anciens n'ont presque pas connu la *poésie descriptive* dans le *sens* que nous attachons à ce mot ; après avoir fait voir que ni leurs poëtes, ni leurs philosophes, ni leurs naturalistes, ni leurs historiens n'ont fait de descriptions de la nature, nous ajoutons :

« On ne peut guère soupçonner que des hommes aussi sensibles que l'étaient les anciens aient manqué d'yeux pour voir la nature, et de talent pour la peindre. Il faut donc qu'une cause puissante les ait aveuglés. Or, cette cause était la mythologie, qui, peuplant l'univers d'élégants fantômes, ôtait à la création sa gravité, sa grandeur, sa solitude et sa mélancolie. Il a fallu que le christianisme vînt chasser tout ce peuple de faunes, de satyres et de nymphes, pour rendre aux grottes leur silence, et aux bois leur rêverie. Les déserts ont pris, sous notre culte, un caractère plus triste, plus vague, plus sublime ; le dôme des forêts s'est exhaussé, les fleuves ont brisé leurs petites urnes, pour ne plus verser que les eaux de l'abîme, du sommet des montagnes. Le vrai Dieu, en rentrant dans ses œuvres, a donné son immensité à la nature....

« Des sylvains et des naïades peuvent flatter agréablement l'imagination, pourvu toutefois qu'ils ne soient pas sans cesse reproduits. Nous ne voulons point

> ... Chasser les Tritons de l'empire des eaux,
> Ôter à Pan sa flûte, aux Parques leurs ciseaux.

« Mais enfin, qu'est-ce que tout cela laisse au fond de l'âme ? qu'en résulte-t-il pour le cœur ? quel fruit peut en tirer la pensée ? Oh ! que le poëte chrétien est bien plus favorisé dans la solitude

---

[1] M. DE FONTANES.

où Dieu se promène avec lui ! Libres de ce troupeau de dieux ridicules qui les bornaient de toutes parts, les bois se sont remplis d'une divinité immense. Le don de prophétie et de sagesse, le mystère et la religion, semblent résider éternellement dans leurs profondeurs sacrées. Pénétrez dans ces forêts américaines aussi vieilles que le monde, etc., etc. »

Le principe étant ainsi posé, il nous semble qu'il est du moins inattaquable par le fond ; mais on peut disputer sur quelques détails. On demandera peut-être si nous ne trouvons rien de beau dans les allégories antiques. Nous avons répondu à cette question dans le chapitre où nous distinguons deux sortes d'allégories, l'allégorie *morale* et l'allégorie *physique*. M. de Fontanes nous a objecté que les anciens connaissaient aussi cette divinité solitaire et formidable qui habite les bois. Mais n'en étions-nous pas convenu nous-même ? n'avions-nous pas dit : « Quant à ces dieux inconnus que les anciens plaçaient dans les bois déserts et sur les sites sauvages, ils étaient d'un bel effet sans doute, mais ils ne tenaient plus au système *mythologique* : l'esprit humain retombait ici dans la *religion naturelle*. Ce que le voyageur tremblant adorait en passant dans les solitudes était quelque chose d'*ignoré*, quelque chose dont il ne savait point le nom, et qu'il appelait *la divinité du lieu*. Quelquefois il lui donnait le nom de *Pan*, et l'on sait que Pan était le *dieu universel*. Les grandes émotions qu'inspire la nature sauvage n'ont point cessé d'exister, et les bois conservent encore pour nous leur formidable divinité [1]. »

L'excellent critique que nous avons déjà cité soutient encore qu'il y a des peuples païens qui ont connu la poésie descriptive. Sans doute, et nous avions fait valoir cette circonstance même en faveur de notre opinion, puisque les nations qui n'ont point connu les dieux de la Grèce ont entrevu cette belle et simple nature que masquait le système mythologique.

On dit que les modernes ont abusé de la poésie descriptive. Avons-nous avancé le contraire ? Telles sont encore nos propres paroles : « On nous objectera peut-être que les anciens avaient raison de regarder la poésie descriptive comme la partie nécessaire, et non comme l'objet principal du tableau ; nous le pensons aussi, et l'on fait de nos jours un grand abus du genre descriptif. Mais l'abus n'est pas la chose ; mais il n'en est pas moins vrai que la poésie descriptive, telle que nous l'avons aujourd'hui, est un moyen de plus entre nos mains, et qu'elle a étendu la sphère des images poétiques sans nous priver de la peinture des mœurs et des passions, telle que cette peinture existait pour les anciens [2]. »

Enfin M. Michaud pense que le genre de *poésie descriptive, tel qu'il est aujourd'hui fixé, n'a commencé à être un genre à part que dans le siècle dernier*. Mais est-ce bien là le fond de la question ? cela prouverait-il que la poésie descriptive n'est pas due à la religion chrétienne ? est-il bien certain d'ailleurs que cette poésie ne remonte qu'au siècle dernier ? Dans notre chapitre intitulé : *Partie historique de la poésie descriptive chez les modernes*, nous avons suivi les progrès de cette poésie ; nous l'avons vue commencer dans les écrits des Pères du désert ; de là se répandre jusque dans l'histoire, passer chez les romanciers et les poëtes du Bas-Empire ; bientôt se mêler au génie des Maures, et atteindre, sous le pinceau de l'Arioste et du Tasse, un genre de perfection trop éloigné de la vérité. Nos grands écrivains du siècle de Louis XIV rejetèrent cette poésie descriptive italienne, qui ne parlait que de *roses*, de *claire fontaine* et de *bois touffus*. Les Anglais, en l'adoptant, lui firent perdre son afféterie, mais ils la jetèrent dans un autre excès en la surchargeant de

---

[1] *Génie du Christianisme*, liv. IV. — [2] *Id., ibid.*, note 16.

détails. Enfin, elle revint en France dans le siècle dernier, se perfectionna sous la muse de MM. Delille, Saint-Lambert et Fontanes, et acquit dans la prose de Buffon et de Bernardin de Saint-Pierre une beauté qu'elle n'avait point encore connue.

Nous n'en jugerons pas par notre propre sentiment, car il est trop peu de chose, et nous n'avons pas même, comme Chaulieu, *pour le lendemain,*

<blockquote>Un peu de savoir-faire et beaucoup d'espérance :</blockquote>

mais nous en appellerons à M. Michaud lui-même. Eût-il rempli ses vers de tant d'agréables descriptions de la nature, si le christianisme n'avait pris soin de débarrasser les bois des vieilles Dryades et des éternels Zéphyrs? L'auteur du poëme du *Printemps* n'aurait-il point été séduit par ses propres succès? Il a fait un usage charmant de la Fable dans ses lettres *sur le sentiment de la pitié*, et l'on sait que Pygmalion adora sa statue. « Psyché, dit M. Michaud, voulut voir l'Amour; elle approcha la lampe fatale, et l'Amour disparut pour toujours. Psyché signifie *âme* dans la langue grecque. L'antiquité a voulu prouver, par cette allégorie, que l'âme voyait s'évanouir ses plus doux sentiments à mesure qu'elle cherchait à en pénétrer l'objet. » Cette explication est ingénieuse; mais l'antiquité a-t-elle vu cela dans la fable de Psyché? Nous avons essayé de prouver que le charme du mystère, dans les sentiments de la vie, est un des bienfaits que nous devons à la délicatesse de notre religion. Si l'antiquité païenne a conçu la fable de Psyché, il nous semble que c'est un chrétien qui l'interprète aujourd'hui.

Il y a plus : le christianisme, en bannissant les fables de la nature, a non-seulement rendu la grandeur aux déserts, mais il a même introduit pour le poëte une autre espèce de mythologie pleine de charmes, nous voulons dire la *personnification* des plantes. Lorsque l'héliotrope était toujours Clytie, le mûrier toujours Thisbé, etc., l'imagination du poëte était nécessairement bornée; il n'aurait pu animer la nature par des fictions autres que les fictions consacrées, sans commettre une impiété. Mais la muse moderne transforme à son gré toutes les plantes en nymphes, sans préjudice des anges et des esprits célestes qu'elle peut répandre sur les montagnes, le long des fleuves et dans les forêts. Sans doute il est possible d'abuser encore de la *personnification*, et M. Michaud se moque avec raison du poëte Darwin, qui, dans ses *Amours des plantes*, représente le Genista, le genêt, se *promenant tranquillement à l'ombre des bosquets de myrte*. Mais si l'auteur anglais est un de ces poëtes dont parle Horace, *qui sont condamnés à faire des vers pour avoir déshonoré* (MINXERIT) *les cendres de leurs pères*, cela ne prouve rien quant au fond de la chose. Qu'un autre poëte, avec plus de goût et de jugement, décrive *les Amours des plantes*, elles lui offriront d'agréables tableaux. Lorsque dans les chapitres que M. Michaud attaque nous avons dit :

« Voyez dans un profond calme, au lever de l'aurore, toutes les fleurs de cette vallée : immobiles sur leurs tiges, elles se penchent en mille attitudes diverses, et semblent regarder tous les points de l'horizon. Dans ce moment même, où vous croyez que tout est tranquille, un grand mystère s'accomplit; la nature conçoit, et ces plantes sont autant de jeunes mères tournées vers la région mystérieuse d'où leur doit venir la fécondité. Les sylphes ont des sympathies moins aériennes, des communications moins invisibles. Le narcisse livre aux ruisseaux sa race virginale; la violette confie aux zéphyrs sa modeste postérité; une abeille cueille du miel de fleur en fleur, et, sans le savoir, féconde toute une prairie; un papillon porte un peuple entier sur son aile; un monde descend dans une goutte de rosée. Cependant toutes les amours des plantes ne sont pas également tranquilles : il y en a d'orageuses, comme celles des hommes. Il faut des tempêtes pour marier, sur des hauteurs inaccessibles, le cèdre du Liban au cèdre du Sinaï, tandis qu'au bas de la montagne le plus doux vent suffit pour établir entre les fleurs un commerce de volupté. N'est-ce pas ainsi que le souffle des passions agite les rois de la terre sur leurs trônes, tandis que les bergers vivent heureux à leurs pieds ? »

Cela est bien imparfait sans doute, mais du moins on entrevoit, par cette faible ébauche, ce qu'un poëte habile pourrait tirer d'un pareil sujet.

Ce sont vraisemblablement ces rapports des choses inanimées aux choses animées qui ont été une des premières sources de la mythologie. Lorsque l'homme sauvage, errant au milieu des bois, eut satisfait aux premiers besoins de la vie, il sentit un autre besoin dans son cœur, celui d'une puissance surnaturelle pour appuyer sa faiblesse. La chute d'une onde, le murmure du vent solitaire, tous les bruits qui s'élèvent de la nature, tous les mouvements qui animent les déserts, lui parurent tenir à cette cause cachée. Le hasard lia ces effets locaux à quelques circonstances heureuses ou malheureuses de ses chasses. Une couleur particulière, un objet singulier ou nouveau le frappa peut-être en même temps : de là le *manitou* du Canadien et le *fétiche* du nègre, la première de toutes les mythologies.

Cet élément des fausses croyances une fois développé, on vit s'ouvrir la vaste carrière des superstitions humaines. Les affections du cœur se changèrent bientôt en divinités d'autant plus dangereuses qu'elles étaient plus aimables. Le Sauvage qui avait élevé le *mont* du tombeau à son ami, la mère qui avait rendu à la terre son petit enfant, vinrent chaque année, à la chute des feuilles, le premier répandre des larmes, la seconde épancher son lait sur le gazon sacré ? tous les deux crurent que ces *absents* si regrettés, toujours vivants dans leurs pensées, ne pouvaient avoir cessé d'être. Ce fut sans doute l'Amitié en pleurs sur un monument qui retrouva le dogme de l'immortalité de l'âme, et proclama la religion des tombeaux.

Cependant l'homme sorti des forêts s'était associé à ses semblables. Bientôt la reconnaissance ou la frayeur des peuples plaça des législateurs, des héros et des rois au rang des divinités. En même temps quelques génies aimés du ciel, un Orphée, un Homère, augmentèrent les habitants de l'Olympe : sous leurs pinceaux créateurs, les accidents de la nature se transformèrent en esprits célestes. Ces nouveaux dieux régnèrent longtemps sur l'imagination enchantée des hommes : Anaxagore, Démocrite, Épicure, essayèrent toutefois de lever l'étendard contre la religion de leur pays. Mais (triste enchaînement des erreurs humaines!) Jupiter était sans doute un dieu abominable, et pourtant des atomes mouvants, une matière éternelle valaient-ils mieux que Jupiter armé de la foudre, et vengeur du crime ?

C'était à la religion chrétienne qu'il était réservé de renverser les autels des faux dieux sans plonger les peuples dans l'athéisme, et sans détruire les charmes de la nature. Car fût-il certain, comme il est douteux, que le christianisme ne puisse fournir aux poëtes un *merveilleux* aussi riche que celui de la Fable, encore est-il vrai (et M. Michaud en conviendra) qu'il a une certaine poésie de l'âme, nous dirions presque une imagination du cœur, dont on ne trouve aucune trace dans la mythologie. Les beautés touchantes qui émanent de cette source feraient seules une ample compensation pour les ingénieux mensonges de l'antiquité. Tout est machine et ressort, tout est extérieur, tout est fait pour les yeux, dans les tableaux du paganisme ; tout est sentiment et pensée, tout est intérieur, tout est créé pour l'âme, dans les peintures de la religion chrétienne. Quel charme de méditation ! quelle profondeur de rêverie ! Il y a plus d'enchantements dans une de ces larmes divines que le christianisme fait répandre, que dans toutes les riantes erreurs de la mythologie. Avec une *Notre-Dame des Douleurs*, une *Mère de Pitié*, quelque saint obscur, patron de l'aveugle, de l'orphelin, du misérable, un auteur peut écrire une page plus attendrissante qu'avec tous les dieux du Panthéon. C'est bien là aussi de la poésie, c'est bien là du *merveilleux!* Mais voulez-vous du merveilleux plus sublime? contemplez la vie et les douleurs du Christ, et souvenez-vous que votre Dieu s'est appelé *le Fils de l'Homme*. Nous oserons le prédire, un temps viendra que l'on sera tout étonné d'avoir pu méconnaître les beautés admirables qui existent dans les seuls noms, dans les seules expressions du christianisme, et l'on aura de la peine à comprendre comment on a pu se moquer de cette religion céleste de la raison et du malheur.

SUR L'HISTOIRE DE LA VIE DE JÉSUS-CHRIST,

DU PÈRE DE LIGNY,

DE LA COMPAGNIE DE JÉSUS.

Juin 1802.

L'histoire de la vie de Jésus-Christ est un des derniers ouvrages que nous devons à cette société célèbre, dont presque tous les membres étaient des hommes de lettres distingués. Le père de Ligny, né à Amiens en 1710, survécut à la destruction de son ordre, et prolongea jusqu'en 1788 une carrière commencée au temps des malheurs de Louis XIV, et finie à l'époque des désastres de Louis XVI. Si vous rencontriez dans le monde un ecclésiastique âgé, plein de savoir, d'esprit, d'aménité, ayant le ton de la bonne compagnie et les manières d'un homme bien élevé, vous étiez disposé à croire que cet ancien prêtre était un jésuite. L'abbé Lenfant avait aussi appartenu à cet ordre, qui a tant donné de martyrs à l'Église. Il avait été l'ami du père de Ligny, et c'est lui qui le détermina à publier son *Histoire de la vie de Jésus-Christ*.

Cette histoire n'est qu'un commentaire de l'Évangile, et c'est ce qui fait son mérite à nos yeux. Le père de Ligny cite le texte du Nouveau Testament, et paraphrase chaque verset de deux manières : l'une, en expliquant moralement et historiquement ce qu'on vient de lire; l'autre, en répondant aux objections que l'on a pu faire contre le passage cité. Le premier commentaire court dans la page avec le texte, comme dans la *Bible* du père de Carrières; le second est rejeté en note au bas de la page. Ainsi l'auteur offrant de suite et par ordre les divers chapitres des Évangiles, faisant observer leur rapport ou conciliant leurs apparentes contradictions, développe la vie entière du Rédempteur du monde.

L'ouvrage du père de Ligny était devenu rare, et la Société Typographique a rendu un véritable service à la religion en réimprimant ce livre utile. On connaît dans les lettres françaises plusieurs *Vies* de Jésus-Christ; mais aucune ne réunit, comme celle du père de Ligny, les deux avantages d'être à la fois une explication de l'Écriture et une réfutation des sophismes du jour. La *Vie de Jésus-Christ*, par Saint-Réal, manque d'onction et de simplicité : il est plus aisé d'imiter Salluste et le cardinal de Retz [1], que d'atteindre au ton de l'Évangile. Le père de Montreuil, dans sa *Vie de Jésus-Christ*, retouchée par le père Brignon, a conservé au contraire bien du charme du Nouveau Testament. Son style, un peu vieilli, contribue peut-être à ce charme : l'ancienne langue française, et surtout celle qu'on parlait sous Louis XIII, était très-propre à rendre l'énergie et la naïveté de l'Écriture. Il serait bien à désirer qu'on en eût fait une bonne traduction à cette époque : Sacy est venu trop tard. Les deux plus belles versions modernes de la Bible sont les versions espagnole et anglaise. La dernière, qui a souvent la force de l'hébreu, est du règne de Jacques Ier; la langue dans laquelle elle est écrite est devenue pour les trois royaumes une espèce de langue sacrée, comme le texte samaritain pour les Juifs : la vénération que les Anglais ont pour l'Écriture en paraît augmentée, et l'ancienneté de l'idiome semble encore ajouter à l'antiquité du livre.

Au reste, il ne faut pas se dissimuler que toutes les histoires de Jésus-Christ qui ne sont pas, comme celle du père de Ligny, un simple commentaire du Nouveau Testament, sont, en général, de mauvais et même de dangereux ouvrages. Cette manière de défigurer l'Évangile nous est venue des protestants, et nous n'avons pas observé qu'elle en a conduit un grand nombre au socinianisme. Jésus-Christ n'est point un homme ; on ne doit point écrire sa vie comme celle d'un simple législateur. Vous aurez beau raconter ses œuvres de la manière la plus touchante, vous ne peindrez jamais que son *humanité*, sa divinité vous échappera. Les vertus de l'homme ont quelque chose de *corporel*, si nous osons parler ainsi, que l'écrivain peut saisir ; mais il y a dans les vertus du Christ un *intellectuel*, une *spiritualité* qui se dérobe à la *matérialité* de nos expressions. C'est cette *vérité* dont parle Pascal, si fine et si déliée, que nos instruments grossiers ne peuvent la toucher sans en *écacher la pointe* [2]. La divinité du Christ n'est donc et ne peut être que dans l'Évangile, où elle brille parmi les sacrements ineffables institués par le Sauveur, et au milieu des miracles qu'il a faits. Les apôtres seuls ont pu la rendre, parce qu'ils écrivaient sous l'inspiration de l'Esprit Saint. Ils avaient été témoins des merveilles opérées par le Fils de l'Homme ; ils avaient vécu avec lui : quelque chose de sa divinité est demeuré empreint dans leur parole sacrée, comme les traits de ce céleste Messie restèrent, dit-on, imprimés dans le voile mystérieux qui servit à essuyer ses sueurs.

Sous le simple rapport du goût et des lettres, il y a d'ailleurs quelque danger à transformer ainsi l'Évangile en une *Histoire de Jésus-Christ*. En donnant aux faits je ne sais quoi d'humain et de rigoureusement historique ; en appelant sans cesse à une prétendue raison, qui n'est souvent qu'une déplorable folie ; en ne voulant prêcher que la morale entièrement dépouillée du dogme, les protestants ont vu périr chez eux la haute éloquence. Ce ne sont, en effet, ni les Tillotson, ni les Wilkins, ni les Goldsmith, ni les Blair, malgré leur mérite, que l'on peut regarder comme de grands orateurs, et surtout si on les compare aux Basile, aux Chrysostome, aux Ambroise, aux Bourdaloue et aux Massillon. Toute religion qui se fait

---

[1] La *Conjuration du comte de Fiesque*, par le cardinal DE RETZ, semble avoir servi de modèle à la *Conjuration de Venise*, par SAINT-RÉAL : il y a entre ces deux ouvrages la différence qui existe toujours entre l'original et la copie ; entre celui qui écrit de verve et de génie, et celui qui, à force de travail, parvient à imiter cette verve et ce génie avec plus ou moins de ressemblance et de bonheur. — [2] *Pensées* de PASCAL.

un devoir d'éloigner le dogme, et de bannir la pompe du culte, se condamne à la sécheresse. Il ne faut pas croire que le cœur de l'homme, privé du secours de l'imagination, soit assez abondant de lui-même pour nourrir les flots de l'éloquence. Le sentiment meurt en naissant, s'il ne trouve autour de lui rien qui puisse le soutenir, ni images qui prolongent sa durée, ni spectacles qui le fortifient, ni dogmes qui, l'emportant dans la région des mystères, préviennent ainsi son désenchantement. Le protestantisme se vante d'avoir banni la tristesse de la religion chrétienne : mais, dans le culte catholique, Job et ses saintes mélancolies, l'ombre des cloîtres, les pleurs du pénitent sur le rocher, la voix d'un Bossuet autour d'un cercueil, feront plus d'hommes de génie que toutes les maximes d'une morale sans éloquence, et aussi nue que le temple où elle est prêchée.

Le père de Ligny avait donc sagement considéré son sujet, lorsqu'il s'est borné, dans sa *Vie de Jésus-Christ*, à une simple concordance des Évangiles. Et qui pourrait se flatter d'ailleurs d'égaler la beauté du Nouveau Testament ? Un auteur qui aurait une pareille prétention ne serait-il pas déjà jugé ? Chaque évangéliste a un caractère particulier, excepté saint Marc, dont l'évangile ne semble être que l'abrégé de celui de saint Matthieu. Saint Marc toutefois était disciple de saint Pierre, et plusieurs ont pensé qu'il a écrit sous la dictée de ce prince des apôtres. Il est digne de remarque qu'il a raconté aussi la faute de son maître. Cela nous semble un mystère sublime et touchant, que Jésus-Christ ait choisi, pour chef de son Église, précisément le seul de ses disciples qui l'eût renié. Tout l'esprit du christianisme est là : saint Pierre est l'Adam de la nouvelle loi ; il est le père coupable et repentant des nouveaux Israélites ; sa chute nous enseigne, en outre, que la religion chrétienne est une religion de miséricorde, et que Jésus-Christ a établi sa loi parmi les hommes sujets à l'erreur, moins encore pour l'innocence que pour le repentir.

L'évangile de saint Matthieu est surtout précieux pour la morale. C'est cet apôtre qui nous a transmis le plus grand nombre de ces préceptes en sentiments qui sortaient avec tant d'abondance des entrailles de Jésus-Christ.

Saint Jean a quelque chose de plus doux et de plus tendre. On reconnaît en lui *le disciple que Jésus aimait*, le disciple qu'il voulut avoir auprès de lui au jardin des Oliviers, pendant son agonie. Sublime distinction sans doute ! car il n'y a que l'ami de notre âme qui soit digne d'entrer dans le mystère de nos douleurs. Jean fut encore le seul des apôtres qui accompagna le Fils de l'Homme jusqu'à la croix. Ce fut là que le Sauveur lui légua sa mère : *Mater, ecce filius tuus ; discipulus, ecce mater tua*. Mot céleste, parole ineffable ! le disciple bien-aimé, qui avait dormi sur le sein de son maître, avait gardé de lui une image ineffaçable : aussi le reconnut-il le premier après sa résurrection. Le cœur de Jean ne put se méprendre aux traits de son divin ami, et la foi lui vint de la charité.

Au reste, l'esprit de tout l'évangile de saint Jean est renfermé dans cette maxime qu'il allait répétant dans sa vieillesse : cet apôtre, rempli de jours et de bonnes œuvres, ne pouvant plus faire de longs discours au peuple qu'il avait enfanté à Jésus-Christ, se contentait de lui dire : *Mes petits enfants, aimez-vous les uns les autres*.

Saint Jérôme prétend que saint Luc était médecin, profession si noble et si belle dans l'antiquité, et que son évangile est la médecine de l'âme. Le langage de cet apôtre est pur et élevé : on voit que c'était un homme versé dans les lettres, et qui connaissait les affaires et les hommes de son temps. Il entre dans son récit à la manière des anciens historiens ; vous croyez entendre Hérodote :

« 1. Comme plusieurs ont entrepris d'écrire l'histoire des choses qui se sont accomplies parmi nous ;

« 2. Suivant le rapport que nous en ont fait ceux qui, dès le commencement, les ont vues de leurs propres yeux, et qui ont été les ministres de la parole,

« 3. J'ai cru que je devais aussi, très-excellent Théophile, après avoir été exactement informé de toutes ces choses depuis leur commencement, vous en écrire par ordre toute l'histoire. »

Notre ignorance est telle aujourd'hui, qu'il y a peut-être des *gens de lettres* qui seront étonnés d'apprendre que saint Luc est un très-grand écrivain, dont l'évangile respire le génie de l'antiquité grecque et hébraïque. Qu'y a-t-il de plus beau que tout le morceau qui précède la naissance de Jésus-Christ?

« Au temps d'Hérode, roi de Judée, il y avait un prêtre nommé Zacharie, du sang d'Abia : sa femme était aussi de la race d'Aaron, et s'appelait Élisabeth.

« Ils étaient tous deux justes devant Dieu... Ils n'avaient point d'enfants, parce qu'Élisabeth était stérile, et qu'ils étaient tous deux avancés en âge. »

Zacharie offre un sacrifice : un ange lui *apparaît debout à côté de l'autel des parfums*. Il lui prédit qu'il aura un fils, que ce fils s'appellera Jean, qu'il sera le précurseur du Messie, *et qu'il réunira le cœur des pères et des enfants*. Le même ange va trouver ensuite *une vierge qui demeurait en Israël*, et lui dit : « Je vous salue, ô pleine de grâce ! le Seigneur est avec vous. » Marie *s'en va dans les montagnes de la Judée ;* elle rencontre Élisabeth, et l'enfant que celle-ci portait dans son sein tressaille à la voix de la Vierge qui devait mettre au jour le Sauveur du monde. Élisabeth, remplie tout à coup de l'Esprit Saint, élève la voix, et s'écrie : « Vous êtes bénie entre toutes les femmes, et le fruit de votre sein est béni.

« D'où me vient le bonheur que la mère de mon Sauveur vienne vers moi?

« Car, lorsque vous m'avez saluée, votre voix n'a pas plutôt frappé mon oreille, que mon enfant a tressailli de joie dans mon sein. »

Marie entonne alors le magnifique cantique : « O mon âme, glorifie le Seigneur ! »

L'histoire de la crèche et des bergers vient ensuite. *Une troupe nombreuse de l'armée céleste* chante pendant la nuit : *Gloire à Dieu dans le ciel, et paix aux hommes sur la terre!* mot digne des anges, et qui est comme l'abrégé de la religion chrétienne.

Nous croyons connaître un peu l'antiquité, et nous osons assurer qu'on chercherait longtemps chez les plus beaux génies de Rome et de la Grèce avant d'y trouver rien qui soit à la fois aussi simple et aussi merveilleux.

Quiconque lira l'Évangile avec un peu d'attention y découvrira à tous moments des choses admirables, qui échappent d'abord, à cause de leur extrême simplicité. Saint Luc, par exemple, en donnant la généalogie du Christ, remonte jusqu'à la naissance du monde. Arrivé aux premières générations, et continuant à nommer les races, il dit : *Caïnan, qui fuit Henos, qui fuit Seth, qui fuit Adam, qui fuit* Dei ; le simple mot *qui fuit Dei*, jeté là sans commentaire et sans réflexion pour raconter la création, l'origine, la nature, les fins et le mystère de l'homme, nous semble de la plus grande sublimité.

Il faut louer le père de Ligny, qui a senti qu'on ne devait rien changer à ces choses, et qu'il n'y avait qu'un goût égaré et un christianisme mal entendu qui pouvaient ne pas se contenter de pareils traits. Son *Histoire de Jésus-Christ* offre une nouvelle preuve de cette vérité que nous avons avancée ailleurs ; savoir, que les beaux-arts chez les modernes doivent au culte catholique la majeure partie de leurs succès. Soixante gravures, d'après les maîtres des écoles italienne, française et flamande, enrichissent le bel ouvrage que nous annonçons : chose bien remarquable, qu'en voulant ajouter quelques tableaux à une Vie de Jésus-Christ, on s'est trouvé avoir renfermé dans ce cadre tous les chefs-d'œuvre de la peinture moderne [1].

On ne saurait trop donner d'éloges à la Société Typographique, qui, dans si peu de temps, nous a donné, avec un goût et un discernement parfait, des ouvrages si généralement utiles : les *Sermons choisis de Bossuet* et de *Fénelon,* les *Lettres de saint François de Sales,* et plusieurs autres excellents livres, sont tous sortis des mêmes presses, et ne laissent rien à désirer pour l'exécution.

L'ouvrage du père de Ligny, embelli par la peinture, doit recevoir encore un autre ornement non moins précieux; M. de Bonald s'est chargé d'en écrire la préface : ce nom seul promet le talent et les lumières, et commande le respect et l'estime. Eh! qui pourrait mieux parler des lois et des préceptes de Jésus-Christ que l'auteur du *Divorce,* de *la Législation primitive,* et de *la Théorie du pouvoir politique et religieux?*

N'en doutons point, ce culte *insensé,* cette *folie* de la Croix, dont une superbe sagesse nous annonçait la chute prochaine, va renaître avec une nouvelle force; la palme de la religion croît toujours à l'égal des pleurs que répandent les chrétiens, comme l'herbe des champs reverdit dans une terre nouvellement arrosée. C'était une insigne erreur de croire que l'Évangile était détruit, parce qu'il n'était plus défendu par les heureux du monde. La puissance du christianisme est dans la cabane du pauvre, et sa base est aussi durable que la misère de l'homme, sur laquelle elle est appuyée. « L'Église, » dit Bossuet dans un passage qu'on croirait échappé à la tendresse de Fénelon, s'il n'avait un tour plus original et plus élevé; « l'Église est fille du Tout-Puissant : mais son père, qui la soutient au dedans, l'abandonne souvent aux persécutions; et, à l'exemple de Jésus-Christ, elle est obligée de crier, dans son agonie : *Mon Dieu! mon Dieu pourquoi m'avez-vous délaissée*[2]*?* Son Époux est le plus puissant comme le plus beau et le plus parfait de tous les enfants des hommes [3]; mais elle n'a entendu sa voix agréable, elle n'a joui de sa douce et désirable présence, qu'un moment [4]. Tout d'un coup il a pris la fuite avec une course rapide; *et, plus vite qu'un faon de biche, il s'est élevé au-dessus des plus hautes montagnes* [5]. Semblable à une épouse désolée, l'Église ne fait que gémir; et le chant de la tourterelle délaissée [6] est dans sa bouche. Enfin elle est étrangère et comme errante sur la terre, où elle vient recueillir les enfants de Dieu sous ses ailes; et le monde, qui s'efforce de les lui ravir, ne cesse de traverser son pèlerinage [7]. »

Il peut le traverser, ce pèlerinage, mais non pas l'empêcher de s'accomplir. Si l'auteur de cet article n'en eût pas été persuadé d'avance, il en serait maintenant convaincu par la scène qui se passe sous ses yeux [8]. Quelle est cette puissance extraordinaire qui promène ces cent mille chrétiens sur ces ruines? Par quel prodige la croix reparaît-elle en triomphe dans cette même cité où naguère une déri-

---

[1] Raphaël, Michel-Ange, le Dominiquin, le Carrache, Paul Véronèse, le Titien, Léonard de Vinci, le Guerchin, Lanfranc, le Poussin, le Sueur, Lebrun, Rubens, etc. — [2] Deus meus! Deus meus! ut quid dereliquisti me? — [3] Speciosus forma præ filiis hominum. (*Psal.,* XLIV, 3.) — [4] Amicus autem sponsi, qui stat, et audit eum, gaudio gaudet propter vocem sponsi. (JOAN., III, 29) — [5] Fuge, dilecte mi, et assimilare capreæ hinnuloque cervorum super montes aromatum. (*Cant.,* VIII, 14.) — [6] Vox turturis audita est in terra nostra. (*Cant,* II, 12.) — [7] *Oraison funèbre de M. Le Tellier.* — [8] L'auteur écrivait ceci à Lyon, le jour de la Fête-Dieu.

sion horrible la traînait dans la fange ou le sang? D'où renaît cette solennité proscrite? Quel chant de miséricorde a remplacé si soudainement le bruit du canon et les cris des chrétiens foudroyés? Sont-ce les pères, les mères, les frères, les sœurs, les enfants de ces victimes qui prient pour les ennemis de la foi, et que vous voyez à genoux de toutes parts, aux fenêtres de ces maisons délabrées, et sur les monceaux de pierres où le sang des martyrs fume encore? Les collines chargées de monastères, non moins religieux parce qu'ils sont déserts; ces deux fleuves où la cendre des confesseurs de Jésus-Christ a si souvent été jetée; tous les lieux consacrés par les premiers pas du christianisme dans les Gaules; cette grotte de saint Pothin, les catacombes d'Irénée, n'ont point vu de plus grands miracles que celui qui s'opère aujourd'hui. Si en 1793, au moment des *mitraillades* de Lyon, lorsque l'on démolissait les temples et que l'on massacrait les prêtres, lorsqu'on promenait dans les rues un âne chargé des ornements sacrés, et que le bourreau, armé de sa hache, accompagnait cette digne pompe de la Raison, si un homme eût dit alors : « Avant que dix ans se soient écoulés, un prince de l'Église, un archevêque de Lyon, portera publiquement le Saint-Sacrement dans les mêmes lieux; il sera accompagné d'un nombreux clergé; de jeunes filles vêtues de blanc, des hommes de tout âge et de toutes professions, suivront, précéderont la pompe, avec des fleurs et des flambeaux; ces soldats trompés, que l'on a armés contre la religion, paraîtront dans cette fête pour la protéger; » si un homme, disons-nous, eût tenu un pareil langage, il eût passé pour un visionnaire; et pourtant cet homme n'eût pas dit encore toute la vérité. La veille même de cette pompe, plus de dix mille chrétiens ont voulu recevoir le sceau de la foi : le digne prélat de cette grande commune a paru, comme saint Paul, au milieu d'une foule immense, qui lui demandait un sacrement si précieux dans les temps d'épreuve, puisqu'il donne la force de confesser l'Évangile. Et ce n'est pas tout encore; des diacres ont été ordonnés, des prêtres ont été sacrés. Dira-t-on que les nouveaux pasteurs cherchent la gloire et la fortune? Où sont les bénéfices qui les attendent, les honneurs qui peuvent les dédommager des travaux qu'exige leur ministère? Une chétive pension alimentaire, quelque presbytère à moitié ruiné, ou un réduit obscur, fruit de la charité des fidèles, voilà tout ce qui leur est promis. Il faut encore qu'ils comptent sur les calomnies, sur les dénonciations, sur les dégoûts de toute espèce : disons plus, si un homme tout-puissant retirait sa main aujourd'hui, demain le philosophisme ferait tomber les prêtres sous le glaive de la *tolérance*, ou rouvrirait pour eux les philanthropiques déserts de la Guiane. Ah! lorsque ces enfants d'Aaron sont tombés la face contre terre, lorsque l'archevêque, debout devant l'autel, étendant les mains sur les lévites prosternés, a prononcé ces paroles : *Accipe jugum Domini*, la force de ces mots a pénétré tous les cœurs et rempli tous les yeux de larmes; ils l'ont accepté, le *joug du Seigneur;* ils le trouveront d'autant plus léger (*onus ejus leve*) que les hommes cherchent à l'appesantir. Ainsi, malgré les prédictions des oracles du siècle, malgré *les progrès* de l'esprit humain, l'Église croît et se perpétue, selon l'oracle bien plus certain de celui qui l'a fondée : et, quels que soient les orages qui peuvent encore l'assiéger, elle triomphera des *lumières* des sophistes, comme elle a triomphé des ténèbres des Barbares.

SUR UNE NOUVELLE ÉDITION

DES

ŒUVRES COMPLÈTES DE ROLLIN.

Février 1803.

Les amis des lettres observent depuis quelque temps avec un plaisir extrême que l'on commence à revenir de toutes parts à ces principes du goût et de la raison dont on n'aurait jamais dû s'écarter. On abandonne peu à peu les systèmes qui nous ont fait tant de mal ; on ose examiner et combattre les jugements incroyables prononcés par la littérature du dix-huitième siècle. La philosophie, jadis trop féconde, semble à présent menacée de stérilité, tandis que la religion fait éclore chaque jour de nouveaux talents, et voit se multiplier ses disciples.

Un symptôme non moins équivoque du retour des esprits aux idées saines, c'est la réimpression des livres classiques que l'ignorance et le dédain ridicule des philosophes avaient rejetés. Rollin, par exemple, tout chargé qu'il est des trésors de l'antiquité, ne paraissait plus digne de servir de guide aux écoliers d'un *siècle de lumière*, qui aurait eu grand besoin lui-même d'être renvoyé à l'école [1]..... Des hommes qui avaient passé quarante ans de leur vie à faire en conscience quelques excellents volumes pour l'instruction de la jeunesse ; des hommes qui, dans le silence de leur cabinet, vivaient familièrement avec Homère, Démosthène, Cicéron, Virgile ; des hommes qui étaient si simplement et si naturellement vertueux, qu'on ne songeait pas même à louer leurs vertus ; des hommes de cette sorte se voyaient préférer une méchante espèce de charlatans sans science, sans gravité, sans mœurs. Les poétiques d'Aristote, d'Horace, de Boileau étaient remplacées par des poétiques pleines d'ignorance, de mauvais goût, de principes erronés et de faux jugements. On répétait d'après le maître :

> Boileau, correct auteur de quelques bons écrits,
> Zoïle de Quinault. . . . .

On répétait d'après l'écolier :

> Sans feu, sans verve et sans fécondité,
> Boileau copie. . . . .

Quand le respect pour les modèles est perdu à un tel degré, il ne faut plus s'étonner de voir une nation retourner à la barbarie.

Heureusement l'opinion du siècle qui commence cherche à prendre un autre cours. Dans un moment où l'on s'empresse de revenir aux anciennes méthodes d'enseignement, on apprendra sans doute avec plaisir que l'on prépare une édition des œuvres complètes de Rollin... Cette belle entreprise est dirigée par un homme

---

[1] On sent qu'il s'agit ici du siècle en général, et non de quelques hommes dont les talents feront toujours la gloire de la France

qui conserve le dépôt sacré des traditions et de l'autorité des siècles, et qui méritera dans la postérité le titre de restaurateur de l'école de Boileau et de Racine.

La Vie de Rollin qui doit précéder l'édition de ses œuvres est déjà imprimée, et nous l'avons sous les yeux : elle est également remarquable par la simplicité et la douce chaleur du style, et par la mesure des opinions et la justesse des idées. Nous n'aurons qu'un regret en faisant connaître aux lecteurs quelques fragments de cette vie, c'est de ne pouvoir nommer l'auteur, jeune et modeste, à qui nous en sommes redevables.

Après avoir parlé de la naissance de Rollin, et de son entrée comme boursier au collège des Dix-Huit, l'écrivain de sa vie ajoute :

« Le jeune Rollin ne connut point ces mouvements de fierté qui accompagnent des connaissances nouvellement acquises, et qui cèdent par la suite à une instruction plus étendue. Son bon naturel se développait avec son intelligence, et on le trouvait plus aimable à mesure qu'il devenait plus savant. Il faut dire que ses progrès rapides, dont on ne parlait dans le monde qu'avec une sorte d'étonnement, redoublaient encore la tendresse de son heureuse mère. Et sans doute elle n'était pas moins flattée de voir chez elle les personnes les plus considérables par leur rang et leur naissance, qui venaient la féliciter, en lui demandant comme une faveur que le jeune étudiant passât les jours de congé avec leurs enfants qui étaient au même collège, et fût associé à leurs plaisirs comme à leurs exercices...

« Les deux fils de M. Le Pelletier, alors ministre, qui étaient de la même classe que Rollin, avaient trouvé un redoutable concurrent dans ce nouveau venu. M. Le Pelletier, qui connaissait tous les avantages de l'émulation, cherchait tous les moyens de l'entretenir. Quand le jeune boursier était *empereur*, ce qui lui arrivait souvent, il lui envoyait la gratification qu'il avait coutume de donner à ses fils : ceux-ci aimaient tendrement leur rival. Les jours de congé, ils l'amenaient chez eux dans leur carrosse, le conduisaient chez sa mère s'il le désirait, et l'attendaient avec complaisance tout le temps qu'il voulait y rester.

« Un jour elle remarqua que son fils, en montant en voiture, prenait sans façon la première place. Elle commençait à lui en faire une réprimande sévère, comme d'un manque de bienséance et de politesse ; mais le précepteur, qui était là, l'interrompit avec douceur, et lui représenta que M. Le Pelletier avait réglé *qu'on se rangerait toujours dans le carrosse suivant l'ordre de la classe*. Rollin conserva toute sa vie, pour le protecteur de sa jeunesse, un respect tendre, et une reconnaissance qu'il ne croyait jamais pouvoir acquitter. Il fut l'ami constant de ses fils, surveilla l'éducation des fils de ses compagnons d'études, et s'attacha de plus en plus à cette respectable famille, par ce sentiment aimable qui se nourrit des souvenirs de l'enfance, et s'étend à tout le reste de la vie. Tel était le fruit de cette éducation vraiment sociale. Les jeunes gens, au sortir des études, se dispersaient dans le monde, suivant leurs différentes conditions : mais on y rencontrait un ami de collège avec la joie que l'on éprouve au retour d'un voyageur chéri et longtemps attendu. On se rappelait la foi jurée, les plaisirs de l'enfance ; et souvent ces douces amitiés de collège sont devenues un patronage honorable auquel la France a dû la plupart de ses grands hommes. »

Il nous semble que ce passage est bien touchant : on y entend l'accent d'un cœur français ; on y trouve quelque chose de grave et de tendre, comme les vieux magistrats et les jeunes amis de collège dont l'auteur rappelle le souvenir. Il est remarquable que ce n'était qu'en France, dans ce pays célèbre par la frivolité de ses habitants, que l'on voyait ces augustes familles distinguées par la sévérité de leurs mœurs. Les Harlay, les De Thou, les Lamoignon, les Daguesseau, formaient un contraste singulier avec le caractère général de la nation. Leurs habitudes sérieuses, leurs vertus intègres, leurs opinions incorruptibles, étaient comme une expiation qu'ils offraient sans cesse pour l'inconstance et la légèreté du peuple. Ils rendaient à l'État des services de plus d'une sorte : ce Matthieu Molé, qui fit entreprendre à Duchesne la Collection des historiens de France, exposa plusieurs fois sa vie dans les troubles de la Fronde, comme son père Édouard Molé avait bravé les fureurs de la Ligue, pour assurer la couronne à Henri IV. C'était ce même Matthieu, *plus brave que Gustave et M. le Prince*[1], qui répondait, lorsqu'on voulait l'empêcher de s'exposer à la rage du peuple : *Six pieds de terre feront toujours raison au plus grand homme du monde.* C'est agir comme le vieux Caton, et parler comme le vieux Corneille.

Rollin était un homme rare qui avait presque du génie à force de science, de candeur et de bonté. Ce n'est que parmi les titres obscurs des services rendus à l'enfance que l'on peut trouver les documents de sa gloire. C'est là que l'auteur de sa vie a cherché les traits dont il a composé un tableau plein de naïveté et de douceur : il se plaît à nous montrer Rollin chargé de l'éducation de la jeunesse. Le tendre respect que le nouveau recteur conservait pour ses anciens maîtres, son amour et ses sollicitudes pour les enfants qui lui étaient confiés, tout cela est peint avec beaucoup de charme, et toujours avec le ton convenable au sujet. Quand l'auteur parle ensuite des ouvrages de Rollin, et qu'il entre dans les discussions importantes, il montre un esprit nourri de bonnes doctrines, et une tête capable de concevoir des idées fortes et sérieuses. Nous en citerons un exemple.

Dans un passage où il s'agit des principes de l'éducation, et des reproches que l'on a faits à l'ancienne manière d'enseigner, l'auteur dit :

« On a trouvé des inconvénients plus graves dans l'enseignement de l'Université, qui, ramenant sans cesse, a-t-on dit, sous les regards du jeune homme les héros et les vertus des républiques anciennes, l'entretient dans des maximes et des pensées contraires à l'ordre social. Quelques-uns même ont vu sortir des colléges les doctrines d'anarchie et de révolution. Assurément tout est mortel à ceux qui sont déjà malades, et cette remarque accuse le temps où elle a été faite. Cependant, quoiqu'on puisse la justifier par des exemples particuliers, elle ne peut être une objection contre l'enseignement de l'Université que lorsqu'on y séparera les objets qu'elle y réunissait toujours : je veux dire les exemples d'héroïsme, et les maximes propres à exciter l'enthousiasme de la religion, qui les épure et les conforme à l'ordre. Aussi Rollin ne les sépare-t-il point. Si quelquefois il abandonne son disciple à une admiration toute naturelle pour des actions éclatantes, il est prompt à le retenir dans les bornes légitimes. Il revient sur ses pas ; il examine ce héros *païen* à la clarté d'une lumière plus sûre et plus pénétrante, et il montre tout ce qui lui a manqué, et par l'excès et par l'imperfection de ses vertus.

« C'est donc toujours avec ce divin tempérament que l'on doit proposer au jeune homme des vertus sans convenances, et des maximes enivrantes et trop fortes pour sa raison ; mais aussi l'on ne craint plus d'échauffer son cœur lorsqu'on est sûr de la règle qui doit le diriger. Alors l'admiration des héros de l'antiquité est aussi favorable à la vertu que les chefs-d'œuvre où ils sont célébrés sont

---

[1] *Mémoires du cardinal* DE RETZ.

féconds pour le talent, et toute l'éducation s'accomplit. Cette instruction classique contribue à l'ornement de toute la vie, par une multitude de maximes et de comparaisons qui se mêlent aux diverses situations de l'homme public, et répandent sur les actions les plus communes une sorte de dignité qui prépare l'élégance des mœurs. J'aime à croire qu'au milieu de l'étude et des travaux champêtres qui remplissaient leurs loisirs, nos illustres magistrats de la France trouvaient un charme secret dans le souvenir des Fabricius et des Caton, qui avaient été l'objet de l'enthousiasme de leur jeunesse. En un mot, ces instincts vertueux qui défendirent les républiques anciennes contre le vice des institutions et des lois sont comme une excellente nature que la religion achève. Non-seulement elle en réprime l'énergie dangereuse et les ennoblit par des motifs plus purs, mais elle les élève, par la règle même qu'elle leur impose, à une hauteur encore plus héroïque qui assure la prééminence des caractères que nous admirons dans nos histoires modernes. »

On peut appliquer ici pour jugement à l'auteur la comparaison qui suit immédiatement ce morceau, aussi bien pensé que bien écrit :

« C'est ainsi que, dans les ouvrages immortels auxquels nous sommes toujours ramenés par un attrait inépuisable, on reconnaît l'expression d'une belle imagination, soumise à une raison forte et sévère, mais enrichie de ses privations mêmes, et qui, venant à se déclarer par intervalle, atteste toute la grandeur de la conquête. »

Le reste de la vie de Rollin est rempli par ces petits détails qui plaisaient tant à Plutarque, et qui lui faisaient dire :

« Comme les peintres qui font des portraits cherchent surtout la ressemblance dans les traits du visage, et particulièrement dans les yeux, où éclatent les signes les plus sensibles des mœurs et du naturel, il faut qu'on me permette de rechercher dans l'âme les principaux traits, afin qu'en les rassemblant je fasse de la vie des grands hommes un portrait vivant et animé[1]. »

On nous saura gré de citer en entier le mouvement oratoire par lequel l'auteur termine son ouvrage :

« Louis XVI, frappé d'une renommée si touchante, a acquitté ce que nous devions à la mémoire de Rollin : il a élevé son nom jusqu'aux noms les plus fameux, en ordonnant qu'on lui dressât une statue au milieu des Bossuet et des Turenne. Le vénérable pasteur de la jeunesse s'avance vers la postérité au milieu des grands hommes qui ont illustré le beau siècle de la France. S'il ne les a point égalés, il nous apprend à les admirer. Comme eux, il eut dans ses écrits le naturel des anciens; dans sa conduite, les vertus qui conservent les forces de l'esprit et deviennent même de véritables talents; comme eux, il grandira toujours, et la reconnaissance publique ajoutera sans cesse à sa gloire.

« En racontant les travaux et les simples événements qui remplirent la vie de Rollin, nous nous sommes quelquefois reporté à une époque qui s'éloigne de nous tous les jours, et une réflexion douloureuse s'est mêlée à nos récits. Nous avons parlé des études françaises, et il n'y a pas longtemps qu'elles étaient interrompues. Nous avons retracé le gouvernement et la discipline des colléges où s'élevait une jeunesse heureuse loin des séductions de la société, et la plupart sont encore déserts!... Nous avons rappelé les services de cette Université célèbre et vénérable par ses souvenirs, ses antiques honneurs, et cet esprit de corps qui perpétuait la tradition des bonnes études et les maîtres qui devaient la répandre... et elle n'est

---

[1] *In vita Alex.*

plus, et elle a péri comme tout ce qui était grand et utile. Les quartiers mêmes où fleurissait l'Université de Paris témoignent le deuil de cette destruction : leur célébrité n'y attire plus sans cesse de nouveaux habitants, et la population s'est écoulée vers d'autres lieux, pour y donner le spectacle d'autres mœurs. Où sont les éducations sévères qui préparaient des âmes fortes et tendres? Où sont les jeunes gens modestes et savants qui unissaient l'ingénuité de l'enfance aux qualités solides qui annoncent l'homme? Où est la jeunesse de la France?... une génération nouvelle lui a succédé... .

« Qui pourrait redire les plaintes et les reproches qui s'élèvent tous les jours contre ces nouveaux venus? Hélas! ils croissent presque à l'insu des pères, au milieu des discordes civiles, et ils sont absous par les malheurs publics, car tout leur a manqué, l'instruction, les remontrances, les bons exemples, et ces douceurs de la maison paternelle qui disposent les enfants aux sentiments vertueux, et leur mettent sur les lèvres un sourire qui ne s'efface plus.... Cependant ils n'en témoignent aucun regret; ils ne rejettent point en arrière un regard de tristesse. On les voit errer dans les places publiques, et remplir les théâtres comme s'il n'avaient qu'à se reposer des travaux d'une longue vie. Les ruines les environnent, et ils passent devant elles sans éprouver seulement la curiosité ordinaire à un voyageur : ils ont déjà oublié ces temps d'une éternelle mémoire!..

« Génération vraiment nouvelle, et qui sera toujours distincte et marquée d'un caractère singulier qui la sépare des temps anciens et de temps à venir ! Elle ne transmettra point ces traditions qui sont l'honneur des familles, ni ces bienséances qui défendent les mœurs publiques, ni ces usages qui sont les liens de la société. Elle marche vers un terme inconnu, entraînant avec elle nos souvenirs, nos bienséances, nos mœurs, nos usages : les vieillards ont gémi de se trouver plus étrangers à mesure que leurs enfants se multipliaient sur la terre...

« Maintenant le jeune homme, jeté comme par un naufrage à l'entrée de sa carrière, en contemple vainement l'étendue. Il n'enfante que des désirs mourants et des projets sans consistance. Il est privé de souvenirs, et il n'a plus le courage de former des espérances. Il se croit désabusé, et il n'a point d'expérience. Son cœur est flétri, et il n'a point eu de passions. Comme il n'a pas rempli les différentes époques de sa vie, il ressent toujours au dedans de lui-même quelque chose d'imparfait qui ne s'achèvera pas. Ses goûts et ses pensées, par un contraste affligeant, appartiennent à la fois à tous les âges, mais sans rappeler le charme de la jeunesse ni la gravité de l'âge mûr. Sa vie entière se présente comme une de ces années orageuses et frappées de stérilité, où l'on dirait que le cours des saisons et l'ordre de la nature sont intervertis. Dans cette confusion, les facultés les plus heureuses se sont tournées contre elles-mêmes. La jeunesse a été en proie à des tristesses extraordinaires, aux fausses douceurs d'une imagination bizarre et emportée, au mépris superbe de la vie, à l'indifférence qui naît du désespoir; une grande maladie s'est manifestée sous mille formes diverses. Ceux même qui ont été assez heureux pour échapper à cette contagion des esprits ont attesté toute la violence qu'ils ont souffert. Ils ont franchi brusquement toutes les époques du premier âge, et se sont assis parmi les anciens, qu'ils ont étonnés par une maturité précoce, mais sans y trouver ce qui avait manqué à leur jeunesse.

« Peut-être en est-il de ces derniers qui visitent quelquefois ces asiles de la science dont ils ont été exilés. Alors, revoyant ces vastes enceintes qui retentissent de nouveau du bruit des jeux et des triomphes classiques, ces hautes murailles, où on lit toujours les noms à demi effacés de quelques grands hommes de la France, ils sentent revivre en eux des regrets amers, et des désirs plus douloureux que les regrets. Ils demandent encore cette éducation qui porte des fruits pour toute la vie, et qui ne se remplace point. Ils demandent tant de plaisirs innocents qu'ils n'ont pas connus; ils demandent jusqu'à ces peines et à ces chagrins de l'enfance qui laissent des souvenirs si tendres et si sensibles. Mais c'est inutilement: voilà qu'après avoir consumé bientôt quinze années, cette grande portion de la vie humaine, dans le silence et pourtant au milieu des révolutions des empires, ils n'ont survécu aux compagnons de leur âge, et pour ainsi dire à eux-mêmes, que pour toucher à ce terme où l'on ne fait plus que des pertes sans retour. Ainsi donc ils seront toujours livrés à un gémissement secret et inconsolable, et désormais ils resteront exposés aux regards d'une autre génération qui les presse comme des sentinelles qui lui crieront de se détourner des routes funestes où ils se sont égarés.

« Leur voix sera entendue, etc., etc... »

Ce morceau suffirait seul pour justifier les éloges que nous avons donnés à cette *Vie de Rollin*. On peut y remarquer des beautés du premier ordre, exprimées avec éloquence, et quelques-unes de ces pensées que l'on ne trouve que chez les grands écrivains. Nous ne saurions trop encourager l'auteur à s'abandonner à son génie. Jusqu'à présent une timidité naturelle au vrai talent lui a fait rechercher les sujets les moins élevés; mais il devrait peut-être essayer de sortir du genre tempéré qui retient son imagination dans des bornes trop étroites. On s'aperçoit aisément dans la *Vie de Rollin* qu'il a sacrifié partout des richesses. En parlant du bon recteur de l'Université, il s'est prescrit la modération et la réserve; il a craint de blesser des vertus modestes en répandant sur elles une trop vive lumière : on dirait qu'il s'est souvenu de cette loi des anciens qui ne permettait de chanter les dieux que sur le mode le plus grave et le plus doux de la lyre.

SUR

LES ESSAIS DE MORALE ET DE POLITIQUE

Décembre 1805.

On peut trouver plusieurs causes du succès prodigieux des romans pendant ces dernières années : il y en a une principale, indépendante du goût et des mœurs. Fatigué des déclamations de la philosophie, on s'est jeté par besoin de repos dans les lectures frivoles; on s'est délassé des erreurs de l'esprit par celles du cœur : les dernières n'ont du moins ni la sécheresse ni l'orgueil des premières; et à tout considérer, s'il fallait faire un choix dans le mal, la corruption des sentiments serait peut-être préférable à la corruption des idées : un cœur vicieux peut revenir à la vertu; un esprit pervers ne se corrige jamais.

Mais l'esprit humain tourne sans cesse dans le même cercle, et les romans nous ramèneront aux ouvrages sérieux, comme les ouvrages sérieux nous ont conduits aux romans. En effet, ceux-ci commencent à passer de mode; les auteurs cherchent des sujets plus propres à satisfaire la raison ; les livres sérieux reparaissent. Nous avons déjà eu le plaisir d'annoncer la *Législation primitive* de M. de Bonald : entre les jeunes gens distingués par le tour grave de leur esprit, nous avons fait remarquer l'auteur de la *Vie de Rollin :* aujourd'hui les *Essais de Morale et de Politique* sont une nouvelle preuve de notre retour aux études solides.

Cet ouvrage a pour but de montrer qu'une seule forme de gouvernement convient à la nature de l'homme. De là deux parties ou deux divisions dans l'ouvrage : dans la première on pose les faits ; dans la seconde on conclut : c'est-à-dire que dans l'une on traite de la nature de l'homme, et que dans l'autre on fait voir quel est le gouvernement le plus conforme à cette nature.

Les facultés dont se compose notre esprit, les causes des égarements de notre esprit, la force de notre volonté, l'ascendant de nos passions, l'amour du beau et du bon, ou notre penchant pour la vertu, sont donc l'objet de la première partie.

Que l'homme doit vivre en société ; qu'il y a une sorte de nécessité venant de Dieu ; qu'il y a des gouvernements *factices* et un gouvernement *naturel ;* que les mœurs sont des habitudes que nous ont donné ou nous ont laissé prendre les lois : telles sont à peu près les questions qu'on examine dans la seconde partie.

C'est toucher, comme on le voit, à ce qui fit dans tous les temps l'objet des recherches des plus grands génies. L'auteur a su prouver qu'il n'y a point de matière épuisée pour un homme de talent, et que des principes aussi féconds seront éternellement la source de vérités nouvelles.

Une gravité naturelle et soutenue, un ton ferme sans jactance, noble sans enflure, des vues fines et quelquefois profondes, enfin cette mesure dans les opinions, cette décence de la bonne compagnie, d'autant plus précieuses qu'elles deviennent tous les jours plus rares : telles sont les qualités qui nous paraissent recommander cet ouvrage au public.

Nous choisirons quelques morceaux propres à donner aux lecteurs une idée du style des *Essais*, et de la manière dont l'auteur a traité des sujets si graves. Dans le chapitre intitulé : *Rapports des deux natures de l'Homme*, voici comme il parle de l'union de l'âme avec le corps : « Son âme et son corps sont tellement unis, qu'ils sont obligés, pour ainsi dire, d'assister réciproquement à leurs jouissances et d'en modifier la nature pour qu'ils puissent y participer également. Dans les plaisirs du corps on retrouve ceux de l'âme, et dans les plaisirs de l'âme on retrouve ceux du corps. Le corps exige, dans les objets de ses penchants, quelques traces de ce beau ou de ce bon, sujets de l'éternel amour de l'âme. Il veut qu'elle lui vante le bonheur dont il jouit, et qu'elle y applaudisse en le partageant. L'âme (et c'est sa misère) ne peut saisir ce qu'elle aime que sous des formes et par des moyens qui lui sont fournis par le corps... Les deux natures de l'homme confondent ainsi leurs désirs, unissent leurs forces, et se concertent ensemble pour arriver à leurs desseins... L'âme découvre pour le corps une foule de plaisirs qu'il ignorerait toujours : elle lui conserve la mémoire de ceux qu'il a goûtés, et dans les temps de disette elle le nourrit de l'image des objets qu'elle a chéris... »

Tout cela nous semble ingénieux, agréable, bien dit, délicatement observé. On lira avec le même plaisir le chapitre sur les *Causes et les suites des égarements de l'esprit*. Si l'on trouvait ce portrait de l'*erreur* dans les *Caractères* de La Bruyère, on le remarquerait peut-être :

« Vraiment on calomnie les passions : elles ne sont que la cause des maux dont l'erreur est le principe. Les passions s'usent ; il faut bien qu'elles se reposent ; l'erreur est éternelle et ne se fatigue jamais. Les passions entraînent ceux qu'elles tourmentent, les aveuglent, et souvent les abîment. L'erreur conduit avec méthode, conseille avec prudence ; elle n'ôte pas la connaissance, et laisse éviter le danger ; elle est austère et même inexorable, et le mal qu'elle fait commettre, on l'exécute avec la rigueur du devoir ; elle éclaire le crime, elle s'entend avec l'orgueil ; et tous les crimes qu'elle fait commettre, l'orgueil les récompense. »

Qui ne reconnaît ici la philosophie du dernier siècle ? Pour faire un portrait aussi fidèle, il ne suffisait pas d'avoir le modèle sous les yeux, il fallait encore posséder, dans un degré éminent, le talent du peintre.

Jusqu'ici nous n'avons cité que la première partie des *Essais*. Dans la seconde, consacrée à l'examen des gouvernements, on remarquera surtout deux chapitres sur l'Angleterre. L'auteur, cherchant à prouver que la monarchie absolue est le seul gouvernement *naturel* ou conforme à la *nature de l'homme*, fait la peinture de la monarchie anglaise, dont le gouvernement, selon lui, n'est pas *naturel*. Par une idée ingénieuse il attribue aux anciennes mœurs des Anglais, c'est-à-dire aux mœurs qui ont précédé leur constitution de 1688, ce qu'il y a de bon parmi eux, tandis qu'il soutient que les vices du peuple et du gouvernement de la Grande-Bretagne naissent pour la plupart de la constitution actuelle de ce pays.

Ce système a l'avantage d'expliquer les contradictions que l'on remarque dans le caractère de la nation britannique. Il est vrai que l'auteur est alors obligé de prouver que les Anglais du temps de Henri VIII étaient plus heureux et valaient mieux que les Anglais d'aujourd'hui, ce qui pourrait souffrir quelques difficultés ; il est encore vrai que l'auteur a contre lui *l'Esprit des lois*. Montesquieu parle aussi de l'inquiétude des Anglais, de leur orgueil, de leurs changements de partis, des orages de leur liberté ; mais il voit tout cela comme des conséquences *nécessaires* et non *funestes* d'une monarchie mixte ou tempérée. On lit dans Tacite ce passage singulier : *Nam cunctas nationes et urbes populus, aut primores, aut singuli regunt : dilecta ex his et constituta reip. forma, laudari facilius, quam evenire ; vel si evenit, haud diuturna esse potest.* D'où il résulte que Tacite avait conçu l'idée d'un gouvernement à peu près semblable à celui de l'Angleterre, et qu'en le regardant comme le meilleur en théorie, il le jugeait presque impossible en pratique. Aristote et Cicéron semblent avoir partagé l'opinion de Tacite, ou plutôt Tacite avait puisé cette opinion dans les écrits du philosophe et de l'orateur. Ces autorités sont de quelque poids sans doute, mais l'auteur des *Essais* répondrait avec raison que nous avons aujourd'hui de nouvelles lumières qui nous empêchent de penser comme Aristote, Cicéron, Tacite et Montesquieu. Quoi qu'il en soit, les juges sont maintenant nombreux dans cette cause : plusieurs milliers de Français ayant vécu, pendant leur exil, en Angleterre, peuvent avoir appris à connaître le fort et le faible des lois de ce pays.

Le dernier chapitre des *Essais* renferme des considérations sur le génie des peuples et sur le but de la société, qui est le bonheur. L'auteur pense que l'ordre et le repos sont les deux plus sûrs moyens d'arriver à ce but. Son tableau de l'Égypte nous a rappelé quelque chose des belles pages de Platon sur les Perses, et le ton calme, élevé, moral, du philosophe de l'Académie.

Au reste, il y a dans cet ouvrage un assez grand nombre d'opinions que nous ne partageons pas avec l'auteur. Il soutient, par exemple, *qu'il existe un degré de civilisation qui exclut le despotisme et le rend impossible ; qu'il y aurait trop de lumières à éteindre ; qu'il n'y a point de despotisme où l'on crie au despote*, etc.

C'est contredire, il nous semble, le témoignage de l'histoire. Nous serait-il permis de faire observer à l'auteur que la corruption des mœurs marche de front avec la civilisation des peuples, et que si la dernière présente des moyens de liberté, la première est une source inépuisable d'esclavage ?

Il n'y a point de despotisme où l'on crie au despote. Sans doute quand le cri est public, général, violent, quand c'est toute une nation qui parle sans contrainte. Mais dans quel cas cela peut-il avoir lieu ? Quand le despote est faible, ou quand, à force de maux, il a poussé à bout ses esclaves. Mais si le despote est fort, que lui importeront les gémissements secrets de la foule ou l'indignation impuissante de quelque honnête homme ? Il ne faut pas croire d'ailleurs que le plus rude despotisme produise un silence absolu, excepté chez les nations barbares. A Rome, sous les Néron même et sous les Tibère, on faisait des satires, et l'on allait à la mort : *Morituri te salutant!*

Dans un autre endroit, l'auteur suppose que la société primitive étant devenue trop nombreuse, *on s'assembla et l'on convint.* C'est donc admettre un *contrat social*, et retomber dans toutes les chimères philosophiques que les *Essais* combattent avec tant de succès.

Quelques points de métaphysique demanderaient aussi plus de développement. On lit, page 84 : *Toutes les âmes sont égales; leurs développements ne peuvent dépendre que de la conformation des organes.* Page 21 : *L'esprit est une faculté, une puissance... Il n'y a point d'idées fausses, mais des appellations fausses,* etc.

Il y a là-dessus vingt bonnes querelles à faire à l'auteur ; et si l'on pressait un peu ses raisonnements, on les mènerait à des conséquences dont il serait lui-même effrayé. Mais nous ne voulons point élever de question intempestive, et quelques propositions douteuses ne gâtent rien à un ouvrage d'ailleurs rempli de principes excellents.

Nous ne nous permettrons plus de combattre qu'une seule définition. *L'imagination se montre dans tous les instants,* dit l'auteur. *Quel que soit l'objet qu'il examine, l'esprit doué de cette qualité est toujours frappé des rapports les moins abstraits.*

L'auteur semble n'avoir été frappé lui-même que d'une des facultés de l'imagination, celle de peindre les objets matériels : il a pris la partie pour le tout. Nous lui soumettons les observations suivantes :

Considérée en elle-même, l'imagination s'applique à tout, et revêt toutes les formes : elle a quelquefois l'air du génie, de l'esprit, de la sensibilité, du talent; elle affecte tout, parle tous les langages ; elle sait emprunter, quand elle le veut, jusqu'au maintien austère de la sagesse; mais elle ne peut être longtemps sérieuse; elle sourit sous le masque : *Patuit dea.*

Prise séparément, l'imagination est donc peu de chose. Mais c'est un don inestimable lorsqu'elle se joint aux autres facultés de l'esprit ; c'est elle alors qui donne la chaleur et la vie ; elle se combine de mille manières avec le génie, l'esprit, la tendresse du cœur, le talent. Elle achève, pour ainsi dire, les heureuses dispositions qu'on a reçues de la nature, et qui, sans l'imagination, resteraient incomplètes et stériles. Elle marche, ou plutôt elle vole, devant les facultés auxquelles elle s'allie ; elle les encourage à la suivre, les appelle sur sa trace, leur découvre des routes nouvelles.

Mariée au génie, elle a créé Homère et Milton, Bossuet et Pascal, Cicéron et Démosthène, Tacite et Montesquieu ; unie au talent et à la tendresse de l'âme, elle a formé Virgile et Racine, La Fontaine et Fénelon ; de son mélange avec le talent et l'esprit on a vu naître Horace et Voltaire [1].

L'auteur veut que l'imagination ne soit frappée que des *rapports les moins abstraits*. Jusqu'ici on lui avait fait le reproche contraire ; on l'avait accusée d'un trop grand penchant à la contemplation et à la mysticité. C'est sur ses ailes que les âmes ardentes s'élèvent à Dieu : c'est elle qui a conduit au désert et dans les cloîtres tant d'hommes qui ne voulaient plus s'occuper des *images* de la terre. Bien plus, c'est par la seule imagination que l'on peut concevoir la *spiritualité* de l'âme et l'*immatérialité* des esprits : tant elle est loin de ne saisir que le côté matériel des choses !

Et les plus grands métaphysiciens ne se sont-ils pas distingués surtout par l'imagination ? N'est-ce pas cette imagination qui a valu à Platon le nom de *rêveur*, et à Descartes celui de *songe creux ?* Platon avec ses harmonies, Descartes avec ses tourbillons, Gassendi avec ses atomes, Leibnitz avec ses monades, n'étaient que des espèces de poëtes qui *imaginaient* beaucoup de choses. Cependant c'étaient aussi de grands géomètres ; car les grands géomètres sont encore des hommes à grande imagination. Enfin, Malebranche qui voyait tout en Dieu, et qui passa sa vie à faire la guerre à l'imagination, en était lui-même un prodige ; Sénèque, au milieu de ses trésors, écrivait sur le mépris des richesses.

Mais nous voulons que l'auteur des *Essais* nous serve de preuve contre lui-même. Il s'occupe des sujets les plus sérieux, et cependant son style est plein d'imagination. On lit, page 95, ce morceau contre l'égoïsme, qui semble être échappé à l'âme de Fénelon :

« Il faut que l'homme unisse sa vie à quelque autre vie. Sa pensée elle-même a besoin d'une douce union pour devenir féconde. L'égoïsme est court dans ses vues ; il reste sans lumière, solitaire et sans gloire. Nos facultés ne se développent jamais d'une manière aussi heureuse que lorsque le cœur est rempli des sentiments les plus doux. Belle nature d'un être qui ne s'aime jamais tant que lorsqu'il s'oublie, et qui peut trouver son bonheur dans un entier dévouement ! »

Nous conseillons à l'auteur de maltraiter un peu moins cette imagination qui lui prête un si heureux langage. Il serait trop long de citer tous les morceaux de ce genre que l'on trouve dans les *Essais*. Nous ne pouvons cependant nous refuser à transcrire cet autre passage, parce qu'il fait connaître l'auteur : « Le genre humain, dit-il, paraît blasé. Les générations qui naissent, désenchantées par l'expérience des générations qui les ont précédées, considèrent froidement leur carrière, et spéculent sans jouir. Et moi, qu'on doit accuser ici de présomption ou de confiance, j'appartiens à l'une de ces générations tardives, et je n'ai point échappé au malheur commun ; du moins je déplore mes misères, et je n'ose en parler qu'en tremblant. Porté naturellement à l'étude des choses qui font le sujet de cet ouvrage, je fus entraîné à l'écrire par les goûts de mon esprit et la continuité de mes loisirs : ce sont de simples réflexions que je publie. On y reconnaîtra, j'espère, un amour pur du vrai. J'aimerais mieux les anéantir jusqu'à la moindre trace, que d'apprendre qu'elles renferment une opinion qui puisse égarer. »

Rien n'est plus noble, plus touchant, plus aimable que ce mouvement ; rien ne fait tant de plaisir que de rencontrer de pareils traits au milieu d'un sujet naturellement sévère. On peut appliquer ici à l'auteur le mot du poëte grec : « Il sied bien à un homme armé de jouer de la lyre. »

---

[1] Il ne s'agit pas ici de jugements rigoureux. Racine avait du génie, Bossuet de l'esprit, etc. On n'indique à présent que les traits caractéristiques.

On prétend aujourd'hui qu'il faut toujours, dans l'examen des ouvrages, faire une part à la critique ; nous l'avons donc faite. Cependant, nous l'avouerons, si nous étions condamné à jouer souvent le triste rôle de censeur (ce qu'à Dieu ne plaise !), nous aimerions mieux suivre l'exemple d'Aristote, qui, au lieu de blâmer les fautes d'Homère, trouve douze raisons (ἀριθμῷ δώδεκα) pour les excuser. Nous pourrions encore reprocher à l'auteur des *Essais* quelques amphibologies dans l'emploi des pronoms, et quelque obscurité dans la construction des phrases ; toutefois son livre, où l'on trouve différents genres de mérite, est purgé de ces fautes de goût que tant d'auteurs laissent échapper dans leurs premiers ouvrages. Racine même ne fut pas exempt d'affectation et de recherche dans sa jeunesse, et le grand, le sublime, le grave Bossuet fut un bel esprit de l'hôtel de Rambouillet. Ses premiers sermons sont pleins d'antithèses, de battologies et d'enflure de style. Dans un endroit il s'écrie tout à coup : « Vive l'Éternel ! » Il appelle les enfants la *recrue* continuelle du genre humain ; il dit que Dieu nous donne par la mort un *appartement* dans son palais. Mais ce rare génie, épuré par la raison qu'amènent naturellement les années, ne tarda pas à paraître dans toute sa beauté : semblable à un fleuve qui, en s'éloignant de sa source, dépose peu à peu le limon qui troublait son eau, et devient aussi limpide vers le milieu de son cours que profond et majestueux.

Par une modestie peu commune, l'auteur des *Essais* [1] ne s'est point nommé à la tête de son ouvrage ; mais on assure que c'est le dernier descendant d'une de ces nobles familles de magistrats qui ont si longtemps illustré la France. Dans ce cas nous serions moins étonné de l'amour du beau, de l'ordre et de la vertu qui règne dans les *Essais* ; nous ne ferions plus un mérite à l'auteur de posséder un avantage héréditaire ; nous ne louerions que son talent.

SUR LES MÉMOIRES DE LOUIS XIV.

Mars 1806.

Depuis quelque temps les journaux nous annonçaient des *Œuvres* de Louis XIV. Ce titre avait choqué les personnes qui attachent encore quelque prix à la justesse des termes et à la décence du langage. Elles observaient qu'un auteur peut seul appeler *Œuvres* ses propres travaux, lorsqu'il les livre lui-même au public ; qu'il faut en outre que cet auteur soit pris dans les rangs ordinaires de la société, et qu'il ait écrit non de simples Mémoires historiques, mais des ouvrages de science ou de littérature ; que dans tous les cas un roi n'est point un auteur de profession, et que par conséquent il ne publie jamais des *Œuvres*.

Il est vrai que dans l'antiquité les premiers empereurs romains cultivaient les lettres ; mais ces empereurs avaient été de simples citoyens avant de s'asseoir sur la pourpre. César n'était qu'un chef de légion lorsqu'il écrivit l'histoire de la conquête des Gaules, et les *Commentaires* du capitaine ont fait depuis la gloire de l'em-

---

[1] L'auteur des *Essais de morale et de politique* est M. le comte Molé, aujourd'hui ministre d'État, pair de France.

pereur. Si les *Maximes* de Marc-Aurèle honorent encore aujourd'hui sa mémoire, Claude et Néron s'attirèrent le mépris même du peuple romain pour avoir recherché les triomphes du poëte et du littérateur.

Dans les monarchies chrétiennes, où la dignité royale a été mieux connue, on a vu rarement le souverain descendre dans une lice où la victoire même n'est presque jamais sans honte, parce que l'adversaire est presque toujours sans noblesse. Quelques princes d'Allemagne, qui ont mal gouverné, ou qui ont même perdu leur pays pour s'être livrés à l'étude des sciences, excitent plutôt notre pitié que notre admiration. Denys, maître d'école à Corinthe, était aussi un roi homme de lettres. On voit encore à Vienne une Bible chargée de notes de la main de Charlemagne; mais ce monarque ne les avait écrites que pour lui-même, et pour satisfaire sa piété. Charles V, François Ier, Henri IV, Charles IX, aimèrent les lettres sans avoir la prétention de devenir auteurs. Quelques reines de France ont laissé des vers, des Nouvelles, des Mémoires : on a pardonné à leur dignité, en faveur de leur sexe. L'Angleterre, d'où nous sont venus de dangereux exemples, compte seule plusieurs *écrivains* parmi ses monarques : Alfred, Henri VIII, Jacques Ier, ont fait de véritables livres; mais le roi auteur par excellence dans les siècles modernes, c'est Frédéric. Ce prince a-t-il perdu, a-t-il gagné en renommée à la publication de ses *Œuvres ?* Question que nous n'aurions pas de peine à résoudre, si nous ne consultions que notre sentiment.

Nous avons été d'abord un peu rassuré en ouvrant le Recueil que nous annonçons. Premièrement ce ne sont point des *Œuvres*, ce sont de simples Mémoires faits par un père pour l'instruction de son fils. Eh! qui doit veiller à l'éducation de ses enfants, si ce n'est un roi? Peut-on jamais trop inspirer l'amour des devoirs et de la vertu aux princes d'où dépend le bonheur de tant d'hommes? Plein d'un juste respect pour la mémoire de Louis XIV, nous avons ensuite parcouru avec inquiétude les écrits de ce grand monarque. Il eût été cruel de perdre encore une admiration. C'est avec un plaisir extrême que nous avons retrouvé le Louis XIV tel qu'il est parvenu à la postérité, tel que l'a peint madame de Motteville : « Son grand sens et ses bonnes intentions, dit-elle, firent connaître les semences d'une science universelle, qui avaient été cachées à ceux qui ne le voyaient pas dans le particulier; car il parut tout d'un coup politique dans les affaires de l'État, théologien dans celles de l'Église, exact en celles de finance : parlant juste, prenant toujours le bon parti dans les conseils, sensible aux intérêts des particuliers, mais ennemi de l'intrigue et de la flatterie, et sévère envers les grands de son royaume qu'il soupçonnait avoir envie de le gouverner. Il était aimable de sa personne, honnête, et de facile accès à tout le monde; mais avec un air grand et sérieux qui imprimait le respect et la crainte dans le public. »

Et telles sont précisément les qualités que l'on trouve et le caractère que l'on sent dans le Recueil des pensées de ce prince. Ce Recueil se compose :

1° De Mémoires adressés au grand dauphin : ils commencent en 1661, et finissent en 1665;

2° De Mémoires militaires sur les années 1673 et 1678;

3° De Réflexions sur le *Métier de roi;*

4° D'Instructions à Philippe V;

5° De dix-huit Lettres au même prince, et d'une lettre de madame de Maintenon.

On connaissait déjà de Louis XIV un recueil de Lettres, et une traduction des

Commentaires de César [1]. On croit que Pélisson ou Racine [2] ont revu les Mémoires que l'on vient de publier; mais il est certain, d'ailleurs, que le fond des choses est de Louis XIV. On reconnaît partout ses principes religieux, moraux, politiques; et les notes ajoutées de sa propre main aux marges des Mémoires ne sont inférieures au texte ni pour le style ni pour les pensées.

Et puis c'est un fait attesté par tous les écrivains, que Louis XIV s'exprimait avec une noblesse particulière. « Il parlait peu et bien, dit madame de Motteville; ses paroles avaient une grande force pour inspirer dans les cœurs et l'amour et la crainte, selon qu'elles étaient douces ou sévères. »

« Il s'exprimait toujours noblement et avec précision, » dit Voltaire. Il aurait même excellé dans les grâces du langage, s'il avait voulu en faire une étude. Montchenay raconte qu'il lisait un jour l'épître de Boileau sur le passage du Rhin devant mesdames de Thiange et de Montespan : « Il la lut avec des *tons si enchanteurs*, que madame de Montespan lui arracha l'épître des mains, en s'écriant qu'il y avait là quelque chose de surnaturel, et qu'elle n'avait jamais rien entendu de si bien prononcé. »

Cette netteté de pensée, cette noblesse d'élocution, cette finesse d'une oreille sensible à la belle poésie, forme déjà un préjugé en faveur du style des Mémoires, et prouveraient (si l'on avait besoin de preuves) que Louis XIV peut fort bien les avoir écrits. En citant quelques morceaux de ces Mémoires, nous les ferons mieux connaître aux lecteurs.

Le roi, parlant de différentes mesures qu'il prit au commencement de son règne, ajoute :

« Il faut que je vous avoue qu'encore que j'eusse auparavant sujet d'être content de ma propre conduite, les éloges que cette nouveauté m'attirait me donnaient une continuelle inquiétude, par la crainte que j'avais toujours de ne les pas assez bien mériter.

« Car enfin je suis bien aise de vous avertir, mon fils, que c'est une chose fort délicate que la louange; qu'il est bien malaisé de ne pas s'en laisser éblouir, et qu'il faut beaucoup de lumières pour savoir discerner au vrai ceux qui nous flattent avec ceux qui nous admirent.

« Mais, quelque obscures que puissent être en cela les intentions de nos courtisans, il y a pourtant un moyen assuré pour profiter de tout ce qu'ils disent à notre avantage, et ce moyen n'est autre chose que de nous examiner sévèrement nous-mêmes sur chacune des louanges que les autres nous donnent. Car, lorsque nous en entendrons quelqu'une que nous ne méritons pas en effet, nous la considérerons aussitôt (suivant l'humeur de ceux qui nous l'auront donnée), ou comme un reproche malin de quelque défaut dont nous tâcherons de nous corriger, ou comme une secrète exhortation à la vertu que nous ne sentons pas en nous. »

On n'a jamais rien dit sur le danger des flatteurs de plus délicat et de mieux observé. Un homme qui connaissait si bien la valeur des louanges méritait sans doute d'être beaucoup loué. Ce passage est surtout remarquable par une certaine ressemblance avec quelques préceptes du *Télémaque*. Dans ce grand siècle, la vertu et la raison donnaient au prince et au sujet un même langage.

---

[1] Voltaire nie que cette traduction soit de Louis XIV. — [2] S'il fallait en juger par le style, je croirais que Pélisson a eu la plus grande part à ce travail. Du moins il me semble qu'on peut quelquefois reconnaître sa phrase symétrique et arrangée avec art. Quoi qu'il en soit, les pensées de Louis XIV, mises en ordre par Racine ou Pélisson, sont un assez beau monument. Rose, marquis de Coye, homme de beaucoup d'esprit, et secrétaire de Louis XIV, pourrait bien aussi avoir revu les *Mémoires*.

Le morceau suivant, écrit tout entier de la main de Louis XIV, n'est pas un des moins beaux des Mémoires :

« Ce n'est pas seulement dans les importantes négociations que les princes doivent prendre garde à ce qu'ils disent, c'est même dans les discours les plus familiers et les plus ordinaires. C'est une contrainte sans doute fâcheuse, mais absolument nécessaire à ceux de notre condition, de ne parler de rien à la légère. Il se faut bien garder de penser qu'un souverain, parce qu'il a l'autorité de tout faire, ait aussi la liberté de tout dire; au contraire, plus il est grand et respecté, plus il doit être circonspect. Les choses qui ne seraient rien dans la bouche d'un particulier deviennent souvent importantes dans celle d'un prince. La moindre marque de mépris qu'il donne d'un particulier fait au cœur de cet homme une plaie incurable. Ce qui peut consoler quelqu'un d'une raillerie piquante ou d'une parole de mépris que quelque autre a dite de lui, c'est, ou qu'il se promet de trouver bientôt occasion de rendre la pareille, ou qu'il se persuade que ce qu'on a dit ne fera pas d'impression sur l'esprit de ceux qui l'ont entendu. Mais celui de qui le souverain a parlé sent son mal d'autant plus impatiemment, qu'il n'y voit aucune de ces consolations. Car enfin il peut bien dire du mal du prince qui en a dit de lui, mais il ne saurait le dire qu'en secret et ne peut pas lui faire savoir ce qu'il en dit, qui est la seule douceur de la vengeance. Il ne peut pas non plus se persuader que ce qui a été dit n'aura pas été approuvé ni écouté, parce qu'il sait avec quels applaudissements sont reçus tous les sentiments de ceux qui ont en main l'autorité. »

La générosité de ces sentiments est aussi touchante qu'admirable. Un monarque qui donnait de pareilles leçons à son fils avait sans doute un véritable cœur de roi, et il était digne de commander à un peuple dont le premier bien est l'honneur.

La pièce intitulée le *Métier de roi*, dans le nouveau Recueil, avait été citée dans le *Siècle de Louis XIV*. « *Elle dépose à la postérité*, dit Voltaire, *en faveur de la droiture et de la magnanimité de son âme.* »

Nous sommes fâché que l'éditeur des Mémoires, qui paraît d'ailleurs plein de candeur et de modestie, ait donné à ce morceau le titre de *Métier de roi*. Louis XIV s'est servi de ce mot dans le cours de ses réflexions; mais il n'est pas vraisemblable qu'il l'ait employé comme *titre*. Il y a plus : il est probable que ce prince eût corrigé cette expression, s'il eût prévu que ses écrits seraient un jour publiés. La royauté n'est point un métier, c'est un caractère; l'oint du Seigneur n'est point un acteur qui joue un rôle, c'est un magistrat qui remplit une fonction : on ne fait point le métier de roi comme on fait celui de charlatan. Louis XIV, dans un moment de dégoût, ne songeant qu'aux fatigues de la royauté, a pu l'appeler un *métier*, et un métier très-pénible; mais donnons-nous de garde de prendre ce mot dans un sens absolu. Ce serait apprendre aux hommes que tout est *métier* ici-bas, que nous sommes tous dans ce monde des espèces d'empiriques montés sur des tréteaux pour vendre notre marchandise aux passants. Une pareille vue de la société mènerait à des conséquences funestes.

Voltaire avait encore cité les Instructions à Philippe V, mais il en avait retranché les premiers articles. Il est malheureux de rencontrer sans cesse cet homme célèbre dans l'histoire littéraire du dernier siècle, et de l'y voir jouer si souvent un rôle peu digne d'un honnête homme et d'un beau génie. On devinera aisément pourquoi l'historien de Louis XIV avait omis les premiers articles des Instructions; les voici :

1. Ne manquez à aucun de vos devoirs, surtout envers Dieu.
2. Conservez-vous dans la pureté de votre éducation.
3. Faites honorer Dieu partout où vous aurez du pouvoir; procurez sa gloire; donnez-en l'exemple : c'est un des plus grands biens que les rois puissent faire.
4. Déclarez-vous, en toute occasion, pour la vertu contre le vice.

Saint Louis mourant, étendu sur un lit de cendre devant les ruines de Carthage, donna à peu près les mêmes instructions à son fils :

« Beau fils, la première chose que je t'enseigne et commande à garder, si est que de tout ton cœur tu aimes Dieu, et te gardes bien de faire chose qui lui desplaise. Si Dieu t'envoye adversité, reçois-la bénignement et lui en rends grâce ; s'il te donne prosperité, si l'en remercie très-humblement : car on ne doit pas guerroyer Dieu des dons qu'il nous fait. Aie le cœur doux et piteux aux pauvres, ne boute pas sus trop grans taille ni subsides à ton peuple. Fuis la compagnie des mauvais. »

On aime à voir deux de nos plus grands princes, à deux époques si éloignées l'une de l'autre, donner à leurs fils des principes semblables de religion et de justice. Si la langue de Joinville et celle de Racine ne nous avertissaient que quatre cents ans d'intervalle séparent saint Louis de Louis XIV, on pourrait croire que ces instructions sont du même siècle. Tandis que tout change dans le monde, il est beau que des âmes royales gardent incorruptible le dépôt sacré de la vérité et de la vertu.

Louis XIV (et c'est une des choses les plus attachantes de ses Mémoires) confesse souvent ses fautes et les offre pour leçons à son fils :

« On attaque le cœur d'un prince comme une place. Le premier soin est de s'emparer de tous les postes par où on y peut approcher. Une femme adroite s'attache d'abord à éloigner tout ce qui n'est pas dans ses intérêts ; elle donne du soupçon des uns et du dégoût des autres, afin qu'elle seule et ses amis soient favorablement écoutés ; et si nous ne sommes en garde contre cet usage, il faut, pour la contenter elle seule, mécontenter tout le reste du monde.

« Dès lors que vous donnez à une femme la liberté de vous parler de choses importantes, il est impossible qu'elle ne vous fasse faillir.

« La tendresse que nous avons pour elle nous faisant goûter ses plus mauvaises raisons, nous fait tomber insensiblement du côté où elle penche, et la faiblesse qu'elle a naturellement lui faisant souvent préférer des intérêts de bagatelles aux plus solides considérations, lui font presque toujours prendre le mauvais parti.

« Elles sont éloquentes dans leurs expressions, pressantes dans leurs prières, opiniâtres dans leurs sentiments ; et tout cela n'est souvent fondé que sur une aversion qu'elles auront pour quelqu'un, sur le dessein d'en avancer un autre, ou sur une promesse qu'elles auront faite légèrement. »

Cette page est écrite avec une singulière élégance ; et si la main de Racine paraît quelque part, on pourrait peut-être la retrouver ici. Mais l'oserions-nous dire ? Une telle connaissance des femmes prouve que le monarque, en se confessant, n'était peut-être pas bien guéri de sa faiblesse. Les anciens disaient de certains prêtres des dieux : Beaucoup portent le thyrse, et peu sont inspirés. » Il en est ainsi de la passion qui subjuguait Louis XIV : beaucoup l'affectent, et peu la ressentent ; mais aussi, quand elle est réelle, on ne peut guère se méprendre à *l'inspiration* de son langage.

Au reste, Louis XIV avait appris à connaître la juste valeur de ces attachements que le plaisir forme et détruit. Il vit couler les larmes de madame de La Vallière, et il lui fallut supporter les cris et les reproches de madame de Montespan. La sœur du fameux comte de Lautrec, abandonnée de François Ier, ne s'emporta point ainsi en plaintes inutiles. Le roi lui ayant fait redemander les joyaux chargés de devises qu'il lui avait donnés dans les premiers moments de sa tendresse, elle les renvoya fondus et convertis en lingots. « Portez cela au roy, dit-elle. Puisqu'il lui a plu de me revoquer ce qu'il m'avoit donné si libéralement, je les lui rends et lui renvoie en lingots d'or. Quant aux devises, je les ai si bien empreintes en ma pensée, et les y tiens si chères, que je n'ai pu permettre que personne en disposât et jouist, et en eust de plaisir que moi-mesme[1]. »

Si nous en croyons Voltaire, la mauvaise éducation de Louis XIV aurait privé ce prince des leçons de l'histoire. Ce défaut de connaissance n'est point du tout sensible dans les Mémoires. Le roi paraît au contraire avoir eu des idées assez étendues sur l'histoire moderne, et même sur celle des Grecs et des Romains. Il raisonne en politique avec une sagacité surprenante; il fait parfaitement sentir, à propos de Charles II, roi d'Angleterre, le vice de ces États qui sont gouvernés par des corps délibérants; il parle des désordres de l'anarchie comme un prince qui en avait été témoin dans sa jeunesse; il savait fort bien ce qui manquait à la France, ce qu'elle pouvait obtenir, quel rang elle devait occuper parmi les nations : « Étant persuadé, dit-il, que l'infanterie française n'avait pas été jusqu'à présent fort bonne, je voulus chercher les moyens de la rendre meilleure. » Il ajoute ailleurs : « Pourvu qu'un prince ait des sujets, il doit avoir des soldats; et quiconque, ayant un État bien peuplé, manque d'avoir de bonnes troupes, ne se doit plaindre que de sa paresse et de son peu d'application. » On sait, en effet, que c'est Louis XIV qui a créé notre armée et environné la France de cette ceinture de places fortes qui la rend inexpugnable. On voit enfin qu'il regrettait les temps où ses sujets étaient maîtres du monde.

« Lorsque le titre d'empereur fut mis dans notre maison, dit-il, elle possédait à la fois la France, les Pays-Bas, l'Allemagne, l'Italie, et la meilleure partie de l'Espagne, qu'elle avait distribuée entre divers particuliers, avec réserve de la souveraineté. Les sanglantes défaites de plusieurs peuples venus du Nord et du Midi avaient porté si loin la terreur de nos armes, que toute la terre tremblait au seul bruit du nom français et de la grandeur impériale. »

Ces passages prouvent que Louis XIV connaissait la France, et qu'il en avait médité l'histoire. En portant ses regards encore plus haut, ce prince eût vu que les Gaulois, nos premiers ancêtres, avaient pareillement subjugué la terre, et que toutes les fois que nous sortons de nos limites, nous ne faisons que rentrer dans notre héritage. L'épée de fer d'un Gaulois a seule servi de contre-poids à l'empire du monde. « La nouvelle arriva d'Occident en Orient, dit un historien, qu'une nation hyperboréenne avait pris en Italie une ville *grecque* appelée Rome. » Le nom de Gaulois voulait dire *voyageur*. A la première apparition de cette race puissante, les Romains déclarèrent qu'elle était née pour la ruine des villes et la destruction du genre humain.

Partout où il s'est remué quelque chose de grand, on retrouve nos ancêtres. Les Gaulois seuls ne se turent point à la vue d'Alexandre, devant qui la terre se taisait. « Ne craignez-vous point ma puissance ? » dit à leurs députés le vainqueur de l'Asie. — « Nous ne craignons qu'une chose, répondirent-ils, c'est que le ciel tombe sur notre tête. » César ne put les vaincre qu'en les divisant, et il mit plus de temps à les dompter qu'à soumettre Pompée et le reste du monde.

Tous les lieux célèbres dans l'univers ont été assujettis à nos pères. Non-seulement ils ont pris Rome, mais ils ont ravagé la Grèce, occupé Byzance, campé sur les ruines de Troie, possédé le royaume de Mithridate, et vaincu au delà du Taurus ces Scythes qui n'avaient été vaincus par personne. La valeur des Gaulois décidait

[1] Brantôme.

de toutes parts du sort des empires. L'Asie leur payait tribut ; les princes les plus renommés de cette partie de la terre, les Antiochus, les Antigonus, courtisaient ces guerriers redoutables ; et les rois tombés du trône se retiraient à l'abri de leur épée. Ils firent la principale force de l'armée d'Annibal ; dix mille d'entre eux défendirent seuls contre Paul-Émile la couronne d'Alexandre, dans le combat où Persée vit passer l'empire des Grecs sous le joug des Latins. A la bataille d'Actium, les Gaulois disposèrent encore du sceptre du monde, puisqu'il décidèrent la victoire en se rangeant sous les drapeaux d'Auguste.

C'est ainsi que le destin des royaumes paraît attaché dans chaque siècle au sol de la Gaule comme à une terre fatale, et marquée d'un sceau mystérieux. Tous les peuples semblent avoir ouï successivement cette voix qui annonça l'arrivée de Brennus à Rome, et qui disait à Céditius au milieu de la nuit : « Céditius, va dire aux tribuns que les Gaulois seront demain ici. »

Les Mémoires de Louis XIV augmenteront sa renommée : ils ne dévoilent aucune bassesse, ils ne révèlent aucun de ces honteux secrets que le cœur humain cache trop souvent dans ses abîmes. Vu de plus près et dans l'intimité de la vie, Louis XIV ne cesse point d'être Louis le Grand ; on est charmé qu'un si *beau buste n'ait point une tête vide*, et que l'âme réponde à la noblesse des dehors. « C'est un prince, disait Boileau, qui ne parle jamais sans avoir pensé. Il construit admirablement tout ce qu'il dit ; ses moindres reparties sentent le souverain ; et quand il est dans son domestique, il semble recevoir la loi plutôt que de la donner. » Éloge que les Mémoires confirment de tous points. On connaît cette foule de mots où brille la magnanimité de Louis XIV. Le prince de Condé lui disait un jour qu'on avait trouvé une image de Henri IV attachée à un poteau et traversée d'un poignard, avec une inscription odieuse pour le prince régnant. « Je m'en console, dit le monarque ; *on n'en a pas fait autant contre les rois fainéants.* » On prétend que dans les derniers temps de sa vie il trouva sous son couvert, en se mettant à table, un billet à peu près conçu ainsi : « Le roi est debout à la place des Victoires, à cheval à la place Vendôme ; quand sera-t-il couché à Saint-Denis ? » Louis prit le billet, et le jetant par-dessus sa tête, répondit à haute voix : « *Quand il plaira à Dieu.* » Prêt à rendre le dernier soupir, il fit appeler les seigneurs de sa cour : « Messieurs, dit-il, je vous demande pardon des mauvais exemples que je vous ai donnés ; je vous fais mes remerciements de l'amitié que vous m'avez toujours marquée. Je vous demande pour mon petit-fils la même fidélité... Je sens que je m'attendris, et que je vous attendris aussi. Adieu, Messieurs, souvenez-vous quelquefois de moi. » Il dit à son médecin qui pleurait : « M'avez-vous cru immortel ? » Madame de Lafayette a écrit de ce prince qu'on le trouvera sans doute « un des plus grands rois, et des plus *honnêtes hommes de son royaume.* » Cela n'empêcha pas qu'à ses funérailles le peuple ne chantât des *Te Deum*, et n'insultât au cercueil : *Numquid cognoscentur mirabilia tua, et justitia tua in terra oblivionis?*

Que nous reste-t-il à ajouter à la louange d'un prince qui a civilisé l'Europe, et jeté tant d'éclat sur la France ? Rien que ce passage tiré de ses Mémoires :

« Vous devez savoir, avant toutes choses, mon fils, que nous ne saurions montrer trop de respect pour celui qui nous fait respecter de tant de milliers d'hommes. La première partie de la politique est celle qui nous enseigne à le bien servir. La soumission que nous avons pour lui est la plus belle leçon que nous puissions donner de celle qui nous est due, et nous péchons contre la prudence, aussi bien que contre la justice, quand nous manquons de vénération pour celui dont nous ne sommes que les lieutenants.

« Quand nous aurons armé tous nos sujets pour la défense de sa gloire, quand nous aurons relevé ses autels abattus, quand nous aurons fait connaître son nom aux climats les plus reculés de la terre, nous n'aurons fait que l'une des parties de notre devoir, et sans doute nous n'aurons pas fait celle qu'il désire le plus de nous, si nous ne sommes soumis nous-mêmes au joug de ses commandements. Les actions de bruit et d'éclat ne sont pas toujours celles qui le touchent davantage, et ce qui se passe dans le secret de notre cœur est souvent ce qu'il observe avec plus d'attention.

« Il est infiniment jaloux de sa gloire, mais il sait mieux que nous discerner en quoi elle consiste. Il ne nous a peut-être faits si grands qu'afin que nos respects l'honorassent davantage; et si nous manquons de remplir en cela ses desseins, peut-être qu'il nous laissera tomber dans la poussière de laquelle il nous a tirés.

« Plusieurs de mes ancêtres, qui ont voulu donner à leur successeur de pareils enseignements, ont attendu pour cela l'extrémité de leur vie; mais je ne suivrai pas en ce point leur exemple. Je vous en parle dès cette heure, mon fils, et vous en parlerai toutes les fois que j'en trouverai l'occasion. Car, outre que j'estime qu'on ne peut de trop bonne heure imprimer dans les jeunes esprits des pensées de cette conséquence, je crois qu'il se peut faire que ce qu'ont dit des princes dans un état si pressant ait quelquefois été attribué à la vue du péril où ils se trouvaient; au lieu que, vous en parlant maintenant, je suis assuré que la vigueur de mon âge, la liberté de mon esprit, et l'état florissant de mes affaires, ne vous pourront jamais laisser pour ce discours aucun soupçon de faiblesse ou de déguisement. »

C'était en 1661 que Louis XIV donnait cette sublime leçon à son fils.

DES LETTRES ET DES GENS DE LETTRES

RÉPONSE

A UN ARTICLE INSÉRÉ DANS LA GAZETTE DE FRANCE DU 27 AVRIL[1].

Mai 1806.

La *Défense du Génie du Christianisme*[2] est jusqu'à présent la seule réponse que j'aie faite à toutes les critiques dont on a bien voulu m'honorer. J'ai le bonheur ou le malheur de rencontrer mon nom assez souvent dans des ouvrages polémiques, des pamphlets, des satires. Quand la critique est juste, je me corrige; quand le mot est plaisant, je ris; quand il est grossier, je l'oublie. Un nouvel *ennemi* vient de descendre dans la lice; c'est un *chevalier béarnais*. Chose assez singulière, ce chevalier m'accuse de préjugés gothiques, et de mépris pour les lettres! J'avoue que je n'entends pas parler de sang-froid de chevalerie; et quand il est question de tournois, de défis, de castilles, de pas d'armes, je me mettrais volontiers comme le seigneur don Quichotte à courir les champs pour réparer les torts. Je me rends donc à l'appel de mon adversaire. Cependant je pourrais refuser de faire avec lui le coup de lance, puisqu'il n'a pas déclaré son nom, ni haussé la visière de son casque après le premier assaut; mais comme il a observé religieusement les autres lois de la joute, en évitant avec soin de frapper à la *tête* et au *cœur*, je le tiens pour loyal chevalier et je relève le gant.

Cependant quel est le sujet de notre querelle? Allons-nous nous battre, comme

---

[1] Cet article est de M. de Baure, auteur d'une *Histoire du Béarn*, et beau-frère de M. le comte Daru. — [2] *Voyez* le tom. VI de la présente édition.

c'est assez l'usage entre les preux, sans trop savoir pourquoi? Je veux bien soutenir que la *dame* de mon cœur est incomparablement plus belle que celle de mon adversaire; mais si par hasard nous servions tous deux la même dame? C'est en effet notre aventure. Je suis au fond du même avis ou plutôt du même amour que le chevalier béarnais, et, comme lui, je déclare atteint de félonie quiconque manque de respect pour les Muses.

Changeons de langage et venons au fait. J'ose dire que le critique qui m'attaque avec tant de goût, de savoir et de politesse, mais peut-être avec un peu d'humeur, n'a pas bien compris ma pensée.

Quand je ne veux pas que les rois se mêlent des tracasseries du Parnasse, ai-je donc infiniment tort? Un roi sans doute doit aimer les lettres, les cultiver même jusqu'à un certain degré, et les protéger dans ses États; mais est-il bien nécessaire qu'il fasse des livres? Le juge souverain peut-il, sans inconvénients, s'exposer à être jugé? Est-il bon qu'un monarque donne, comme un homme ordinaire, la mesure de son esprit et réclame l'indulgence de ses sujets dans une préface? Il me semble que les dieux ne doivent pas se montrer si clairement aux hommes : Homère met une barrière de nuages aux portes de l'Olympe.

Quant à cette autre phrase, *un auteur doit être pris dans les rangs ordinaires de la société*, j'en demande pardon à mon censeur; mais cette phrase n'implique pas le sens qu'il y trouve. Dans l'endroit où elle est placée[1], elle se rapporte aux rois, uniquement aux rois. Je ne suis point assez absurde pour vouloir que les lettres soient abandonnées précisément à la partie non *lettrée* de la société. Elles sont du ressort de tout ce qui pense; elles n'appartiennent point à une classe d'hommes particulière, elles ne sont point une attribution des rangs, mais une distinction des esprits. Je n'ignore pas que Montaigne, Malherbe, Descartes, La Rochefoucaud, Fénelon, Bossuet, La Bruyère, Boileau même, Montesquieu et Buffon, ont tenu plus ou moins à l'ancien corps de la noblesse, ou par la robe, ou par l'épée; je sais bien qu'un beau génie ne peut déshonorer un nom illustre; mais, puisque mon critique me force à le dire, je pense qu'il y a toutefois moins de péril à cultiver les muses dans un état obscur que dans une condition éclatante. L'homme sur qui rien n'attire les regards expose peu de chose au naufrage. S'il ne réussit pas dans les lettres, sa manie d'écrire ne l'aura privé d'aucun avantage réel, et son rang d'auteur oublié n'ajoutera rien à l'oubli naturel qui l'attendait dans une autre carrière.

Il n'en est pas ainsi de l'homme qui tient une place distinguée dans le monde, ou par sa fortune, ou par ses dignités, ou pour les souvenirs qui s'attachent à ses aïeux. Il faut qu'un tel homme balance longtemps avant de descendre dans une lice où les chutes sont cruelles. Un moment de vanité peut lui enlever le bonheur de toute sa vie. Quand on a beaucoup à perdre, on ne doit écrire que forcé pour ainsi dire par son génie et dompté par la présence du dieu : *fera corda domans*. Un grand talent est une grande raison, et l'on répond à tout avec de la gloire. Mais si l'on ne sent pas en soi ce *mens divinior*, qu'on se garde bien alors de ces *démangeaisons qui nous prennent d'écrire :*

> Et n'allez point quitter, de quoi que l'on vous somme,
> Le nom que, dans la cour, vous avez d'honnête homme,
> Pour prendre de la main d'un avide imprimeur
> Celui de ridicule et misérable auteur.

---

[1] *Voyez* l'article sur les *Mémoires de Louis XIV*.

LAROCHEJACQUELEIN

Si je voyais quelque Duguesclin rimailler sans l'aveu d'Apollon un méchant poëme, je lui crierais : « Sire Bertrand, changez votre plume pour l'épée de fer du bon connétable. Quand vous serez sur la brèche, souvenez-vous d'invoquer, comme votre ancêtre, *Notre-Dame Duguesclin*. Cette Muse n'est pas celle qui chante les villes prises, mais c'est celle qui les fait prendre. »

Mais, au contraire, si le descendant d'une de ces familles qui figurent dans notre histoire s'annonce au monde par un *Essai* plein de force, de chaleur et de gravité, ne craignez pas que je le décourage. Eût-il des opinions contraires aux miennes, son livre blessât-il non-seulement mon esprit, mais mon cœur, je ne verrai que le talent ; je ne serai sensible qu'au mérite de l'ouvrage ; j'introduirai le jeune écrivain dans la carrière. Ma vieille expérience lui en marquera les écueils ; et, en bon frère d'armes, je me réjouirai de ses succès.

J'espère que le *chevalier* qui m'attaque approuvera ces sentiments ; mais cela ne suffit pas : je ne veux lui laisser aucun doute sur ma manière de penser à l'égard des lettres et de ceux qui les cultivent. Ceci va m'entraîner dans une discussion de quelque étendue : que l'intérêt du sujet m'en fasse pardonner la longueur.

Eh ! comment pourrais-je calomnier les lettres ! Je serais bien ingrat, puisqu'elles ont fait le charme de mes jours. J'ai eu mes malheurs comme tant d'autres ; car on peut dire du chagrin parmi les hommes ce que Lucrèce dit du flambeau de la vie :

. . . . . Quasi cursores, vitai lampada tradunt.

J'ai toujours trouvé dans l'étude quelque noble raison de supporter patiemment mes peines. Souvent, assis sur la borne d'un chemin en Allemagne, sans savoir ce que j'allais devenir, j'ai oublié mes maux, et les auteurs de mes maux, en rêvant à quelque agréable chimère que me présentaient les Muses compatissantes. Je portais pour tout bien avec moi mon manuscrit sur les déserts du Nouveau Monde ; et plus d'une fois les tableaux de la nature, tracés sous les huttes des Indiens, m'ont consolé à la porte d'une chaumière de la Westphalie, dont on m'avait refusé l'entrée.

Rien n'est plus propre que l'étude à dissiper les troubles du cœur, à rétablir dans un concert parfait les harmonies de l'âme. Quand, fatigué des orages du monde, vous vous réfugiez au sanctuaire des Muses, vous sentez que vous entrez dans un air tranquille, dont la bénigne influence a bientôt calmé vos esprits. Cicéron avait été témoin des malheurs de sa patrie : il avait vu dans Rome le bourreau s'asseoir auprès de la victime (par hasard échappée au glaive), et jouir de la même considération que cette victime ; il avait vu presser avec la même cordialité et la main qui s'était baignée dans le sang des citoyens et la main qui ne s'était levée que pour les défendre ; il avait vu la vertu devenir un objet de scandale dans un temps de crime, comme le crime est un objet d'horreur dans un temps de vertu ; il avait vu les Romains dégénérés pervertir la langue de Scipion pour excuser leur bassesse, appeler la constance entêtement, la générosité folie, le courage imprudence, et chercher un motif intéressé à des actions honorables, pour n'avoir pas la douleur d'estimer quelque chose ; il avait vu ses amis se refroidir peu à peu pour lui, leurs cœurs se fermer aux épanchements de son cœur, leurs peines cesser d'être communes avec ses peines, leurs opinions changer par degré : ces hommes, emportés et brisés tour à tour par la roue de la fortune, l'avaient laissé dans une profonde solitude. A ces peines, déjà si grandes, se joignirent des chagrins domestiques.

« Ma fille me restait, écrit-il à Sulpicius : c'était un soutien toujours présent auquel je pouvais avoir recours. Le charme de son entretien me faisait oublier mes peines ; mais l'affreuse blessure que je reçus en la perdant rouvre dans mon cœur toutes celles que j'y croyais fermées... Je suis chassé de ma maison et du forum. »

Que fit Cicéron dans une position si triste ? Il eut recours à l'étude. « Je me suis réconcilié avec mes livres, dit-il à Varron ; ils me rappellent à leur ancien commerce : ils me déclarent que vous avez été plus sage que moi de ne pas l'abandonner. »

Les Muses, qui nous permettent de choisir notre société, sont d'un puissant secours dans les chagrins politiques. Quand vous êtes fatigués de vivre au milieu des Tigellin et des Narcisse, elles vous transportent dans la société des Caton et des Fabricius. Pour ce qui est des peines du cœur, l'étude, il est vrai, ne nous rend pas les amis que nous pleurons, mais elle adoucit les chagrins que nous cause leur perte ; car elle mêle leur souvenir à tout ce qu'il y a de pur dans les sentiments de la vie, et de beau dans les images de la nature.

Examinons maintenant les reproches que l'on fait aux gens de lettres. La plupart me paraissent sans fondement : la médiocrité se console souvent par la calomnie.

On dit : « Les gens de lettres ne sont pas propres au maniement des affaires. » Chose étrange que le génie nécessaire pour enfanter l'*Esprit des lois* ne fût pas suffisant pour conduire le bureau d'un ministre ! Quoi ! ceux qui sondent si habilement les profondeurs du cœur humain ne pourraient démêler autour d'eux les intrigues des passions ! Mieux vous connaîtrez les hommes, moins vous serez capable de les gouverner !

C'est un sophisme démenti par l'expérience. Les deux plus grands hommes d'État de l'antiquité, Démosthènes, et surtout Cicéron, étaient deux véritables hommes de lettres dans toute la rigueur du mot. Il n'y a peut-être jamais eu de plus beau génie littéraire que celui de César, et il paraît que ce petit-fils d'Anchise et de Vénus entendait assez bien les affaires. On peut citer en Angleterre Thomas Morus, Clarendon, Bacon, Bolingbroke ; en France, l'Hôpital, Lamoignon, Daguesseau, M. de Malesherbes et la plupart de nos premiers ministres tirés de l'Église. Rien ne me pourrait persuader que Bossuet n'eût pas une tête capable de conduire un royaume, et que le judicieux et sévère Boileau n'eût pas fait un excellent administrateur.

Le jugement et le bon sens sont surtout les deux qualités nécessaires à l'homme d'État ; et remarquez qu'elles doivent aussi dominer dans une tête littéraire sainement organisée. L'imagination et l'esprit ne sont point, comme on le suppose, les bases du véritable talent ; c'est le bon sens, je le répète, le bon sens, avec l'expression heureuse. Tout ouvrage, même un ouvrage d'imagination, ne peut vivre, si les idées y manquent d'une certaine logique qui les enchaîne, et qui donne au lecteur le plaisir de la raison, même au milieu de la folie. Voyez les chefs-d'œuvre de notre littérature : après un mûr examen, vous découvrirez que leur supériorité tient à un bon sens caché, à une raison admirable, qui est comme la charpente de l'édifice. Ce qui est faux finit par déplaire : l'homme a en lui-même un principe de droiture que l'on ne choque pas impunément. De là vient que les ouvrages des sophistes n'obtiennent qu'un succès passager : ils brillent tour à tour d'un faux éclat, et tombent dans l'oubli.

On ne s'est formé cette idée de l'inaptitude des gens de lettres que parce que l'on a confondu les auteurs vulgaires avec les écrivains de mérite. Les premiers ne sont point incapables, parce qu'ils sont *hommes de lettres*, mais seulement parce qu'ils sont *hommes médiocres*, et c'est l'excellente remarque de mon critique. Or, ce qui manque aux ouvrages de ces hommes, c'est précisément le jugement et le bon sens. Vous y trouverez peut-être des éclairs d'imagination, de l'esprit, une connaissance plus ou moins grande du *métier*, une habitude plus ou moins formée d'arranger les mots et de tourner la phrase; mais jamais vous n'y rencontrerez le bon sens.

Ces écrivains n'ont pas la force de produire la pensée qu'ils ont un moment conçue. Lorsque vous croyez qu'ils vont prendre une bonne voie, tout à coup un méchant démon les égare : ils changent de direction, et passent auprès des plus grandes beautés sans les apercevoir; ils mêlent au hasard, sans économie et sans jugement, le grave, le doux, le plaisant, le sévère; on ne sait ce qu'ils veulent prouver, quel est le but où ils marchent, quelles vérités ils prétendent enseigner. Je conviendrai que de pareils esprits sont peu propres aux affaires humaines; mais j'en accuserai la *nature* et non pas les *lettres*, et je me donnerai garde surtout de confondre ces auteurs infortunés avec des hommes de génie.

Mais si les premiers talents littéraires peuvent remplir glorieusement les premières places de leur patrie, à Dieu ne plaise que je leur conseille jamais d'envier ces places! La majorité des hommes bien nés peut faire ce qu'ils feraient eux-mêmes dans un ministère public; personne ne pourra remplacer les beaux ouvrages dont ils priveraient la postérité, en se livrant à d'autres soins. Ne vaut-il pas mieux aujourd'hui, et pour nous et pour lui-même, que Racine ait fait naître *sous sa main de pompeuses merveilles*, que d'avoir occupé, même avec distinction, la place de Louvois ou de Colbert? Je voudrais que les hommes de talent connussent mieux leur haute destinée, qu'ils sussent mieux apprécier les dons qu'ils ont reçus du ciel. On ne leur fait point une grâce en les investissant des charges de l'État; ce sont eux, au contraire, qui, en acceptant ces charges, font à leur pays une véritable faveur et un très-grand sacrifice.

Que d'autres s'exposent aux tempêtes, je conseille aux amants de l'étude de les contempler du rivage : « La côte de la mer deviendra un lieu de repos pour les pasteurs, » dit l'Écriture : *Erit funiculus maris requies pastorum*. Écoutons encore l'orateur romain : « J'estime les jours que vous passez à Tusculum, mon cher Varron, autant que l'espace entier de la vie, et je renoncerais de bon cœur à toutes les richesses du monde pour obtenir la liberté de mener une vie si délicieuse... Je l'imite du moins autant qu'il m'est possible, et je cherche avec beaucoup de satisfaction mon repos dans mes chères études... Si de grands hommes ont jugé qu'en faveur de ces études on pouvait se dispenser des affaires publiques, pourquoi ne choisirais-je pas une occupation si douce? »

Dans une carrière étrangère à leurs mœurs, les gens de lettres n'auraient que les maux de l'ambition, sans en avoir les plaisirs. Plus délicats que les autres hommes, combien ne seraient-ils pas blessés à chaque heure de la journée! Que d'horribles choses pour eux à dévorer! Avec quels personnages ne seraient-ils pas obligés de vivre et même de sourire! En butte à la jalousie que font naître toujours les vrais talents, ils seraient incessamment exposés aux calomnies et aux dénonciations de toutes les espèces; ils trouveraient des écueils jusque dans la franchise, la simplicité ou l'élévation de leur caractère; leurs vertus leur feraient plus de mal que des vices, et leur génie même les précipiterait dans les piéges qu'éviterait la médiocrité. Heureux s'ils trouvaient quelque occasion favorable de rentrer dans la solitude avant que la mort ou l'exil vînt les punir d'avoir sacrifié leurs talents à l'ingratitude des cours !

> . . Poi ch' insieme con l' età fiorità
> Mancò la speme, e la baldanza audace ;
> Piansi i riposi di quest' umil vita,
> E sospirai la mia perduta pace.

Je ne sais si je dois relever à présent quelques plaisanteries que l'on est dans l'usage de faire sur les gens de lettres, depuis le temps d'Horace. Le chantre de Lalagé et de Lydie nous raconte qu'il jeta son bouclier aux champs de Philippes; mais l'adroit courtisan se *vante*, et l'on a pris ses vers trop à la lettre. Ce qu'il y a de certain, c'est qu'il parle de la mort avec tant de charme et une si douce philosophie, qu'on a bien de la peine à croire qu'il la craignît :

> Eheu, fugaces, Posthume, Posthume,
> Labuntur anni.

Quoi qu'il en soit du voluptueux solitaire de Tibur, Xénophon et César, génies éminemment littéraires, étaient de grands et intrépides capitaines; Eschyle fit des prodiges de valeur à Salamine; Socrate ne céda le prix du courage qu'à Alcibiade; Tibulle était distingué dans les légions de Messala; Pétrone et Sénèque sont célèbres par la fermeté de leur mort. Dans des temps modernes, le Dante vécut au milieu des combats, et le Tasse fut le plus brave des chevaliers. Notre vieux Malherbe voulait, à soixante-treize ans, se battre contre le meurtrier de son fils : *tout vaincu du temps* qu'il était, il alla exprès au siége de la Rochelle pour obtenir de Louis XIII la permission d'appeler le chevalier de Piles en champs clos. La Rochefoucauld avait *fait la guerre aux rois*. De temps immémorial, nos officiers du génie et d'artillerie, si braves à la bouche du canon, ont cultivé les lettres, la plupart avec fruit, quelques-uns avec gloire. On sait que le Breton Saint-Foix entendait fort mal la raillerie ; et cet autre Breton, surnommé de nos jours le premier grenadier de nos armées, s'occupa de recherches savantes toute sa vie. Enfin les hommes de lettres que notre révolution a moissonnés ont tous déployé à la mort du sang-froid et du courage. S'il faut en juger par soi-même, je le dirai avec la franchise naturelle aux descendants des vieux Celtes : Soldat, voyageur, proscrit, naufragé, je ne me suis point aperçu que l'amour des lettres m'attachât trop à la vie : pour obéir aux arrêts de la religion ou de l'honneur, il suffit d'être chrétien et Français.

Les gens de lettres, dit-on encore, ont toujours flatté la puissance; et, selon les vicissitudes de la fortune, on les voit chanter et la vertu et le crime, et l'oppresseur et l'opprimé. Lucien disait à Néron, en parlant des proscriptions et de la guerre civile :

> Heureuse cruauté, fureur officieuse,
> Dont le prix est illustre et la fin glorieuse !
> Crimes trop bien payés, trop aimables hasards,
> Puisque nous vous devons le plus grand des Césars !
> Que les dieux conjurés redoublent nos misères !
> Que Leucas sous les flots abîme nos galères !
> Que Pharsale revoie encore nos bataillons
> Du plus beau sang de Rome inonder nos sillons !
> . . . . .

Qu'on voie encore un coup Pérouse désolée !
Destins, Néron gouverne, et Rome est consolée [1] !

A cela je n'ai point de réponse pour les gens de lettres : je baisse la tête d'horreur et de confusion, en disant, comme le *médecin* dans Macbeth : *This disease is beyond my practice :* « Ce mal est au-dessus de mon art. »

Cependant ne pourrait-on pas trouver à cette dégradation une excuse bien triste sans doute, mais tirée de la nature même du cœur humain ? Montrez-moi dans les révolutions des empires, dans ces temps malheureux où un peuple entier, comme un cadavre, ne donne plus aucun signe de vie ; montrez-moi, dis-je, une classe d'hommes toujours fidèle à son honneur, et qui n'ait cédé ni à la force des événements ni à la lassitude des souffrances : je passerai condamnation sur les gens de lettres. Mais si vous ne pouvez trouver cet ordre de citoyens généreux, n'accusez plus en particulier les favoris des Muses, gémissez sur l'humanité tout entière. La seule différence qui existe alors entre l'écrivain et l'homme vulgaire, c'est que la turpitude du premier est connue, et que la lâcheté du second est ignorée.

Heureux en effet, dans ces jours d'esclavage, l'homme médiocre qui peut être vil en sûreté de l'avenir, qui peut impunément se réjouir dans la fange, certain que ses talents ne le livreront point à la postérité, et que le cri de sa bassesse ne passera pas la borne de sa vie !

Il me reste à parler de la célébrité littéraire. Elle marche de pair avec celle des grands rois et des héros. Homère et Alexandre, Virgile et César, occupent également les voix de la renommée. Disons de plus que la gloire des muses est la seule où il n'entre rien d'étranger. On peut toujours rejeter une partie du succès des armes sur les soldats ou sur la fortune : Achille a vaincu les Troyens à l'aide des Grecs, mais Homère a fait seul l'*Iliade*, et sans Homère nous ne connaîtrions pas Achille. Au reste, je suis si loin d'avoir pour les lettres le mépris qu'on me suppose, que je ne céderais pas facilement la faible portion de renommée qu'elles semblent quelquefois promettre à mes efforts. Je crois n'avoir jamais importuné personne de mes prétentions ; mais, puisqu'il faut le dire une fois, je ne suis point insensible aux applaudissements de mes compatriotes, et je sentirais mal le juste orgueil que doit m'inspirer mon pays, si je comptais pour rien l'honneur d'avoir fait connaître avec quelque estime un nom français de plus aux peuples étrangers.

Enfin, si nous en croyons quelques esprits chagrins, notre littérature est actuellement frappée de stérilité ; il ne paraît rien qui mérite d'être lu : le faux, le trivial, le gigantesque, le mauvais goût, l'ignorance, règnent de toutes parts, et nous sommes menacés de retomber dans la barbarie. Ce qui doit un peu nous rassurer, c'est que dans tous les temps on a fait les mêmes plaintes. Les journaux du siècle de Louis XIV sont remplis de déclamations sur la disette des talents. Les Subligni et les Visé regrettaient le beau temps de Ronsard. L'esprit de dénigrement est une maladie particulière à la France, parce que tout le monde a des prétentions dans ce pays, et que notre amour-propre est sans cesse tourmenté des succès de notre voisin.

Pour moi qui n'ai pas le droit d'être difficile, et qui me contente d'admirer avec la foule, je ne suis point du tout frappé de cette prétendue stérilité de notre littérature. J'ai le bonheur de croire qu'il existe encore en France des écrivains de génie, remarquables par la force de leurs pensées ou le charme de leur style ; des poëtes du

---

[1] *Pharsale*, traduction de Brébeuf.

premier ordre, des savants distingués, des critiques pleins de goût, dépositaires des saines doctrines, des bonnes traditions. Je nommerais facilement plusieurs ouvrages qui, j'ose le dire, passeront à la postérité. Nous pouvons affecter une humeur superbe à dédaigner les talents qui nous restent; mais je ne doute point que l'avenir ne soit plus juste envers nous, et qu'il n'admire ce que nous aurons peut-être méprisé. Notre siècle ne démentira point l'expérience commune : les arts et les lettres brillent toujours dans les temps de révolution, hélas! comme ces fleurs qui croissent parmi les ruines : *Feret et rubus asper amomum.*

Je termine ici cette apologie des gens de lettres. J'espère que le *chevalier béarnais* sera satisfait de mes sentiments : plût à Dieu qu'il le fût de mon style! car, entre nous, je le soupçonne de se connaître en littérature un peu mieux qu'il ne convient à un chevalier du vieux temps. S'il faut dire tout ce que je pense, il pourrait bien, en m'attaquant, n'avoir défendu que sa cause. Son exemple prouverait, en cas de besoin, qu'un homme qui a joui d'une grande considération dans l'ordre politique et dans la première classe de la société peut être un savant distingué, un critique délicat, un écrivain plein d'aménité, et même un poëte de talent. Ces chevaliers de Béarn ont toujours courtisé les Muses; et l'on se souvient encore d'un certain Henri qui se battait d'ailleurs assez bien, et qui se plaignait en vers de sa *départie* lorsqu'il quittait Gabrielle. Toutefois, puisque mon adversaire n'a pas voulu se découvrir, j'éviterai de le nommer : je veux qu'il sache seulement que je l'ai reconnu à ses couleurs.

Les gens de lettres, que j'ai essayé de venger du mépris de l'ignorance, me permettront-ils, en finissant, de leur adresser quelques conseils dont je prendrai moi-même bonne part? Veulent-ils forcer la calomnie à se taire, et s'attirer l'estime même de leurs ennemis, il faut qu'ils se dépouillent d'abord de cette morgue et de ces prétentions exagérées qui les ont rendus insupportables dans le dernier siècle. Soyons modérés dans nos opinions, indulgents dans nos critiques, sincères admirateurs de tout ce qui mérite d'être admiré. Pleins de respect pour la noblesse de notre art, n'abaissons jamais notre caractère; ne nous plaignons jamais de notre destinée : qui se fait plaindre se fait mépriser; que les Muses seules, et non le public, sachent si nous sommes riches ou pauvres : le secret de notre indigence doit être le plus délicat et le mieux gardé de nos secrets; que les malheureux soient sûrs de trouver en nous un appui : nous sommes les défenseurs naturels des suppliants; notre plus beau droit est de sécher les larmes de l'infortune, et d'en faire couler des yeux de la prospérité : *Dolor ipse disertum fecerat.* Ne prostituons jamais notre talent à la puissance, mais aussi n'ayons jamais d'humeur contre elle : celui qui blâme avec aigreur admirera sans discernement; de l'esprit frondeur à l'adulation il n'y a qu'un pas. Enfin, pour l'intérêt même de notre gloire et la perfection de nos ouvrages, nous ne saurions trop nous attacher à la vertu : c'est la beauté des sentiments qui fait la beauté du style. Quand l'âme est élevée, les paroles tombent d'en haut, et l'expression noble suit toujours la noble pensée. Horace et le Stagyrite n'apprennent pas tout l'art : il y a des délicatesses et des mystères de langage qui ne peuvent être révélés à l'écrivain que par la probité de son cœur, et que n'enseignent point les préceptes de la rhétorique.

SUR

LE VOYAGE PITTORESQUE ET HISTORIQUE DE L'ESPAGNE

PAR M. ALEXANDRE DE LABORDE [1].

Juillet 1807.

Il y a des genres de littérature qui semblent appartenir à certaines époques de la société : ainsi la poésie convient plus particulièrement à l'enfance des peuples, et l'histoire, à leur vieillesse. La simplicité des mœurs pastorales ou la grandeur des mœurs héroïques veulent être chantées sur la lyre d'Homère; la raison et la corruption des nations civilisées demandent le pinceau de Thucydide. Cependant la muse a souvent retracé les crimes des hommes; mais il y a quelque chose de si beau dans le langage du poëte, que les crimes mêmes en paraissent embellis; l'histoire seule peut les peindre sans en affaiblir l'horreur. Lorsque, dans le silence de l'abjection, l'on n'entend plus retentir que la chaîne de l'esclave et la voix du délateur; lorsque tout tremble devant le tyran, et qu'il est aussi dangereux d'encourir sa faveur que de mériter sa disgrâce, l'historien paraît chargé de la vengeance des peuples. C'est en vain que Néron prospère, Tacite est déjà né dans l'Empire; il croît inconnu auprès des cendres de Germanicus; et déjà l'intègre Providence a livré à un enfant obscur la gloire du maître du monde. Bientôt toutes les fausses vertus seront démasquées par l'auteur des *Annales;* bientôt il ne fera voir, dans le tyran déifié, que l'histrion, l'incendiaire et le parricide : semblable à ces premiers chrétiens d'Égypte qui, au péril de leurs jours, pénétraient dans les temples de l'idolâtrie, saisissaient au fond d'un sanctuaire ténébreux la divinité que le crime offrait à l'encens de la peur, et traînaient à la lumière du soleil, au lieu d'un Dieu, quelque monstre horrible.

Mais si le rôle de l'historien est beau, il est souvent dangereux. Il ne suffit pas toujours, pour peindre les actions des hommes, de se sentir une âme élevée, une imagination forte, un esprit fin et juste, un cœur compatissant et sincère : il faut encore trouver en soi un caractère intrépide, il faut être préparé à tous les malheurs, et avoir fait d'avance le sacrifice de son repos et de sa vie.

Toutefois il est des parties dans l'histoire qui ne demandent pas le même courage dans l'historien. Les *Voyages,* par exemple, qui tiennent à la fois de la poésie et de l'histoire, comme celui que nous annonçons, peuvent être écrits sans péril. Et néanmoins les ruines et les tombeaux révèlent souvent des vérités qu'on n'apprendrait point ailleurs; car la face des lieux ne change pas comme le visage des hommes : *Non ut hominum vultus ita locorum facies mutantur.*

L'antiquité ne nous a laissé qu'un modèle de ce genre d'histoire : c'est le Voyage de Pausanias; car le Journal de Néarque et le Périple d'Hannon sont des ouvrages d'un ordre différent. Si la gravure eût été connue du temps de Pausanias, nous pos-

---

[1] Voilà l'article qui fit supprimer le *Mercure*, et qui attira une persécution violente à l'auteur. Comme ce morceau est devenu historique, on n'a pas voulu y toucher, et l'on y a laissé les fragments de l'*Itinéraire* qui s'y trouvent. A cette époque l'*Itinéraire* n'était pas publié.

séderions aujourd'hui un trésor inestimable ; nous verrions en entier, et comme debout, ces temples dont nous allons encore admirer les débris. Les voyageurs modernes n'ont songé qu'assez tard à fixer, par l'art du dessin, l'état des lieux et des monuments qu'ils avaient visités. Chardin, Pococke et Tournefort, sont peut-être les premiers qui aient eu cette heureuse idée. Avant eux, on trouve, il est vrai, plusieurs relations ornées de planches; mais le travail de ces planches est aussi grossier qu'il est incomplet. Le plus ancien ouvrage de cette espèce que nous nous rappelions est celui de Monconys ; et cependant depuis Benjamin de Tudèle jusqu'à nos jours, on peut compter à peu près cent trente-trois voyages exécutés dans la seule Palestine.

C'est à M. l'abbé de Saint-Non et à M. de Choiseul-Gouffier qu'il faut donc rapporter l'origine des *Voyages pittoresques* proprement dits. Il est bien à désirer pour les arts que M. de Choiseul achève son bel ouvrage, et qu'il reprenne des travaux trop longtemps suspendus par des malheurs : les amis de Cicéron cherchaient à le consoler des peines de la vie en lui remettant sous les yeux le tableau des ruines de la Grèce.

L'Italie, la Sicile, l'Égypte, la Syrie, l'Asie Mineure, la Dalmatie, ont eu des historiens de leurs chefs-d'œuvre : on compte une foule de *tours* ou de voyages pittoresques d'Angleterre ; les monuments de la France sont gravés : il ne restait plus que l'Espagne à peindre, comme le remarque M. de Laborde.

Dans une introduction écrite avec autant d'élégance que de clarté, l'auteur trace ainsi le plan de son voyage :

« L'Espagne est une des contrées les moins connues de l'Europe, et celle qui renferme cependant le plus de variété dans ses monuments et le plus d'intérêt dans son histoire.

« Riche de toutes les productions de la nature, elle est encore embellie par l'industrie de plusieurs âges et le génie de plusieurs peuples. La majesté des temples romains y forme un contraste singulier avec la délicatesse des monuments arabes, et l'architecture gothique avec la beauté simple des édifices modernes.

« Cette réunion de tant de souvenirs, cet héritage de tant de siècles, nous force à entrer dans quelques détails sur l'histoire de l'Espagne, pour indiquer la marche que l'on a adoptée dans la description du pays. »

L'auteur, après avoir décrit les différentes époques, ajoute :

« Telle est l'esquisse des principaux événements qui firent passer l'Espagne sous différentes dominations. Les révolutions, les guerres et le temps n'ont pu détruire entièrement les monuments qui ornent cette belle contrée, et les arts de quatre peuples différents qui l'ont tour à tour embellie.

« C'est aussi ce qui nous a engagé à diviser la description de l'Espagne en quatre parties, contenant chacune les provinces dont les monuments ont le plus d'analogie entre eux, et se rapportent aux quatre époques principales de son histoire.

« Ainsi le premier volume comprendra la Catalogne, le royaume de Valence, l'Estramadoure, où se trouvent Tarragone, Sagonte, Mérida et la plupart des autres colonies romaines et carthaginoises ; il sera précédé d'une notice historique sur les temps anciens de l'Espagne.

« Le second volume renfermera les antiquités de Grenade et de Cordoue, et la description du reste de l'Andalousie, séjour principal des Maures ; il sera précédé d'un abrégé de l'histoire de ces peuples, tiré en partie des manuscrits arabes de l'Escurial.

« Le troisième, consacré principalement aux édifices gothiques, tels que les cathédrales de Burgos, de Valladolid, de Léon, de Saint-Jacques de Compostelle, offrira aussi les contrées sauvages des Asturies, l'Aragon, la Navarre, la Biscaye, et sera précédé de recherches sur les arts en Espagne avant le siècle de Ferdinand et d'Isabelle.

« Le quatrième volume, en retraçant les beautés de Madrid et des environs, renfermera de plus tout ce qui peut servir à faire connaître la nation espagnole telle qu'elle est aujourd'hui : les fêtes, les danses, les usages nationaux. Ce volume comprendra également l'histoire des arts, depuis leur renaissance sous Ferdinand et Isabelle, Charles Ier et Philippe II jusqu'à nos jours; il donnera une connaissance suffisante de la peinture espagnole et des chefs-d'œuvre qu'elle a produits : on y ajoutera quelques détails sur les progrès des sciences et de la littérature en Espagne. »

On voit, par cet exposé, que l'auteur a conçu son plan de la manière la plus heureuse, et qu'il pourra présenter sans confusion une immense galerie de tableaux. M. de Laborde a été favorisé dans ses études; il a examiné les monuments des arts chez un peuple noble et civilisé; il les a vus dans cette belle Espagne, où du moins la foi et l'honneur sont restés, lorsque la prospérité et la gloire ont disparu. Il n'a point été obligé de s'enfoncer dans ces pays jadis célèbres, où le cœur du voyageur est flétri à chaque pas, où les ruines vivantes détournent votre attention des ruines de marbre et de pierre. C'est un enfant tout nu, le corps exténué par la faim, le visage défiguré par la misère, qui nous a montré, dans un désert, les portes tombées de Mycènes et le tombeau d'Agamemnon [1]. En vain, dans le Péloponèse, on veut se livrer aux illusions des muses : la triste vérité vous poursuit. Des loges de boue desséchée, plus propres à servir de retraite à des animaux qu'à des hommes; des femmes et des enfants en haillons, fuyant à l'approche de l'étranger et du janissaire; les chèvres même effrayées, se dispersant dans la montagne, et les chiens restant seuls pour vous recevoir avec des hurlements : voilà le spectacle qui vous arrache au charme des souvenirs. La Morée est déserte : depuis la guerre des Russes, le joug des Turcs s'est appesanti sur les Moraïtes; les Albanais ont massacré une partie de la population; on ne voit de toutes parts que des villages détruits par le fer et par le feu; dans les villes, comme à Misitra [2], des faubourgs entiers sont abandonnés; nous avons souvent fait quinze lieues dans les campagnes sans rencontrer une seule habitation. De criantes avanies, des outrages de toute espèce, achèvent de détruire dans la patrie de Léonidas l'agriculture et la vie. Chasser un paysan grec de sa cabane, s'emparer de sa femme et de ses enfants, le tuer sur le plus léger prétexte, est un jeu pour le moindre aga du plus petit village. Le Moraïte, parvenu au dernier degré du malheur, s'arrache de son pays, et va chercher en Asie un sort moins rigoureux; mais il ne peut fuir sa destinée; il retrouve des cadis et des pachas jusque dans les sables du Jourdain et les déserts de Palmyre.

Nous ne sommes point un de ces intrépides admirateurs de l'antiquité qu'un

---

[1] Nous avons découvert un autre tombeau à Mycènes, peut-être celui de Thyeste ou de Clytemnestre. (*Voyez* PAUSANIAS.) Nous l'avons indiqué à M. Fauvel. — [2] Misitra n'est point Sparte. Cette dernière ville se retrouve au village de Magoula, à une lieue et demie de Misitra. Nous avons compté à Sparte dix-sept ruines hors de terre, la plupart au midi de la citadelle, sur le chemin d'Amyclée.

vers d'Homère console de tout. Nous n'avons jamais pu comprendre le sentiment exprimé par Lucrèce :

> Suave mari magno, turbantibus æquora ventis,
> E terra magnum alterius spectare laborem.

Loin d'aimer à contempler du rivage le naufrage des autres, nous souffrons quand nous voyons souffrir des hommes. Les Muses n'ont alors sur nous aucun pouvoir, hors celle qui attire la pitié sur le malheur. A Dieu ne plaise que nous tombions aujourd'hui dans ces déclamations sur la liberté et l'esclavage, qui ont fait tant de mal à la patrie ! Mais si nous avions jamais pensé, avec des hommes dont nous respectons d'ailleurs le caractère et les talents, que le gouvernement absolu est le meilleur des gouvernements possibles, quelques mois de séjour en Turquie nous auraient bien guéri de cette opinion.

Les monuments n'ont pas moins à souffrir que les hommes de la barbarie ottomane. Un épais Tartare habite aujourd'hui la citadelle remplie des chefs-d'œuvre d'Ictinus et de Phidias, sans daigner demander quel peuple a laissé ces débris, sans daigner sortir de la masure qu'il s'est bâtie sous les ruines des monuments de Périclès. Quelquefois seulement le tyran automate se traîne à la porte de sa tanière : assis les jambes croisées sur un sale tapis, tandis que la fumée de sa pipe monte à travers les colonnes du temple de Minerve, il promène stupidement ses regards sur les rives de Salamine et la mer d'Épidaure. Nous ne pourrions peindre les divers sentiments dont nous fûmes agité, lorsqu'au milieu de la première nuit que nous passâmes à Athènes, nous fûmes réveillé en sursaut par le tambourin et la musette turque, dont les sons discordants partaient des combles des Propylées : en même temps un prêtre *musulman* chantait en *arabe* l'heure passée à des Grecs *chrétiens* de la ville de *Minerve*. Ce derviche n'avait pas besoin de nous marquer ainsi la fuite des ans : sa voix seule dans ces lieux annonçait assez que les siècles s'étaient écoulés.

Cette mobilité des choses humaines est d'autant plus frappante pour le voyageur, qu'elle est en contraste avec l'immobilité du reste de la nature : comme pour insulter à l'instabilité des peuples, les animaux mêmes n'éprouvent ni révolution dans leurs empires ni changements dans leurs mœurs. Le lendemain de notre arrivée à Athènes, on nous fit remarquer des cigognes qui montaient dans les airs, se formaient en bataillon, et prenaient leur vol vers l'Afrique. Depuis le règne de Cécrops jusqu'à nos jours, ces oiseaux ont fait chaque année le même pèlerinage, et sont revenus au même lieu. Mais combien de fois ont-ils retrouvé dans les larmes l'hôte qu'ils avaient laissé dans la joie ! Combien de fois ont-ils cherché vainement cet hôte, et le toit même où ils avaient accoutumé de bâtir leurs nids !

Depuis Athènes jusqu'à Jérusalem, le tableau le plus affligeant s'offre aux regards du voyageur, tableau dont l'horreur toujours croissante est à son comble en Égypte. C'est là que nous avons vu cinq partis armés se disputer des déserts et des ruines[1]; c'est là que nous avons vu l'Albanais coucher en joue de malheureux enfants qui

---

[1] Ibrahim-Bey, dans la Haute-Égypte, deux petits beys indépendants, le pacha de la Porte au Caire, un parti d'Albanais insurgés, et El-fy-Bey dans la Basse-Égypte. Il y a un esprit de révolte dans l'Orient qui rend les voyages difficiles et dangereux. Les Arabes tuent aujourd'hui les voyageurs, qu'ils se contentaient de dépouiller autrefois. Entre la mer Morte et Jérusalem, dans un espace de quatorze lieues, nous avons été attaqués deux fois, et nous essuyâmes sur le Nil la fusil-

couraient se cacher derrière les débris de leurs cabanes, comme accoutumés à ce terrible jeu. Sur cent cinquante villages que l'on compte au bord du Nil, en remontant de Rosette au Caire, il n'y en a pas un seul qui soit entier. Une partie du Delta est en friche, chose qui ne s'était peut-être jamais rencontrée depuis le siècle où Pharaon donna cette terre fertile à la postérité de Jacob ! La plupart des fellahs ont été égorgés ; le reste a passé dans la Haute-Égypte. Les paysans qui n'ont pu se résoudre à quitter leurs champs ont renoncé à élever une famille. L'homme qui naît dans la décadence des empires, et qui n'aperçoit dans les temps futurs que des révolutions probables, pourrait-il, en effet, trouver quelque joie à voir croître les héritiers d'un si triste avenir ? Il y a des époques où il faut dire avec le prophète : « Bienheureux sont les morts ! »

M. de Laborde ne sera point obligé, dans le cours de son bel ouvrage, de tracer des tableaux aussi affligeants. Dès les premiers pas il s'arrête à d'aimables, à de nobles souvenirs : ce sont les pommes d'or des Hespérides ; c'est cette Bétique chantée par Homère, et embellie par Fénelon. « Le fleuve Bétis coule dans un pays fertile et sous un ciel doux, qui est toujours serein... Ce pays semble avoir conservé les délices de l'âge d'or [1], etc.... » Paraît ensuite cet Annibal, dont la puissante haine franchit les Pyrénées et les Alpes, et ne fut point assouvie dans le sang des milliers de Romains massacrés à Cannes et à Trasimène. Scipion commença en Espagne cette noble carrière dont le terme et la récompense devaient être l'exil et la mort dans l'exil. Sertorius lutta, dans les champs ibériens, contre l'oppresseur du monde et de sa patrie. Il voulait marcher à Sylla, et

. . . Au bord du Tibre, une pique à la main,
Lui demander raison pour le peuple romain.

Il succomba dans son entreprise : mais il est probable qu'il n'avait point compté sur le succès. Il ne consulta que son devoir, et la sainteté de la cause qu'il restait seul à défendre. Il y a des autels, comme celui de l'honneur, qui, bien qu'abandonnés, réclament encore des sacrifices : le dieu n'est point anéanti parce que le temple est désert. Partout où il reste une chance à la fortune, il n'y a point d'héroïsme à la tenter. Les actions magnanimes sont celles dont le résultat prévu est le malheur et la mort. Après tout, qu'importent les revers, si notre nom, prononcé dans la postérité, va faire battre un cœur généreux deux mille ans après notre vie ? Nous ne doutons point que, du temps de Sertorius, les âmes pusillanimes, qui prennent leur bassesse pour de la raison, ne trouvassent ridicule qu'un citoyen obscur osât lutter seul contre toute la puissance de Sylla. Heureusement la postérité juge autrement les actions des hommes : ce n'est pas la lâcheté et le vice qui prononcent en dernier ressort sur le courage et la vertu.

Cette terre d'Espagne produit si naturellement les grands cœurs, que l'on vit le Cantabre belliqueux (*bellicosus Cantaber*) défendre à son tour sa montagne contre les légions d'Auguste ; et le pays qui devait enfanter un jour le Cid et les chevaliers *sans peur* donna à l'univers romain Trajan, Adrien et Théodose.

---

lade de la ligne d'El-fy-Bey. Nous étions, dans cette dernière affaire, avec M. Caffe, négociant de Rosette, qui, déjà sur l'âge et père de famille, n'en risqua pas moins sa vie pour nous avec la générosité d'un Français. Nous le nommons avec d'autant plus de plaisir, qu'il a rendu beaucoup de services à tous nos compatriotes qui ont eu besoin de ses secours.

[1] *Télémaque.*

Après la description des monuments de cette époque, M. de Laborde passera aux dessins des monuments moresques : c'est la partie la plus riche et la plus neuve de son sujet. Les palais de Grenade nous ont intéressé et surpris, même après avoir vu les mosquées du Caire et les temples d'Athènes. L'Alhambra semble être l'habitation des génies : c'est un de ces édifices des *Mille et une Nuits*, que l'on croit voir moins en réalité qu'en songe. On ne peut se faire une juste idée de ces plâtres moulés et découpés à jour, de cette architecture de dentelles, de ces bains, de ces fontaines, de ces jardins intérieurs, où des orangers et des grenadiers sauvages se mêlent à des ruines légères. Rien n'égale la finesse et la variété des arabesques de l'Alhambra. Les murs, chargés de ces ornements, ressemblent à ces étoffes de l'Orient que brodent, dans l'ennui du harem, des femmes esclaves. Quelque chose de voluptueux, de religieux et de guerrier, fait le caractère de ce singulier édifice, espèce de cloître de l'amour, où sont encore retracées les aventures des Abencerages; retraites où le plaisir et la cruauté habitaient ensemble, et où le roi maure faisait souvent tomber dans le bassin de marbre la tête charmante qu'il venait de caresser. On doit bien désirer qu'un talent délicat et heureux nous peigne quelque jour ces lieux magiques.

La troisième époque du *Voyage pittoresque d'Espagne* renfermera les monuments gothiques. Ils n'ont pas la pureté de style et les proportions admirables de l'architecture grecque et toscane, mais leurs rapports avec nos mœurs leur donnent un intérêt plus touchant. Nous nous rappellerons toujours avec quel plaisir, en descendant dans l'île de Rhodes, nous trouvâmes une petite France au milieu de la Grèce :

> Procedo, et parvam Trojam, simulataque magnis
> Pergama, etc.

Nous parcourions avec un respect mêlé d'attendrissement une longue rue appelée encore la *rue des Chevaliers :* elle est bordée de palais gothiques, et les murs de ces palais sont parsemés des armoiries des grandes familles de France et de devises en gaulois. Plus loin est une petite chapelle desservie par deux pauvres religieux : elle est dédiée à saint Louis, dont on retrouve l'image dans tout l'Orient, et dont nous avons vu le lit de mort à Carthage. Les Turcs, qui ont mutilé partout les monuments de la Grèce, ont épargné ceux de la chevalerie : l'honneur chrétien a étonné la bravoure infidèle, et les Saladin ont respecté les Couci.

Eh ! quand on a été assez heureux pour recevoir le jour dans le pays de Bayard et de Turenne, pourrait-on être indifférent à la moindre des circonstances qui en rappellent le souvenir ? Nous nous trouvions à Bethléem, prêt à partir pour la mer Morte, lorsqu'on nous dit qu'il y avait un Père français dans le couvent. Nous désirâmes le voir. On nous présenta un homme d'environ quarante-cinq ans, d'une figure tranquille et sérieuse. Ses premiers accents nous firent tressaillir, car nous n'avons jamais entendu, chez l'étranger, le son d'une voix française sans une vive émotion; nous sommes toujours prêt à nous récrier, comme Philoctète :

> Ὦ φίλτατον φώνημα φεῦ τὸ καὶ λαβὼν
> Πρόσφθεγμα τοιοῦδ' ἀνδρὸς ἐν χρόνῳ μακρῷ.
>
> . . . . Après un si long temps,
> Oh ! que cette parole à mon oreille est chère !

Nous fîmes quelques questions à ce religieux. Il nous dit qu'il s'appelait le père

Clément, qu'il était des environs de Mayenne; que, se trouvant dans un monastère en Bretagne, il avait été déporté en Espagne avec une centaine de prêtres comme lui; qu'ayant reçu d'abord l'hospitalité dans un couvent de son ordre, ses supérieurs l'avaient ensuite envoyé missionnaire en Terre Sainte. Nous lui demandâmes s'il n'avait point d'envie de revoir sa patrie, et s'il voulait écrire à sa famille ; il nous répondit avec un sourire amer : « Qui est-ce qui se souvient en France d'un capucin? Sais-je si j'ai encore des frères et des sœurs? Monsieur, voici ma patrie. J'espère obtenir, par le mérite de la crèche de mon Sauveur, la force de mourir ici sans importuner personne, et sans songer à un pays où je suis depuis longtemps oublié. »

L'attendrissement du père Clément devint si visible à ces mots, qu'il fut obligé de se retirer. Il courut s'enfermer dans sa cellule, et ne voulut jamais reparaître : notre présence avait réveillé dans son cœur des sentiments qu'il cherchait à étouffer. En quel lieu du monde nos tempêtes n'ont-elles point jeté les enfants de saint Louis ? Quel désert ne les a point vus pleurant leur terre natale ? Telles sont les destinées humaines : un Français gémit aujourd'hui sur la perte de son pays, aux mêmes bords dont les souvenirs inspirèrent autrefois le plus beau des cantiques sur l'amour de la patrie :

> Super flumina Babylonis !

Hélas ! ces fils d'Aaron, qui suspendirent leur cinnor aux saules de Babylone, ne rentrèrent pas tous dans la cité de David ; ces filles de Judée, qui s'écriaient sur les bords de l'Euphrate :

> O rives du Jourdain ! ô champs aimés des cieux !
> Sacré mont, fertiles vallées,
> Du doux pays de nos aïeux
> Serons-nous toujours exilées ?

ces compagnes d'Esther ne revirent pas toutes Emmaüs et Béthel ; plusieurs laissèrent leurs dépouilles aux champs de la captivité ; et c'est ainsi que nous rencontrâmes loin de la France le tombeau de deux nouvelles Israélites :

> Lyrnessi domus alta, solo Laurente sepulchrum !

Il nous était réservé de retrouver au fond de la mer Adriatique le tombeau de deux filles de rois dont nous avions entendu prononcer l'oraison funèbre dans un grenier à Londres [1]. Ah ! du moins la tombe qui renferme ces nobles dames aura vu une fois interrompre son silence ; le bruit des pas d'un Français aura fait tressaillir deux Françaises dans leur cercueil. Les respects d'un pauvre gentilhomme, à Versailles, n'eussent été rien pour des princesses ; la prière d'un chrétien, en terre étrangère, aura peut-être été agréable à des saintes.

M. de Laborde nous pardonnera ces digressions. Il est voyageur, nous le sommes comme lui ; et que n'a-t-on pas à conter lorsqu'on vient du pays des Arabes ! A en juger par l'introduction du *Voyage pittoresque*, l'auteur nous paraît surtout éminemment fait pour peindre les siècles des Pélasge et des Alphonse, et pour mettre dans ses dessins l'expression des temps et des mœurs. Les sentiments nobles lui

---

[1] Mesdames Victoire et Adélaïde de France, tantes de Louis XVI.

sont familiers; tout annonce en lui un écrivain qui a du sang dans le cœur. On peut compter sur sa constance dans ses travaux, puisqu'il ne paraît point détourné des sentiers de l'étude par les soucis de l'ambition. Il s'est souvenu des vers du poëte :

> Lieto nido, esca dolce, aura cortese,
> Bramano i cign', e non si va in Parnasso
> Con le cure mordaci.

Il nous retracera donc dignement ces hauts faits d'armes qui inspirèrent à nos troubadours la chanson de Roland ; à nos sires de Joinville, leurs vieilles chroniques; à nos comtes de Champagne, leurs ballades gauloises; et au Tasse, ce poëme plein d'honneur et de chevalerie, qui semble écrit sur un bouclier : il nous dira ces jours où le courage, la foi et la loyauté étaient tout ; où le déloyal et le lâche étaient obligés de s'ensevelir au fond d'un cloître, et ne comptaient plus parmi les vivants. « Il y a deux manières de sortir de la vie, dit Shakspeare : la honte et la mort, *shame and death*. »

Enfin, dans la quatrième époque du Voyage, l'auteur donnera les vues des monuments modernes de l'Espagne : un des plus remarquables, sans doute, est l'Escurial, bâti par Philippe II, sur les montagnes désertes de la Vieille-Castille. La cour vient chaque année s'établir dans ce monastère, comme pour donner à des solitaires morts au monde le spectacle de toutes les passions, et recevoir d'eux ces leçons dont les grands ne profitent jamais. C'est là que l'on voit encore la chapelle funèbre où les rois d'Espagne sont ensevelis dans des tombeaux pareils, disposés en échelons les uns au-dessus des autres; de sorte que toute cette poussière est étiquetée et rangée en ordre comme les richesses d'un muséum. Il y a des sépulcres vides pour les souverains qui ne sont point encore descendus dans ces lieux ; et la reine actuelle a écrit son nom sur celui qu'elle doit occuper !

Non-seulement l'auteur nous donnera les dessins de tant d'édifices; mais, comme il paraît avoir des connaissances très-variées, il ne négligera point la numismatique et les inscriptions. L'Espagne est très-riche dans ce genre, et quoique Ponce ait fait beaucoup de recherches sur ce sujet, il est loin de l'avoir épuisé. On sait d'ailleurs qu'on peut faire chaque jour, sur le monument le plus connu, des découvertes toutes nouvelles. Ainsi, par exemple, l'institut d'Égypte n'a pu lire sur la colonne de Pompée, à Alexandrie, l'inscription effacée que des sous-lieutenants anglais ont relevée depuis avec du plâtre.

Pococke en avait rapporté quelques lettres, sans prétendre les expliquer ; plusieurs autres voyageurs l'avaient aperçue, et nous ne connaissons que M. Sonnini qui n'ait pu rien découvrir sur la base où elle est gravée. Pour nous, nous avons déchiffré distinctement à l'œil nu plusieurs traits, et entre autres le commencement de ce mot Διοχ, qui est décisif. Comme cette inscription d'une colonne fameuse est peu ou point connue en France, nous la rapporterons ici.

On lit :

> ΤΟ... ΩΤΑΤΟΝ, ΑΥΤΟΚΡΑΤΟΡΑ
> ΤΟΝ ΠΟΛΙΟΥΧΟΝ, ΑΛΕΞΑΝΔΡΕΙΑΣ
> ΔΙΟΚ. Η. ΙΑΝΟΝΤΟΝ.... ΤΟΝ
> ΠΟ.... ΕΠΑΡΧΟΣΑΙΓΥΠΤΟΥ.

Il faut d'abord suppléer à la tête de l'inscription le mot ΠΡΟΣ ; après le premier point, N. ΣΟΦ; après le second, Λ; après le troisième, T; au quatrième, ΑΥΓΟΥΣ; au cinquième, enfin, il faut ajouter ΑΙ N. On voit qu'il n'y a ici d'arbitraire que le mot ΑΥΓΟΥΣΤΟΝ, qui est d'ailleurs peu important. Ainsi on peut lire :

ΤΟΝΣΟΦΩΤΑΤΟΝΑΥΤΟΚΡΑΤΟΡΑ
ΤΟΝΠΟΛΙΟΥΧΟΝΑΛΕΞΑΝΔΡΕΙΑΣ
ΔΙΟΚΛΗΤΙΑΝΟΝΤΟΝΑΥΓΟΥΣΤΟΝ
ΠΟΛΙΩΝΕΠΑΡΧΟΣΑΙΓΥΠΤΟΥ.

C'est-à-dire :

« Au très-sage empereur, protecteur d'Alexandrie, Dioclétien Auguste, Pollion, préfet d'Égypte. »

Ainsi, tous les doutes sur la colonne de Pompée sont éclaircis. Mais l'histoire garde-t-elle le silence sur ce sujet ? Il nous semble que, dans la Vie d'un des Pères du désert, écrite en grec par un contemporain, on lit que pendant un tremblement de terre qui eut lieu à Alexandrie, toutes les colonnes tombèrent, excepté celle de Dioclétien.

Nous nous sommes fait un vrai plaisir, malgré le besoin que nous avons de repos, d'annoncer le magnifique ouvrage dont M. de Laborde publie aujourd'hui les deux premières livraisons. On peut y avoir toute confiance. Ce n'est point ici une spéculation de librairie; c'est l'entreprise d'un amateur éclairé, qui apporte à son travail les lumières suffisantes et les restes d'une grande fortune. Employer ainsi les débris de ses richesses, c'est faire un reproche bien noble à cette révolution qui en a tari les principales sources. Quand on se rappelle que les deux frères de M. de Laborde ont péri dans le voyage de M. de La Peyrouse, victimes de l'ardeur de s'instruire, pourrait-on n'être pas touché de voir le dernier rejeton d'une famille amie des arts se consacrer à un genre de fatigues et d'études déjà fatal à ses frères ?

    Sic fratres Helenæ. . . . .
     Ventorumque regat pater
    . . . .
     Navis . . . . . .
    . . . . Finibus Atticis
    Reddas incolumem, precor

On se fait aujourd'hui une obligation de trouver des taches dans les ouvrages les plus parfaits. Pour remplir ce triste devoir de la critique, nous dirons que les planches de cette première livraison ont peut-être un peu de sécheresse; mais on doit observer que ce défaut tient à la nature même des objets représentés. Il eût été facile à l'auteur de commencer sa publication par les dessins de l'Alhambra ou de la cathédrale de Cordoue. Au-dessus de cette petite charlatanerie, il a suivi l'ordre des monuments, et cet ordre l'a forcé à donner d'abord des perspectives de villes ; or, ces perspectives sont naturellement froides de style et vagues d'expression. Barcelone, privée du mouvement et du bruit, ne peut offrir qu'un amas immobile d'édifices.

D'ailleurs, on peut faire le même reproche de sécheresse aux dessins de toutes les villes. Nous avons dans ce moment même sous les yeux une vue de Jérusalem, tirée du *Voyage pittoresque de Syrie :* quel que soit le mérite des artistes, nous ne reconnaissons point là le site terrible et le caractère particulier de la ville sainte.

Vue de la montagne des Oliviers, de l'autre côté de la vallée de Josaphat, Jérusalem présente un plan incliné sur un sol qui descend du couchant au levant. Une muraille crénelée, fortifiée par des tours et par un château gothique, enferme la ville dans son entier, laissant toutefois au dehors une partie de la montagne de Sion, qu'elle embrassait autrefois.

Dans la région du couchant, et au centre de la ville, vers le Calvaire, les maisons se serrent d'assez près ; mais au levant, le long de la vallée de Cédron, on aperçoit des espaces vides, entre autres l'enceinte qui règne autour de la mosquée bâtie sur les débris du temple, et le terrain presque abandonné où s'élevait le château Antonia et le second palais d'Hérode.

Les maisons de Jérusalem sont de lourdes masses carrées fort basses, sans cheminées et sans fenêtres ; elles se terminent en terrasses aplaties ou en dômes ; et elles ressemblent à des prisons ou à des sépulcres. Tout serait à l'œil d'un niveau égal, si les clochers des églises, les minarets des mosquées, les cimes de quelques cyprès, et les buissons des aloès et des nopals, ne rompaient l'uniformité du plan. A la vue de ces maisons de pierre renfermées dans un paysage de pierres, on se demande si ce ne sont pas là les monuments confus d'un cimetière au milieu d'un désert.

Entrez dans la ville, rien ne vous consolera de la tristesse extérieure : vous vous égarez dans de petites rues non pavées qui montent et descendent sur un sol inégal, et vous marchez dans des flots de poussière ou parmi des cailloux roulants ; des toiles jetées d'une maison à l'autre augmentent l'obscurité de ce labyrinthe ; des bazars voûtés et infects achèvent d'ôter la lumière à la ville désolée ; quelques chétives boutiques n'étalent aux yeux que la misère ; et souvent ces boutiques mêmes sont fermées dans la crainte du passage d'un cadi ; personne dans les rues, personne aux portes de la ville ; quelquefois seulement un paysan se glisse dans l'ombre, cachant sous ses habits les fruits de son labeur, dans la crainte d'être dépouillé par le soldat ; dans un coin à l'écart, le boucher arabe égorge quelque bête suspendue par les pieds à un mur en ruines ; à l'air hagard et féroce de cet homme, à ses bras ensanglantés, vous croiriez qu'il vient plutôt de tuer son semblable que d'immoler un agneau. Pour tout bruit dans la cité déicide, on entend par intervalles le galop de la cavale du désert ; c'est le janissaire qui apporte la tête du bédouin, ou qui va piller le fellah.

Au milieu de cette désolation extraordinaire, il faut s'arrêter un moment pour contempler des choses plus extraordinaires encore. Parmi les ruines de Jérusalem, deux espèces de peuples indépendants trouvent dans leur foi de quoi surmonter tant d'horreurs et de misères. Là vivent des religieux chrétiens que rien ne peut forcer à abandonner le tombeau de Jésus-Christ, ni spoliations, ni mauvais traitements, ni menaces de la mort. Leurs cantiques retentissent nuit et jour autour du saint sépulcre. Dépouillés le matin par un gouverneur turc, le soir les retrouve au pied du Calvaire, priant au lieu où Jésus-Christ souffrit pour le salut des hommes. Leur front est serein, leur bouche riante. Ils reçoivent l'étranger avec joie. Sans forces et sans soldats, ils protègent des villages entiers contre l'iniquité. Pressés par le bâton et par le sabre, les femmes, les enfants, les troupeaux des campagnes se réfugient dans les cloîtres des solitaires. Qui empêche le méchant armé de poursuivre sa proie, et de renverser d'aussi faibles remparts? La charité des moines : ils se privent des dernières ressources de la vie pour racheter leurs suppliants. Turcs, Arabes, Grecs, chrétiens schismatiques, tous se jettent sous la protection de quelques religieux francs qui ne peuvent se défendre eux-mêmes : c'est ici qu'il faut reconnaître, avec Bossuet, « que des mains levées vers le ciel enfoncent plus de bataillons que des mains armées de javelots. »

Tandis que la nouvelle Jérusalem sort ainsi *du désert, brillante de clarté*, jetez les yeux entre la montagne de Sion et le temple, voyez cet autre petit peuple qui vit séparé du reste des habitants de la cité. Objet particulier de tous les mépris, il baisse la tête sans se plaindre, il souffre toutes les avanies sans demander justice, il se laisse accabler de coups sans soupirer : on lui demande sa tête, il la présente au cimeterre. Si quelque membre de cette société proscrite vient à mourir, son compagnon ira, pendant la nuit, l'enterrer furtivement dans la vallée de Josaphat, à l'ombre du temple de Salomon. Pénétrez dans la demeure de ce peuple, vous le trouverez dans une affreuse misère, faisant lire un livre mystérieux à des enfants qui le feront lire à leur tour à leurs enfants. Ce qu'il faisait il y a cinq mille ans, ce peuple le fait encore. Il a assisté six fois à la ruine de Jérusalem, et rien ne peut le décourager, rien ne peut l'empêcher de tourner ses regards vers Sion. Quand on voit les Juifs dispersés sur la terre, selon la parole de Dieu, on est surpris sans doute, mais, pour être frappé d'un étonnement surnaturel, il faut les retrouver à Jérusalem ; il faut voir ces légitimes maîtres de la Judée esclaves et étrangers dans leur propre pays; il faut les voir attendant, sous toutes les oppressions, un roi qui doit les délivrer. Écrasés par la croix qui les condamne, et qui est plantée sur leurs têtes, près du temple, dont il ne reste pas pierre sur pierre, ils demeurent dans leur déplorable aveuglement. Les Perses, les Grecs, les Romains ont disparu de la terre; et un petit peuple, dont l'origine précéda celle de ces grands peuples, existe encore sans mélange dans les décombres de sa patrie. Si quelque chose, parmi les nations, porte le caractère du miracle, nous pensons qu'on doit le trouver ici. Et qu'y a-t-il de plus merveilleux, même aux yeux du philosophe, que cette rencontre de l'antique et de la nouvelle Jérusalem au pied du Calvaire : la première s'affligeant à l'aspect du sépulcre de Jésus-Christ ressuscité; la seconde se consolant auprès du seul tombeau qui n'aura rien à rendre à la fin des siècles?

SUR LES ANNALES LITTÉRAIRES,

OU

DE LA LITTÉRATURE AVANT ET APRÈS LA RESTAURATION,

OUVRAGE DE M. DUSSAULT.

Février 1819.

Lorsque la France, fatiguée de l'anarchie, chercha le repos dans le despotisme, il se forma une espèce de ligue des hommes de talent pour nous ramener par les saines doctrines littéraires aux doctrines conservatrices de la société. MM. de La Harpe, de Fontanes, de Bonald. M. l'abbé de Vauxcelles, M. Guéneau de Mussy,

écrivaient dans *le Mercure;* MM. Dussault, Féletz, Fiévée, Saint-Victor, Boissonade, Geoffroy, M. l'abbé de Boulogne, combattaient dans le *Journal des Débats.*
« On a vu, dit M. Dussault en parlant de cette époque si remarquable pour les lettres, on a vu des talents du premier ordre entrer dans cette lice des écrits périodiques, pour y combattre tous les faux systèmes. . . . .

« Tout le système de l'opinion publique était, pour ainsi dire, à recréer. Le mauvais sens et l'erreur avaient tout infecté en politique, en morale, en littérature; les vrais principes en tous genres étaient méprisés, proscrits, oubliés; tout ce qui sert de garantie et de lien à l'ordre social était brisé, et les règles du goût, plus unies qu'on ne pense aux autres éléments conservateurs de la société, avaient subi la destinée commune. »

La littérature révolutionnaire fut foudroyée, et le goût reparut dans le style avec l'ordre dans l'État.

Buonaparte favorisait cette entreprise, quoiqu'il sût bien que presque tous ceux qui la soutenaient étaient ennemis de son gouvernement. Il disait un jour à M. de Fontanes : « Il y a deux littératures en France, la petite et la grande ; j'ai la petite, mais la grande n'est pas pour moi. » Et pourtant il laissait faire à cette grande littérature qui, de son aveu, n'était pas pour lui, mais qui recomposait les principes de la monarchie, en détruisant ceux de la révolution. Or, comme il voulait régner, peu lui importait de quel main il recevait le pouvoir. Aujourd'hui le gouvernement a aussi pour lui la petite littérature; la grande se tait.

Il y a un monument précieux de l'état de la littérature sous Buonaparte; c'est le recueil que nous avons déjà cité plus haut. Si on écrivait aujourd'hui la plupart des articles qui composent les *Annales littéraires,* non-seulement on crierait au gothicisme, au fanatisme, à la réaction ; mais il est probable que ces articles ne seraient pas admis à la censure. Quel censeur, par exemple, serait assez téméraire pour laisser passer le morceau suivant?

« Sans doute nos prudents penseurs, dit l'auteur des *Annales littéraires,* ne doivent point prononcer sans un secret effroi le nom de Boileau. Ils doivent craindre qu'il ne sortît de ses cendres pour les démasquer. Quelle matière en effet le siècle dernier n'aurait-il pas offerte à sa verve satirique ! Combien n'aurait-il pas trouvé, sous les étendards de la philosophie, de mauvais écrivains à railler, de charlatans à dévoiler, de prétentions à confondre, d'injustes réputations à renverser ! De quel œil aurait-il vu, de quel trait de ridicule aurait-il marqué un rhéteur boursouflé comme Thomas, un déclamateur frénétique comme Diderot, un bel esprit pincé comme d'Alembert, un rêveur de systèmes ridicules comme Helvétius, et ces auteurs de tragédies à la Shakspeare, et ces faiseurs de drames aussi ennuyeux que lugubres, et ces marchands de comédies à la glace, et cette foule d'intrigants littéraires de toute espèce, qui connaissaient aussi peu l'art d'écrire qu'ils connaissaient bien l'art de se faire des réputations; cette foule de Cottins et de Pelletiers nouveaux, qui s'emparaient subtilement de l'admiration d'un siècle dont ils ne méritaient que le mépris? Mais puisque la nature ne prodigue pas les hommes tels que Boileau, et puisqu'elle ne produit pas ordinairement deux talents de cette force dans un espace de temps si borné, qu'on se figure seulement Voltaire, avec le rare talent qu'il avait pour se servir de l'arme du ridicule, dont il a tant abusé, tournant cette même arme, si redoutable entre ses mains, contre ceux dont il s'était déclaré l'appui et le chef, et se moquant d'eux en public, comme il s'en moquait quelquefois en secret. Croit-on que tout cet édifice de réputations factices, bâties sur le sable et sur la boue, aurait pu résister aux traits qu'il aurait su lancer? S'il avait seulement dirigé contre la fausse et dangereuse philosophie de son siècle la moitié de l'esprit qu'il a prodigué contre les institutions les plus utiles et les plus sacrées, c'en était fait de tant de beaux systèmes, de tant de brillantes renommées, de toute cette sublime doctrine dont nous avons pu apprécier les effets, après en avoir admiré si longtemps et si stupidement les théories. »

Nous le répétons, présentez aujourd'hui de pareils articles à la censure, et l'on y verra, avec une conspiration contre le roi, la destruction de la Charte, le rappel des moines, le retour à la féodalité.

Toutefois, à l'époque où l'on manifestait ces pensées, elles semblaient si naturelles à chacun, qu'elles trouvaient à peine des contradicteurs. M. de Barante, dans un ouvrage remarquable sur la *Littérature française pendant le dix-huitième siècle*, ne parle pas avec plus de respect des écrivains de cette époque. « Ce sont, dit-il, des écrivains vivant au milieu d'une société frivole, animés de son esprit, organes de ses opinions, excitant et partageant un enthousiasme qui s'appliquait à la fois aux choses les plus futiles et aux objets les plus sérieux ; jugeant de tout avec facilité, conformément à des impressions rapides et momentanées ; s'enquérant peu des questions qui avaient été autrefois débattues ; dédaigneux du passé et de l'érudition ; enclins à un doute léger, qui n'était point l'indécision philosophique, mais bien plutôt un parti pris d'avance de ne point croire ; enfin, le nom de philosophe ne fut jamais accordé à meilleur marché. »

Les philosophes qui avaient acquis leur nom à si bon marché méritaient bien d'être démasqués par ceux qui ont été les victimes de leurs principes. En voyant la ligue qui s'était formée contre ces premiers auteurs de nos maux, le critique à qui nous devons les *Annales* se croit sûr du triomphe. « On est désabusé, dit-il, du charlatanisme littéraire, de la forfanterie philosophique... Quel singulier spectacle offrait la littérature française ! On vit jusqu'à de misérables poëtes, qui n'avaient rien dans la tête que quelques hémistiches ; des faiseurs de mauvaises tragédies, pleins d'orgueil et vides d'idées ; de petits auteurs de vers galants, bouffis de suffisance, se croire des législateurs. . . . . . C'est un public, dit-on, qui manque à notre littérature. . . . . . Oui, sans doute, Messieurs, il manque un public à votre littérature, et ce public lui manquera longtemps, parce qu'on est aujourd'hui pleinement désabusé de toutes vos folles idées, de tous vos vains systèmes. »

Que l'auteur n'a-t-il dit la vérité ! Mais pouvait-il prévoir que ces doctrines, qui semblaient à jamais détruites, étaient si près de renaître ? pouvait-il deviner que ces filles illégitimes de nos malheurs reparaîtraient avec la légitimité?

Veut-on faire un rapprochement curieux ; qu'on lise les articles des *Annales littéraires*, et qu'on les compare à ceux où l'on prêche ouvertement la démocratie dans nos journaux censurés. La censure impériale, qui laissait passer les articles monarchiques, arrêtait les articles démocratiques : c'était au moins du bon sens dans le despotisme.

En parcourant les *Annales littéraires*, on peut faire encore une autre observation : on y voit partout annoncée la réimpression des auteurs du siècle de Louis XIV ; maintenant ce sont les auteurs du siècle de Louis XV qu'on réimprime : on voulait conserver, voudrait-on détruire?

Aujourd'hui que les bonnes études s'en vont avec le reste, la publication des *Annales* est un véritable service rendu aux lettres. On trouve partout dans ce recueil, avec la tradition des saines doctrines, un jugement sûr, un goût formé à la meilleure école, un style clair, excellent surtout dans le sérieux, une verve critique, et un talent qui emprunte de la raison une naturelle éloquence. Il y a cependant dans les *Annales* un principe que nous ne pourrions complétement adopter. L'auteur pense que la critique n'étouffe que les *mauvais écrivains, qu'elle n'est redoutable qu'à la médiocrité*. Nous ne sommes pas tout à fait de cet avis.

Il était utile sans doute, au sortir du siècle de la fausse philosophie, de traiter rigoureusement des livres et des hommes qui nous ont fait tant de mal, de réduire à leur juste valeur tant de réputations usurpées, de faire descendre de leur piédestal tant d'idoles qui reçurent notre encens en attendant nos pleurs. Mais ne serait-il pas à craindre que cette sévérité continuelle de nos jugements ne nous fît contracter une habitude d'humeur dont il deviendrait malaisé de nous dépouiller ensuite? Le seul moyen d'empêcher que cette humeur prenne sur nous trop d'empire serait peut-être d'abandonner la petite et facile critique des *défauts*, pour la grande et difficile critique des *beautés*. Les anciens, nos maîtres, nous offrent, en cela comme en tout, leur exemple à suivre. Aristote a consacré le XXIV° chapitre de sa *Poétique* à chercher comment on peut excuser certaines fautes d'Homère, et il trouve douze réponses, ni plus ni moins, à faire aux censeurs; naïveté charmante dans un aussi grand homme. Horace, dont le goût était si délicat, ne veut pas s'offenser de quelques taches : *Non ego paucis offendar maculis*. Quintilien trouve à louer jusque dans les écrivains qu'il condamne; et s'il blâme dans Lucain l'art du poëte, il lui reconnaît le mérite de l'orateur : *Magis oratoribus quam poetis enumerandus*.

Une censure, fût-elle excellente, manque son but si elle est trop rude. En voulant corriger l'auteur, elle le révolte, et par cela même elle le confirme dans ses défauts ou le décourage, véritable malheur, si l'auteur a du talent.

Il semble donc que l'on doit applaudir avec franchise à ce qu'il y a de bon dans un écrivain, et reprendre ce qu'il y a de mal avec ménagement et politesse. Racine, modèle de naturel et de simplicité dans son âge mûr, n'était pas exempt d'affectation et de recherche dans sa jeunesse. Boileau eût-il ramené Racine aux principes du goût, s'il n'avait fait que reprocher durement au jeune poëte les vices de son style? Mais, en même temps qu'il gourmandait l'auteur de *la Thébaïde*, il adressait ces vers à l'auteur de *Phèdre :*

> Que peut contre tes vers une ignorance vaine?
> Le Parnasse français, ennobli par ta veine,
> Contre tous ces complots saura te maintenir,
> Et soulever pour toi l'équitable avenir.
> Eh! qui, voyant un jour la douleur vertueuse
> De Phèdre, malgré soi perfide, incestueuse,
> D'un si noble travail justement étonné,
> Ne bénira d'abord le siècle fortuné
> Qui, rendu plus fameux par tes illustres veilles,
> Vit naître sous ta main ces pompeuses merveilles?

Bossuet fut, dans sa jeunesse, ainsi que nous l'avons déjà dit, un des beaux esprits de l'hôtel de Rambouillet. Si la critique, trop choquée de quelques phrases bizarres, eût harcelé un homme aussi ardent que l'évêque de Meaux, croit-on qu'elle l'eût corrigé? Non, sans doute. Mais ce génie impétueux, ne trouvant d'abord que bienveillance et admiration, se soumit comme de lui-même à cette raison qu'amènent les années. Il s'épura par degrés, et ne tarda pas à paraître dans toute sa magnificence : semblable à un fleuve qui, en s'éloignant de sa source, dépose peu à peu le limon qui troublait son eau, et devient aussi limpide vers le milieu de son cours qu'il est profond et majestueux.

Ceci n'est point une simple figure de rhétorique, c'est un fait, puisque les endroits les plus vicieux des *Sermons* de Bossuet sont devenus les morceaux les plus parfaits des *Oraisons funèbres.* Si Bossuet ne nous était connu aujourd'hui que par les *Sermons,* serions-nous assez justes pour y remarquer les traits que nous admirons dans les *Oraisons funèbres?* Le mal ne nous empêcherait-il pas de voir le bien, et ne confondrions-nous pas dans nos dégoûts les défauts et les beautés ?

Une critique trop rigoureuse peut encore nuire d'une autre manière à un écrivain original. Il y a des défauts qui sont inhérents à des beautés, et qui forment, pour ainsi dire, la nature et la constitution de certains esprits. Vous obstinez-vous à faire disparaître les uns, vous détruirez les autres. Otez à La Fontaine ses incorrections, il perdra une partie de sa naïveté ; rendez le style de Corneille moins familier, il deviendra moins sublime. Cela ne veut pas dire qu'il faille être incorrect et sans élégance ; cela veut dire que, dans les talents du premier ordre, l'incorrection, la familiarité ou tout autre défaut, peuvent tenir, par des combinaisons inexplicables, à des qualités éminentes. « Quand je vois, dit Montaigne, ces braves formes de s'expliquer, si vives, si profondes, je ne dis pas que c'est bien dire, je dis que c'est bien penser. » Rubens, pressé par la critique, voulut, dans quelques-uns de ses tableaux, dessiner plus savamment : que lui arriva-t-il ? Une chose remarquable : il n'atteignit pas la pureté du dessin, et il perdit l'éclat de la couleur.

Ainsi donc, indulgence ou critique circonspecte pour les *vrais* talents aussitôt qu'ils sont reconnus. Cette indulgence est d'ailleurs un faible dédommagement des chagrins semés dans la carrière des lettres. Un auteur ne jouit pas plutôt de cette renommée, objet de tous ses désirs, qu'elle lui paraît aussi vide qu'elle l'est en effet pour le bonheur de la vie. Pourrait-elle le consoler du repos qu'elle lui enlève ? Parviendra-t-il même jamais à savoir si cette renommée tient à l'esprit de parti, à des circonstances particulières, ou si c'est une véritable gloire fondée sur des titres réels ? Tant de méchants livres ont eu une vogue si prodigieuse ! quel prix peut-on attacher à une célébrité que l'on partage souvent avec une foule d'hommes médiocres ou déshonorés ? Joignez à cela les peines secrètes dont les Muses se plaisent à affliger ceux qui se vouent à leur culte, la perte des loisirs, le dérangement de la santé. Qui voudrait se charger de tant de maux pour les avantages incertains d'une réputation qu'on n'est pas sûr d'obtenir, qu'on vous contestera du moins pendant votre vie, et que la postérité ne confirmera peut-être pas après votre mort? car, quel que soit l'éclat d'un succès, il ne peut jamais vous donner la certitude de votre talent ; il n'y a que la durée de ce succès qui vous révèle ce que vous êtes. Mais, autre misère : le temps, qui fait vivre l'ouvrage, tue l'auteur, et l'on meurt avant de savoir qu'on est immortel.

Si l'on croyait que nous voulons rabaisser, par ces réflexions, la gloire des lettres, on se tromperait : c'est la première de toutes les gloires. Disposer de l'opinion publique, maîtriser les esprits, remuer les âmes, étendre ce pouvoir à tous les lieux, à tous les temps, il n'y a point d'empire comparable à celui-là. On peut braver, quand on le possède, toutes les infortunes de la vie. « Épictète, dit l'épitaphe grecque, boiteux, esclave, pauvre comme Irus, était pourtant le favori des dieux ! » Mais combien compte-t-on de ces génies qui naissent rois, et à qui la puissance appartient par droit de nature ? Sur un nombre immense d'écrivains, si quelques-uns seulement sont favorisés du ciel, faut-il que les autres poursuivent une carrière où, inutiles à la société, ils ne rencontrent que misère, oubli, ridicule ; une carrière où l'amour-propre blessé peut les rendre les plus malheureux et quelquefois les plus méchants des hommes ? La chance d'un bon billet sur mille mauvais est trop désavantageuse pour la tenter :

> *Soyons plutôt maçon.*

Il nous est arrivé d'annoncer l'avenir politique de la France avec assez de justesse ; il nous est plus facile encore de prédire son avenir littéraire. L'espèce d'impuissance dont nous sommes frappés aujourd'hui par le système stérile de notre administration est un accident qui passera avec ce système ; mais il restera toujours dans nos lettres l'infirmité de la vieillesse et le dépérissement de la caducité.

Ce n'est donc pas inutilement pour sa renommée, mais inutilement pour nous, que M. Dussault est venu dans ces derniers temps, avec MM. de Fontanes et de La Harpe, éclairer notre littérature; il n'a pu jeter de lumière que sur des ruines. Après le siècle d'Auguste, Quintilien donna des leçons de goût à ceux qui ne pouvaient plus en profiter ; on vit aussi, sous Adrien, les arts reproduire un moment les plus beaux temps de la Grèce :

> Quelquefois un peu de verdure
> Rit sur la glace de nos champs.
> Elle console la nature,
> Mais elle sèche en peu de temps.

Nous irons nous enfonçant de plus en plus dans la barbarie. Tous les genres sont épuisés : les vers, on ne les aime plus ; les chefs-d'œuvre de la scène nous ennuieront bientôt ; et, comme tous les peuples dégénérés, nous finirons par préférer des pantomimes et des combats de bêtes aux spectacles immortalisés par le génie de Corneille, de Racine et de Voltaire. Nous avons vu à Athènes la hutte d'un santon sur le haut d'une corniche du temple de Jupiter Olympien ; à Jérusalem, le toit d'un chevrier parmi les ruines du temple de Salomon ; à Alexandrie, la tente d'un bédouin au pied de la colonne de Pompée ; à Carthage, un cimetière des Maures dans les débris du palais de Didon : ainsi finissent les empires.

Nous l'avouerons, nous nous sommes arrêté, avec un plaisir qui n'était pas sans un mélange de quelque peine, aux *Annales littéraires ;* nous nous sommes souvenu des temps où nous combattions nous-même en faveur de la monarchie avec les seules armes qui nous étaient alors permises, où nous cherchions à réveiller la religion dans le cœur des Français, pour leur faire jeter un regard sur le passé, pour les disposer à s'attendrir sur les cendres de leurs pères, pour leur rappeler qu'il existait encore des rejetons de ces rois sous lesquels la France avait joui de tant de bonheur et de tant de gloire. L'auteur des *Annales* annonça ces ouvrages, fruit du malheur plutôt que du talent. En relisant ce qu'il voulait bien dire de nous, en nous reportant à ces jours de jeunesse, d'amitié et d'étude, nous nous surprenons à les regretter; nous en étions alors à l'espérance.

SUR UN OUVRAGE

DE

M. LE COMTE DE BOISSY-D'ANGLAS,

INTITULÉ

ESSAI SUR LA VIE, LES ÉCRITS ET LES OPINIONS DE M. DE MALESHERBES.

Mars 1819.

L'esprit philosophique qui a dénaturé notre littérature a surtout corrompu notre histoire : prenant les mœurs pour des préjugés, il a substitué des maximes à des peintures, une raison absolue à cette raison relative qui sort de la nature des choses, et qui forme le génie des siècles.

Ce même esprit, en examinant les hommes, ne les mesure que d'après ses règles : il les juge moins d'après leurs actions que d'après leurs opinions. Il y a tels personnages auxquels il ne pardonne leurs vertus qu'en considération de leurs erreurs.

Ces réflexions ne sont point applicables à l'auteur de l'*Essai sur la vie de M. de Malesherbes*. M. le comte de Boissy-d'Anglas se connaît en courage et en sentiments généreux. Il serait pourtant à désirer qu'il eût commencé son ouvrage par un morceau moins propre à réveiller l'esprit de parti. Pourquoi tous ces détails sur les souffrances des protestants? Si c'est une instruction paternelle que l'*auteur adresse à ses enfants*, elle est trop longue; si c'est un traité historique, il est trop court. L'histoire veut surtout qu'on ne dissimule rien, et qu'une partie du tableau ne soit pas plongée dans l'ombre, tandis que l'autre reçoit exclusivement la lumière. M. le comte de Boissy-d'Anglas gémit sur les proscriptions des calvinistes et les lois cruelles dont ils furent frappés. Il n'y a pas un honnête homme qui ne partage son indignation; mais pourquoi ne dit-il pas que les protestants de Nîmes avaient égorgé deux fois les catholiques, une première fois en 1567, et une seconde fois en 1569, avant que les catholiques eussent, en 1572, massacré les protestants[1]? Il s'élève contre l'*Apologie de Louis XIV sur la révocation de l'édit de Nantes :* mais cette *Apologie* est pourtant un excellent morceau de critique historique. Si l'abbé de Caveyrac soutient que la journée de la Saint-Barthélemy fût moins sanglante qu'on ne l'a cru, c'est qu'heureusement ce fait est prouvé. Lorsque la bibliothèque du Vatican était à Paris (trésor inappréciable auquel presque personne ne songeait), j'ai fait faire des recherches ; j'ai trouvé sur la journée de la Saint-Barthélemy les documents les plus précieux. Si la vérité doit se rencontrer quelque part, c'est sans doute dans des lettres écrites en chiffres aux souverains pontifes, et qui étaient condamnées à un secret éternel. Il résulte positivement de ces lettres que la Saint-Barthélemy ne fut point préméditée, qu'elle ne fut que la conséquence soudaine de la blessure de l'amiral, et qu'elle n'enveloppa qu'un nombre de victimes,

---

[1] Les protestants de Nîmes avaient égorgé deux fois les catholiques, et, à la Saint-Barthélemy, les catholiques de la même ville refusèrent de massacrer les protestants. Je pourrais en dire davantage si je voulais parler du commencement de la révolution.

toujours beaucoup trop grand sans doute, mais au-dessous des supputations de quelques historiens passionnés. M. le comte de Boissy-d'Anglas montre partout une sincère horreur pour les excès révolutionnaires : cependant, si son opinion était que l'on a exagéré le nombre des personnes sacrifiées, ne serait-il pas souverainement injuste de dire qu'il fait l'apologie du meurtre et du crime?

Quant aux lois qui pesaient sur les protestants en France, étaient-elles plus rigoureuses que ces fameuses *lois des découvertes* (laws of discovery) qui frappent encore aujourd'hui les catholiques en Irlande? Par ces lois, les catholiques sont entièrement désarmés. Ils sont incapables d'acquérir des terres. Si un enfant abjure la religion catholique, il hérite de tout le bien, quoiqu'il soit le plus jeune. Si le fils abjure sa religion, le père n'a aucun pouvoir sur son propre bien, mais il perçoit une pension sur ce bien, qui passe à son fils. Aucun catholique ne peut faire un bail pour plus de trente et un ans. Les prêtres qui célébreront la messe seront déportés, et s'ils reviennent, pendus. Si un catholique possède un cheval valant plus de cinq livres sterling, il sera confisqué au profit du dénonciateur.

Que conclure de ces déplorables exemples? Que partout on abuse de la force; que partout catholiques et protestants, lorsque les passions les animent, peuvent se servir des motifs les plus sacrés pour les actes les plus impies; qu'enfin la religion et la philosophie ne sont pas toujours pratiquées par des saints et par des sages.

Au reste, ne jugeons point les hommes sur ce qu'ils ont dit, mais d'après ce qu'ils ont fait : voyons M. de Malesherbes sortir de sa retraite à l'âge de soixante-douze ans, pour venir offrir à l'ancien maître dont il était presque oublié l'autorité de ses cheveux blancs et le vénérable appui de sa vieillesse. « Lorsque la pompe et la splendeur de Versailles, dit éloquemment M. de Boissy-d'Anglas, étaient remplacées par l'obscurité de la tour du Temple, M. de Malesherbes put devenir, pour la troisième fois, le conseil de celui qui était sans couronne et dans les fers, de celui qui ne pouvait offrir à personne que la gloire de finir ses jours sur le même échafaud que lui. »

M. de Malesherbes écrivit au président de la Convention pour lui proposer de défendre le roi.

« Je ne vous demande point, lui dit-il dans sa lettre, de faire part à la Convention de mon offre, car je suis bien éloigné de me croire un personnage assez important pour qu'elle s'occupe de moi; mais j'ai été appelé deux fois au conseil de celui qui fut mon maître dans le temps où cette fonction était ambitionnée de tout le monde : je lui dois le même service lorsque c'est une fonction que bien des gens trouvent dangereuse. »

Plutarque ne nous a rien transmis d'un héroïsme plus simple. Dans les âmes faites pour la vertu, la vertu est une action naturelle qui s'accomplit sans effort, comme les autres mouvements de la vie.

Louis XVI parut à la barre de la Convention le 26 décembre. M. Desèze termina son plaidoyer par ces mots, qui sont restés dans la mémoire des hommes : « Louis vint au-devant des désirs du peuple par des sacrifices personnels sans nombre, et cependant c'est au nom de ce même peuple qu'on demande aujourd'hui... Citoyens, je n'achève pas, je m'arrête devant l'histoire. »

Ils ne se sont pas arrêtés devant l'histoire! ils l'ont bravée! Auraient-ils pressenti qu'elle leur réservait la miséricorde de Louis XVIII?

M. de Malesherbes vint à la Convention avec MM. Desèze et Tronchet, pour appuyer la demande d'un sursis, d'un appel au peuple, et pour réclamer contre la manière dont les votes avaient été comptés. Il ne put prononcer que quelques paroles entrecoupées de sanglots. Il avait sollicité le sacrifice : tout le poids du sacrifice retomba sur lui. Il fut chargé d'annoncer au roi l'arrêt fatal. Écoutons-le lui-même raconter cette scène dans la prison à M. Hue : « Je vois encore le roi (c'est M. de Malesherbes qui parle); il avait le dos tourné vers la porte, les coudes appuyés sur une table, et le visage couvert de sa main. Au bruit que je fis en entrant il se leva : Depuis deux heures, me dit-il, je recherche en ma mémoire si, durant le cours de mon règne, j'ai donné volontairement à mes sujets quelque sujet de plainte contre moi; je vous le jure en toute sincérité, je ne mérite de la part des Français aucun reproche. »

M. de Malesherbes tomba aux pieds de son maître, et voulut lui annoncer son sort. « Il était étouffé par ses sanglots, dit Cléry, et il fut plusieurs moments sans pouvoir parler. Le roi le releva, et le serra contre son sein avec affection. M. de Malesherbes lui apprit le décret de condamnation à la mort; le roi ne fit aucun mouvement qui annonçât de la surprise ou de l'émotion : il ne parut affecté que de la douleur de ce respectable vieillard, et chercha même à le consoler. »

Les hommes vulgaires tombent et ne se relèvent plus sous le poids du malheur; les grands hommes, tout chargés qu'ils sont d'adversités, marchent encore : de forts soldats portent légèrement une pesante armure. Après l'accomplissement du crime, le vénérable défenseur du roi se retira à Malesherbes : les bourreaux vinrent bientôt l'y chercher. Il fut enfermé dans la prison de Port-Royal avec presque tous les siens [1]. Son vertueux gendre, M. de Rosambo, périt le premier. Ensuite le plus intègre des magistrats parut lui-même devant les plus iniques des juges, avec sa fille, madame de Rosambo, sa petite-fille, madame de Chateaubriand, femme de mon frère aîné, qui eut aussi les mêmes juges et le même échafaud : qu'on me pardonne cette vanité de famille! M. de Malesherbes est qualifié, dans son interrogatoire, de *défenseur officieux de celui qui a régné sous le nom de Louis XVI*. On lui demanda si quelqu'un s'était chargé de plaider sa cause ; il répondit par un seul mot : « Non. » Le tribunal lui nomma d'office un défenseur, appelé Duchâteau. Ainsi, celui qui avait défendu volontairement Louis XVI ne trouva point de défenseur volontaire. Dans ces temps, où tout innocent était coupable, les avocats reculèrent devant cinquante années de vertus, comme dans les jours de justice ils refusent quelquefois de prêter leur ministère à de trop grands crimes. M. de Boissy-d'Anglas dit que l'épouvante avait glacé tous les cœurs : tous sans doute, excepté ceux des victimes.

L'homme de bien reçut son arrêt avec le calme le plus profond : on eût dit qu'il ne l'avait pas entendu, tant il y parut insensible; mais il s'attendrit sur ses enfants, que frappait la même sentence. Il sortit de la prison pour aller à la mort, appuyé sur sa fille, madame de Rosambo, qui était elle-même suivie de sa fille et de son gendre. Au moment où ce lugubre cortége allait franchir le guichet, madame de Rosambo aperçut mademoiselle de Sombreuil, si fameuse par sa piété filiale. « Mademoiselle, lui dit-elle, vous avez eu le bonheur de sauver la vie à votre père : je vais avoir celui de mourir avec le mien. »

« M. de Malesherbes (je ne saurais mieux faire que de transcrire ici un passage de l'ouvrage de M. de Boissy-d'Anglas), M. de Malesherbes avait vécu comme Socrate, il devait mourir comme lui. Mais sa mort fut plus douloureuse, puisque,

---

[1] Madame de Rosambo et son fils, M. et madame de Chateaubriand, M. et madame de Tocqueville, M. Le Pelletier d'Aunay.

avant de cesser de vivre, il eut sous les yeux l'affreux spectacle de la mort d'une partie de sa famille, et qu'on différa son supplice pour en augmenter la cruauté.

« Ainsi finit de servir sa patrie en même temps qu'il cessa de vivre, l'un des hommes les plus dignes de l'estime et de la vénération de ses contemporains et de l'avenir. On peut dire qu'il honora l'espèce humaine par ses hautes et constantes vertus, en même temps qu'il la fit aimer par le charme de son caractère. »

L'éloge de M. de Malesherbes ne serait pas complet, si on n'y ajoutait les paroles du Testament de Louis XVI.

« Je prie MM. de Malesherbes, Tronchet et Desèze, de recevoir ici tous mes remerciements et l'expression de ma sensibilité, pour tous les soins et les peines qu'ils se sont donnés pour moi. »

Pourquoi M. le comte de Boissy-d'Anglas, qui a loué si dignement M. de Malesherbes, s'efforcerait-il de nier le changement qui s'était opéré dans quelques-unes des opinions de cet homme illustre? Quelle si grande importance met-il à prouver que l'ami et le protecteur de Jean-Jacques Rousseau ne s'est jamais accusé d'avoir contribué, par ses idées, au malheur de la révolution? Cet aveu rendrait-il à ses yeux l'homme moins grand, ou la révolution plus petite? Pourquoi rejette-t-il les faits avancés par M. de Molleville et par M. Hue? Pourquoi veut-il balancer, par son opinion étrangère, des traditions de famille? J'ai moi-même entendu M. de Malesherbes, déplorant ses anciennes liaisons avec Condorcet, s'expliquer sur le compte de ce philosophe avec une véhémence qui m'empêche de répéter ici ses propres paroles. M. de Tocqueville, qui a épousé une autre petite-fille de M. de Malesherbes, m'a raconté que cet homme admirable, la veille de sa mort, lui dit : « Mon ami, si vous avez des enfants, élevez-les pour en faire des chrétiens; il n'y a que cela de bon. »

Ainsi, ce fidèle serviteur avait profité de la leçon de son auguste maître. Le roi captif, en le chargeant d'aller lui chercher un prêtre non assermenté, lui avait dit : « Mon ami, la religion console tout autrement que la philosophie. »

M. de Malesherbes ne manqua pas de consolations religieuses à ses derniers moments. Il y avait quelques prêtres, condamnés comme lui, sur le tombereau qui les conduisit au lieu de l'exécution. La tolérance philanthropique avait trouvé ce moyen de donner des confesseurs aux chrétiens qu'elle envoyait au supplice.

Mettons d'accord les deux opinions : que la philosophie réclame la première partie de la vie de M. de Malesherbes; la religion se contentera de la dernière.

Quand M. le comte de Boissy-d'Anglas affirme encore que M. de Malesherbes eût approuvé la loi des élections, cela paraît un peu extraordinaire. La loi des élections n'avait que faire ici. M. de Malesherbes est mort victime des opinions démocratiques : fouiller dans son tombeau pour y découvrir un suffrage favorable à ces opinions, ce n'est peut-être pas là qu'on pouvait espérer le trouver. S'il n'était oiseux de rechercher ce qu'eût été M. de Malesherbes en supposant qu'il eût vécu jusqu'à la restauration, j'aurais sur ce point des idées bien différentes de celles de M. Boissy-d'Anglas. Il y a deux modérations : l'une est de l'impuissance, l'autre est de la force : avec la première on ne peut marcher, avec la seconde on s'arrête quand on veut : avec l'une tout fait peur, avec l'autre on est sans crainte. M. de Malesherbes possédait cette dernière et précieuse modération. Il n'aurait jamais été retenu par le cri éternel des médiocres et des pusillanimes : « Vous allez trop loin. » Il eût donc été un ardent et zélé royaliste. Il eût voté, comme son collègue M. Desèze, contre la loi des élections; les principes ministériels lui auraient paru funestes, et, rangé par cette raison dans la classe des *exclusifs*, il eût grossi la liste des destitués pour services rendus à la cause royale.

M. de Malesherbes fut un homme à part au milieu de son siècle. Ce siècle, précédé des grandeurs de Louis XIV et suivi des crimes de la révolution, disparaît comme écrasé entre ses pères et ses fils. Le règne de Louis XV est l'époque la plus misérable de notre histoire : quand on en cherche les personnages, on est réduit à fouiller les antichambres de M. le duc de Choiseul, ou les salons de madame d'Épinay et de madame Geoffrin. La société entière se décomposait : les hommes d'État devenaient des gens de lettres ; les gens de lettres, des hommes d'État ; les grands seigneurs, des banquiers ; et les fermiers généraux, de grands seigneurs. Les modes étaient aussi ridicules que les arts étaient de mauvais goût ; et l'on peignait des bergères en paniers dans les salons où les colonels brodaient au tambour. Et comme pourtant ce peuple français ne peut jamais être tout à fait obscur, il gagnait encore la bataille de Fontenoy, pour empêcher la prescription contre la gloire ; et Montesquieu, Voltaire, Buffon et Rousseau écrivaient pour maintenir nos droits au génie.

Notre célébrité se réfugia particulièrement dans les lettres ; mais il en résulta un autre mal. Les auteurs pullulèrent ; on devint fameux avec un gros dictionnaire ou avec un quatrain dans l'*Almanach des Muses*; Dorat et Diderot eurent leur culte. Les poëtes chantaient le temps des *cinq maîtresses*, et détruisaient les mœurs ; les philosophes bâtissaient l'*Encyclopédie*, et démolissaient la France.

Toutefois, des figures respectables se montraient dans les arrière-plans du tableau. Elles appartenaient presque toutes à l'ancienne magistrature. Quelques-unes de nos familles de robe retraçaient, par la naïveté de leurs mœurs, ces temps où Henri III, venant visiter le président De Thou, s'asseyait, faute de chaise, sur un coffre. M. de Malesherbes conservait la science, la probité, la bonhomie et la bonne humeur des anciens jours. On raconte mille traits de sa distraction et de sa simplicité. Il riait souvent : son visage était aussi gai que sa conscience était sereine. Au premier abord, on aurait pu le prendre pour un homme commun ; mais on découvrait bientôt en lui une haute distinction : la vertu porte écrite sur son front la noblesse de sa race. Ce qui prouve le charme et la supériorité de M. de Malesherbes, c'est qu'il conserva ses amis dans les jours de ses succès. Or, le plus grand effort de l'amitié n'est pas de partager nos infortunes, c'est de nous pardonner nos prospérités. Si M. de Malesherbes ne fit que passer dans les affaires, c'est qu'on ne parvient point au pouvoir avec une réputation faite, ou que du moins on n'y reste pas longtemps. Il n'y a que la médiocrité ou le mérite inconnu qui puisse monter et rester aux premières places.

Deux mots échappés à M. de Malesherbes peignent admirablement sa magnanimité. Lorsque le roi fut conduit à la Convention, M. de Malesherbes ne lui parlait qu'en l'appelant *Sire* et *Votre Majesté*. Treilhard l'entendit, et s'écria furieux : « Qui vous rend si hardi de prononcer ici ces mots que la Convention a proscrits ? — Mon mépris pour vous et pour la vie, » répondit M. de Malesherbes.

Le roi demandait un jour à son vieil ami comment il pouvait récompenser MM. Desèze et Tronchet. « J'ai songé à leur faire un legs, disait l'infortuné monarque ; mais le payerait-on ? — Il est payé, sire, répondit M. de Malesherbes ; vous les avez choisis pour défenseurs. »

Dans ma jeunesse, j'avais formé le projet de découvrir par terre, au nord de l'Amérique septentrionale, le passage qui établit la communication entre le détroit de Behring et les mers du Groënland. M. de Malesherbes, confident de ce projet, l'adoptait avec toute la chaleur de son caractère. Je me souviens encore de nos longues dissertations géographiques. Que de choses il me recommandait! que de plantes je devais lui rapporter pour son jardin de Malesherbes! Je n'ai pas eu le bonheur de l'orner, ce jardin, où l'on voyait

> Un vieillard tout semblable au vieillard de Virgile,
> Homme égalant les rois, homme approchant des dieux,
> Et, comme ces derniers, satisfait et tranquille.

Mais les beaux cèdres que ce vieillard a plantés, et qui ont grandi comme sa renommée, sont aujourd'hui religieusement cultivés par mon neveu, son filleul et son arrière-petit fils. C'est avec un plaisir mêlée d'un juste orgueil que je trouve ainsi mon nom uni, dans la retraite d'un sage, au nom de M. de Malesherbes. Si, comme ce nom immortel, le mien ne représente pas la gloire, comme ce même nom, du moins, il rappellera la fidélité.

PANORAMA DE JÉRUSALEM.

Avril 1819.

Monsieur Prévost a pris la vue de Jérusalem du haut du couvent de Saint-Sauveur. On découvre de ce point la ville entière et le cercle presque complet de l'horizon. Cet horizon embrasse, à l'orient et au midi, le chemin de Bethléem, les montagnes d'Arabie, un coin de la mer Morte et la montagne des Oliviers; au nord et à l'ouest, les montagnes de Sichem ou de Naplouse, le chemin de Damas, et les montagnes de la Judée sur la route de Jaffa.

Tous ces lieux, ainsi que les plus petits détails de Jérusalem, sont décrits dans l'*Itinéraire*, et peuvent servir d'explication au Panorama. Qu'il me soit permis seulement de rappeler le tableau de la ville, en priant le lecteur d'observer deux choses :

1° Mon point de vue, pris de la montagne des Oliviers, est conséquemment tout juste à l'opposé du point de vue de M. Prévost : dans le Panorama, la montagne des Oliviers est en face; dans ma description, c'est Jérusalem qu'on a devant soi.

2° Je me trouvais en Judée au mois d'octobre; le soleil était ardent, les cieux *étaient devenus d'airain;* les montagnes étaient arides, sèches et brûlées. M. Prévost a vu Jérusalem en hiver, par un temps pluvieux et sombre; ce qui convient également à la tristesse du site et des souvenirs. A ces petites différences près, les deux tableaux ont l'air d'avoir été calqués l'un sur l'autre. *Voyez* donc la description extraite de l'*Itinéraire*.

Telle est aujourd'hui Jérusalem, et telle la représente le Panorama. Compagnon naturel de tous les voyageurs, m'associant en pensée à leurs périls et à leurs travaux, j'admire trop les arts, j'aime trop les muses pour ne pas me faire un devoir de recommander à la France les talents qui la peuvent honorer. Soyons reconnaissants envers l'homme courageux qui a immolé à son art sa santé, son repos et sa fortune. Ce n'est encore là que le moindre des sacrifices de M. Prévost : il a eu le malheur de perdre son neveu. Ce jeune peintre, de la plus belle espérance, vrai martyr des arts, est mort à la vue de la Grèce, et son corps a été abandonné aux flots de cette mer qui baigne la patrie d'Apelles. Ainsi toutes les peines sont pour les voyageurs, tous les plaisirs pour nous qui profitons du voyage : nous allons au bout de la terre sans quitter notre patrie. Après tout, c'est toujours là qu'il en faut revenir ; et, quand on a vu toutes les villes du monde, on trouve encore que celles de son pays sont les plus belles : c'était l'opinion de Montaigne.

« Je responds, dit-il, ordinairement à ceux qui me demandent raison de mes voyages : Je sais bien ce que je fuis, mais non pas ce que je cherche. Si on me dit que, parmy les estrangers, il y peut avoir aussi peu de santé, et que leurs mœurs ne sont pas mieux nettes que les nostres, je responds que c'est toujours gain de changer un mauvais estat à un estat incertain, et que les maux d'autruy ne nous doivent pas poindre comme les nostres. Je ne veux pas oublier cecy : que je ne me mutine jamais tant contre la France que je ne regarde Paris de bon œil : elle a mon cœur dès mon enfance, et m'en est advenu comme des choses excellentes. Plus j'ay veu depuis d'autres villes belles, plus la beauté de cette cy peut et gaigne sur mon affection. Je l'ayme tendrement, jusques à ses verrues et à ses taches. Je ne suis François que par cette grande cité, grande en peuples, grande en félicité de son assiette, mais surtout grande et incomparable en varieté et diversité de commodités, la gloire de la France et l'un des plus nobles ornements du monde. Dieu en chasse loin nos divisions ! »

SUR LE VOYAGE AU LEVANT,

DE M. LE COMTE DE FORBIN.

Mai 1819.

Monsieur le comte de Forbin, dans son *Voyage au Levant*, réunit le double mérite du peintre et de l'écrivain : l'*Ut pictura poesis* semble avoir été dit pour lui. Nous pouvons affirmer que, dessinés ou écrits, ses tableaux joignent la fidélité à l'élégance. Nous avons vu quelques lieux qu'il n'a point visités, comme Sparte, Rhodes et Carthage ; mais il a parcouru à son tour des ruines qui ont échappé à nos observations, telles que celles de Césarée, d'Ascalon et de Thèbes. A cela près notre course, quasi la même, a été accomplie dans le même espace de temps. Plus heureux que nous seulement, M. le comte de Forbin avait un pinceau pour peindre, et nous, nous n'avions qu'un crayon : un roi légitime lui a donné de grands vaisseaux pour le transporter en haute mer ; et nous, nous possédions à peine la petite barque d'Horace pour raser la terre, *biremis præsidio scaphæ*. Nous sommes forcé d'envier au voyageur jusqu'au château dont il s'est défait pour subvenir aux frais de la route : quant à nous, on avait eu soin de ne nous laisser à vendre que nos coquilles de pèlerin.

M. le comte de Forbin s'embarqua à Toulon le 22 août 1817, sur la division navale composée de la frégate *la Cléopâtre*, de la corvette *l'Espérance*, des gabares *la Surveillante* et *l'Active*. Il avait pour compagnons de voyage : M. l'abbé de Janson, missionnaire; M. Huyot, architecte; M. Prévost, auteur de beaux panoramas; et l'infortuné M. Cochereau, peintre et neveu de M. Prévost. La flotte se trouva le jour de la Saint-Louis à la vue de la côte de Tunis. « M. l'abbé de Janson célébra la messe sur le gaillard d'arrière. Vingt et un coups de canon et des cris de *vive le Roi!* saluèrent le rivage où saint Louis rendit à Dieu sa grande âme. Ce noble souvenir frappa tout l'équipage. Quel rapprochement en effet; quel spectacle que celui de ce désert qui fut jadis témoin du deuil des lis, et qui conserve aujourd'hui les ruines de Carthage[1]. »

Otez la religion de ce beau tableau, que restera-t-il? Quelques ruines muettes et la poussière d'un roi.

Le 30 août, près la côte de Cérigo, mourut le jeune Cochereau, qui *avait entrepris le voyage plein de joie et d'ardeur*[2]. Dans les projets de la vie on oublie trop facilement cet accident de la mort, qui abrége tous les projets. C'est pourquoi les hommes ont raisonnablement fixé la patrie au lieu de la naissance, et non pas à celui de la mort, toujours incertain :

> Lyrnessi domus alta, solo Laurente sepulcrum.

Les voyageurs débarquent à Milo, où M. Huyot eut le malheur de se casser la jambe. M. le comte de Forbin, demeuré seul avec M. Prévost, se hâte d'aller visiter Athènes.

Il faut lire la description d'Athènes dans le Voyage. M. le comte de Forbin peint avec une expression heureuse ces ouvrages de Périclès, que nous avons nous-même tant admirés. « Chacun d'iceux, dit Plutarque, dès lors qu'il fut parfait, sentait déjà son antique, quant à la beauté; et néanmoins, quant à la grâce et vigueur, il semble jusques aujourd'hui qu'il vienne tout fraischement d'estre fait et parfait, tant il y a ne sais quoi de florissante nouveauté, qui empesche que l'injure du temps n'en empire la vue, comme si chacun desdits ouvrages avait au dedans un esprit toujours rajeunissant, et une âme non jamais vieillissante, qui les entretinst en cette vigueur. »

Le voyageur rencontra à Athènes notre ancien hôte, M. Fauvel, si digne de faire les honneurs de la Grèce. Nous voyons aussi que l'archevêque d'Athènes allait marier son neveu à la sœur de l'agent de France de Zéa. Cet agent est apparemment le fils de ce pauvre M. Pengali qui se mourait de la pierre lorsque nous passâmes dans son île, et qui n'en mariait pas moins une des quatre demoiselles Pengali, lesquelles chantaient en grec : *Ah! vous dirai-je, maman,* pour nous adoucir les regrets de la patrie. Le fils de M. Pengali nous a écrit depuis la restauration ; il nous avait connu persécuté par Buonaparte pour notre attachement à la famille des Bourbons; il se figurait que nous devions être tout-puissant sous le roi. Nous nous sommes bien donné de garde de solliciter la faveur qu'il demandait auprès des ministres de Sa Majesté : nous aurions craint de faire destituer le pauvre vice-consul, pour nous avoir jadis reçu, par la volonté des dieux, dans la maison de Simonide.

M. le comte de Forbin nous apprend encore, au sujet d'Athènes, que le docteur Avramiotti a écrit en grec une brochure contre nous. Est-ce qu'il y a des ministériels à Athènes? S'ils sont pour Périclès, nous passons de leur côté ; mais s'ils sont pour Hyperbolus ou pour Critias, nous restons dans l'opposition. Nous ignorons ce

---

[1] *Voyage dans le Levant*, pag. 5. — [2] *Ibidem*, pag. 6.

que nous avons fait au docteur Avramiotti : nous le citons dans l'*Itinéraire* avec toute sorte de considération. Se serait-il fâché parce que nous avons dit qu'il semblait un peu fatigué de notre visite? Cela pourtant était tout simple : nous devions être très-ennuyeux. Nous sommes donc aujourd'hui la fable et la risée d'Argos? Nous tâcherons de nous en consoler, en songeant que depuis le temps de Clytemnestre on a tenu bien de mauvais propos dans cette ville.

Le voyageur se rembarque et poursuit sa course vers le Bosphore. Il voit en passant le cap Sunium, où nous nous arrêtâmes, prêt à quitter la Grèce. Arrivé à Constantinople, il se rend chez l'ambassadeur de France. « Les nobles qualités de M. de Rivière m'étaient connues, dit-il ; mais je découvris en lui chaque jour de plus hautes vertus sous les formes les plus franches et les plus aimables. » Nous n'eûmes point le bonheur de rencontrer M. de Rivière à Constantinople; mais nous y fûmes reçu par M. le général Sébastiani avec une hospitalité que nous nous sommes plu à reconnaître, et que le changement des temps ne peut ni ne doit nous faire oublier.

Nous avons beaucoup de descriptions de Constantinople : il y en a peu qu'on puisse comparer, pour l'originalité et la parfaite ressemblance, à celle que l'on trouve dans le *Nouveau Voyage du Levant;* nous ne pouvons résister au plaisir de la transcrire :

« J'ai vu dans cette ville singulière, dit le voyageur, des palais d'une admirable élégance, des fontaines enchantées, des rues sales et étroites, des baraques hideuses et des arbres superbes. J'ai visité Sandalbezestan, Culchilarbezestan, où se vendent les fourrures. Partout le Turc me coudoyait, le Juif se prosternait devant moi, le Grec me souriait, l'Arménien voulait me tromper, les chiens me poursuivaient, et les tourterelles venaient avec confiance se poser sur mon épaule; partout enfin on dansait et on mourait autour de nous. J'ai entrevu les mosquées les plus célèbres, leurs parvis, leurs portiques de marbre soutenus par des forêts de colonnes, et rafraîchis par des eaux jaillissantes. Quelques monuments mystérieux, restes de la ville de Constantin, noircis, rougis par les incendies, sont cachés dans des maisons peintes, bariolées et souvent à demi brûlées. Les figures, les costumes, les usages, offrent partout le spectacle le plus pittoresque, le plus varié. C'est Tyr, c'est Bagdad, c'est le grand marché de l'Orient [1]. »

De Constantinople, M. le comte de Forbin descend à Smyrne, où il retrouve M. Huyot chez les pères de la Mission, « à qui, dit le voyageur, cet artiste doit incontestablement la vie. » On passe de Smyrne aux ruines d'Éphèse, dont la description est un des plus beaux morceaux du *Voyage*.

« Je parvins, dit M. de Forbin, avec assez de difficulté, par une journée brûlante, jusqu'à la vaste enceinte du temple de Diane. L'ensemble paraît être de la grandeur du Louvre et des Tuileries, en y comprenant le jardin. . . . . A la vue de ces constructions gigantesques, il est aisé de concevoir les dépenses qu'elles coûtèrent à tous les peuples de la Grèce et de l'Asie. On rencontre, derrière le temple de Diane, un monument circulaire orné de colonnes; un autre, de forme carrée, et au milieu un emplacement dont le pavé était de marbre. Un édifice assis sur des souterrains est entièrement tombé. Ces ruines composent un grand monticule entouré de plusieurs autres, tous formés des débris portant la merveilleuse empreinte du goût exquis des Grecs à l'époque brillante de leur puissance, de leurs succès dans tous les genres.

[1] *Voyage dans le Levant*, pag. 44.

« Quel sujet d'émotions plus profondes que celui de cette grande destruction ! Quelle terrible et singulière leçon que cette promenade d'une lieue où l'on marche sans cesse sur des décombres, où des matériaux d'une admirable richesse couvrent des plaines, des montagnes, des vallées, n'offrant d'asile qu'aux loups et à de nombreux sangliers ! La porte de la Persécution est un monument en marbre, construit des arrachements et des restes d'édifices postérieurs ; elle me rappela les monuments romains. . . . . Le dernier tremblement de terre a renversé cette porte, qui était si bien conservée lorsque je la dessinai. On marche pendant un quart de lieue sur un terrain couvert d'un épouvantable chaos de pierres et de marbres amoncelés, empilés : frises, frontons, architraves, métopes, statues, tout ce qui charmait autrefois les yeux par sa régularité et sa perfection, les effraye aujourd'hui par la confusion de ses débris.

« Je suivis un aqueduc qui réunit dans les montagnes les eaux des sources les plus abondantes : il les amène encore, mais personne ne va s'y désaltérer. Cette rivière, portée sur des murs élevés, rencontre enfin une brèche chargée de vignes sauvages : elle tombe alors en cascade, et sa nappe limpide se brise sur le dôme des ruines et des bains turcs.

« Les siècles les plus reculés et les âges de barbarie ont écrit leurs annales dans ce lieu des regrets, des hautes réflexions, où tout parle si noblement de la mort. .
. . . .
« L'aspect général d'Éphèse me rappelait celui des marais Pontins. A l'heure où le soleil descendait dans la mer, l'harmonie des lignes, la vapeur chaude des lointains, le voile de cette heure mystérieuse, formaient un ensemble touchant et mélancolique, supérieur aux plus beaux paysages de Claude Lorrain. Peut-être un jour, me disais-je, un homme des Florides viendra-t-il visiter ainsi les ruines de ma patrie, et, comme dans Éphèse, quelques noms seuls demeureront debout au milieu de la poussière des marbres et de la cendre du cèdre et de l'airain. Je me rappellerai longtemps l'impression douce et triste de cette soirée : les échos, cachés dans des conduits profonds, répétaient alors les moindres bruits ; le frémissement du vent dans les bruyères ressemblait à des clameurs souterraines ; l'imagination croyait entendre les derniers sons de l'hymne des prêtres de Diane, ou les chants des premiers chrétiens autour de l'apôtre d'Éphèse [1]. »

D'Éphèse on arrive à Saint-Jean d'Acre ; on suit le voyageur à Césarée, à Jaffa, à Jérusalem, à la mer Morte, au Jourdain ; on revient avec lui à Jaffa ; on l'accompagne avec le plus vif intérêt à Ascalon, et dans le désert qu'il traverse pour se rendre à Damiette ; on remonte le Nil avec lui jusqu'au Caire, de là jusqu'à Thèbes, où se termine sa course comme arrêtée par des monceaux de ruines. L'Égypte ressemble à ses colosses : renversée dans le sable, l'œil du voyageur, qui n'aurait pu l'embrasser tandis qu'elle était debout, en mesure avec étonnement les proportions gigantesques et les énormes débris. On remarque un contraste singulier dans les monuments égyptiens : immenses en dehors, en dedans leurs dimensions sont resserrées. Dans ce vaste tombeau qui semble écraser la terre, dans cette haute pyramide qu'on aperçoit à quinze lieues de distance, on ne peut entrer qu'en se courbant. Tandis que sa masse indestructible annonce extérieurement la grandeur et l'immortalité du génie, sa capacité intérieure offre à peine la place d'un petit cercueil : ainsi ce tombeau semble faire le partage exact des deux natures de l'homme.

[1] *Voyage dans le Levant*, pag. 60 et suiv.

C'est avec un charme particulier qu'en parcourant les tableaux de M. le comte de Forbin nous reconnaissons dans ses personnages nos anciens hôtes, ces vertueux Pères de Terre Sainte, encore plus malheureux aujourd'hui qu'ils ne l'étaient lorsqu'ils nous reçurent dans toute la charité évangélique. Nous avons revu, non sans attendrissement, le nom du père Clément Perez et celui du bon père Munoz au cœur *limpide e bianco :* nous nous sommes réjoui en apprenant que M. Drovetti occupe une place auprès du pacha d'Égypte ; mais puisqu'il devait adopter une patrie étrangère, nous aurions mieux aimé que celle qu'il a si honorablement servie l'eût reconnu pour son enfant. Homère était bien heureux. Lui donnait-on l'hospitalité, il mettait le nom de son hôte dans ses ouvrages, et voilà *son* hôte immortel : nous autres obscurs voyageurs nous ne pouvons payer les soins qu'on a pris de nous que par une stérile reconnaissance.

Nous sommes obligé d'abréger les citations de l'ouvrage de M. le comte de Forbin, parce qu'il faudrait trop citer ; mais nous recommandons particulièrement aux lecteurs les descriptions d'Ascalon et de Césarée, de ces deux villes encore debout, mais sans habitants, telles que le prophète nous représente Jérusalem assise dans la solitude, ou le port de Tyr battu par une mer sans vaisseaux. On verra avec plaisir la touchante histoire d'Ismaïl et de Maryam. Parmi les dessins, il faut remarquer celui de la mosquée d'El-Haram, et une vue de Jérusalem prise de la vallée de Josaphat. En véritable peintre, M. le comte de Forbin a saisi le moment d'un orage, et c'est à la lueur de la foudre qu'il nous montre la cité des miracles. Il nous pardonnera de rappeler quelques lignes de l'*Itinéraire*, qui nous serviront à décrire son tableau : « L'aspect de la vallée de Josaphat est désolé : le côté occidental est une falaise de craie qui soutient les murs gothiques de la ville, au-dessus desquels on aperçoit Jérusalem : le côté oriental est formé par la montagne des Oliviers et par la montagne du Scandale. . . . .
. . . . Les pierres du cimetière des Juifs se montrent comme un amas de débris au pied de la montagne. . . . .
A la tristesse de Jérusalem, dont il ne s'élève aucune fumée, dont il ne sort aucun bruit ; à la solitude des montagnes, où l'on n'aperçoit pas un être vivant ; au désordre de toutes ces tombes fracassées, brisées, demi-ouvertes, on dirait que la trompette du jugement s'est déjà fait entendre, et que les morts vont se lever dans la vallée de Josaphat. »

On ne saurait trop louer le voyageur d'avoir porté dans la Terre Sainte des sentiments graves : avec un esprit de doute et de moquerie il n'aurait rien vu, et il aurait tout défiguré.

Nous admirons le grand *Voyage d'Égypte;* nous rendons hommage aux gens de lettres et aux artistes qui l'ont exécuté ; mais nous souffrons quand nous voyons commenter les livres de Moïse avec une assurance qui fait de la peine, pour peu qu'on ait quelque connaissance des langues originales. Expliquer la colonne de nuée et de feu qui conduisait les Hébreux dans le désert, *par un réchaud cylindrique dans lequel on entretient un feu vif et brillant, en y brûlant des morceaux très-secs de sapin,* n'est-ce pas une imagination un peu trop philosophique ? L'auteur a-t-il trouvé l'histoire de ce réchaud dans quelque antique manuscrit arraché au tombeau d'Osymandué ? Non : il s'appuie de l'autorité du XXIVe numéro d'un journal intitulé *le Courrier de l'Égypte*, imprimé au Caire, où Buonaparte avait établi la liberté de la presse pour les Arabes. On nous permettra de nous en tenir à la version du Pentateuque. Le texte ne dit point du tout un *réchaud*, mais une *nuée ;* nous ne voulons pas citer de l'hébreu : les Septante et la Vulgate traduisent exactement.

Heureusement il s'en faut beaucoup que tous les Mémoires du magnifique *Voyage d'Égypte* soient écrits dans le même esprit, témoin ce passage où M. Rozière, ingénieur en chef au corps royal des mines, parle de l'expédition de saint Louis. « Alors, dit-il, la religion sincère, la foi chrétienne touchante et sublime dans les grandes âmes, la brillante chevalerie ignorante et naïve, craignant le blâme plus que la mort, pleine de nobles sentiments et d'illusions magnanimes, guidaient loin de leur pays les enfants de la France. » Voilà qui est beau, très-beau. Quand on aspire à l'immortalité, c'est une grande avance que d'être chrétien.

L'ouvrage de M. le comte de Forbin achèvera de prouver qu'on peut faire aujourd'hui promptement et facilement ce qui demandait autrefois beaucoup de temps et de fatigues. Un voyageur qui noliserait un vaisseau à Marseille, et qui partirait par les grands vents de l'équinoxe du printemps, pourrait jeter l'ancre à Jaffa le vingtième jour après son départ, et peut-être même plus tôt; le vingt et unième il serait à Jérusalem; mettons huit jours pour voir les lieux saints, le Jourdain et la mer Morte, six semaines ou deux mois pour le retour, ce voyageur serait donc revenu dans sa famille avant qu'on eût eu le temps de s'apercevoir de son absence. Qui n'a trois mois à sa disposition? Il ne serait pas plus long de se rendre chaque année à Athènes, à Thèbes, à Jérusalem, que d'aller passer l'été de châteaux en châteaux aux environs de Paris : on se délasserait des jardins anglais dans le potager d'Alcinoüs.

Les Français peuvent tirer un autre profit de leurs voyages; il peuvent se convaincre, en parcourant le monde, qu'il n'y a rien de plus beau et de plus illustre que leur patrie. Ils ne sauraient faire un pas dans l'Orient sans retrouver partout les immortels souvenirs de leur race, depuis ces chevaliers qui régnèrent à Constantinople, à Sparte, à Antioche, à Ptolémaïs, qui combattirent à Ascalon et à Carthage, jusqu'à ces quarante mille voyageurs armés qui vainquirent aux Pyramides, et battirent des mains aux ruines de Thèbes. Cette armée, dont l'Arabe du désert raconte encore les hauts faits, vengea les chevaliers de la Massoure; mais elle ne releva point à Jérusalem les deux sentinelles françaises qui gardent si fidèlement le saint-sépulcre : Godefroy de Bouillon et Baudouin son frère.

M. le comte de Forbin se montre partout bon Français, et il doit quelques-unes de ses plus belles pages aux inspirations puisées dans l'amour de son pays. Le poëte de Smyrne promet des succès à ceux qui combattaient περὶ πάτρης, pour la patrie.

DE QUELQUES
OUVRAGES HISTORIQUES ET LITTÉRAIRES

Octobre 1819

L'excellent ouvrage de critique de M. Dussault (*Annales littéraires*) nous fournit l'année dernière l'occasion de rappeler une partie de la gloire de la France, trop oubliée de nos jours. Du milieu des agitations politiques, nous allons encore cette année jeter un regard sur le paisible monde des Muses, que nous regrettons de ne plus habiter. Cependant, pour goûter le repos des lettres, deux choses sont nécessaires : se compter pour rien et les autres pour tout, être sans prétention et sans envie. Alors on jouit de son propre travail comme d'une occupation qui remplit la vie sans la troubler : l'admiration que l'on n'a pas pour soi, on la garde entière pour les autres ; on s'enchante d'un beau livre dont on n'est pas l'auteur ; on a le plaisir du succès sans en avoir eu la peine. Y a-t-il une jouissance plus pure que d'environner les talents des hommages qu'ils méritent, que de les signaler, de les faire sortir de la foule, et de forcer l'opinion publique à leur rendre la justice qu'elle leur refuse peut-être ?

Examinons quelques-uns des ouvrages nouvellement publiés, et que l'amour des lettres nous console un moment des haines politiques.

Les premières annales des peuples ont été écrites en vers. Les Muses se chargent de raconter les mœurs des nations, tant que ces mœurs sont héroïques et innocentes ; mais lorsque les vices et la politique surviennent, ces filles du ciel abandonnent le récit de nos erreurs au langage des hommes. Les ouvrages historiques se multiplient de nos jours, et force nous est de les produire, car l'histoire se plaît dans les révolutions : il lui faut des malheurs pour juger sainement les choses ; quand les empires sont debout, sa vue ne peut atteindre leur hauteur ; elle n'apprécie l'étendue du monument que lorsqu'elle en peut mesurer les ruines.

L'*Histoire du Béarn* mérite de fixer l'attention des lecteurs ; elle renferme dans un excellent volume tout ce que Froissard, Clément, de Marca, Auger-Gaillard, Chapuis, de Vic et dom Vaissette nous ont appris sur les devanciers et sur la patrie de Henri IV. Ce petit modèle de goût et de clarté n'a pas la majesté historique, mais il a tout le charme des Mémoires : c'est un ouvrage posthume de M. de Baure. L'historien dont les travaux sont destinés à ne paraître qu'après sa mort doit inspirer de la confiance. Quel intérêt aurait-il à se porter en faux témoin au tribunal de la postérité ? Voué en secret à l'histoire comme à un sacerdoce redoutable, il n'attend de son vivant aucune récompense. Retranché, pour ainsi dire, derrière sa tombe, il s'y défend contre les passions des hommes, et déjà semble habiter ces régions incorruptibles où tout est vérité en présence de l'éternelle Vérité.

L'ouvrage solide et important connu sous le nom d'*Histoire de Venise* fait grand honneur au beau-frère de M. de Baure. En voyant les monuments et les mœurs de l'Italie, on est tenté de croire que des peuples dont le passé est si sérieux, et le présent si riant, ont été formés par la philosophie d'Horace. D'une part silence et ruines, de l'autre chants et fêtes. Cela ne rappelle-t-il pas ces passages du poëte de

Tibur : « Hâtons-nous de jouir... Le temps fuit... Il faudra quitter cette terre... » *Carpe diem..... Fugaces labuntur anni... Linquenda tellus...* et toutes ces maximes qui cherchent à donner au plaisir la gravité de la vertu !

L'*Histoire de Venise* n'est peut-être pas sans quelques défauts, mais ces défauts tiennent plus à l'esprit du siècle qu'au bon esprit de l'auteur. On s'imagine aujourd'hui que l'impartialité historique consiste dans l'absence de toute doctrine, que l'historien doit rester impassible entre le vice et la vertu, le juste et l'injuste, la raison et l'erreur, le droit et le fait : c'est remonter à l'enfance de l'art, et réduire l'histoire à une table chronologique.

L'esprit moderne croit encore que certains faits religieux sont au-dessous de la dignité de l'histoire : et pourtant l'histoire, sans religion, ne peut avoir aucune dignité. Il ne s'agit pas de savoir si réellement Attila fut éloigné de Rome par l'intervention divine, mais si les chroniques du temps ont attesté le miracle. Le bras du Tout-Puissant arrêtant le ravageur du monde au pied de ce Capitole que ne défendent plus les Manlius et les Camille ; le fléau de Dieu reculant devant le prêtre de Dieu, n'est point un tableau qui déroge à la dignité de l'histoire. Ce sont là les mœurs ; il les faut peindre : et, si vous ne les peignez pas, vous êtes infidèle. Toute l'antiquité a publié qu'une puissance surnaturelle dispersa les Gaulois aux portes du temple de Delphes. Thucydide, Xénophon, Tite-Live, Tacite, n'ont jamais manqué de raconter les prodiges que les dieux font pour la vertu, ou dont ils épouvantent le crime : l'histoire a cru, comme la conscience de Néron, qu'un bruit de trompettes sortait du tombeau d'Agrippine.

Nous hasardons ces réflexions plutôt comme des doutes que comme des critiques. Nous cherchons à nous éclairer ; nous ne saurions mieux nous adresser, pour obtenir les lumières qui nous manquent, qu'à l'auteur dont l'ouvrage nous occupe dans ce moment. Quelques autres observations nous resteraient à faire ; nous les supprimons, dans la crainte d'être soupçonné par M. le comte Daru de n'avoir point oublié l'*Examen du Génie du Christianisme*. Nous ne nous en souvenons néanmoins que pour remercier l'aristarque de la justesse de ses critiques et de l'indulgence de ses éloges.

Plus heureux ou plus malheureux que M. Daru, M. Royou a consacré ses études à sa patrie. Quand il raconte l'honneur, la fidélité, le dévouement de nos aïeux pour leurs souverains légitimes, on voit qu'il a trouvé dans son cœur les antiques documents de son histoire [1]. Cette loyauté de l'auteur répand un grand intérêt sur l'ouvrage, et il tire de son amour pour nos rois l'énergie que Tacite puisait dans sa haine pour les tyrans. Au reste, s'il fut jamais moment propre à écrire notre histoire, c'est celui où nous vivons. Placés entre deux empires, dont l'un finit et dont l'autre commence, nous pouvons, avec un fruit égal, porter nos yeux dans le passé et dans l'avenir. Il reste encore assez de monuments de la monarchie qui tombe pour la bien connaître, tandis que les monuments de la monarchie qui s'élève nous offrent, au milieu des ruines, le spectacle d'un nouvel univers. Plus tard, les traditions seront effacées ; un peuple récent foulera, sans les connaître, les tombes des vieux Français ; les témoins des anciennes mœurs auront disparu, et les débris même de l'empire de saint Louis, emportés par les flots du temps, ne serviront plus à marquer le lieu du naufrage.

---

[1] *Histoire de France, depuis Pharamond jusqu'à la vingt-cinquième année du règne de Louis XVIII.*

M. Petitot s'est chargé de recueillir une partie de ces débris précieux. Il veut nous donner la collection complète des *Mémoires relatifs à l'Histoire de France*, depuis le siècle de Philippe-Auguste jusqu'au commencement du dix-septième siècle. Cette collection avait déjà été entreprise. Commencée sur un mauvais plan, conduite avec peu de savoir, de critique et de soin, elle est en tout très-inférieure à celle que M. Petitot publie aujourd'hui. Les deux derniers volumes de cette première collection parurent sous le règne de Buonaparte, et sont dédiés au prince Murat.

Toutefois, il eût été désirable que le nouvel éditeur eût travaillé sur un plan plus vaste. Pourquoi ne se serait-il pas attaché à continuer, avec les autres savants qui s'en occupent, le *Recueil des Historiens* de dom Bouquet ? Les Mémoires, et surtout les très-anciens Mémoires, ne s'éloignent guère des histoires générales du même temps. Nous avouons que nous sentons peu la différence qui existe entre les Chroniques de Saint-Denis, celles de Flandre et de Normandie, entre les Chroniques de Froissard et de Monstrelet, et les Mémoires de Villehardouin et de Joinville. Il nous semble donc qu'au lieu de faire deux classes des Histoires et des Mémoires, on devrait les réunir ; c'est même le plan que l'on a suivi jusqu'ici pour les trois races dans le grand Recueil de dom Bouquet. En effet, l'Histoire de Grégoire de Tours n'est pas autre chose que des Mémoires, puisqu'on y trouve mêlées les propres aventures de l'auteur et une foule d'anecdotes étrangères à l'histoire générale. Les Gestes de Dagobert, la Vie de Charlemagne par Éginhard, celle de Louis le Débonnaire par l'anonyme *dit* l'Astronome, la Vie de Robert par Helgaud, de Conrad II par Vippon, de Philippe-Auguste par Rigord, sont autant de Mémoires particuliers. A commencer à l'époque des Mémoires français, c'est-à-dire à l'époque où Villehardouin écrivait, on aurait pu donner tour à tour un volume des chroniqueurs latins, des Mémoires français en prose, des Vies ou Chroniques en *carmes* ou vers. C'eût été encore rentrer dans le plan de dom Bouquet. Son Recueil contient des extraits des grandes et petites Chroniques de Saint-Denis, des fragments des Chroniques de Normandie, des vers en latin du moyen âge et en vieil allemand, tout aussi barbares que nos poëmes français historiques. Ces poëmes sont, il est vrai, difficiles à dévorer ; mais on y trouve bien des choses et ils servent à éclairer des points obscurs de notre histoire. Par exemple, sans un poëme sur le combat des Trente, conservé à la Bibliothèque du Roi, nous ignorerions si les champions de ce fameux combat étaient *tous* à cheval, ou si les chevaliers bretons ne durent la victoire qu'à l'avantage qu'obtint Montauban, en combattant *seul* monté sur un coursier. Cela n'était guère probable : quand il s'agit d'honneur, on peut s'en fier aux Bretons. Mais enfin le fait était resté sans preuve. Un vers du poëme lève toutes les difficultés :

> Et d'un côté et d'autres tous à cheval seront [1].

La Bretagne vient d'ériger un monument à la mémoire de ses Trente Héros. On peut toujours dire des Bretons modernes combattant pour leur roi ce qu'on disait de leurs ancêtres : *On n'a pas fait plus vaillamment depuis le combat des Trente*.

M. Petitot aurait été plus capable qu'un autre d'enrichir un grand travail de savantes préfaces à la manière des Baluze et des Bignon sur les lois des Francs et sur les capitulaires ; des Pithou, des Duchesne, des dom Bouquet, des Valois, des

---

[1] Nous possédons une copie de ce poëme. M. de Penhouet doit l'avoir publié dans un ouvrage sur les antiquités de la Bretagne.

Mabillon sur nos historiens; des de Laurière, des Secousse, des Vilevaut, des Bréquigny et des Pastoret sur les ordonnances de nos rois.

Les nouveaux volumes publiés par M. Petitot achèvent l'histoire de Du Guesclin, et contiennent les charmants Mémoires de Boucicaut. *Christine de Pisan*, qui avait précédé ces derniers Mémoires, est à la fois sèche et diffuse. L'éditeur a préféré les *Anciens Mémoires de Du Guesclin*, écrits par Le Febvre, à tous les autres. Il a peut-être eu raison, en ce sens qu'ils sont les plus complets; mais ils sont pour ainsi dire modernes, et ils n'ont pas la naïveté de l'*Histoire de messire Bertrand Du Guesclin, escrite en prose à la requeste de Jean d'Estourville, et mise en lumière par Claude Mesnard*. C'est là qu'on voit, dit Mesnard, *une âme forte, nourrie dans le fer, et pétrie sous des palmes*.

Cette histoire de Du Guesclin nous fait souvenir qu'en bon Breton nous avons plusieurs fois été tenté d'écrire la vie du bon connétable. Notre dessein de travailler sur l'Histoire générale de France nous a fait abandonner cette idée. Ensuite l'histoire vivante est venue nous arracher à l'histoire morte. Comment s'occuper du passé quand on n'a pas de présent?

SUITE.

Décembre 1819.

Après avoir traité de l'histoire, il conviendrait de parler des sciences; mais nous manquons de ce courage, si commun aujourd'hui, de raisonner sur des choses que nous n'entendons pas. Dans la crainte de *prendre le Pirée pour un homme*, nous nous abstiendrons. Néanmoins nous ne pouvons résister à l'envie de dire un mot d'un ouvrage de science que nous avons sous les yeux. Il est intitulé *de l'Auscultation médiate*. Au moyen d'un tube appliqué aux parties extérieures du corps, notre savant compatriote breton, le docteur Laënnec, est parvenu à reconnaître, par la nature du bruit de la respiration, la nature des affections du cœur et de la poitrine. Cette belle et grande découverte fera époque dans l'histoire de l'art. Si l'on pouvait inventer une machine pour entendre ce qui se passe dans la conscience des hommes, cela serait bien utile dans le temps où nous vivons. « C'est dans son génie que le médecin doit trouver les remèdes, » a dit un autre médecin dans ses ingénieuses *Maximes*; et l'ouvrage du docteur Laënnec prouve la justesse de cette observation. Nous pensons aussi comme l'*Ecclésiastique*, « que toute médecine vient de Dieu, et qu'un bon ami est la médecine du cœur. » Mais retournons aux choses de notre compétence.

M. de Bonald et M. l'abbé de Lamennais nous ont donné, dans le cours de cette année : le premier, des *Mélanges philosophiques, politiques et littéraires;* le second, des *Réflexions sur l'état de l'Église de France*. Nommer ces deux hommes supérieurs, c'est en faire l'éloge. Les royalistes, qui les comptent avec orgueil dans leurs rangs, les présentent à leurs amis et à leurs ennemis. Ils prouvent l'un et l'autre que les vrais talents sont presque toujours du côté de la vertu, et que la probité est une partie essentielle du génie.

On publie dans ce moment une édition complète des œuvres de madame de Staël. Le temps où l'auteur de *Corinne* sera jugé avec impartialité n'est pas encore venu. Pour nous, que le talent séduit, et qui ne faisons point la guerre aux tombeaux, nous nous plaisons à reconnaître dans madame de Staël une femme d'un esprit rare : malgré les défauts de sa manière, elle ajoutera un nom de plus à la liste de ces noms qui ne doivent point mourir. Quand on a connu la fille de M. Necker et toutes les agitations dont elle remplissait sa vie, combien on est frappé de la vanité des choses humaines! Que de mouvement pour tomber dans un repos sans fin! Que de bruit pour arriver à l'éternel silence! Madame de Staël rechercha peut-être un peu trop le succès, qu'elle était faite pour obtenir sans se donner tant de peines. Fi de la célébrité, s'il faut courir après elle! Le bonhomme La Fontaine traita la gloire comme il conseille de traiter la fortune; il l'attendit en dormant, et la trouva le matin assise à sa porte.

Pour rendre madame de Staël plus heureuse et ses ouvrages plus parfaits, il eût suffi de lui ôter un talent. Moins brillante dans la conversation, elle eût moins aimé le monde, qui fait payer cher le plaisir qu'il donne, et elle eût ignoré les petites passions de ce monde. Ses écrits n'auraient point été entachés de cette politique de parti, qui rend cruel le caractère le plus généreux, faux le jugement le plus sain, aveugle l'esprit le plus clairvoyant; de cette politique qui donne de l'aigreur aux sentiments et de l'amertume au style, qui dénature le talent, substitue l'irritation de l'amour-propre à la chaleur de l'âme, et remplace les inspirations du génie par les boutades de l'humeur.

Ce n'est pas sans un sentiment pénible que nous retrouvons cette politique dans un dernier ouvrage de M. Ballanche. Cet ouvrage, qui n'est qu'un simple dialogue entre un vieillard et un jeune homme, a quelque chose, dans le style et dans les idées, de calme, de doux et de triste. Le début rappelle celui de la *République* ou plutôt des *Lois* de Platon. Que l'auteur d'*Antigone* s'abandonne désormais à ses penchants naturels; qu'il apprécie mieux les trésors qu'il possède, et qu'il répande dans ses écrits la sérénité, la candeur, la tranquillité de l'âme : *O fortunatos..... sua si bona norint!* Qu'il nous laisse à nous, tristes enfants des orages, le soin d'agiter ces questions d'où sortent à peine quelques vérités arides, vérités qui souvent ne valent pas les agréables mensonges de ces romans dont nous allons parler.

ROMANS.

Les peuples commencent par la poésie, et finissent par les romans : la fiction marque l'enfance et la vieillesse de la société. De tous les habitants de l'Europe, les Français, par leur esprit et leur caractère, se prêtent le moins aux peintures fantastiques. Nos mœurs, qui conviennent aux scènes de la comédie, sont peu propres aux intrigues du roman, tandis que les mœurs anglaises, qui se plient à l'art du roman, sont rebelles au génie de la comédie : la France a produit Molière; l'Angleterre, Richardson. Faut-il nous plaindre ou nous féliciter de ne pouvoir offrir des personnages au romancier, et des modèles à l'artiste? Trop naturels pour les premiers, nous le sommes trop peu pour les seconds. Il n'y a guère que la mauvaise société dont on ait pu supporter le tableau dans les romans français : *Manon Lescot* en est la preuve. Madame de Lafayette, Le Sage, J.-J. Rousseau, Bernardin de Saint-Pierre, ont été obligés, pour réussir, d'établir leurs théâtres, et de prendre leurs personnages hors de leur temps ou de leur pays.

Il est possible que l'influence de la révolution change quelque chose à ces vérités générales. Nous remarquons, en effet, que la société nouvelle, à mesure qu'elle présente moins de sujets à la comédie, fournit plus de matériaux au roman : ainsi la Grèce passa des jeux de Ménandre aux fictions d'Héliodore.

Ces changements s'expliquent : lorsque la société bien organisée atteint le dernier degré du goût, et le plus haut point de la civilisation, les vices, obligés de se cacher, forment avec les convenances du monde un contraste dont la comédie saisit le côté risible; mais lorsque la société se déprave, que de grands malheurs la font rétrograder vers la barbarie, les vices qui se montrent à découvert cessent d'être ridicules en devenant affreux : la comédie, qui ne peut plus les couvrir de son masque, les abandonne au roman pour les exposer dans leur nudité; car, chose singulière ! les romans se plaisent aux peintures tragiques : tant l'homme est sérieux, même dans ses fictions !

Les romans du jour sont donc, en général, d'un intérêt supérieur à celui de nos anciens romans. Des aventures qui ont cessé d'être renfermées dans les boudoirs, des personnages que ne défigurent point les modes du siècle de Louis XV, captivent l'esprit par l'illusion de la vraisemblance. Les passions aussi sont devenues plus vraies à mesure que les mœurs, quoique moins bonnes, sont devenues plus naturelles : c'est ce que l'on sentira à la lecture du *Jean Sbogar* de M. Ch. Nodier, ou de l'épisode du beau *Voyage* de M. de Forbin, ou des *Mémoires d'un Espagnol*, ou du *Pétrarque* de madame de Genlis.

Nous avons eu occasion d'examiner autrefois quelle a été l'influence du christianisme dans les lettres, et comment il a modifié nos pensées et nos sentiments. Presque toutes les fictions des auteurs modernes ont pour base une passion née des combats de la religion contre un penchant irrésistible. Dans *Lionel*, par exemple, cette espèce d'amour, inconnu à l'antiquité païenne, vient remplir la solitude où l'honneur a placé un Français fidèle à son roi. Cet ouvrage, qui se fait remarquer par les qualités et les défauts d'un jeune homme, promet un écrivain de talent. Nous louerions davantage le modeste anonyme, si des critiques n'avaient cru devoir avancer qu'il s'est formé à ce qu'ils veulent bien appeler notre école. Nous ne pensons pas que la chose soit vraie; mais, en tous cas, nous inviterons l'auteur du *Lionel* à choisir un meilleur modèle : nous sommes en tout un mauvais guide; et quand on veut parvenir, il faut éviter la route que nous avons suivie.

VOYAGES.

Enfin nous entrons dans notre élément; nous arrivons aux voyages : *parlons-en tout à notre aise!* Ce n'est pas sans un sentiment de regret et presque d'envie que nous avons lu le récit de la dernière expédition des Anglais au pôle arctique. Nous avions voulu jadis découvrir nous-même au nord de l'Amérique les mers vues par Heyne, et depuis par Mackenzie. La narration du capitaine Ross nous a donc rappelé les rêves et les projets de notre jeunesse. Si nous avions été libre, nous aurions sollicité une place sur les vaisseaux qui ont recommencé le voyage cette année; nous hivernerions maintenant dans une terre inconnue, ou bien quelque baleine aurait fait justice de nos prophéties et de nos courses. Sommes-nous plus en sûreté ici? Qu'importe d'être écrasé sous les débris d'une montagne de glace, ou sous les ruines de la monarchie?

Une chose touchante dans le journal du dernier voyage à la baie de Baffin est la précaution prise de rappeler les chasseurs anglais, quand les Esquimaux de la tribu nouvellement découverte venaient visiter les vaisseaux. Ces Sauvages, isolés du reste du monde, ignoraient la guerre, et le capitaine Ross ne voulait pas leur donner la première idée du meurtre et de la destruction. Au reste, ce sont de grands penseurs, que ces Esquimaux : ils tiennent pour certain que nos esprits s'en vont dans la lune; c'est aussi l'opinion du chantre de Roland. A voir ce qui se passe aujourd'hui en France, le philosophe Otouniah et le sage Arioste pourraient bien avoir raison.

Laissons ces régions désolées pour suivre notre illustre ami, M. le baron de Humboldt, dans les belles forêts de la Nouvelle-Grenade. Le *Voyage aux régions équinoxiales du nouveau continent, fait en 1799-1804*, est un des plus importants ouvrages qui aient paru depuis longues années. Le savoir de M. le baron de Humboldt est prodigieux; mais ce qu'il y a peut-être de plus étonnant encore, c'est le talent avec lequel l'auteur écrit dans une langue qui n'est pas sa langue maternelle. Il a peint avec une vérité frappante les scènes de la nature américaine. On croit voguer avec lui sur les fleuves, se perdre avec lui dans la profondeur de ces bois qui n'ont d'autres limites que les rivages de l'Océan et la chaîne des Cordillières; il vous fait voir les grands déserts dans tous les accidents de la lumière et de l'ombre, et toujours ses descriptions, se rattachant à un ordre de choses plus élevé, ramènent quelque souvenir de l'homme, ou des réflexions sur la vie : c'est le secret de Virgile.

Optima quæque dies miseris mortalibus ævi
Prima fugit.

Pour louer dignement ce *Voyage*, le meilleur moyen serait d'en transcrire les passages; mais l'ouvrage est si célèbre, la réputation de l'auteur est si universelle, que toute citation devient inutile. M. le baron de Humboldt, bien que protestant de religion, et professant en politique ces sentiments d'une liberté sage que tout homme généreux trouve au fond de son cœur; M. de Humboldt, disons-nous, n'en rend pas moins hommage aux missionnaires qui se consacrent à l'instruction des Sauvages. Il juge avec la même équité les mœurs de ces mêmes Sauvages; il les représente telles qu'elles sont, sans dissimuler ce qu'elles peuvent avoir d'innocent et d'heureux, mais sans faire aussi de la hutte d'un Indien la demeure préférée de la vertu et du bonheur. A l'exemple de Tacite, de Montaigne et de Jean-Jacques Rousseau, il ne loue point les Barbares pour *satiriser* l'état social. Le discours de Jean-Jacques Rousseau sur l'*Origine de l'inégalité des conditions*, n'est que la paraphrase éloquente du chapitre de Montaigne sur les *Cannibales*. « Trois d'entre eux, dit-il (trois Iroquois), ignorant combien coustera un jour à leur repos et à leur bonheur la connoissance des corruptions de deçà, et que de ce commerce naistra leur ruine...... furent à Rouen, du temps que le feu roy Charles neuviesme y estoit : le roy parla à eux longtemps; on leur fit voir nostre façon, nostre pompe, la forme d'une belle ville : aprez cela quelqu'un en demanda leur advis, et voulut sçavoir d'eulx ce qu'ils y avoient trouvé de plus admirable; ils respondirent trois choses, dont j'ay perdu la troisiesme, et suis bien marry : mais j'en ay encores deux en mémoire. Ils dirent. . . . . . . qu'ils avoient aperceu qu'il y avait parmy nous des hommes pleins et gorgez de toutes sortes de commoditez, et que leurs moitiez estoient mendiantes à leurs portes, descharnez de faim et de pauvreté, et trouvoient estrange comme ces moitiez ici necessiteuses pouvoient souffrir une telle injustice, qu'ils ne prinssent les aultres à la gorge, ou missent le feu à leurs maisons. Je parlay à l'un d'eulx fort longtemps. . . . . . . Sur ce que je lui demanday quel fruict il recevoit de la supériorité qu'il avoit parmy les siens, car c'estoit un capitaine, et nos matelots le nommoient roy? il me dict que c'estoit marcher le premier à la guerre : de combien d'hommes il estoit suivi? il me montra une espace de lieu, pour signifier que c'estoit autant qu'il en pourroit en une telle espace, ce pouvoit estre quatre ou cinq mille hommes : si hors la guerre toute son autorité estoit expirée? il dict qu'il luy en restoit cela, que, quand il visitoit les villages qui despendoient de luy, on luy dressoit des sentiers au travers des hayes de leurs bois, par où il peust passer bien à l'ayse. Tout cela ne va pas trop mal : mais quoy! ils ne portent point de hault de chausses. »

Voilà bien Montaigne et ses tours imprévus, imités depuis par La Bruyère. Ce qui choquait donc le malin seigneur gascon et l'éloquent sophiste de Genève était ce mélange odieux de rangs et de fortunes, de jouissances extraordinaires et de privations excessives, qui forme en Europe ce qu'on appelle la société.

Mais il arrive un temps où les hommes, trop multipliés, ne peuvent plus vivre de leurs chasses; il faut alors avoir recours à la culture. La culture entraîne des lois, les lois, des abus. Serait-il raisonnable de dire qu'il ne faut point de lois, parce qu'il y a des abus? Serait-il sensé de supposer que Dieu a rendu l'état social le pire de tous, lorsque cet état paraît être l'état le plus commun chez les hommes?

Que si ces lois qui nous courbent vers la terre, qui obligent l'un à sacrifier à l'autre, qui font des pauvres et des riches, qui donnent tout à celui-ci, ravissent tout à celui-là; que si ces lois semblent dégrader l'homme en lui enlevant l'indépendance naturelle, c'est par cela même que nous l'emportons sur les Sauvages. Les maux, dans la société, sont la source des vertus. Parmi nous la générosité, la pitié céleste, l'amour véritable, le courage dans l'adversité, toutes ces choses divines sont nées de nos misères. Pouvez-vous ne pas admirer le fils qui nourrit de son travail sa mère indigente et infirme? Le prêtre charitable qui va chercher, pour la secourir, l'humanité souffrante, dans les lieux où elle se cache, est-il un objet de mépris? L'homme qui, pendant de longues années, a lutté noblement contre le malheur, est-il moins magnanime que le prisonnier sauvage dont tout le courage consiste à supporter des souffrances de quelques heures? Si les vertus sont des émanations du Tout-Puissant, si elles sont nécessairement plus nombreuses dans l'ordre social que dans l'ordre naturel, l'état de société qui nous rapproche le plus de la Divinité est donc un état plus sublime que celui de nature.

M. de Humboldt a été guidé par le sentiment de ces vérités lorsqu'il a parlé des peuples sauvages : la sage économie de ses jugements et la pompe de ses descriptions décèlent un maître qui domine également toutes les parties de son sujet et de son style.

Ici nous terminerons cet article : nous avons payé notre tribut annuel aux Muses. Aux époques les plus orageuses de la révolution, les lettres étaient moins abandonnées qu'elles ne le sont aujourd'hui. Sous l'oppression du Directoire, et même pendant le règne de la Terreur, le goût des beaux-arts se montra avec une vivacité singulière. C'est que l'espérance renaissait de l'excès des maux : notre présent était sans joie, mais nous comptions sur un meilleur avenir; nous nous disions que notre vieillesse *ne serait pas privée de la lyre :*

> Nec turpem senectam
> Degere me cithara carentem.

Derrière la révolution, on voyait alors la monarchie légitime; derrière la monarchie légitime, on voit aujourd'hui la révolution. Nous allions vers le bien, nous marchons vers le mal. Et quel moyen de s'occuper de ce qui peut embellir l'existence, au milieu d'une société qui se dissout? Chacun se prépare aux événements; chacun songe à sauver du naufrage sa fortune ou sa vie; chacun examine les titres qu'il peut avoir à la proscription, en raison de son plus ou moins de fidélité à la cause royale. Dans cette position, la littérature semble puérilité : on demande de la politique, parce qu'on cherche à connaître ses destinées; on court entendre, non un professeur expliquant en chaire Horace et Virgile, mais M. de Labourdonnaye défendant à la tribune les intérêts publics, faisant de chacun de ses discours un combat contre l'ennemi, et marquant son éloquence de la virilité de son caractère.

SUR L'HISTOIRE DES DUCS DE BOURGOGNE,

DE M. DE BARANTE.

Décembre 1822.

L'histoire de France est aujourd'hui l'objet de tous les travaux littéraires. Nous avons dernièrement encore parlé de la *Collection des Mémoires relatifs à l'Histoire de France, depuis l'origine de la monarchie française jusqu'au treizième siècle,* siècle où commence la collection de M. Petitot. L'infatigable président Cousin avait entrepris pour les historiens de l'empire d'Occident ce qu'il avait fait pour les principaux auteurs de l'histoire Byzantine. Sa traduction (dont les deux premiers volumes imprimés contiennent Éginhard, Thégan l'astronome, Nitard, Luitprand, Witikind, et les Annales de Saint-Bertin) était à peu près complète : ses manuscrits existent; ils pourraient être d'un grand secours et épargner beaucoup de travail à M. Guizot. Les grandes Chroniques de Saint-Denis, publiés successivement dans le Recueil de Dom Bouquet, ne sont aussi, pour les premiers siècles de la monarchie, que des traductions des auteurs latins antérieurs à l'établissement de ces Chroniques.

D'un autre côté, M. Buchon a commencé une *Collection des Chroniques écrites en langue vulgaire du treizième au seizième siècle;* ouvrage différent de celui de M. Petitot, qui ne publie que les *Mémoires.* Il a débuté par une édition de Froissard, aidé dans ses propres recherches par les recherches de M. Dacier : c'est de tout point un important et consciencieux travail.

Enfin, la grande collection de dom Bouquet se continue : on remarque pourtant avec peine qu'elle a marché moins rapidement depuis la restauration que sous Buonaparte. Quelques savants bénédictins, pendant l'usurpation, ne paraissaient survivre à leur société et à la monarchie que pour rendre les derniers honneurs à l'une, en achevant d'exhumer l'autre. Quand ces hommes de Clovis et de Charlemagne, que les siècles passés semblent avoir oubliés sur la terre, auront rejoint leurs générations contemporaines, qui parlera la double langue du traité de Strasbourg?

Il nous arrive ce qui est arrivé à tous les peuples : nous nous portons avec un sentiment de regret et de curiosité religieuse à l'étude de nos institutions primitives, par la raison même qu'elles n'existent plus. Il y a dans les ruines quelque chose qui charme notre faiblesse, et désarme, en la satisfaisant, la malignité du cœur humain. Aujourd'hui nous connaissons mieux qu'autrefois la vieille monarchie : lorsqu'elle était debout, notre œil embrassait mal ses vastes dimensions; les grands hommes et les grands empires sont comme les colosses de l'Égypte, on ne les mesure bien que lorsqu'ils sont tombés.

Parmi les ouvrages historiques du moment, il faut surtout distinguer celui de M. de Barante.

Rien d'abord de plus heureusement choisi que le sujet.

Toute histoire qui embrasse un trop grand espace de temps manque d'unité et épuise les forces de l'historien. L'*Histoire des ducs de Bourgogne de la maison de Valois* n'a pas ce défaut capital : elle est resserrée tout entière entre deux batailles célèbres, la bataille de Poitiers, où combattit et fut blessé, auprès du roi son père, Philippe le Hardi, premier duc de Bourgogne de la maison de Valois; et la bataille de Nancy, où fut tué Charles le Téméraire, dernier duc de cette race. A la fois biographie et histoire générale, elle aurait pu être écrite par Plutarque et par Tacite. Elle commence et elle finit comme un poëme épique, s'égarant, sans se perdre, dans une multitude d'aventures qui tiennent du merveilleux. Elle embrasse nos guerres civiles et étrangères depuis le roi Jean jusqu'à Louis XI; elle amène tour à tour sur la scène Charles V et Du Guesclin, Édouard III et le Prince Noir, Charles VI et Isabeau de Bavière, Henri V et ses frères, Charles VII, Agnès Sorel, la Pucelle d'Orléans, Richemont, Talbot, La Hire, Xaintrailles et Dunois; elle passe à travers les ravages des Compagnies et les horreurs de la Jacquerie, à travers les insurrections populaires, les massacres et les assassinats produits par les rivalités des maisons de Bourgogne et d'Orléans. Et tout à coup cette terrible histoire de quelques cadets de la Maison de France vient expirer aux pieds de ce personnage unique dans nos annales, de ce Louis XI, qui faisait décapiter le connétable et emprisonner les pies et les geais instruits à dire, par les bourgeois de Paris : « *Larron, va dehors; va, Perrette*[1], » tyran justicier, méprisé et aimé du peuple pour ses mœurs basses et sa haine des nobles; opérant de grandes choses avec de petites gens; transformant ses valets en hérauts d'armes, ses barbiers en ministres, le grand prévôt en *compère*, et deux bourreaux, dont l'un était gai et l'autre triste, en *compagnons*; regagnant par son esprit ce qu'il perdait par son caractère; réparant comme roi les fautes qui lui échappaient comme homme; brave chevalier à vingt ans, et pusillanime vieillard; mourant entouré de gibets, de cages de fer, de chausse-trapes, de broches, de chaînes appelées *les fillettes du roi*, d'ermites, d'empiriques, d'astrologues, après avoir créé l'administration française, rendu permanents les offices de judica-

---

[1] Moquerie de la sortie de Louis XI de Paris, et du traité de Péronne. Voilà comme nous aurions été pour les ministres s'ils étaient parvenus à nous ôter la liberté de la presse; nous aurions eu la ressource des perroquets.

ture, agrandi le royaume par sa politique et ses armes, et vu descendre au tombeau ses rivaux et ses ennemis, Édouard d'Angleterre, Galéas de Milan, Jean d'Aragon, le duc de Bourgogne, et jusqu'à la jeune héritière de ce duc : tant il y avait quelque chose de fatal attaché à la personne d'un prince qui, par *gentille industrie*, dit Brantôme, empoisonna son frère, le duc de Guyenne, *lorsqu'il y pensait le moins*, priant la Vierge, *sa bonne dame, sa petite maîtresse, sa grande amie*, de lui obtenir son pardon !

Quand Charles le Téméraire et Louis XI disparaissent, l'Europe féodale tombe avec eux : Constantinople est pris; les lettres renaissent dans l'Occident; l'imprimerie est inventée, l'Amérique, découverte; la grandeur de la Maison d'Autriche commence par le mariage de l'héritière du duc de Bourgogne avec Maximilien; Léon X, François Ier, Charles-Quint, sont à peu de distance; Luther, avec la réformation religieuse et politique, est à la porte; et l'histoire des ducs de la Bourgogne, en finissant, vous laisse au bord d'un nouvel univers.

Par un égal bonheur, les sources d'où découle l'histoire des ducs de Bourgogne sont abondantes. Nous avons, pour les cinq règnes compris entre la mort de Philippe de Valois et l'avénement de Charles VIII à la couronne, à peu près cent quatre-vingts manuscrits et cent quarante-trois mémoires et chroniques imprimés. Il faut ajouter à cela la collection des auteurs bourguignons et celle des auteurs anglais depuis Édouard III jusqu'à Édouard V, sans parler des documents du Trésor des Chartes et des Actes de Rymer. Au commencement et à la fin de ces histoires, on trouve Froissard et Philippe de Comines, l'Hérodote et le Thucydide de nos âges gothiques.

Les vignettes des manuscrits donnent l'idée la plus nette des usages du temps. On y voit des batailles, des cérémonies publiques, des prestations de foi et hommage, des intérieurs de maison et de palais, des vaisseaux, des chevaux, des armures, des vêtements de toutes les formes et de toutes les classes de la société.

M. de Barante s'est servi de ces matériaux en architecte habile. Il a ramené le goût pur de l'histoire et la simplicité de la bonne école. Point de déclamations, point de prétentions à la sentence; rien de plus attachant et à la fois de plus grave que son récit. Il peint les mœurs sans avertir qu'il les peint ou qu'il va les peindre.

Lorsqu'on a vu naître parmi nous l'histoire prétendue philosophique, les auteurs nous ont dit : « Jusqu'à présent on n'a fait que l'histoire des rois, nous allons tracer celle des peuples. Nous nous attacherons surtout à faire connaître les mœurs, etc. »

Et puis ils ont cru s'élever au-dessus de leurs devanciers, en terminant leurs périodes par quelques lieux communs contre les crimes et les tyrans, et en nous disant à la fin de chaque règne comment, en ce temps-là, les habits étaient faits, quelle était la coiffure des femmes et la chaussure des hommes, comment on allait à la chasse, ce que l'on servait dans les repas, etc.

Les mœurs et les usages ne se mettent point à part dans le coin d'une histoire, comme on expose des robes et des ornements dans un vestiaire, ou de vieilles armures dans les cabinets des curieux ; ils doivent se montrer avec les personnages, et donner la couleur du siècle au tableau. Hérodote nous apprend les détails de la vie privée des peuples de sa patrie, digne aujourd'hui de son antique gloire, lorsqu'il nous représente les trois cents Spartiates, avant le combat des Thermopyles, se livrant aux exercices gymniques et peignant leurs cheveux, ou les Grecs assistant aux jeux olympiques après le même combat, et recevant, pour prix de la course, une couronne de cet olivier que l'on appelait l'olivier aux belles couronnes : ἐλαία καλλιστέφανος.

Nous connaissons toute la vie d'un vieux Romain, lorsque les députés du sénat, allant annoncer la dictature à Cincinnatus, le trouvent dans son champ de quatre arpents, conduisant la charrue ou creusant un fossé. Ils le saluent, offrent aux dieux des vœux pour sa prospérité et pour celle de la république, et le prient de prendre sa toge pour entendre ce que lui demande le sénat. Cincinnatus, étonné, s'enquiert s'il est arrivé quelque malheur, essuie la poussière et la sueur de son front, et envoie sa femme Racilia chercher sa toge dans sa cabane : *Togam propere e tugurio proferre uxorem Raciliam jubet*, dit Tite-Live.

Nous revoyons dans Tacite les dictateurs, mais les dictateurs perpétuels. Ils n'habitent plus le *tugurium*, mais le *palatium*; et, quand ils descendent jusqu'à la *villa*, c'est pour s'y livrer à la débauche, ou pour y méditer des forfaits. Le sénat ne leur donne plus le pouvoir suprême pour prix de leurs vertus, mais pour récompense de leurs crimes : *Cuncta scelerum suorum pro egregiis accipi videt*.

Avec nos vieux chroniqueurs on voit tout, on est présent à tout : Froissard nous fait assister aux festins d'Édouard III, aux combats de ses guerriers. La veille de l'affaire du pont de Lussac, où le fameux Jean Chandos fut tué, il s'était arrêté sur le chemin, dans une hôtellerie : « Il estoit, dit Froissard, dans une grande cuisine près du foyer, et se chauffoit de feu de paille que son hérault lui faisoit, et causoit familièrement à ses gens, et ses gens à lui, qui volontiers l'eussent osté à sa mélancolie. » Le lendemain Chandos partit, et rencontra les Français, conduits par messire Louis de Saint-Julien, et Kerlouet le Breton : « Les Anglois se placèrent sur un tertre, peut-estre trois *bouviers* de terre en sus du pont. » On voit que Froissard compte à la manière d'Homère. Le *bouvier* est l'espace que deux bœufs peuvent labourer en un jour. Chandos parle ensuite comme les héros de *l'Iliade;* il raille les ennemis : « Entre nous, François, s'écrie-t-il, vous estes trop malement bonnes gens d'armes; vous chevauchez partout à teste armée; il semble que le pays soit tout vostre, et pardieu non est ! » Il fut tué, en combattant à pied, parce qu'il s'embarrassa « dans un grand vestement qui lui battoit jusqu'à terre, armoyé de son armoirie d'un blanc satin...... Si commencèrent les Anglois à regretter et à doulorer moult, en disant : « Gentil chevalier, fleur de tout honneur! messire Jean Chan-« dos! à mal fut le glaive forgé dont vous estes navré et mis en péril de mort! » De ses amis et amies fut plaint et regretté monseigneur Jean Chandos; et le roi de France et les seigneurs de France l'eurent tantost pleuré. »

Cet art de nous transporter au milieu des objets se fait remarquer chez nos vieux écrivains jusque dans la satire historique. Thomas Arthus nous représente Henri III couché dans un lit large et spacieux, se plaignant qu'on le réveille trop tôt à midi, ayant un linge et un masque sur le visage, des gants dans les mains, prenant un bouillon et se replongeant dans son lit. Dans une chambre voisine, Caylus, Saint-Mesgrin et Maugiron se font friser, et achèvent la toilette la plus correcte : on leur arrache le poil des sourcils, on leur met des dents, on leur peint le visage, on passe un temps énorme à les habiller et à les parfumer. Ils partent pour se rendre dans la chambre de Henri III, « branlant tellement le corps, la teste et les jambes, que je croyois à tout propos qu'ils dussent tomber de leur long... Ils trouvoient cette façon-là de marcher plus belle que pas une autre. »

M. de Barante s'est pénétré de cette importante idée, qu'il faut faire passer les usages et les mœurs dans la narration. Il décrit les batailles avec feu : on y assiste. Il faut lire dans le livre second la fameuse aventure du connétable de Clisson et du duc de Bretagne. Y a-t-il rien de plus animé que la peinture de ce qui advint après la signature du traité entre le dauphin et Jean sans Peur, au mois de juillet 1419 ?

« La paix des princes, dit l'historien, leur avait causé (aux Parisiens) une grande joie ; cependant ils ne voyaient pas qu'on s'occupât beaucoup à faire cesser les désordres... Mais les esprits furent encore bien plus tristement émus lorsque le 29 juillet, vers le milieu de la journée, on vit arriver à la porte Saint-Denis une troupe de pauvres fugitifs en désordre, et troublés d'épouvante. Les uns étaient blessés et sanglants ; les autres tombaient de faim, de soif et de fatigue. On les arrêta à la porte, leur demandant qui ils étaient, et d'où venait leur désespoir : Nous sommes de Pontoise, répondaient-ils en pleurant ; les Anglais ont pris la ville ce matin ; ils ont tué ou blessé tout ce qui s'est trouvé devant eux. Bienheureux qui a pu se sauver de leurs mains ! jamais les Sarrasins n'ont été si cruels aux chrétiens qu'ils le sont. — Pendant qu'ils parlaient, arrivaient à chaque instant, vers la porte Saint-Denis et la porte Saint-Lazare, des malheureux à demi nus, de pauvres femmes portant leurs enfants sur les bras ou dans une hotte, les unes sans chaperon, les autres avec un corset à demi attaché ; des prêtres en surplis et la tête découverte. Tous se lamentaient : O mon Dieu ! disaient-ils, préservez-nous du désespoir par votre miséricorde ; ce matin nous étions encore dans nos maisons, heureux et tranquilles ; à midi, nous voilà, comme gens exilés, cherchant notre pain. — Les uns s'évanouissaient de fatigue ; les autres s'asseyaient par terre, ne sachant que devenir ; puis ils parlaient de ceux qu'ils avaient laissés derrière eux. »

Voilà la vraie manière de l'histoire : c'est excellent.

L'*Histoire des ducs de Bourgogne* est écrite sans esprit de parti, mais non pas avec cette impartialité contraire au génie de l'histoire, qui reste indifférente au vice et à la vertu. On a oublié dans l'école moderne que l'histoire est un tableau, et que si le jugement le compose, c'est l'imagination qui le colore. La véritable impartialité historique consiste à rapporter les événements avec une scrupuleuse exactitude, à respecter la chronologie, à ne pas dénaturer les faits, à ne pas donner à un personnage ce qui appartient à l'autre : le reste est laissé au sentiment libre de l'historien.

C'est ainsi que M. de Barante écrit nécessairement dans les idées qui dominent son système politique. Quand il expose les crimes des classes secondaires de la société avec autant de sincérité que d'horreur, on sent qu'il y trouve une sorte d'excuse dans l'oppression des peuples et des communes ; quand il raconte les vertus des chevaliers, on entrevoit qu'il serait plus satisfait si ces vertus appartenaient à une autre race d'hommes ; mais cela n'ôte rien à l'intégrité de son jugement, ni à la fidélité de son pinceau. Chaque historien a son affection : Xénophon, Athénien, est Spartiate dans son histoire ; Tite-Live est pompéien et républicain sous Auguste ; Tacite, n'ayant plus que des tyrans à maudire, se compose des modèles de vertus dans quelques hommes privilégiés ou dans les Sauvages de la Germanie. En Angleterre, tous les auteurs sont whigs ou torys. Bossuet, parmi nous, dédaigne de prendre des renseignements sur la terre ; c'est dans le ciel qu'il va chercher ses chartes. Que lui fait cet empire du monde, *présent de nul prix*, comme il le dit lui-même ? S'il est partial, c'est pour le monde éternel : en écrivant l'histoire au pied de la croix, il écrase les peuples sous le signe de notre salut, comme il asservit les événements à la domination de son génie.

M. de Barante a déjà publié quatre volumes de son histoire, qui font vivement désirer le reste. Il poursuit son ouvrage avec cette patience laborieuse sans laquelle le talent ne jette que des lueurs passagères, et ne laisse que des travaux incomplets. L'histoire est la retraite aussi noble que naturelle de l'homme de talent qui est sorti des affaires publiques. Là encore il y a des justices à faire. Nous savons bien que ces justices n'effrayent guère dans ce siècle ceux qui se sont accoutumés au mépris public; il y a des hommes qui ne font pas plus de cas de leur mémoire que de leur cadavre; peu importe qu'on la foule aux pieds, ils ne le sentiront pas : mais ce n'était pas pour punir les morts, c'était pour épouvanter les vivants, que l'on traînait autrefois sur la claie les corps de certains criminels.

SUITE.

Mai 1825.

Nous avons rendu compte des premiers volumes de cet important et bel ouvrage. Deux autres volumes ont paru depuis cette époque, et deux nouveaux volumes sont au moment de paraître. Remettons rapidement sous les yeux du lecteur ce tableau si dramatique et si varié.

Le roi Jean est prisonnier en Angleterre; Philippe de Rouvre, dernier duc de la première maison de Bourgogne, meurt; Jean recueille son héritage, comme si la Providence voulait rendre au monarque captif autant de puissance et de provinces qu'il allait en céder à Édouard III pour sa rançon. Mais Jean donna à son fils bien-aimé, le jeune Philippe de France, qui avait combattu et avait été blessé auprès de lui à la bataille de Poitiers, le duché de Bourgogne; c'est Philippe le Hardi, premier duc de Bourgogne de la maison de Valois.

Sous ce premier duc s'écoule tout le règne de Charles V, ce règne si sage, si fertile en événements et en grands hommes, mais qui devait se terminer par le règne de Charles VI, où renaissent toutes les calamités de la France.

Philippe le Hardi vit encore commencer la maladie de Charles VI, et cette tutelle orageuse que se disputèrent des oncles ambitieux et une mère dénaturée. Les querelles des maisons d'Orléans et de Bourgogne éclatèrent. Il y a quelque chose de plus grand dans la maison de Bourgogne, mais quelque chose de plus attachant dans celle d'Orléans. On se range malgré soi de son parti; on lui pardonne la faiblesse de ses mœurs, en faveur de son goût pour les arts et de son héroïsme : par sa branche illégitime, on passe de Dunois aux Longueville; par sa branche légitime, on arrive de Valentine de Milan à Louis XII et à François Ier.

Le premier crime vient de la maison de Bourgogne : Jean sans Peur, qui avait succédé à son père Philippe le Hardi, fait assassiner le duc d'Orléans le 23 novembre 1407. Il semble d'abord nier son crime, et s'en vante ensuite hautement, dernière ressource des hommes qui peuvent être convaincus, mais qui sont trop puissants pour être punis. Le duc de Bourgogne devient populaire à Paris. La reine fuit, emmenant à Tours le roi malade. Valentine de Milan succombe à sa douleur, sans avoir pu obtenir justice.

« Sa vie n'avait pas été heureuse, dit M. de Barante; sa beauté, sa grâce, le charme de son esprit et de sa personne n'avaient réussi qu'à exciter la jalousie de la reine et de la duchesse de Bourgogne. Les tendres soins qu'elle avait pris du roi avaient accrédité encore plus la réputation de magie et de sortilége qu'elle avait parmi le vulgaire. Elle avait aimé son mari, et il lui avait sans cesse et publiquement préféré d'autres femmes. Un horrible assassinat le lui avait enlevé, et toute justice lui était refusée ; son bon droit et sa douleur étaient repoussés par la violence. Sauf la première indignation que le crime avait produite, elle ne trouvait partout que des cœurs intéressés, des sentiments froids, ou une opinion malveillante. Dans les derniers temps de sa vie elle avait pris pour devise : *Rien ne m'est plus, plus ne m'est rien.* C'était grande pitié que d'entendre au moment de sa mort ses plaintes et son désespoir. Elle mourut entourée de ses trois fils et de sa fille. Elle vit aussi venir près d'elle Jean, fils bâtard de son mari et de la dame de Cauny. Elle aimait cet enfant à l'égal des siens, et le faisait élever avec le plus grand soin. Parfois, le voyant plein d'âme et d'ardeur, elle disait qu'il lui avait été dérobé, et qu'aucun de ses enfants à elle n'était si bien taillé à venger la mort de son père. Cet enfant fut le comte de Dunois. »

Ce portrait est plein d'intérêt et de charme : le talent de l'auteur se montre surtout dans les détails où la sévérité de l'histoire permet un moment d'abaisser le ton et d'adoucir les couleurs. Les sortiléges de Valentine de Milan étaient ses grâces : cette étrangère, cette Italienne, apportant dans notre rude climat, dans la France à demi barbare, des mœurs civilisées et le goût des arts, dut paraître une magicienne : on l'aurait brûlée pour sa beauté, comme on brûla Jeanne d'Arc pour sa gloire.

Le traité de Chartres donna tout pouvoir au duc de Bourgogne ; on trancha la tête au sire de Montaigu, administrateur des finances, ce qui ne remédia à rien ; on convoqua une assemblée pour réformer l'État, et l'État n'en alla que plus mal. Les princes mécontents prirent les armes contre le duc de Bourgogne. Le duc d'Orléans, fils du duc assassiné, avait épousé en secondes noces Bonne d'Armagnac, fille du comte Bernard d'Armagnac, d'où le parti du duc d'Orléans, conduit par le comte Bernard, prit le nom d'*Armagnac*. On traite inutilement à Bicêtre ; on se prépare de nouveau à la guerre. Les Armagnacs assiégent Paris ; le duc de Bourgogne arrive avec une armée et en fait lever le siége. A travers tous ces maux, l'ancienne guerre des Anglais continue, et un roi en démence ne reprend par intervalles sa raison que pour pleurer sur les malheurs de ses peuples.

Une sédition éclate dans Paris : les palais du roi et du dauphin sont forcés ; la faction des *bouchers* prend le chaperon blanc ; le duc de Bourgogne perd son pouvoir et se retire. On négocie à Arras.

Le roi d'Angleterre descend en France. La bataille d'Azincourt perdue renouvelle tous les malheurs de celles de Crécy et de Poitiers. Paris est livré aux Bourguignons après avoir été gouverné par les Armagnacs ; les prisons sont forcées et les prisonniers massacrés. Les Anglais s'emparent de Rouen, et Henri V prend le titre de roi de France.

Un traité de paix est conclu à Ponceau entre le duc de Bourgogne et le dauphin (1419). Vaine espérance ! les inimitiés étaient trop vives : Jean sans Peur est assassiné sur le pont de Montereau.

Le nouveau duc de Bourgogne, Philippe le Bon, s'allie avec les Anglais pour venger son père. Henri V épouse Catherine de France, et Charles VI le reconnaît pour son héritier, au préjudice du dauphin. Deux ans après la signature du traité de Troyes, Charles VI mourut à Paris ; il avait été précédé dans la tombe par Henri V. Écoutons l'historien :

« Déjà depuis longtemps Charles VI n'avait plus ni raison ni mémoire, cependant il était toujours demeuré chéri et respecté du pauvre peuple; jamais on ne lui avait imputé aucun des malheurs qui avaient désolé le royaume pendant les quarante-trois années de son règne. On se souvenait que, dans sa jeunesse, il avait su plaire à tous par sa douceur, sa courtoisie, ses manières aimables ; que de grandes espérances de bonheur avaient été mises en lui, et qu'il avait été surnommé le Bien-Aimé.

« On s'était toujours dit que les maux publics, les discordes des princes, les rapines des grands seigneurs, le défaut de bon ordre et de discipline, provenaient de l'état de maladie où était tombé ce malheureux prince. La bonté qu'il laissait voir dans les intervalles de santé avait augmenté cette idée, et avait fait de ce roi insensé un objet de vénération, de regret et de pitié ; le peuple semblait l'aimer de la haine qu'il avait eue pour tous ceux qui avaient gouverné en son nom. Quelques semaines encore avant sa mort, quand il était rentré à Paris, les habitants, au milieu de leurs souffrances et sous le dur gouvernement des Anglais, avaient vu avec allégresse leur pauvre roi revenir parmi eux, et l'avaient accueilli de mille cris de *Noël!* C'était un sujet de douleur et d'amertume que de le voir ainsi mourir seul, sans qu'aucun prince de France, sans qu'aucun seigneur du royaume lui rendît les derniers soins. En attendant le retour du régent anglais, qui suivait alors le convoi du roi Henri, le roi de France fut laissé à l'hôtel Saint-Paul, où chacun put, durant trois jours, le venir voir à visage découvert, et prier pour lui. »

Quoi de plus touchant et de plus philosophique à la fois que ce récit ! Le duc de Bedfort revenant des funérailles de Henri V, roi d'Angleterre, pour ordonner celles de Charles VI, roi de France; cette course entre deux cercueils, du cercueil du plus glorieux comme du plus heureux des monarques, au cercueil du plus obscur comme du plus infortuné des souverains : voilà ce que l'historien vous met sous les yeux sans réflexions, sans un vain étalage de moralités. Grande et sérieuse manière d'écrire l'histoire ! La leçon est dans le tableau, et le tableau est digne de la leçon.

On sait que l'infortuné monarque, lorsqu'il reprenait sa raison, ne cessait de gémir sur les maux de la France; et lorsqu'il éprouvait une rechute, poursuivi par l'idée que sa folie le rendait une sorte de fléau pour ses sujets, il soutenait qu'il n'était pas roi, et effaçait avec fureur son nom et ses armes partout où ils les rencontrait.

Le dauphin se trouvait à Mehun sur Yèvres, en Berry, lorsqu'il apprit la mort de son père. « La bannière de France fut levée, dit encore excellemment M. de Barante; et ce fut dans une pauvre chapelle, dans une bourgade presque inconnue, que pour la première fois Charles VII fut salué du cri de *vive le roi!*... Les Anglais, par dérision, le nommèrent *le roi de Bourges;* mais on pouvait voir dès lors combien il serait difficile de vaincre son bon droit, et d'établir d'une façon durable le pouvoir des anciens ennemis du royaume. »

Richemont, Dunois, Xaintrailles, La Hire, soutiennent d'abord l'honneur français sans pouvoir arracher la France aux étrangers ; mais Jeanne d'Arc paraît, et la patrie est sauvée.

Quelque chose de miraculeux, dans le malheur comme dans la prospérité, se mêle à l'histoire de ces temps : une vision extraordinaire avait ôté la raison à Charles VI ; des révélations mystérieuses arment le bras de la Pucelle : le royaume de France est enlevé à la race de saint Louis par une cause surnaturelle : il lui est rendu par un prodige.

Il faut lire, dans l'ouvrage de M. de Barante, le morceau entier sur la Pucelle d'Orléans. Il a su conserver dans le caractère de Jeanne d'Arc la naïveté de la paysanne, la faiblesse de la femme, l'inspiration de la sainte, et le courage de l'héroïne. On voit la bergère de Domremy planter une échelle contre les retranchements des Anglais devant Orléans, entrer la première dans la bastille attaquée : on la voit blessée, précipitée dans le fossé, pleurer et s'effrayer, mais revenir bientôt à la charge, emporter d'assaut les tourelles, en criant au capitaine anglais qui les défendait : « Rends-toi au Roi des cieux ! »

Confiante dans ce succès sans en être enorgueillie, elle déclare qu'elle va conduire le roi à Reims pour le faire sacrer. « Je ne durerai qu'un an, ou guère plus, répétait-elle : il me faut donc bien l'employer. » Elle annonçait qu'après le sacre la puissance des ennemis irait toujours décroissant. On obéit à la voix de cette femme extraordinaire. Jargeau est escaladé ; le fameux Talbot est vaincu et fait prisonnier à Patay. Cependant, manquant de vivres, et découragée par son petit nombre, l'armée du roi, arrêtée devant Troyes, veut retourner sur la Loire. La Pucelle prédit que Troyes va se soumettre, et Troyes ouvre en effet ses portes. Châlons se rend. Charles VII entre à Reims le 15 juillet 1429 : il est sacré à ces fontaines baptismales de Clovis où, après d'aussi grandes infortunes, Dieu ramène aujourd'hui Charles X.

« Pendant la cérémonie, Jeanne la Pucelle se tint près de l'autel, portant son étendard ; et lorsque après le sacre elle se jeta à genoux devant le roi, qu'elle lui baisa les pieds en pleurant, personne ne pouvait retenir ses larmes en écoutant les paroles qu'elle disait : « Gentil roi, ores est exécuté le plaisir de Dieu, qui vouloit « que vous vinssiez à Reims recevoir vostre digne sacre, pour monstrer que vous « estes vrai roi, et celui auquel doit appartenir le royaume. »

Cependant Jeanne annonçait que son pouvoir allait expirer. « Savez-vous quand vous mourrez, et en quel lieu ? » lui disait le bâtard d'Orléans.

« Je ne sais, répliqua-t-elle ; c'est à la volonté de Dieu : j'ai accompli ce que Messire m'a commandé, qui estoit de lever le siége d'Orléans, et de faire sacrer le gentil roi. Je voudrois bien qu'il voulust me faire ramener auprès de mes père et mère, qui auroient tant de joie à me revoir. Je garderois leurs brebis et bétail, et ferois ce que j'avois coutume de faire. »

Le roi, entré dans l'Ile-de-France, vient attaquer Paris. Jeanne avait passé le premier fossé ; elle sondait le second avec une lance, lorsqu'elle fut atteinte à la jambe d'un coup de flèche. L'armée reçoit l'ordre de faire retraite. « Jeanne, qui voulait quitter le service, suspendit son armure blanche au tombeau de saint Denis, avec une épée qu'elle avait conquise sur les Anglais dans l'assaut de Paris. » Elle se battit pourtant encore quelque temps : son avis était qu'on ne pouvait trouver la paix qu'à la pointe de la lance. « La terreur que répandait son nom devint telle, dit l'historien, que les archers et les gens d'armes qu'on enrôlait en Angleterre prenaient la fuite, et se cachaient plutôt que de venir en France combattre contre la Pucelle. » Jeanne allait retourner à Dieu, dont elle était venue.

Dans une sortie vigoureuse qu'elle fit de Compiègne sur les Bourguignons qui assiégeaient cette ville, elle tomba aux mains de ses cruels ennemis. Le jour même où elle fut prise, elle avait dit : « Je suis trahie, et bientôt je serai livrée à la mort. Je ne pourrai plus servir mon roi, ni le noble royaume de France. » Les Anglais, en apprenant la prise de Jeanne, poussèrent des cris de joie ; ils crurent que toute la France était à eux. Le duc de Bedfort fit chanter un *Te Deum*.

Sur la demande d'un inquisiteur et de l'évêque de Beauvais, la Pucelle fut livrée aux Anglais par les Bourguignons, ou plutôt vendue pour la somme de dix mille francs. On fit faire une cage de fer où on l'enferma, après lui avoir mis les fers aux pieds : elle fut déposée, ainsi traitée pour la France, dans la grosse tour de Rouen. « Les archers anglais qui gardaient cette pauvre fille l'insultaient grossièrement, et parfois essayèrent de lui faire violence. » Elle fut exposée aux outrages même des seigneurs anglais.

Son procès commença. Environnée de piéges, enlacée dans des mensonges par lesquels on voulait surprendre sa foi, Jeanne fut trahie même par le premier confesseur qu'on lui envoya. L'évêque de Beauvais et un chanoine de Beauvais conduisaient toute la procédure. « Jeanne commença par subir six interrogatoires de suite devant ce nombreux conseil. Elle y parut peut-être plus courageuse que lorsqu'elle combattait les ennemis du royaume. Cette pauvre fille, si simple, que tout au plus savait-elle son *Pater* et son *Ave*, ne se troubla pas un seul instant. Les violences ne lui causaient ni frayeur ni colère. On n'avait voulu lui donner ni avocat ni conseil; mais sa bonne foi et son bon sens déjouaient toutes les ruses qu'on employait pour la faire répondre d'une manière qui aurait donné lieu à la soupçonner d'hérésie ou de magie. Elle faisait souvent de si belles réponses, que les docteurs en demeuraient tout stupéfaits. »

Une fois on l'interrogeait touchant son étendard.

« Je le portois au lieu de lance, dit-elle, pour éviter de tuer quelqu'un : je n'ai jamais tué personne. »

On voulut savoir quelle vertu elle attribuait à cette bannière.

« Je disois : Entrez hardiment parmi les Anglois, et j'y entrois moi-mesme. »

On lui demanda pourquoi au sacre de Reims elle avait tenu son étendard près de l'autel; elle répondit :

« Il avoit esté à la peine, c'estoit bien raison qu'il fust à l'honneur. »

On voulut avoir d'elle avant son supplice une sorte d'aveu public de la justice de sa condamnation. Un prédicateur ayant parlé contre le roi de France, Jeanne l'interrompit en lui disant : « Parlez de moi, mais non pas du roi : j'ose bien dire et jurer, sous peine de la vie, que c'est le plus noble d'entre les chrestiens. »

Elle allait échapper à ses bourreaux en réclamant la juridiction ecclésiastique; elle avait repris les vêtements de son sexe, et promis de les garder : pour lui faire violer cette promesse, on lui enleva ses vêtements pendant son sommeil, et on ne lui laissa qu'un habit d'homme. Obligée par pudeur de s'en revêtir, elle fut jugée relaps, comme telle abandonnée au bras séculier, et condamnée à être brûlée vive.

La sentence fut exécutée. Son second confesseur, qui rachetait par ses vertus l'infâme trahison du premier, « frère Martin l'Advenu était monté sur le bûcher avec elle : il y était encore, que le bourreau alluma le feu : « Jésus! » s'écria Jeanne, et elle fit descendre le bon prêtre. « Tenez-vous en bas, dit-elle; levez la « croix devant moi, et dites-moi de pieuses paroles jusqu'à la fin.... » Protestant de son innocence et se recommandant au ciel, on l'entendit encore prier à travers la flamme. Le dernier mot qu'on put distinguer fut *Jésus*.

Tel fut le premier trophée élevé par les armes anglaises au jeune Henri VI, qui se trouvait alors à Rouen! telle fut la femme qui sauva la France, et l'héroïne qu'un grand poëte a outragée. Ce crime du génie n'a pas même l'excuse du crime de la puissance : l'Angleterre avait été vaincue par le bras d'une villageoise; ce bras lui avait ravie sa proie; le siècle était grossier et superstitieux; et enfin ce furent des étrangers qui immolèrent Jeanne d'Arc. Mais au dix-huitième siècle! mais un Français! mais Voltaire!... Honneur à l'historien qui venge aujourd'hui d'une manière si pathétique tant de vertus et de malheurs !

Disons-le aussi à la louange des temps où nous vivons, une telle débauche du talent ne serait plus possible. Avant l'établissement de nos nouvelles institutions, nous n'avions que des mœurs privées, aujourd'hui nous avons des mœurs publiques, et partout où celles-ci existent, les grandes insultes à la patrie ne peuvent avoir lieu; la liberté est la sauvegarde de ces renommées nationales qui appartiennent à tous les citoyens.

Henri VI quitta Rouen, et vint à Paris; il fut couronné dans cette cathédrale où devait être consacrée une autre usurpation : il n'y resta qu'un mois. Le traité d'Arras réconcilia le roi de France et le duc de Bourgogne. Paris ouvrit ses portes au maréchal de l'Ile-Adam (1436), et le roi, un an après, y fit son entrée solennelle. « Le sire Jean Daulon, qui avait été écuyer de la Pucelle, tenait le cheval du roi par la bride : Xaintrailles portait devant lui le casque royal, orné d'une couronne de fleurs de lis; et le bâtard d'Orléans, le fameux Dunois, couvert d'une armure éclatante d'or et d'argent, menait l'armée du roi. »

Nous avons été bien malheureux; nos pères l'ont-ils été moins? Après le règne de Charles VI et de Charles VII, M. de Barante nous présentera le tableau de la tyrannie de Louis XI. Les guerres de l'Italie et la captivité de François Ier ne sont pas loin, et les fureurs de la Ligue les suivent. La France ne respire enfin qu'après les désordres de la Fronde; car si les guerres de Louis XIV l'épuisèrent, elles ne troublèrent pas son repos. Cette paix continua sous Louis XV, et il faut remarquer que c'est en avançant vers la civilisation, que les peuples voient augmenter la somme de leurs prospérités. L'immense orage de la révolution a éclaté après un siècle et demi de tranquillité intérieure. Il a changé les lois et les mœurs, mais il n'a pas arrêté la civilisation. Une autre histoire va naître : quels en seront les personnages? Souhaitons-leur un historien qui, comme M. de Barante, parle des rois sans humeur, des peuples sans flatterie, et qui ne méprise ni n'estime assez les hommes pour altérer la vérité.

SUR L'HISTOIRE DES CROISADES,

PAR M. MICHAUD,

DE L'ACADÉMIE FRANÇAISE.

Octobre 1825.

Des choses remarquables se passent sous nos yeux. Tandis qu'un mouvement immense emporte les peuples vers d'autres destinées, tandis qu'une politique en sommeil néglige d'attacher à ce qui reste de croyances et d'institutions anciennes les intérêts d'une société nouvelle, cette société se jette avec une égale ardeur sur le passé pour le connaître, sur l'avenir pour en faire la conquête.

C'est en effet un trait particulier de notre époque, que la grande activité politique qui travaille les générations ne se perde plus, comme aux premiers jours de nos expériences, dans le champ des théories. On se résigne (courage bien singulier!) au changement des doctrines par l'étude des faits, se précautionnant, pour ne pas s'égarer dans la route qu'on va suivre, de toutes les autorités de l'histoire.

A cette idée de prudence il se mêle aussi une idée de consolation. Cette chaleur de travail et d'instruction historique, cette sorte d'invasion dans les monuments des vieux âges, vient encore du besoin universel d'échapper au présent. Ce présent pèse en effet à toutes les âmes fortes, tant il leur est étranger, tant elles sont peu contemporaines des hommes qui s'agitent et des choses qui se traînent sous nos yeux. Il semble que pour retrouver une France noble et belle, telle que des hommes d'État, dignes de ce nom, pourraient la faire ; il semble qu'on soit obligé d'aller demander à l'histoire de quoi nourrir cet orgueil de nous-mêmes qui, malgré tout ce qu'on a fait pour le flétrir, ne nous quittera pas. Il faut donc considérer comme une généreuse conspiration de patriotisme cette noble passion de notre époque pour l'étude des souvenirs, des traditions, des monuments nationaux.

Une pensée fraternelle semble animer ceux qui lisent et ceux qui écrivent. L'histoire des vieux temps, tracée par des hommes du nôtre, resserre encore les liens de la parenté. Ceux qui ont des souvenirs, ceux qui ont des espérances, se rapprochent dans ce commerce historique. Par une double rencontre, il devient l'occupation des hommes mûrs qui ont passé par les affaires, et des hommes jeunes encore qui doivent y passer : ils mettent en commun leurs nobles douleurs et leurs ambitions généreuses. Chassés du présent par une politique étroite, ils se retrouvent dans les jours qui ne sont plus.

Il est surtout quelques vieux Français à qui la consolation d'écrire sur l'histoire de la monarchie semble aujourd'hui plus particulièrement appartenir. Ce sont ces vétérans de l'exil, refoulés encore loin de ce trône relevé par leur persévérance, chez qui l'habitude des proscriptions n'a fait qu'allumer l'ardeur de nouveaux services, et qui, en s'éloignant du palais des rois, se sont donné rendez-vous sous l'oriflamme, afin d'en redire la gloire.

Retiré sous cette vieille bannière, c'est là que M. Michaud a écrit l'*Histoire des croisades*. La conception et le succès d'une aussi vaste entreprise témoignent honorablement en sa faveur : il a achevé son ouvrage malgré les fatigues d'une vie mêlée à tous nos orages politiques. Si le public a accueilli cet ouvrage avec un grand sentiment de justice, c'est que l'auteur possède cette fidélité de doctrines, toujours estimable, par laquelle on tient à un parti ; cette élévation de sentiments, et cette bonne foi de la raison, par laquelle on touche à l'opinion de tous les hommes.

L'*Histoire des croisades*, dont nous annonçons la quatrième édition, est l'heureux fruit de cette heureuse alliance de qualités. Écrite sous des temps différents, par intervalles, par parties détachées, elle forme un tout régulier. C'est le même esprit qui domine tout cet ensemble de récits divers et compliqués.

Nous avons déjà dit ce que nous pensons de cet ouvrage, qui a fait naître une unanimité de suffrages dans des jours de divisions. Cette dernière édition atteste la sollicitude infatigable de l'auteur, qui ajoute, qui modifie, qui, plus pénétré de l'ensemble des faits généraux, redonne à chacun des faits particuliers une physionomie plus marquée et plus précise.

Ayant à peindre l'époque la plus pittoresque de l'histoire moderne, des mœurs pleines de grandeur et de naïveté, de crimes et de vertus, de croyances ardentes, M. Michaud a très-bien senti qu'un tableau si intéressant par les noms, par les souvenirs, par les résultats, n'avait besoin que de simplicité. Il a senti surtout l'avantage de pouvoir disposer à son gré des chroniqueurs ; de mêler quelquefois leur rude expression à l'éclat des faits qu'il raconte ; de faire dire, avec toute la simplicité des ermites, des exploits agrandis par tout le courage des chevaliers : c'est toujours un historien que l'on suit, quelquefois un pèlerin qu'on écoute.

Il y avait trois difficultés dans l'histoire complète des croisades : c'était d'indiquer leur cause première ; de retrouver dans la poussière de tant de milliers d'hommes, la trace des premiers pas faits vers la Terre Sainte ; puis, une fois cette indication préliminaire établie, il fallait mettre de l'ordre et de l'enchaînement dans cette suite de migrations et d'entreprises qui n'eurent pas toutes plus tard le mobile qu'elles avaient eu d'abord.

Restait ensuite la tâche du philosophe après celle de l'historien ; restait à juger les résultats, après avoir raconté les événements ; à promener des regards tranquilles sur les conséquences terrestres des guerres religieuses, sur l'action puissante de ces temps barbares pour enfanter la civilisation au nom de laquelle on les a trop souvent accusés.

Or, l'historien des croisades nous paraît en avoir bien surpris les causes ; elles sont simples, mais il n'y a que beaucoup d'études historiques qui pouvaient mettre sur la voie de ces causes. L'usage, ancien déjà parmi les chrétiens, au moment des croisades, de faire des pèlerinages au tombeau de Jésus-Christ, voilà une bien tranquille origine à cette fougue guerrière qui poussa les populations de l'Europe sur les populations de l'Asie. Mais cette origine est pourtant vraie, et elle est démontrée jusqu'à l'évidence par la gradation que l'auteur introduit dans la narration successive de ces saints voyages, commencés avec le bourdon et continués avec l'épée. Entraîné par l'enchaînement du récit, vous voyez grossir peu à peu la foule, et bientôt les croisades ne nous paraissent plus que des pèlerinages de cinquante mille hommes armés.

Quand, dans un sujet, on va au fond des choses, il est tout simple que la forme, esclave fidèle, se moule sur le sujet choisi par l'écrivain. Il n'y avait qu'un écueil pour le style dans l'*Histoire des croisades*, c'était d'être entraîné par la poésie du sujet, et de se tromper de Muse. M. Michaud a évité cet écueil ; mais en même temps il a su conserver la vie et le mouvement à ses personnages. Dans les circonstances nécessaires, sa diction est éclatante sans cesser d'être naturelle.

Malgré la sobriété des ornements que la gravité de l'historien commandait à l'inspiration du poëte, on voit souvent un heureux mélange de l'esprit qui éclaire avec l'imagination qui colore. Nous choisirons parmi plusieurs de ces tableaux celui du départ des croisés après le concile de Clermont. Il nous a fait éprouver ce sentiment d'enthousiasme qui n'appartient qu'à la jeunesse des individus comme à celle des nations, et qui faisait tout quitter aux croisés pour une visite lointaine à un tombeau.

« Dès que le printemps parut, dit l'historien, rien ne put contenir l'impatience des croisés ; ils se mirent en marche pour se rendre dans les lieux où ils devaient se rassembler. Le plus grand nombre allait à pied ; quelques cavaliers paraissaient au milieu de la multitude, plusieurs voyageaient montés sur des chars traînés par des bœufs ferrés ; d'autres côtoyaient la mer, descendaient les fleuves dans des barques ; ils étaient vêtus diversement, armés de lances, d'épées, de javelots, de massues de fer, etc. La foule des croisés offrait un mélange bizarre et confus de toutes les conditions et de tous les rangs : des femmes paraissaient en armes au milieu des guerriers... On voyait la vieillesse à côté de l'enfance, l'opulence près de la misère ; le casque était confondu avec le froc, la mitre avec l'épée, le seigneur avec les serfs, le maître avec le serviteur. Près des villes, près des forteresses, dans les plaines, sur les montagnes, s'élevaient des tentes, des pavillons pour les chevaliers, et des autels dressés à la hâte pour l'office divin ; partout se déployait un appareil de guerre et de fête solennelle. D'un côté, un chef militaire exerçait ses soldats à la discipline ; de l'autre, un prédicateur rappelait à ses auditeurs les vérités de l'Évangile : ici, on entendait le bruit des clairons et des trompettes ; plus loin, on chantait des psaumes et des cantiques. Depuis le Tibre jusqu'à l'Océan, et depuis le Rhin jusqu'au delà des Pyrénées, on ne rencontrait que des troupes d'hommes revêtus de la croix, jurant d'exterminer les Sarrasins, et d'avance célébrant leurs conquêtes ; de toutes parts retentissait le cri de guerre des croisés : *Dieu le veut ! Dieu le veut !*

« Les pères conduisaient eux-mêmes leurs enfants, et leur faisaient jurer de vaincre ou de mourir pour Jésus-Christ. Les guerriers s'arrachaient des bras de leurs épouses et de leurs familles, et promettaient de revenir victorieux. Les femmes, les vieillards, dont la faiblesse restait sans appui, accompagnaient leurs fils ou leurs époux dans la ville la plus voisine, et, ne pouvant se séparer des objets de leur affection, prenaient le parti de les suivre jusqu'à Jérusalem. Ceux qui restaient en Europe enviaient le sort des croisés, et ne pouvaient retenir leurs larmes : ceux qui allaient chercher la mort en Asie étaient pleins d'espérance et de joie.

« Parmi les pèlerins partis des côtes de la mer, on remarquait une foule d'hommes qui avaient quitté les îles de l'Océan. Leurs vêtements et leurs armes, qu'on n'avait jamais vus, excitaient la curiosité et la surprise. Ils parlaient une langue qu'on n'entendait point ; et, pour montrer qu'ils étaient chrétiens, ils élevaient deux doigts de la main l'un sur l'autre, en forme de croix. Entraînés par leur exemple et par l'esprit d'enthousiasme répandu partout, des familles, des villages entiers partaient pour la Palestine ; ils étaient suivis de leurs humbles pénates ; ils emportaient leurs provisions, leurs ustensiles, leurs meubles. Les plus pauvres marchaient sans prévoyance, et ne pouvaient croire que celui qui nourrit les petits des oiseaux laissât périr de misère des pèlerins revêtus de sa croix. Leur ignorance ajoutait à leur illusion, et prêtait à tout ce qu'ils voyaient un air d'enchantement et de prodige ; ils croyaient sans cesse toucher au terme de leur pèlerinage. Les enfants des villageois, lorsqu'une ville ou un château se présentait à leurs yeux, demandaient si *c'était là Jérusalem*. Beaucoup des grands seigneurs, qui avaient passé leur vie dans leurs donjons rustiques, n'en savaient guère plus que leurs vassaux ; ils conduisaient avec eux leurs équipages de pêche et de chasse, et marchaient précédés d'une meute, portant leur faucon sur le poing. Ils espéraient atteindre Jérusalem en faisant bonne chère, et montrer à l'Asie le luxe grossier de leurs châteaux.

« Au milieu du délire universel, personne ne s'étonnait de ce qui fait aujourd'hui notre surprise. Ces scènes si étranges, dans lesquelles tout le monde était acteur, ne devaient être un spectacle que pour la postérité. »

Aujourd'hui même on retrouverait quelque chose de ce sentiment exalté par une croisade nouvelle : la Grèce réveillerait facilement le double enthousiasme du chrétien et de l'admirateur de la gloire et des arts. Mais les gouvernements n'ont plus le caractère des peuples ; ils s'en séparent, et de cette division naîtra un jour des révolutions inévitables. Pierre l'Ermite souleva le monde par le seul récit des maux qu'enduraient les pèlerins voyageant en Terre Sainte : que des vaisseaux sous pavillon chrétien portent au marché du Musulman des femmes chrétiennes et des enfants chrétiens dont les Infidèles ont égorgé les maris et les pères, on trouve ce commerce tout naturel; mais la postérité ne le trouvera pas tel. Cette indifférence même d'une politique rétrécie sera punie : la Grèce se sauvera seule, ou par l'influence d'un gouvernement qui saura bien enlever à l'Europe continentale les fruits qu'elle aurait pu tirer d'un effort généreux en faveur d'une nation opprimée.

En attendant, pour trouver des sentiments généreux, relisons l'*Histoire des croisades*. Les détails de cette histoire existaient, mais dispersés dans des matériaux confus et indigestes. M. Michaud les a rassemblés, c'est un tableau qui a trouvé un peintre.

FIN DES MÉLANGES LITTÉRAIRES.

TABLE DES MATIÈRES

ITINÉRAIRE DE PARIS A JÉRUSALEM ET DE JÉRUSALEM A PARIS.

	Pages.
Cinquième partie. — Suite du Voyage de Jérusalem	1
Sixième partie. — Voyage d'Égypte	21
Septième et dernière partie. — Voyage de Tunis et retour en France	46
Notes	88
Itinerarium a Burdigala Hierusalem usque	107
Dissertation sur l'étendue de l'ancienne Jérusalem et de son temple, et sur les mesures hébraïques de longueur	117
Mémoire sur Tunis	144

MÉLANGES LITTÉRAIRES.

Préface	155
De l'Angleterre et des Anglais	156
ESSAI SUR LA LITTÉRATURE ANGLAISE. — Young	162
— Shakspeare ou Shakespeare	170
— Beattie	180
— Le Minstrel ou les Progrès du génie	Ib.
— Alex. Mackenzie	185
Sur la *Législation primitive* de M. le vicomte de Bonald	200
Sur la *Législation primitive*	206
Sur le *Printemps d'un Proscrit*, poëme par M. J. Michaud	217
Sur l'*Histoire de la vie de Jésus-Christ*, du père de Ligny, de la compagnie de Jésus	228
Sur une nouvelle édition des Œuvres complètes de Rollin	234
Sur les *Essais de morale et de politique*	239
Sur les *Mémoires de Louis XIV*	244
Des lettres et des gens de lettres; réponse à un article inséré dans la *Gazette de France*, du 27 avril	251
Sur le *Voyage pittoresque et historique de l'Espagne*, par M. Alexandre de Laborde	259
Sur les *Annales littéraires*, ou *de la Littérature avant et après la restauration*, ouvrage de M. Dussault	269

Sur un ouvrage de M. le comte de Boissy-d'Anglas, intitulé : *Essai sur la vie, les écrits et opinions de M. de Malesherbes*............ 275
Panorama de Jérusalem............ 280
Sur le *Voyage au Levant*, de M. le comte de Forbin............ 281
De quelques ouvrages historiques et littéraires............ 287
Suite............ 290
Romans............ 291
Voyages............ 292
Sur l'*Histoire des ducs de Bourgogne*, de M. de Barante............ 295
Suite 300
Sur l'*Histoire des croisades*, par M. Michaud, de l'Académie française............ 305

LAGNY — Typographie de VIALAT.

EN VENTE CHEZ LES MÊMES ÉDITEURS

Œuvres de Chateaubriand, ancienne edition, 16 vol. grand in-8°, illustrés de 64 gravures sur acier.
Œuvres littéraires de M. A. de Lamartine, 5 vol. grand in-8°, 30 gravures.
Œuvres de Buffon, 10 demi-vol. in-8°, 100 gravures sur acier coloriées à la main, et le portrait de l'auteur.
Histoire de France, 6 beaux vol., 34 gravures.
Histoire de Paris depuis les premiers temps historiques, par J.-A. Dulaure, continuée jusqu'a nos jours par C. Leynadier, 8 vol., 150 gravures dont 50 coloriées à la main.
Histoire maritime de France, par M. Léon Guérin, historien titulaire de la marine, 7 vol. grand in-8°, 50 gravures sur acier ou plans.
Les trois derniers volumes, qui comprennent les évenements maritimes depuis 1789 jusqu'en 1857, se vendent à part.
Histoire de Napoléon III et de la Dynastie napoléonienne, par Paul Lacroix (Bibliophile Jacob), 4 vol., illustrés de 40 gravures inedites sur acier.
La Collection de l'Écho des Feuilletons, 17 vol., 180 gravures sur acier, et 540 gravures sur bois.
Louis XIV et son siècle, par A. Dumas, 60 gravures, 240 vignettes, 2 vol. grand in-8°.
Histoire de Louis XVI et de Marie-Antoinette, par A. Dumas, 3 vol., 40 gravures.
Monte-Cristo, par A. Dumas, 2 vol. grand in-8°, 30 gravures sur acier.
Les Mousquetaires, par A. Dumas, 1 vol. grand in-8°, 33 gravures.
Vingt ans après, par le même, 1 vol., 37 gravures.
Le Vicomte de Bragelonne, par A. Dumas, 2 très-beaux vol. grand in-8°, 60 gravures.
Mémoires d'un Médecin, par A. Dumas, comprenant: *Joseph Balsamo, le Collier de la Reine, Ange Pitou* et *la Comtesse de Charny*, 6 volumes divisés en 12 tomes, ornés de 200 gravures inedites tirées sur papier teinté chine.

EN COURS DE PUBLICATION

Œuvres de Chateaubriand, nouvelle et riche édition, 20 vol. grand in-8° jesus, ornés de 100 gravures inédites sur acier.
Géographie universelle de Malte-Brun, revue, rectifiée et complétement mise au niveau de l'etat actuel des connaissances geographiques, par M. **Cortambert**, membre et ancien secrétaire général de la Société de Geographie, 8 forts tomes divises en 16 vol., illustrés de 80 gravures et types colories; plus, de 8 cartes inedites.
Les Héros du Christianisme à travers les Ages, magnifique ouvrage illustré de 48 splendides gravures sur acier; 4 parties de 2 vol. chaque.
Histoire de France, nouvelle et riche édition, comprenant la guerre d'Orient, illustrée de 60 gravures sur acier, 4 cartes et plans, 12 vol. grand in-8° ou 6 forts tomes.
Nouvelles Œuvres illustrées de A. Dumas, comprenant: *El Salteador, Maître Adam le Calabrais, Aventures de John Davys, Le Page du duc de Savoie, les Mohicans de Paris, Salvator le Commissionnaire, Journal de madame Giovanni*, etc., etc., etc.

LAGNY. — Imprimerie de VIALAT.

www.ingramcontent.com/pod-product-compliance
Lightning Source LLC
Chambersburg PA
CBHW072016150426
43194CB00008B/1134